子どもと家族を援助する

統合的心理療法のアプローチ

著
エレン・F・ワクテル

訳
岩壁 茂
佐々木 千恵

刊行によせて
平木 典子

星 和 書 店

Seiwa Shoten Publishers

2-5 Kamitakaido 1-Chome
Suginamiku Tokyo 168-0074, Japan

Treating Troubled Children and Their Families

by

Ellen F. Wachtel

Translated from English

by

Shigeru Iwakabe, Ph.D.
And
Chie Sasaki

English Edition Copyright ©1994; A Decade Later ©2004 Ellen F. Wachtel
Japanese Edition Copyright ©2007 by Seiwa Shoten Publishers, Tokyo
Published by arrangement with The Guilford Press. New York

刊行によせて

　エレン・ワクテルさんの著書 Treating Troubled Children and Their Families の待望の訳出が実現した。それも，ワクテルさんの親しい友人である岩壁茂氏によってである。岩壁氏から序文を依頼されて，この上ない光栄と二重の喜びを感じている。
　一つは，今，日本で，まさに問題や苦悩を抱えた子どもと家族の支援が急務であり，臨床家たちの必要と希求に本書が役立つこと必至だからである。幼い子どもと家族への支援を経験した者にはよくわかっていることであるが，そのアプローチは一筋縄ではいかない。子どもと家族をめぐる困惑や問題の複雑さと緊急性をつぶさに体験したワクテルさんは，家族システム思考と精神力動的遊戯療法，そして認知行動療法を統合した心理内力動と家族間力動への介入法を理論的にも実践的にも洗練された形に創り上げた。日本の臨床家にとって，相容れないと見られがちな家族システム，精神力動，行動的視点は，実は見事な相乗効果をもって子どもと家族の変容に役立つことが，各章にちりばめられた具体例と最後の章で紹介されている比較的短期に終了した 5 つの事例から，説得力をもって伝えられる。1994年の初版以来，本書が世界の臨床家たちに読み続けられていることが納得いく。
　第二の喜びは，SEPI（心理療法の統合を追求する学会）の年次大会で交流してきたワクテル夫妻（夫のポールは既刊訳書「精神分析・行動療法・家族療法」の著者）の思慮深く鋭い，しかし決して押しつけることのないコメントと人間性あふれる優しさが，本書のエレンさん

の事例の中の発言や解説文にあふれていることである。個人療法と家族療法の統合を志向している者にとって，まさに人間としての統合のあり方をも伝えてくれる著書である。

平木典子
（東京福祉大学大学院）

序

10年を経て

　本書「Treating Troubled Children and Their Families」の初版が出てから10年間，私はアメリカおよび諸外国で，本書に書かれている子どもと家族の心理療法アプローチに関して，メンタルヘルスの専門家たちを対象に数十回もワークショップを開いてきました。そうした年月の中で，私はさまざまな臨床的介入を自分の心理療法アプローチに加えてきましたが，本書で詳細にわたり説明した基本的アプローチが，年月を経ても親，専門家の双方に役立っていると知り，うれしく思います。私のワークショップに参加して下さった多くの方が，最初は大学院生のころに本書を読んだが，「行き詰まり」を感じるたびに繰り返し本書を手にとるので，いつでも手の届くところに置いているとおっしゃって下さいました。

　また本書で説明するアプローチの中心的見解が，さまざまな民族の，貧困層から富裕層まで幅広い人々の治療的作業に用いられていることも耳にして，うれしい思いがしました。その見解というのは，子どもの個人的問題を深く理解し，家族に対する治療的作業に組み込むこと，複雑な理解を具体的な行動介入の形に変換すること，子どもの生活に関わる大人に変化の媒介として手を貸してもらうこと，家族システム論的，精神力動的，行動的，認知的視点を統合すること，肯定的な面を強調すること，教師，両親，里親，その他子どもの生活上重要な役

割を果たす大人と協力して治療的作業にあたることです。

　こうして月日が経つうちに，本書で打ち出したアイデアが，情緒的に問題のある子どもおよびその家族とのセラピーだけでなく，子育てのごく一般的なストレスや精神的負担の一部である発達上の困難をめぐる親との面接でも役立つことが分かってきました。彼らは，子どもの不安をよく理解してそれを家族システム論，行動療法理論，認知療法理論に結びつけることによって浮かび上がる，きわめて具体的な提案に感謝して下さっています。本書に紹介した何十という実例に示されるように，小さな変化が大きな効果をもつのです。

　本書の初版発行後に導入された新しいアイデアのうち，おそらくもっとも重要なのは，「なっていく過程の言葉（language of becoming）」と私が呼んでいるものです。ある子どもが以前に比べて心を落ち着けたり，自信をもったり，自分のきょうだいに愛情をもったりできるようになる過程の，その子独自のやり方に気づきそれを反映させれば，子どもに対して，人間の性質は固定されたものでなく，月日の経過とともに変化し発展するものだという底流となるメッセージを送っていることになるのだということに気付きました。子どもの自分自身のとらえ方を変えるこの新しい介入方法を，親，子ども，セラピストがそろって熱心に受け入れてくれるのを知りました。本書を補う意味で，この主題に関して拙著論文「なっていく過程の言葉：子どもが自分自身に対する考え方を変える手助けをしよう（The language of becoming:Helping children change how they think about themselves）」（『Family Process』，第40巻，第4号，2001）の併読を強くお薦めします。

　しかし「なっていく過程の言葉」は，小さくても実際に変化が認識されたときのみ効果的に用いることができ，本書で説明した治療的作業が，子どもとその家族が変化するのを助ける基礎となります。本書はペーパーバック版が出版されたことで，精神医学や小児医学，臨床

心理学および学校心理学，カウンセリング，ソーシャルワーク，精神医学における看護学，その他子どもの精神衛生およびウェル・ビーイングに関する分野を専門とする学生にも幅広く読んでもらえるようになりました。すべての読者の皆さん，そしてワークショップに参加してくださった方々に感謝いたします。そうした方々からのフィードバックは私の仕事に息を吹き込んでくれましたし，諸問題に関して一層深く思いをめぐらせることができました。今後一層活発に皆さんと意見交換できることを期待しています。何かございましたら，お気軽に *wachtelellen@yahoo.com* までご連絡下さい。

エレン・F・ワクテル
Ellen F. Wachtel

謝辞

　本書で紹介した数々の発想の種は，私が1974年，その後1976〜1978年に家族療法について集中訓練を受けたアッカーマン家族療法研究所（Ackerman Institute for Family Therapy）の豊かな知的土壌に蒔かれました。Donald Bloch の主導のもとで，アッカーマン家族療法研究所は現在に至るまで（現在の所長は Peter Steinglass）まさに知のメッカであり，さまざまなアイデアが探求，討論，検証され，練り上げられ，ときに捨てられています。私はそこで一緒に訓練を受けた Olga Silverstein の家族システム論の視点から現象をとらえ直す見事な能力に触れ，そして家族内の相互作用に関する精神力動的視点のとらえ方に大いに刺激を受けたのです。私はアッカーマン家族療法研究所の教授陣と学生仲間に感謝します。その仲間たちも今ではアッカーマン家族療法研究所で教える側に立ち，知的開放性という伝統を受け継ぎ，家族を援助する最善の方法を探すことに全身全霊を注いでいます。

　また「心理療法統合を考える会（Society for the Exploration of Psychotherapy Integration：SEPI）」の仲間たちにも感謝を捧げます。家族と個人の両方を対象とする私の取り組みは，SEPI の大会における刺激的な発表やよりインフォーマルな交流や会話，およびその機関誌である『心理療法統合誌（Journal of Psychotherapy Integration）』に大きな影響を受けてきました。最終章に記した事例の一つは，最初は同誌（Plenum Press）のために執筆したもので，その編集者である Hal Arkowitz の鋭いコメントと疑問により大きく改善されました。

　第9章で論じた別の事例は最初『夫婦家族療法誌（Journal of Marital and Family Therapy）』〔アメリカ夫婦家族療法学会（the American

謝辞 ix

Association for Marriage and Family Therapy）〕に掲載されたもの[179]で，当時編集者であった（かつ SEPI のメンバーでもある）Alan Gurman に謝意を表します。彼が寄せてくれたひじょうに有益な意見のおかげで，本書の基礎となるアイデアをいっそう明確にし，研ぎ澄ますことができました。

　さらに本書で紹介した別の事例はもともとは『戦略的・システミックセラピー誌（Journal of Strategic and Systemic Therapies）』に掲載されたものですが[180]，その一部を本書に転載することを許可して下さった編集者に感謝いたします。

　私が何年にもわたってスーパービジョンを担当するニューヨーク大学臨床心理学博士課程に在籍していた優秀な学生たちは，本書に取りあげたさまざまなアイデアを出してくれました。彼らが知的にきわめて高い疑問を投げかけてくれたおかげで，私は自分のアプローチに注意深く考えをめぐらすことができましたし，彼らが訓練中に学んださまざまな視点を統合する手助けをするうちに，私自身たくさんのことを学びました。

　またアッカーマン家族療法研究所の学生時代からの親友であり仕事仲間である Marsha Shelov も私に刺激を与え，励ましてくれましたし，統合に関する最初の論文（「家族心理学を学ぶ―個人療法セラピストのジレンマ」）[178]を発表するさいに力になってくれました。ここに謝意を表します。何年にもわたり私たちは，子どもたちや家族を援助するより優れた方法を模索して貴重な意見交換を重ねてきましたし，彼女とタコニックカウンセリンググループ（Taconic Counseling Group）に所属する彼女の同僚たちは，きわだって革新的な仕事を成し遂げ，それを私にも教授してくれました。

　また貴重な時間を割いて数章を注意深く読んでくれた Zina Steinberg にも心から感謝しています。教育者，研究者，子どもと家族を対象とするセラピストとしての経験を積んできた彼女のコメントは，ひとき

わ有益でした。

　Maria Alba Fisch は変わらぬ寛大さを進んで示してくれました。繊細な心配り，豊かな感受性，そして子どもの心理療法に関する専門的知識を持ち合わせた彼女だからこそ，数章に対してよせてくれた意見は私にとって貴重な贈り物となりました。

　最後に夫の Paul Wachtel にも感謝の言葉をどうしても贈らなくてはなりません。当時は知る由もありませんでしたが，私たちが初めて出会った約30年前に，統合への模索の旅が始まったのです。当時私は大学院で法学を専攻していましたが，大学時代に受けた教育はアドラー派の影響をとても強く受けていたので，その時点では精神分析にかなり激しく反対する立場をとっていました。私にとってはひどくしゃくだったのですが，大学院を修了したばかりのポールは，精神分析の知識があったのです！　笑い，友情，情熱，そして一番大切なことですが愛情があったからこそ，私たちは互いの相違点を克服できました。そして個々に進化し続ける様々な理論視点の間に作られる動的緊張につねに刺激を受け，高められる中で，私たちは共に生活してきたのです。本書に関する援助について夫に感謝しても，今さらという感がぬぐえません。確かに，彼の編集者としての助力は他には代えがたいものでした。彼は一語一語丹念にチェックしてくれましたし，さまざまな論点に対する彼の意見も私にひじょうに大きな影響を与えました。とはいえ，本書のテーマと同じで，きちんと全体から部分を切り離すことができませんでしたが，彼は私の援護者，ファン，友人，恋人，知的同胞，子どもたちの父親というさまざまな役割を果たしてくれました。私たちは完全に独立した人間同士ですが，互いに相手を形作り，創造してもいます。彼の存在そのもの，そして私たちの生活すべてに関して，彼に心から感謝いたします。

序文

　本書は完成品ではありません。長年にわたり私は，辛い年月を過ごしている子どもたちを援助するためのより良い方法を模索してきました。そしてその探求の成果が活字となって日の目を見るようになった今でも，このアプローチは進化し続けています。どの事例をとっても，以前に用いた方法を少なくとも多少は変化させる必要があるようですし，問題や課題は後を断ちません。例えば，現時点においてきょうだいがそれぞれの中核的自己感覚に，ひじょうに強い影響を与えることに私はとても強い関心をもち，今後，この過程をもっと理解したいと思っています。また他人への共感能力がひどく欠落していたり，周りからの合図や物理的環境に波長を合わせていないように見える子どもをどう援助すべきか，ということについても考えをめぐらせています。したがって本書における私の目的は，きちんとパッケージ化された心理療法のプログラムを提供するのでなく，一つの全般的視点を示すことであり，それに刺激を受けて読者の皆さんが自分自身で探求，実験するようになってほしいと思っています。私は読者の方々からの反響を心待ちにしており，私の推奨点がどのような場で役に立ったか立たなかったか知りたいと思っています。また読者の皆さんが，私のアプローチをどのような目新しい場面で用いたか，どのように手を加えたか，強い興味を抱いています。

　本書に記した治療的作業に関してはいくつものバリエーションが存在しますが，いくつか共通の特徴があります。第一の特徴としてあげられるのは，短期的アプローチだということです。確かに長期にわたって集中的に心理療法を施さなくてはならない子どももいます。私は

時に応じてそうした療法を施しているセラピストに子どもをリファーしますし，もっと長期にわたって個人療法を受けている子どものいる家族とセラピーをします。しかし可能な限り，子ども，両親双方の回復力，成長の可能性を活用しようと努力していますし，ときに可能だと思われるより迅速に状況を変えるよう積極的に介入します。確かに親子両方に言えることですが，葛藤が根深く，延々と続いているため，さらなる心理療法が求められる場合もあります。例えば，親が変化を望んだからといって，それをすぐに一貫して実行できると思うのは間違いです。また，「根深い」病理を強調しつつ，どの事例を見ても，長期間におよぶ集中的介入のみが避けては通れない堅固な抵抗を克服できるという結論にいやでも導く理論に，自分のアプローチの基礎を置くのも間違いです。本書で説明するアプローチの際立った特徴は，人間の変容力の本質について問いながらもそれを信じ続けている点，そして人間の適応的リソースと偽りのない善意に接し，それらを高めることをあくまでも強調している点です。たとえば，ある親は悪意をもっているように見えるかもしれませんし，ただある時点で自分の子どもとうまく行っていないのかもしれませんが，そのあいだで何が決定的に違うかといえば，セラピストがその親を悪意があると見な・・すかどうかなのです。確かに人間の目は開いてなくてはなりませんが，心も開いている必要があるのです。

　セラピストとして私は，大きく言えばコーチおよびきっかけを与える人間の役割を果たしていることに，読者の皆さんはお気づきになるでしょう。子どもが最も長い時間を一緒に過ごすのは両親ですし，日常生活においてもっとも精神的に影響を受けるのも両親だからです。セラピストとしての私の目標は，ありふれた言葉ですが，自分のスキルを両親に「提供する」ことによって，子どもの生活において親が治療的作業の中心的役割を果たすようにすることです。私は確かに積極的に介入しますが——この手の仕事は実際，疲労の大きい仕事です

——，親が自己効力感をもち触発されることによってこの作業は初めて実を結ぶのです。

　私は，精神分析志向の内容に限られたカリキュラムを組んでいた博士課程より学位を取得しましたし，現在でも精神力動的療法に手を加えた形で治療的作業を行っていますが（Wachtel & Wachtel「家族力動と個人心理療法」[183]参照），本書に説明しようとしている介入作業のほぼすべては，家族セラピストとしての訓練が元になっています。そうしたカテゴリー分けを避けることが，本書の意図の中心にあります。理論学派に関係するアイデンティティーをきっちりと規定しすぎる例があまりに目につきますが，そうすると治療的作業の選択肢の幅が狭くなってしまいます。子どもを対象とするセラピストでもときには家族と面接を行いますし，家族療法セラピストが子ども一人と面接する場合もありますが，そういうときセラピストは，規則破りをしている，自分が支持するパラダイムから外れた治療的作業を行っているという感覚にしばしばとらわれます。理論に関して自分はある特定の学派に属する，と自分の立場を確定してしまうと，治療的作業をする対象者を限定してしまうだけでなく，私たちセラピストが何を見聞きするかという知覚まで限定する結果になってしまいます。有名なサフィ（訳注：モロッコ中西部，大西洋に臨む港市）の寓話に，ゾウの一部だけを描写し合った盲目の男たちの話がありますが，それと同じで，一部としては正しくても全体としては真でない問題像しかつかめないかもしれません。

　本書は私を含めて多くの人間が関わっている心理療法統合に関する大きな企ての一部にすぎません。どのような理論アプローチを信奉しているかにかかわらず，セラピストたちの中には自分が教えこまれた理論的視点から，焦点を合わせるためのレンズだけでなく，目隠しももらっていることに気づく者が増えています。私は「心理療法統合を考える会」に参加し，さまざまな志向をもつセラピストたちと討論を

するというよりむしろ話し合うことを通じて刺激を受けましたし，理解も増しました。本書ではこの話し合いを続けようと思いますが，いくらか自分自身の中でこの対話を続けていくつもりです。そして精神力動療法の視点と行動療法の視点がどのように家族システム志向を強化できるか，自分に問い続けたいと思います。その家族システム論の志向こそ，子どもとその問題について考えるための，いわば私の第一言語なのです。

これまでのところ統合に向けた試みの大半は，成人を対象とする心理療法に向けられてきました。子どもおよびその家族に対する心理療法への統合的思考の適用，それを少しでも広めるのが本書における私の願いです。私が本書に示す心理療法統合の形態は，困難を抱えた子どもが思春期直前であるかそれより幼い子どもをもつ家庭との作業をおもに念頭に置いています。子どもがもつ問題のさまざまな側面を理解するために多くの視点を利用しますし，それはもちろん幼い子どもだけでなく青春期の若者にも適用できますが，本書で説明する方法や介入は，ティーンエージャーたちとの作業に必ずしも転用できるわけではありません。多くの場合，思春期の若者はプライバシーが保たれ，秘密厳守の約束が守られなければ，自分の抱える問題について口を開こうとしませんし，幼い子どもと親との作業では情報が相互に伝わって当たり前ですが，思春期の若者が相手となるとそれを嫌います。

本書を通じて私はセラピスト，親，子どもの話をするとき（誰か実在の個人というよりも抽象的な人物として言及するとき），ときどき任意に「彼」，「彼女」という言葉を使っています。そうすれば抽象代名詞として「彼」を用いる伝統につきまとう偏見を取り除く目的が果たされますし，同時に「彼は」「彼女は」あるいは「彼を」「彼女を」が散見するぎこちない文章を避けることもできます。

言うまでもなく，本書で論じている家族のアイデンティティーに関する詳細については多少修正してあります。またプライバシー保護の

ため，子どもやその親の特徴は判別できないよう適宜さまざまなやり方で変えてあります。しかしどの例においても，子どもの性質，困難，彼らがもつ臨床上の問題の本質に関しては，手を加えていません。

目　次

刊行によせて　（平木典子）　iii
序　10年を経て　v
謝辞　viii
序文　xi

第1章
個人としての子ども──「家族の中の子ども」療法への招待　1

1．家族療法からの子どもの排除　4
2．子どもとそのシステム──家族システム論の諸前提の検討　6
3．症状の緩和を超えて　11
4．統合的アプローチ　18
5．システムと個人の部分的自律性　19
6．「個人」という概念　21
7．循環的精神力動　23
8．他の介入様式から借りる　26
9．今後に向けた統合的介入モデルの検討　28

第2章
親だけとの面接──親の関心事を理解する　31

1．信頼を築く──協力関係を確立する　33
2．親の罪悪感　36

3．症状に対する態度とその症状の
　　家族システム内での役割を見立てる　38
4．問題に対する親の解釈　41
5．家族システム論的，精神力動的，行動療法的視点からの
　　臨床仮説を立てるための情報収集　46
6．重大な手抜かり　47
7．教師，ベビーシッター，その他の重要な大人との
　　相互作用についての情報　49
8．家族システムの情報源として
　　家族成員の気質に関する質問を利用する　53
9．注意欠陥障害，多動，学習障害　59
10．焦点を広げる　60
11．子どもと同様に親にも援助する　62
12．まとめ　63

第3章
家族との面接を最大限に利用する　65

1．家族との第1回目の面接　67
2．きょうだいを参加させる　68
3．最初の面接の雰囲気　69
4．家族面接で行うこと　73
5．家族システム内の相互作用を観察する　81
6．価値観と態度　92
7．子どもの反応性，開放性，ストレスへの対処法に焦点を当てる　93
8．親とのフィードバック面接　96
9．継続面接の一部としての家族面接　100
10．問題解決のために家族面接を利用する　104
11．境界と同盟に対する治療的作業　106

12．両親が離婚している場合に，コミュニケーションルールを決める　109
　　13．家族システムの力動の概観　110

第4章
子どもを深く知る──効果的な個人面接のための臨床的指針　115

　　1．子どもと面接する目的　116
　　2．子どもとの個人面接のためのいくつかの指針
　　　　──精神力動的プレイセラピーとの違い　118
　　3．守秘義務に関して　125
　　4．最初の面接　128
　　5．話をする──事実から気持ちまで　131
　　6．子どもが重いうつ状態にあるとき，あるいは
　　　　奇妙な行動をとるとき　136
　　7．プレイ，物語作り，描画　142
　　8．「気持ち」にふれるボードゲーム　145
　　9．物語作り　150
　　10．自分の作った物語に対する子どもの反応　155
　　11．物語作りに関して一言　157
　　12．パペット，人形，おもちゃのキャラクター人形で
　　　　劇を上演する　157
　　13．粘土を使う　160
　　14．絵を描く　161
　　15．子どもの投影の素材を理解する──全般的考慮事項　162
　　16．子どもの敵意に対処する　167

第5章
不安，適応様式，防衛機制　169

　　1．適応の様式　171

2．防衛機制　176
　3．防衛，対処方略が非適応的である場合　186
　4．非適応的な防衛機制と対処の仕方に対する
　　 行動とシステムの強化因を理解する　189
　5．十分に発達していない防衛機制　193
　6．発達不全の防衛機制および対処能力の
　　 行動的要素と家族システムの要素を理解する　197
　7．子どもの防衛と家族システム　203
　8．統合的視点と詳細さに関して　206

第6章
主要な精神力動的概念　209

　1．恐ろしい，あるいは否定された自己の側面　210
　2．欠乏感，フラストレーション，見捨てられ感　216
　3．激しい怒りと欠乏感の源としての過剰な充足　220
　4．敵意があり攻撃的な子どもを理解する　223
　5．過度に不安で依存的な子ども　229
　6．より深刻な障害をもつ子ども　235
　7．対人的期待　240

第7章
精神力動的フォーミュレーションにもとづく介入　245

　1．赤ちゃんごっこ　247
　2．物語作りの技法　256
　3．実話　258
　4．親子両方に対する曝露として話をすること　259
　5．物語作りと家族構造の変容　260
　6．すでに存在する物語を利用する　263

7．否定的な回想　264
8．肯定的な回想　267
9．家族システムへの介入と行動的介入の基礎を与えるために精神力動的理解を用いる　269
10．子どもの自分自身の怒りに対する恐れに対処するための制限の設定　269
11．陰性感情の表現を制限する　272
12．退行的衝動を過度に刺激するのを避ける　274
13．子どもの恐怖心　277
14．精神力動にそってクライエントに保証を与える　280
15．もっと目をかけてほしいという子どものはっきり言葉にされない欲求を認識する　283
16．子どもと一緒にリラックスする　284
17．親が自分と一緒にいてくれることに関して統制感をもちたいという子どもの欲求を理解する　286
18．自律と習得への子どもの欲求について　287
19．教師と協力する　291
20．子どもとの個人面接で精神力動的フォーミュレーションを用いる　294
21．禁じられている題材についての話し合いを中和する　297
22．比喩的な物語を通じて無意識の葛藤や不安を扱う　302

第8章
行動的フォーミュレーションにもとづく介入　307

1．家庭で子どもが教えられること，学ぶことを理解する
　　——強化随伴性の分析　313
2．行動修正の原理を利用する　325
3．望ましくない行動に対する否定的な結果や罰を使うことと自然消去の比較　337
4．タイムアウト　338

5．ペナルティー，罰，不承認　340
     6．認知行動アプローチとソーシャル・スキル・トレーニング（SST）343
     7．認知技法，モデリング，ロールプレイを利用する　345
     8．まとめ　359

第9章
総括――5つの事例　361
     1．ジェニー――うつの子ども　363
     2．マシュー――学校嫌いの子ども　377
     3．ジョニー――失禁症の10歳　389
     4．サラ――自分自身が大嫌いな女の子　401
     5．ミッキー――危険な気質の少年　413
     6．結論　435

参考文献　437

訳者あとがき　447

索引　463

第1章

個人としての子ども

―― 「家族の中の子ども」療法への招待 ――

　家族システム論の考え方によって，子どもの問題の理解が，大きくしかもそれまでにないやり方で進歩した。子どもの問題を，単にその子の内面から出てくる何かを反映したものとしてではなく，常に起こりつつある相互作用の産物だとみなすのは非常に重要な見方であるが，我々はこれまでそのような見方を取りこぼすという危険を冒してきた。家族システム論の考えが生まれてからほぼ40年が経過した今日に，その考え方は，専門家だけでなく一般大衆にも広く受け入れられるようになった。

　子どもの心理的問題にある家族システムの次元の重要性が一般に認識されてきたものの，家族療法セラピストは子どもの問題を扱う専門家とは見なされないことが多い。教師やメンタルヘルスの専門家たちは，問題のある子どもに出会うと，いまだに子どもの専門家にリファーする傾向にある。彼らは家族療法を，それ自体として独立した治療様式でなく，子どもに対する個人療法の補助的なもの，という程度にしか認識していないのである。

　これまで，家族システム論的アプローチと個人に焦点を当てた心理療法的アプローチでは目指す方向が大きく異なっているため，臨床家はどちらかを選択しなくてはならないと考えられてきた。大人に対する心理療法に関しては，二つの理論的視点のあいだの接点を探る試み

が数多くあるが，幼い子どもを対象とした家族システム理論と個人心理療法理論の統合に関する文献は非常に少ない。心理療法統合のわずかな例を除き（たとえば，Duhl&Duhl[37]，Feldman[43,44,45]，Gold[59]，Pinsof[141]），子どもを対象とする臨床家はそれぞれの学派に収まっている。家族療法セラピストは，子どもを対象とするセラピストが，子どもを「病理の視点からのみ眺める（pathologizing）」と感じている[29,68,86]。一方，子どもを対象とするセラピストは，家族療法セラピストが個人の心的営みを過度に単純化したり無視していると考えている[113]。

　家族療法セラピストが，子どもが抱える困難を中心とした心理的問題への心理療法において中心的位置を占めることがなかったのには理由がある。彼らは厳密に家族システム論の視点を発展させようと努力する中で，家族システム論に先んじて数十年間にわたり発展してきた子どもに対する個人療法は全く重要でない，というスタンスをとる傾向にあったからである。本書ではそのことについて論じていくことにする。家族システム論のアプローチは，私たち臨床家の視点を広げ，子どもに「患者」というレッテルを貼らせないことを目的として開発されてきたが，皮肉なことに多くの家族療法セラピストが意図に反して子どもをネグレクト（無視）する結果を生んでしまった。家族療法セラピストは「赤ん坊を風呂の湯とともに流す」ということわざを厄介なことに（ほぼ文字通り）そのまま現実の行為として実践してしまった。

　親が問題を抱えた子どものことで家族療法セラピストに相談にいくとき，セラピストの質問に自身のやったことを疑問視したり非難するような調子を感じ取ることが多い。問題の症状を呈している子どもと片方の親との隠れた同盟や，夫婦関係がうまくいっていない家庭で問題をもった子どもが果たす役割につねに目を光らせるよう訓練を受けている家族療法セラピストは，最初の数回の面接で，問題を子ども個人の問題ではなく，家族システムの問題として再定義しようとする。

家族療法はその誕生当初から，子どもの問題を，広角レンズを通して見てきた。家族を「患者の家族」ではなく，「患者」として見るのである。[11]

　子どもの心理療法に関する文献を読みさえすれば，家族システム論の視点がどれほど劇的で深淵なパラダイム転換を引き起こしたかよくわかるだろう。子どもの問題はその子どもの中にあり，その子が「矯正される」必要がある，あるいは「矯正」されうるとは考えられなくなった。そうではなく，子どもの心理的問題は家族の機能障害を示す一つの徴候であると解釈されると同時に，家族生活において一つの役割を果たすとも考えられる。たとえば Salvador Minuchin のビデオを観た，あるいは彼の理論を勉強したことのある人なら誰しも，この論点の妥当性と説得力に何の疑いももたないだろう。

　本書はこの極めて価値ある達成を出発点としている。本書が目指すのは，家族システム論のおかげで深まった理解に異議を唱えたり，それを無視したりすることではなく，そこに生じた不均衡（崩れたバランス）を修正することである。もっと具体的に言えば，上から下へのトップダウンの家族システム論の思考――つまり家族というシステムが子どもに与える影響に大いに注目し，逆に子どもが家族に与える影響にはあまり目を向けないというシステム論の考え方――というべきものに注意を向けたい。

　家族療法は今では学問として成熟しており，もはや個々の反論者や，そのすべてに対して自らの存在価値を主張する必要はない。その代わりに家族療法は，子どもを含めた家族に対する治療的作業に，他のアプローチにおいて役立つ方法を独創的に組み入れて利用する方法を見つけなければならない。そうすれば，基本的には，自分は子どもを専門とするという認識をもつセラピストが，精神分析的アプローチ，行動療法アプローチ，あるいはその他のどの様式の理論アプローチをとろうとも，その理論志向に家族システム論の視点を組み込むことを可

能にする。これは個人療法と，家族システム論の見解の双方にとって得るものがあるだろう。

1．家族療法からの子どもの排除

　家族療法の分野でもっとも影響力のある臨床家や理論家の多くは，面接に子どもを同伴させるべきだと主張してきたが，それでも家族療法セラピストが，ほんの数回面接をしただけで，あとは面接から子どもを外してしまうことも珍しくない。家族システム論の考え方を支持する者は，原則的には循環的因果関係の見方をとるはずであるが，実際にはほぼ例外なく，家庭内の相互作用の中で親側ばかりに注目してしまう。KornerとBrown[94]は，家族療法セラピストの世界観と実践に関して行った調査から「家族療法から子どもを除外するのは，かなり一般的に行われ，広く浸透しているようである」と記している（427p）。ChasinとWhite[23]は次のように述べている。

　　　親とその原家族についてを主として，またはそれらのみを治療的作業において扱うことを理論的に正当化するアプローチを信望するセラピストは，当たり前のように子どもを面接から排除している[16]。しかし，家族全員を直接観察し，介入対象とするアプローチを支持する多くのセラピストも，実際のところ大半の面接を子ども抜きで行う。子どもを排除する理由を，問題の核心，そして解決に向けた最大の鍵は，親というサブシステムにあるためである，と説明することが非常に多い。つまり親だけに面接をするのが家族を援助するもっとも効率的なやり方だ，というのである。（6p）

　残念なことに，子どもを含めた面接の重要性を強く認識していても，幼い子どもに相対するのは不得手だと感じている家族療法セラ

ピストが多い。子どもの除外は，子どもの症状を夫婦間の機能障害に結びつける理論的観点への過度な傾倒を反映しているが，少なくともそれと同程度に，子どもを面接に参加させるときの難儀さを反映しているようである。[10,23,28,30,87,96,195] Zilbach[195]は文献のレビューと家族療法セラピストに対するインタビュー調査から，家族療法セラピストが子どもの参加に対してどのような態度をとっているのか調べ，次のように結論づけた。「多くの家族療法セラピストは，いつ，どのように，あるいはなぜ自分は子どもを除外するのか，ほとんど認識していない……子どもと遊ぶことに内心気が進まないから，あるいはそうすることに強い嫌悪感さえ抱いているから，子どもを外す場合が多い」(20p)。同様にCombrinck-Graham[28]は，家族療法セラピストが子どもを外すのは，子どもの機能障害の原因が夫婦間の問題にあると考えるからだが，それに加えて「子ども相手に面接をする訓練をほとんど受けていないので，できるだけそれを避ける傾向にある」からだと記している。(x.p)[注1]

Keith[87]は，家族療法セラピストは「子どもが加わったために思いがけない混乱が生じ，自分の技量が足りないと感じる」ので，子どもを外すのかもしれないと示唆している（2p）。Diller[36]はアメリカ家族療法学会の会長であり，ケンブリッジ家族療法研究所の所長でもあるChasinの言葉を次のように引用している。

　　家族療法セラピストは子どもを相手に面接がうまくできるはずだと思われているのに，そうした訓練も受けていなければ知識も持ち合わせていない場合が多く，さらに経験も関心も余力ももっていない，というのがこの分野における長年の悩みの種である。結果として彼らは，

注1　KornerとBrown[97]による173名の家族療法セラピストを対象とした研究は，家族面接に子どもを参加させるということに関してセラピストがどのような考えをもち，どんな実践をしているか調べた。その結果，子どもを家族面接から除外し，成人（親）のみと作業する傾向は，子どもに特化した心理療法訓練の量に直接的に関係していることがわかった。

優れた介入を行うきわめて巧妙な方法を発見している……同時に結果として，子どもと直接対峙することをうまく避けているのであるが。（18p）

最近では，家族面接に幼い子どもをどのように組み入れるか，どのように同席する子どもを治療的目的に役立てるか，という問題に注目した文献が増えつつある[8,23,195]。それにもかかわらず「家族療法における子どもに関する文献は不足しているし，子ども，とくにごく幼い子どもは心理療法から完全に外されるか，特別に子どもに対する心理療法の訓練を受けたセラピストに個人面接をしてもらうべきだと感じている者が多い」とCombrinck-Graham[30]は記している（373p）。

本書はこの不足部分を埋めることを目標としている。そのためセラピストに対して，個人療法の視点と家族システム論の視点を統合する理論的枠組みを提供するだけでなく，子どもたちを臨床的に意義のあるやり方で家族療法に参加させるための具体的な方法を示したい。

2. 子どもとそのシステム ――家族システム論の諸前提の検討

まず，家族システムの視点に立つと何が得られるか，そしてその視点には何が欠けているかということを概観しよう。個人主義の前提が長年子どもの心理療法において支配的だったが，家族療法はそれを修正する貴重な考えを提供した。しかし多くの場合，家族システム論の視点からのみ見ても不十分である。治療的効果を最大限にするために，臨床家は家族との作業において，一個人としての子どもに対する精神力動的理解と行動面の理解の両方を活用する必要もある。本書では十分に統合的なアプローチの考え方と手法を紹介するが，それが幅広い分野のセラピストたちの役に立てば幸いである。

1　子どもの三角関係化

　家族療法では，子どもの問題は通常，家庭における大人同士の何らかの葛藤に関係しているという考え方がもっとも広く受け入れられている。家族システム論のレンズを通して子どもの問題を見ると，子どもが三角形の相互作用の一角をなしている様子がしばしば伺える。その三角形の二角を占める大人と大人のあいだの緊張は，子どもの問題を通してそらされるか，あるいは表面化する。Minuchin[119]はこのタイプの相互作用を「硬直した三者関係」と呼んでいる。

　三者関係にもさまざまな種類が存在しうる。たとえば，水面下で対立している大人が子どもの支持を巧みに取りつけようとしている家庭では，親子の連合のあり方はつねに変わるであろう。どちらかの親に対する忠誠心を示すことを意味する選択を迫られる子どもはストレスを感じ，それが症状として表れることもある。一方，大人が表立って対立している場合，流動的であるよりもむしろ安定した連合が形成され，敵とは言わずともよそ者とみなされる片親と疎遠になるという犠牲を払って，子どもはもう一方の親だけの味方になるだろう。

　また夫婦は自分たちのあいだの争いを否定する助けとして子どもを利用することもある。Minuchinはこのタイプの三角関係を「迂回」と名づけた。「迂回－攻撃」様式をとる場合，両親は同盟を形成し，子どもが「悪い」ので両親が監督する必要があるという評価を下す。同じように，「病気だ」とみなされる子どもに両親が一緒になって注目する「迂回－支持」様式によって，彼らは自分たちの意見の不一致を隠す可能性もある。

2　自己を犠牲にする子ども

　さまざまな家族システム論の立場において，親の離婚を阻止するために子どもたちは自分自身を犠牲にしていると見なされている。「三角関係」の概念は，子どもは家族の中で何らかの役割を与えられ，搾

取される家族成員であると捉える傾向にあるが，この自己犠牲の見方に従えば，子どもは家族のために「問題児」の役割をむしろ積極的に演じ続ける者と考えられる。（大人であれ子どもであれ）症状を呈する家族成員が自己犠牲を払っているとしても，愛情と家族の感情的絆に犠牲はつねにつきものだとみなされる。このテーマについては繰り返し家族療法の文献で論じられてきた。たとえば Haley[69] や，Boszormenyi-Nagy と Ulrich[15] の考えを比べると他に共通する部分はほとんどないが，親への忠誠心，そして夫婦関係の崩壊を防ぎたいという願望から子どもの問題が生じるという点で両者の意見は一致している。精神分析志向の家族療法セラピストである Robin Skynner[167] は次のように述べている。「家族内の『病んだ』成員は……罪悪感および愛情という動機から，親，結婚生活，あるいは家庭が崩壊するプロセスを自分が防いでいると，たとえ無意識であれ強く認識しているので，このような家族の心理プロセスに加担してしまう」(46-47pp)。同様にはっきりとした非精神分析的観点に立つ Mandanes[108] は，子どもの症状をめぐる相互作用を，家庭内の他の問題をめぐる相互作用のメタファーととらえる。そして病的症状を示す子どもの行動に接近するさいに「子どものもくろみは役に立つか，またそのように子どもが役に立とうとするやり方が問題になるのはどんな点においてだろうか」という疑問に答えようとする。そして「子どもが親を助けようと思うと，しばしばその子が解決しようとしている問題よりも深刻な問題が生じてしまう[109]」と指摘している (185p)。これも症状を呈している家族の一員に対する独特のアプローチであるが，このミラノ学派は，パラドックスと処方の重要性を強調し，症状を呈している個人は何らかの形で家族の助けになっていると想定し，実際には病気に見える子どもはその双肩に家族を担いでいるとして問題を捉え直した。[75]

3 投影の受け皿としての子ども

上記の見方と関連しており，かなり広く浸透している家族システム論の子どもの症状に対する見方は，子どもが親の投影や歪曲の受け手になっているという考えである。親が破棄した自己の諸側面は，子どもに具現化され，その親は，子どもと同一視することを通して，葛藤を引き起こすその自己の諸側面を拒否すると同時に充足させる。投影的同一視は，「一挙両得」のようなものだと考えればよい。Ackerman[1]は投影という精神力動概念をもっとも早く家族に適用した者の一人であるが，従順でなく扱いにくい子どもが「本当は特異で孤立した外部者ではなく……重要だが無視されている生活領域に関する家族のスポークスマンとなっている」事例を挙げている（236p）。同様にStierlin[171]は症状を呈している子どもを家族の「代理人」とみなしている。家族はその子を問題の種だと思っているが，実際には「家族によって破棄された悪や狂気」を表しているのである（203p）。Framo[49]も，「親しい者たちは互いのために心的機能を共謀して果たし合う」と指摘している（viii p）。

　この理論的視点を臨床事例におきかえて説明すると，家族療法セラピストは，怒りを行動化している子どもを目にすると，「この行動は家族システム内でどのような機能を果たしているのだろうか」ということだけでなく，「他の家族の成員は怒りと攻撃性にどう対処しているのだろうか」とも自らに問いかけることになる。たとえば権威者に対する自分自身の怒りから自らを防衛している親は，怒りに関して子どもに何らかのメッセージを送っているかもしれない。そして子どもはそのメッセージを受けて，何かを「するな」とか「しろ」とばかり言う教師に対して敵対する行動に出ているのかもしれない。投影的同一視の考え方によれば，親は否認することで怒りに対する自己防衛を

注2 この現象は，親―子どもの相互作用のみに限定されていない。多くのセラピストは，夫婦がそれぞれの心理的機能を果たしている共謀的防衛システムについて説明している[16,50,147]。しかし，本書では，子どもと親のこのような心理プロセスのみに焦点を当てている。

強化できるし，同時に子どもとの同一視を通じて，禁じられた願望をかなえる。

　親は子どもの中に，本当は存在しない特徴を「見る」だけでなく，もともと親自身がもっていた不安を誘発し，その後子どもは本当にその不安を感じるようになるということは特筆に値する。Laing[99]はこの過程を神秘化と名づけ，親は積極的に，しかし見えないレベルにおいて密かに子どもの感情を型にはめ込むと同時に，子どもが自ら決定するその子独自の見方を剥奪し，否定する，と説明している。無意識のうちにこの過程が進行するのが，共謀的防衛メカニズムの特徴である。

4　過去の亡霊の現れとしての子ども

　上記と似たような過程が生じるのは，子どもが，親の相反する重要な自己の諸側面を体現するよう誘い込まれるときよりもむしろ，親が過去に未完了の体験をもった重要な人物の役割を演じるように導かれる場合である。つまり，依存関係に関して無意識の葛藤をもつ子どもは，その親が自身の親（つまり子どもの祖父母にあたる）に面倒をみてもらいたいという親の願いを感じ取っているために情緒的に混乱していることもある。あるいは逆に，親が自分自身の横暴な親に関する問題に対処しているため，子どもが非常に激しい怒りの感情に悩まされることもある。子どもは「暴君のようだ」と見られるだけでなく，実際のところ暴君のように振る舞わされる。あるいは子ども時代に自分が受けられなかった親密さと愛情に満ちた養育を，親が子どもに求めるケースもある。子どもが親離れできず家にとどまっているのは，まだ十分ないつくしみを受けてないと感じている親の面倒を見るためだ，と多くの家族療法セラピストは考えている。

3．症状の緩和を超えて

　家族療法セラピストは子どもの問題を見事に広角レンズでとらえているが，それは次の３つの理論的前提による——①症状を呈している子どもが機能不全の三者関係の一部となっている家族には，構造的問題がある，②子どもは家族が崩壊しないように自分自身を犠牲にしている，③子どもは家族の誰かの破棄された自己の側面を行動化するように導かれるか，あるいは未完了の経験が残っている家族成員の役割を果たしている，である。この種の家族システムの分析が行われ，子どもの症状が急速に緩和されたという多数の報告が，文献にはあふれている。

　一般に症状の緩和は，子どもを相手とする家族療法セラピストにとって一番の，あるいは唯一の目標だと言ってもいい。なぜなら家族のために病的症状を呈するという役割を免除されると，その子は再びふつうの子どもと同じ発達の軌道に乗り，それ以降，特別な介入を必要としなくなる，というのが通説だからである。[87]これが現実に起こる場合もあるが，症状が急激かつ劇的に緩和すると，セラピストはあまり目立たない，あるいは簡単に解決されない問題に関して子どもに介入するのをやめてしまうこともある。家族療法セラピストは，自身が子どもにはしてあげられないことに関して不要な限度を設けてしまうことが多い。たとえば，親が離婚しそうだという状況に自殺をにおわせる行動をとる子どもが，介入に対して即座に良い反応をしたら，[109]それは子どもとの心理療法の終わりでなく始まりと考えられる。自身の感情に気づくことができない，またそれを表現できない，あるいは，困惑感，もうどうすることもできないという絶望感などといった自身の気持ちを落ち着かせることができないといった子ども自身の個人的問題に取り組むのでなければ，私たち臨床家は子どもに対してひどい害

を与えることになる。軌道に戻った（学校に行くようになり，仲間とも交わるようになった）という意味で子どもは「調子がよく」なっているのかもしれないが，より深い作業に取り組まなければ，今後，その子どもがストレスにどう対処するか不安が残る。子どもを病気扱いすることを恐れるあまりに，さらに心理療法を受けたら大きな恩恵を受ける子どもを過度に「正常であるとして」扱うセラピストも多い。

McDermottとChar[113]は次のように主張している。「問題をもつ子どもを理解し，その子に対処して問題解決を図るためには，その子に格別の注意を払う必要があり，特別なスキルも求められる。その子は両親と同じ程度に，クライエントとなる権利をもち，クライエントとして理解され，介入を受ける権利がある」（428p）。多くの家族療法セラピストは今でも「家族が健康的になるにつれて，子どもも健康になる」と感じているが[87]（2p），子どもの機能不全が単に夫婦間の問題として扱われていることに対して，一部の家族療法セラピストはしだいに懸念を強めている[28]。Papp[131]は，もし子どもが仲介者としての役割から解放されれば，症状は消えてうまく社会に適応できるようになる，という家族療法セラピスト間の「共通の神話」に言及している。さらにRosman[145]は，「救済者としての役割から解放されたからといって子どもはすんなりと，通常通り発達できるようになるわけではない。『回復』後も，大きな社会的—精神的問題が残る可能性がある」との見解を示している（229p）。

家族療法が「成功」したか否かの評価は，どこに目を向けるかによる。Sider[164]は次の点を指摘している。

> 治療的アプローチを選ぶときには，目標を達成するための手段を決めるだけでなく，どのような結果になってほしいかという決断が必要とされる。精神分析家は人格構造の変容を，家族療法セラピストは家族力動の改善を，行動療法セラピストは不安の軽減を，精神薬理学者

は精神障害の症状の緩和を目指すだろう。(390p)

　たいていの家族療法セラピストは，子どもおよびその家族と面接を行うさいに，子どもの心的な現実を考慮しない傾向にあるように思えて仕方ない。「その子はどんな自己イメージをもっているか，その子は経験上，自分を取りまく世界を敵意に満ちた危険な場所と感じているか，その子は自分自身の不安に脅えているか，その子はその年相応の自我能力をもっているか，その子は怒りをコントロールできるか，親から離れようとしたができなかったことはないか，自分と他人の良い面，悪い面をなかなか受容できず，『分裂』が生じていないか，その子はどのような防衛機制をどの程度用いているか」——このような疑問に対してほとんど注意を払っていないのである。こうした疑問に治療的作業において取り組まなければ，私たち臨床家は子どもと家族にとって何の役にも立っていないことになる。子どもと一対一で面接し，症状を呈している子どもを徹底的に理解してそれを家族療法に取り入れれば，セラピストは，子どもを病気扱いしたり，その子とその家族を長期間セラピーに縛りつけたりすることなく，上記のような懸念に対処できる。こうしたより幅広い問題を見定めるために，子どもとの個人面接を利用するために必要な具体的指針を第4章に示した。また無意識の葛藤を解消し，非適応的な防衛機制を修正するために家族および子どもと行う治療的作業の方法については第7，8章で説明する。

上から下へのトップダウンのシステム思考の好ましくない結果
　本章でこれまで見てきたように，家族システム論の理論的視点は，家族の中の子どもを真に理解できないという皮肉な結果につながる危険性もある。家族療法セラピストは，夫婦間がうまくいっておらず子どもにも問題があることを知ると，最初に夫婦間に問題が生じ，そ

れが波及して子どもが問題を呈するようになる，と思い込みがちである。問題を抱えた扱いにくい子どもに対処することで生じるストレスが，夫婦間の不和の一因であるという可能性にあまり注意が払われないことが多い。

　Bogdan[13]は「家族は本当に問題を必要としているか」という論文の中で，次のように指摘している。

　　　子どもが厄介な行動をしはじめると，親はその子にばかり目を向けるようになり，その結果，夫婦間で言い合いをする機会が減るという事態が実際に生じるかもしれない。問題はそうしたパターンがあるということでなく，そのパターンに対して適切な解釈ができるかどうかということだ。このような結果になるのは偶然なのか，それとも，良い表現が見つからないが，言うなれば何か意味があってそうなるのか。
（30p，傍点は著者による）

　McDermottとChar[113]は「子どもの個人療法と家族療法のあいだの宣戦布告なき戦争」の中で，夫婦間に問題が生じたからといって必ずしも子どもが不安定になるわけではない，という明白な事実を指摘している。また「性格特徴，感じ方，欲求の歪曲，能力が変化しつつある点で家族内の大人とは異なる」子どもに十分注意を払っていないとして，彼らは家族療法セラピストを批判し，「子どもは大人同士の駆け引きにおけるただの人質ではない」という意見を述べている（425p）。このような家族療法の描写は当たっている部分も多い。しかし，それを解決するには，家族システム論のアプローチを放棄するのではなく，子どもに対してもっと敏感になる方法を見つける必要がある。

　純粋な家族システム論の視点に立てば，本章でも見てきたように面接から子どもを締め出すだけでなく，子どもが実際に面接に参加して

いるときでさえ，しばしば彼らを本質的に分からない存在として扱い続けてしまう。子どもは（外向的であっても）一般に大人よりもその性質をつかむのが難しい。大人は少なくとも子どもと比べたら，自分のことをうまく描写して語れる場合が多く，個人として知ることができるようになるが，子どもは家族というシステムの中で果たす役割によってのみ認識されることが多い。家族システムというレンズを通してのみ子どもをとらえると，私たちはついその子固有の特質を見逃がし，「親の役割を背負わされた子ども」，「三角関係に巻き込まれた子ども」，「母親の味方」，「父親の代弁者」というように単純なカテゴリーにはめ込んで見てしまう。子どもに接するときは，大人と接するとき以上に，あえて努力しなければ，その子を十分に理解することはできない。

　家族療法セラピストは，従来の介入方法をいくらか修正すれば，すぐに子ども個人の強みや問題点をより深く理解することができる。たとえば，子どもの気質や不安がどのように家族の機能不全の原因となるのか，あるいは自分の不安に対処しようとする子どもの努力が家族というシステムにどう影響するか知ることは重要である。この種の情報をもたないで心理療法を行うのは，片腕をうしろに縛られているのと同じである。家族とは別個に存在する子どもの生活というものがあり，子どもが感じる不安の中には，家族システム論の視点でなく個人の視点から見るともっともよく理解できるものもある。上から下へのトップダウンの家族システム論のアプローチをとると，以下のような疑問を差し挟む余地がなくなってしまう――「子どもの問題の一因となっている可能性のある，その子の無意識の葛藤とはどのようなものか，その子はどのような対処様式をとっているか，その子は難しい課題を与えられると身を引いてしまうか，それとも苛立ってもがんばるか，その子はあまりソーシャルスキルを身に付けていないか，その子は過度に用心深いか，向こう見ずか，強迫的か」。本書では多くのペ

ージを割いて，どうしたらこうした問題に対する答えが得られるか，そして得られた情報を家族療法の場でどのように活用すればよいか，ということについて詳述していく。

　上から下へのトップダウン式の家族システム論の視点は，もう一つの好ましくない事態に陥る可能性がある。それは，問題をはらんだ相互作用を変え，結果として家族というシステムを変える子どもの能力を，セラピストが十分に利用しない，という事態がひんぱんに起こることである。わずかな例外を除き（たとえば Combrinck-Graham[28], Guerin & Gordon[65], Stierlin[171]），家族療法セラピストは，問題をはらんだ相互作用が続いている家庭における子どもの役割にあまり気をとめない。何年も前に Montalvo と Haley[122]は，「子どもに対する心理療法を弁護する」という表題で，子どもに対する心理療法に関する興味深い論文を発表した。彼らはその中で，多くの家族療法セラピストが，長年尊重されてきた理論アプローチを無視し，結果としてそうした介入法に関する貴重な貢献を見過ごしている，と指摘している。そして子どもとの個人療法によって家族の構造を変えるためのたくさんの方法を事細かに説明し，意図的ではないが必然的に起こる家族システムへの影響が変化につながる，と結論づけている。たとえば，個人療法の結果，子どもが退行してしまうのを見たセラピストは両親に働きかけるようになるし，子どもの心理療法を専門とするセラピストが面接中に子どもに対して寛容的である結果，子どもが家庭内で一層手のつけられない行動をとるようになると，今度はそれを見た両親が制限を設けるようになる，というのである。

　Montalvo と Haley の分析には正しい面がたくさんあるだろうが，子どもの心理療法に関して彼らが触れていない一面がある。それは，子どもは，対人的問題と心的問題を解決することと，問題をはらんだ相互作用における自分の役割を変えることの両方に関して，直接援助を受けているという点である。子どもに対する心理療法が直接子ど

を変化させると，それが発端となって家族はより一層変化するものだが，その現象が完全に無視されているのだ。本当に助けになるのは，家族システムへの介入のみであると彼らは仮定しているし，個人療法を皮肉っぽく「賞賛」するさいにも，いまだに家族療法に関する文献において優勢な変化は「上から下」へ及ぶものだという仮定が，その下敷きとなっている。つまり，親が変われば，子どもも良くなるという仮定である。

　子どもはセラピーに行くことに気乗りがしないかもしれないが，自分と両親や教師とのあいだに起こっている問題を通常苦々しく感じているものである。その子は実際には家族の中で「救済者，自己犠牲者」の役割を果たしているかもしれないが，それでも普通彼らは自分が「IP（患者の役割を担う人）」であることによって生じた状況にまったく満足していない。大半の子どもは自分の問題を解決する動機付けが高く，親，教師，仲間との関係がうまくいかないことに動揺している。行き詰まりを感じ，状況を好転させるにはどうしたらよいか分からない場合も多い。他者との関わり方を変えるにはどうしたらよいか提案すると，多くの子どもは熱心にその意見を取り入れる。しかし，子どもは家族の中である機能を果たしているので，その症状を持続させなくてはいけないとセラピストが思い込んでいるとき，子どものその変化への熱意を十分利用していない。親子のやりとりにおいて親のほうばかりに気を取られて，その結果，変化するための強い力，良好な家族関係を願う子どもの気持ちを無駄にしてしまうのだ。問題をはらんだ家族システム内の相互作用の中で，子どもが自分の立場を変えたいときにはどのように援助するのがよいか，その方法に関しては第8章で詳述する。

　上から下へというトップダウン的な考え方には限界があるが，その中で一番重要なのは，子どもは問題点を克服しようとするさいに，その場の状況に応じた直接的な援助を必要とするのに，それが得られな

いという点である。つまり，家族療法セラピストがシステムへの介入を行うさいに親子関係における子どもの役割に注目しても，一般に子どもが自身の問題を解決しようとするのを直接手助けしないのである。社会の底辺にいる者たちが救済される最善の方法は，上層にいる者たちの状況に注意を向けることだと信じる保守的な経済学者の通貨浸透説と同じで，歪められた，あるいは上から下へのトップダウンの家族システム論の考え方をとるセラピストは，一番困っている個人に直接注目するのは逆効果だと考える。より広い家族療法の視点は，その家族システムに対する介入に子ども個人の問題に対する理解を組み込むだろう。いくつか例をあげれば，批判に対する神経過敏，自己評価の低さ，良好ではない友人関係，攻撃性をめぐる葛藤，といった個人的問題に取り組むために考案された積極的介入を，治療的作業に組み込むことになるだろう。第7章，第8章ではそうした子どもの個人的問題を，家族全員，そのうちの何人か，あるいは子ども一人との面接にどのように組み入れるのか，そしてどう直接対処するか，ということについて詳しく説明する。

4．統合的アプローチ

本書で説明する家族を対象とする心理療法は，2つの意味で「統合的」である。第一に，感情的苦痛や精神病理に対して，個人療法の理論的視点と家族システム論の視点を統合している点である。そして第二に，行動療法，認知療法，精神分析志向の心理療法などさまざまな理論アプローチで開発された介入方法を援用し，修正して用いるという点で統合的である。ある特定の学派に従った問題のフォーミュレーションに完全に傾倒せず，さまざまなアプローチに基づく複数の治療的介入を利用できる，という仮定がその底流にある。また，ある特定のアプローチに通常結びつく臨床実践の仕方をそっくりそのまま用い

る必要もない。以前発表した拙著にも記したように[183]，精神力動的理解に基づく個人療法は，行動療法アプローチおよび家族システム論アプローチから導き出された積極的介入方法（転移が発現するのを見えにくくするという理由で，古典的な精神力動的療法が一般に避けてきた方法）を取り入れて，成果を高めることができる。同様に，家族療法を行うさいに，家族システムの視点を中心に据えたままで，行動療法あるいは精神力動療法の介入を取り入れることもできる。

5．システムと個人の部分的自律性

　家族療法の基礎となっているのは，問題を呈している個人に焦点を当てるのは間違いだという概念である。因果関係は直線的でなく循環的だというのが，家族療法の基本となる認識論的前提である。家族療法セラピストは一人の個人の問題に力点を置きたがらない。そうすると，個人の問題のように見えることでも，実際には家族成員は問題状況に対して同じように寄与しており，個人は機能不全の相互作用の一部でしかない，という家族システムの心理療法の基本的な考え方に背くように思えるからである。このところ，家族療法セラピストが家庭内暴力と性的虐待の現実に立ち向かうとき，循環的因果関係を標榜する家族システムの概念が細かに検討されるようになった。フェミニスト的視点と家族システムの視点を調和させようという試みはきわめて重要だが，その詳細に入り込むのは，本書の扱える領域を越えている[12,31,47,60,61,106,162]。ただここでは，これらの伝統的な家族システム論的な考え方の問題は，相互的因果論，および，症状を呈する者はその他の家族成員と同程度家庭での出来事に対して寄与しているという考えを堅持することは状況によっては支持されないと明確に示している，と述べるにとどめよう。本書で説明するアプローチにとって重要なのは，以下①〜④に述べるような所見を受け入れ，それに基づいて治療的作業を進め

るからといって（繰り返される対人パターンという意味で）循環的因果関係の概念を捨てる必要はない，という考え方である。①家族の誰か一人は他のメンバーより悩んでいるかもしれない。②家族の誰か一人は他の成員よりも問題のより大きな原因になっているかもしれない。③家族の誰か一人は他の成員より過去からの「問題」の多くを背負っているかもしれない。④個人のある問題は他の問題より内面化されているため，家族というシステム内の相互作用の変化にあまり反応しないかもしれない。

　私たちは，症状の相互性，相補性，同盟を見つけようと背伸びをしすぎたため，経験豊富な家族療法セラピストなら誰でも分かること，つまり家族全員が同じように問題を抱えているわけではない，という事実を見逃すことも多々ある。Imber-Black[81]は，家族内では成員間のいろいろな組み合わせで相互作用が行われるが，その中でも実際にはある部分（成員）が他の部分全てと「均等」な重さをもつわけではなく，純粋なシステム的認識論にぴったりあてはまらないかもしれない，と指摘している。「円といっても丸というより楕円に近いものもある」（524p）という彼女の言葉に，その論点が簡潔に表現されている。

　Dellは，この問題を論じた論文の中で，循環的因果関係に関する認識論的概念は，実際の心理療法においてそれほど妥当性をもたないかもしれない，と認めている[34]。臨床家と理論家では因果関係の概念が違う意味をもつと結論づけることによって，彼は，臨床家の経験とベイトソン派の認識論の対立を解決している。認識論者は説明のレベルで因果関係を持ち出すが，臨床家は経験を描写するさいに因果関係を用いる。Wynne[189]も臨床家の観点から同じ問題を扱っているが，論点を一歩進めて，「セラピーの効果という実際的なレベルで見ると，非直線性，つまり循環性は治療的効果が上がらないことと同じである」（255p）と述べ，治療的介入は，ほぼどれも実際のところ直線的であると指摘している。

問題児に注目しすぎると家族の問題を覆い隠すという危険性は生じるが，子どもに焦点を当てないと，しばしばその子どもが必要とし，また受けるに値する援助を子どもから奪う結果となる。

6．「個人」という概念

これまで見てきた概念と関連するが別のある考え方が，家族療法セラピストが個人的問題に対処するのを妨げてきた。それは，個人を，その人が暮らす状況からある意味で独立して存在する実体としてとらえるのは意味をなさない，という考え方である。「古典的」な家族システム論の見解はおそらくHaleyの言葉にもっとも的確に表現されているだろう。家族システム論からの心理療法に個人的視点を取り入れるのは必要，あるいは有意義かという問題に関して最近行われた討論の中で，Haleyは次のように語っている。「セラピーに関する理論としては，動機付けは個人の内部から生じると仮定しないほうがよい」（39p）。「ある人間の感情や考え方はその人の社会的状況の産物であり，社会的状況はある個人の考え方や感覚の産物ではないという考え」（39p）こそ家族療法の中心に据えるべき考えであると彼は信じており，「個人に注目したら，同時に家族システム内で起こっていることを理解できないだろう」と述べている（39p）。

最近になって，家族を対象とする心理療法に個人の視点を取り入れる必要性が，次第に多くの人に認識されるようになってきた。二つの視点を結びつけようと試みる多くの論文も発表されている。たとえばNichols[126]は次のように指摘している。

　　家族内の相互作用が，単にグループとしての営みの結果として生じることはまずない。相互作用の過程がそれ自体の生命をもつときでさえ，それは複数の人格の産物である……私たちは家族のプロセスを，

家族というシステムそれ自体に現れる性質によって形づくられるものであると同時に，家族成員の個々の欲求と行動から生まれるものとしてとらえる，二重の見方を必要としている（32p）。

　Nicholsの家族との治療的作業では，家族成員の主観的経験と，個人個人の動機付けに注意を向ける。
　個人的側面と家族システムの側面を統合する試みには，さまざまな理論的見解がある[21,98,100,101,123,124,148]。たとえばShwartz[158]は，人間誰しもがもつ「複数の自己」に焦点を当てている。彼は「人間のシステム，とくに家族が私たちに及ぼす力は，私たちの内面に潜む複数の下位自己のうちのどれかを喚起するシステム自体の力から生じる」と考える（30p）。多くの理論家は，個人療法の視点と家族システム論の視点のあいだの溝を埋めるために，自己心理学[95]と同様に対象関係論[51,156,168]を用いてきた。また行動療法とシステム理論を統合しよういう試みもあった（たとえばBarton & Alexander[6]，Duncan & Parks[38]）。また家族システム論的，行動療法的，精神力動療法的理論の統合を試みた理論家もいた[43,45,59,66,141]。
　子どもの個人的発達は家族内の相互作用と不断に結びついている[117,118]が，子どもと家族を相手に実際に面接作業を行う場合，個人という概念と家族システムという概念をいくらか隔てておいたほうがやりやすいことが分かった。全体論的アプローチも数多くの利点があるだろうが，二元的概念化は，個人の水準で介入する上でより使いやすい。個人の不安や心理的問題を，家族システムに影響を与え，かつ家族システムによって影響されるものととらえると同時に，家族システムとは別個の独立した存在として考えることも可能である。それゆえ子どもの場合でも大人の場合でも，症状は，家族システムの中で生じ，実際家族システムを維持するような役割を担っているのであるが，それとは自律した側面がある。海と湾のように，より大きなシステム内の潮流はそれより小さなシステムの潮流に影響を及ぼすが，小さなシステ

ムを形成する潮流もそれ自体の独自性をもっている。つまり小さなシステム内の水の構成要素，進行方向，力は，より大きな実体，あるいはシステムの特徴を知ったからといって完全に理解できるわけではないのである。

　個人の発達に目を向ける者たちが，子どもの生活の場である家族というシステムを無視しすぎていたのと同じように，家族療法セラピストは，個人としての子どもが家族システムに何をもたらしているのか，家庭内の相互作用を形づくるのに子どもがどのような役割を果たしているかということに，十分注意を払っていない。家族システム内での子どもの役割を変えるように直接手助けをすると同時に，一個人として子どもをもっとよく理解したり助けたりする努力をすれば，家族療法セラピストは，自らの臨床的効果を飛躍的に高めることができるだろう。

7．循環的精神力動

　行動療法の視点や家族システム論の視点と，心的葛藤に関する精神力動の諸概念を統合する臨床仮説を立てる作業は，一つの理論オリエンテーション，つまり循環的精神力動理論によって促進されるだろう。循環的精神力動理論は，人の心的構造と，その個人の常に進行しつつある他人とのやりとりのあいだの，複雑な二方向的相互作用に注目する。無意識の希求，恐れ，葛藤は，現在起こりつつある相互作用を形作り，ときには現実にそぐわないように見える行動や情動を導く場合もある。もう一方で，これら無意識の希求，恐れ，葛藤はそれら自体，常に起こりつつあるさまざまな出来事によって形作られている。それらが幼い子ども時代の心的構造としばしば似るのは，固着や制止を通じて初期の経験が直接保持されるからでなく，相互的影響と発展という力動的プロセスによって強化されるからである。現在の心的

構造と，それがもつ力によって出来事の経験の仕方が形作られるため，ある新しい状況は，重要な点でそれ以前の状況の特徴を帯びているようにみえてきやすい。すると，このような新しい（けれども似た）経験は，それまでの心的構造の全体的な枠組みを維持するようにフィードバックを与えるのだ。

　もちろん人格や発達のさまざまな面で，外面に表れる行動と内的構造の両方に変化が生じるのは確かである。これが成長と変容の本質である。しかし，大きな葛藤と抑圧が作用していると，さまざまな力が働き，内的にも他者との顕在的な相互作用においても，変わらない古いパターンが相互に維持される場合が多い。このように，個人の日々の行動や相互作用に働きかけるように意図された介入は，そのターゲットである顕在化された対人行動と同様に，より深い心的構造にも作用するのである。

　循環的精神力動的視点が，精神力動理論の諸概念と，循環的因果関係に関する家族システム論の視点のあいだの橋渡しをすることは明白だろう（E. Wachtel & P. Wachtel 参照）[183]。問題をはらんだ願望や恐れに対処しようという子ども（意識的，無意識的）個人の試みと，問題に対して家族が講じる「解決策」はともに，知らず知らずのうちに葛藤の解決を邪魔し，結果として病的症状を引き出してしまうかもしれない。つまり，ここに提唱された心理療法統合における個人の精神力動的要素は，ある意味で子どもの内的生活に焦点を当てているが，別の意味では，対人的な性質をもっている。

　子どもの問題に関するその他の様々な精神力動療法の諸理論と同じく，循環的精神力動理論の視点は，子どもの行動が常に無意識の動機付け，空想，衝動，葛藤の産物であるという点を強調し，こうした無意識の不安はさまざまな防衛機制によって気づきの外にとどめられていることの重要性を強調する。しかし，循環的精神力動理論の視点では，個人の衝動，空想，対象の表象，自己表象，内面に起こるやりと

りと外側に現れるやりとりの心像が，幼いころからそのまま保持されてきたと考えない。そうではなく，子どもの内的世界における欲求や防衛機制は，どのように家族システムと交差することによって，まったく同じ不安，葛藤，人間関係のイメージを保持しているのか，という点に焦点を当てる。子どもが無意識に感じている不安の原因が何であれ（気質，トラウマとなる体験，あるいは家族との相互作用），現在の家族との交流こそが彼らの無意識の不安を維持し（あるいはその不安によって現在の相互作用が維持され），主としてその現在の相互作用を修正すれば，最終的に過去の問題は解決されるだろう。

　現在の相互作用に重きを置くのは，子ども——大人もそうだが——が無意識の不安を表したり，それに対して防衛したりするやり方によっては，しばしば問題が悪化するという不運にも皮肉な結果が生じるからである。たとえば，見捨てられるのを恐れる子どもは，ひじょうに激しく泣くことで，言葉にはっきり出せない不安に反応し，その結果，親はその子をベビーシッターに預けられなくなってしまうこともあるだろう。しかし子どものとったこの方法は皮肉な結果を招いてしまう。両親は自分たちの時間がもてなくなるために，子どもに腹を立てるようになる可能性がある。一方，子どもは，親が自身の生活に重くのしかかってくる子どもに対して立腹しているのを感じ，見捨てられ不安がいっそう強くなることもあろう。さらに，親はその子を信頼できるベビーシッターや親戚にも任せられないので，子どもに少しずつ親離れの練習をさせたり，恐怖に思っていることが現実ではありえないと身をもって体験する機会から意に反して子どもを遠ざけてしまうのだ。

　現在の相互作用が子どもの無意識の不安を増大させる可能性があるように，新しい経験がそれを緩和することもある。子どもの無意識の願望や葛藤に肯定的な影響を与えるようなやり方で家族が行動できるように援助することは，本書で説明するアプローチの重要な要素であ

る。精神力動的に理解した子どもの問題を，現在の相互作用に計画的に変容を起こすことによって扱う数多くの方法について第7章において詳しく述べる。両親はセラピストに指導を受ければ，精神分析家が，「深く葬られてきた」，「接近が困難な」無意識の素材と長い間みなしてきたものに対してでさえ肯定的な影響を与えることができる。このように，知らず知らずのうちに無意識の不安を存続させてきた悪循環を家族が断つ手助けをするだけでなく，子どもを取り巻く環境を，変化させる力として利用することがセラピストの仕事である。

8．他の介入様式から借りる

　家族療法の文献には，機能不全の家族のパターンを修正し，子どもを問題の役割から解放することを目標とするさまざまな独創的な介入方法が紹介されている。本書で説明する統合的介入作業の多くの要素はこの豊富な文献から借りてきたものであり，多くの標準的な家族療法の技法は，隠れた同盟を変え，そして家族の機能の仕方を構造的に変化させるために用いられる。しかし行動療法の介入を幼い子どもとの治療的作業における家族システムへの介入に統合しようとするとき，あるいは子どもの無意識の葛藤に対処する積極的介入法を見つけようとするとき，臨床家には頼るべき累積された知識などほとんどない。[注3]

注3　Gurman と Kniskern[67]は，事実「Handbook of Family Therapy（家族療法の手引き）」に，行動療法からの子育て訓練についての1章を収めており，以下のように彼らの意見を述べている。
《行動療法からの子育て訓練（BPT）は，家族療法の主流に組み入れられ，進化することはなかったし，実際にBPTを家族療法の一方法と全く考えない家族療法セラピストは数多くいる。そのような立場は何が家族療法かということに関しての狭い見方から来ており，BPTの前提と実践に関するかなり深刻な知識の欠如のせいであると筆者らは考える。さらに，大多数の家族療法セラピストは，他の理論アプローチを主要アプローチとしているが，BPTを選択的に自分の介入に取り入れているということを私たち家族療法セラピストは臨床経験から知っている。》

また子どもの無意識の不安に焦点を当てる積極的介入法を考案するための，精神力動的フォーミュレーションと家族システム論のフォーミュレーションの統合の試みとなると，さらに少なくなる。

　しかし，さまざまな文献に当たっていくと，子どもの問題に複数の視点を通して対処する家族療法の興味深い臨床例がいくつか見つかる。たとえばDuhlとDuhl[37]は統合的家族療法について記した章の中で，もうすぐ5歳になるが3歳のころから絶えず悪夢に悩まされている少女に対して行った心理療法事例を取り上げている。人との交流がひどく苦手だという問題に加えて，彼女が来談時に呈していた症状の一つは，母親に抱き上げられてなだめられるのを拒否するというものだった。Duhlらは，その子に無意識の感情を表させるために，人形劇を利用した。人形を通じてその子と話をすることで，2年前に下の子どもが生まれたために母親から6週間離されたときの怒りと悲しみという，はっきり言葉にされることがなかった感情をその子に表させることができた。

　Lindblad-Goldberg[104]は，「選択的緘黙症(かんもく)の幼い子どもがいる家族の事例」の中で，DuhlとDuhlとは違った統合の実例を示している。彼女は，少女の義父に接近することに対する漸進的脱感作を含めた行動への介入を計画した。そのさい，その子が恐ろしいと感じている義父に近づくたびに，M＆Mというチョコレートをほうびとして与えた。子どもの不安に対処するために計画されたこの直接的介入とは別に，Lindblad-Goldbergは家族が構造的に変化できるよう手助けし，怒りを表すことに対する母親自身の困難の表れとしての子どもの緘黙症を扱った。

　WatersとLawrence[188]は子どもの感情を理解し（その子一人との面接で理解できる場合が多い），その知識を，遊びを通じて巧みに，その子の悩みの種に対するより適応的な解決方法を本人が見つけられるような「課題」に変えた。

また，認知療法のいろいろな考え方や技法を取り入れた，別の種類の統合方法もある。[45,59]

こうした試みはたいてい興味深く，ひじょうに実効性が高いように見えるが，子どもに対する治療的作業にほかのアプローチを組み入れることに対して，これまで以上に系統的に考える必要がある。明らかに，子ども個人の問題により直接的に対処し，その子個人に関する理解を家族システムへの介入に組み入れる方法はいろいろある。子どもの苦痛を軽減することを目標とするさまざまな介入方法を知っておくと同時に，子どもの問題に関するいろいろな考え方をよく把握しておくことが，家族療法セラピストにとって重要である。

9．今後に向けた統合的介入モデルの検討

本書に概説した，家族および症状を呈する子どもに対する心理療法は，その症状自体にある個人的意味と家族システムの意味の両方を検討しなくてはならない，という前提に基づいている。子どもの問題行動は，一方では個人の不安や防衛機制の，もう一方では家族というシステムの問題や家族の防衛操作の表れである。家族療法セラピストに求められるのは，幼い子どものことをよりよく理解し，無意識の葛藤に関する精神力動的仮説をどう見立てるかということについて学ぶことである。個人の視点と対人的視点を結びつけようとするとき，ここで用いられる循環的精神力動的理論の視点がすぐに役立つ。この視点に立つ者は，古典的な精神力動療法の立場にある理論家が，ごく幼いころの経験に端を発する「根深い」問題とみなすことを，過去の出来事にその根源があるだけでなく，現在の相互作用によって維持されると考える。現在の相互作用が心的問題を大きくするので，その相互作用を改めるよう意図された介入は，広く効果が行き渡る。精神力動的フォーミュレーションは，家族というシステムを変えると同時に，子

どもの無意識的な不安にも直接的に対処する介入方法を考案するために用いられる。また問題行動に直接的に対処するために，行動への介入および認知的介入が利用される。

　本書で説明するアプローチは，いくつかのレベルで同時に進行する。それは（1）症状である問題行動を阻止する，（2）症状が出ることを必要とした無意識の不安に対処する，（3）子どもの問題に関わる家族システムの問題を探り，それに対処する，という三本立てのアプローチと考えていいだろう。このアプローチでは，問題に対する精神力動的理解と，症状の改善を目標とする行動的方法を調和させる。そしてセラピストは，子どもの不安を理解するよう親を導くと同時に，「症状となる」行動をそのまま続けるのは許されないということを親の口から子どもにはっきり伝えてもらう。子どもが自滅的なやり方で自分の不安を行動化するのを親が許さなくなると，子どもは自分が抱える問題に対して手助けを求める動機付けが高まることが多い。ゆえに，たとえば過度に攻撃的な子どもをもつ親は，子どもの攻撃性の原因を理解する以前に，制限を設けるよう指導を受ける。子どもは行動を改めるように支持する親からの圧力を以前にも増して強く感じるようになると，自分の感情を理解したり抑制したりする助けとなる介入をよりいっそう受けやすくなる。このように，このアプローチでは二番目の柱として，子どもにとって攻撃行動を必要とした無意識の不安に対処する。攻撃性は傷つきやすさに対する防衛なのか。自分は傷つきやすいと子どもがあまり感じなくなり，結果的に攻撃的でもなくなるようにするには，家族がどう手助けできるか，あるいはセラピストがどのように直接援助できるか。そして第三に，セラピストは子どもの問題を取り巻く家族システムの問題に取り組む。家族内に傷つきやすさを示してはいけないという雰囲気があるのか。子どもはほかの誰かに敵対心を示しているか。子どもの問題行動を維持している家族の役割は何か。

家族システムへの介入，精神力動療法の介入，行動療法の介入，認知療法の介入の相対的バランスは事例によって大きく変化することは，本書を読むうちにお分かりいただけるだろう。どこにでも適応できる公式というものは存在しない。直接的な家族システムへの介入で十分だと思われるケースもある。精神力動的フォーミュレーションが問題の核心と思われることもある。もちろん，あいまいさを抱えていなければならないのは難しいが，幼い子どもや家族に関するすべての問題が同じ影響による，あるいは同じ介入方法で緩和される，ということは絶対にない。家族および幼い子どもを援助する家族療法セラピストは，「排他的」視点でなく「包括的」視点に立ち，問題を抱え，苦しむ子どもに何か提供できるものをもつ臨床家や理論家の意見を取り上げ，選択し，借用し，手を加える必要もある。セラピストにとって一番重要なのは，さまざまな視点を通して子どもの問題について考えるようになること，そして多岐にわたる介入方法をいつでも利用できる状態にしておくことである。
　この複雑な現実に取り組むのが，本書の使命である。

第2章

親だけとの面接

―― 親の関心事を理解する ――

　家族療法に関する文献には，家族からの抵抗の克服についての言及が多い。そこには，「戦いに挑む」つまり，頑固な家族システムに策略的に勝つ，といったイメージがあふれている。面接は，衝突を策略的に対処し，最も難しいケースを扱う見せ場であり，このような見方をする人を「勝負士」，「バラクーダ（どう猛な捕食者）」と呼ぶ[9]。Hoffman[75]は「大半の家族療法理論や臨床文献においてセラピストが苦境に立たされていることが想定されており，それがはっきりと表されているときも暗に示されているときもある……あまり効果的でないセラピストは釣り糸を水中にだらりと垂らした釣り人のようである。ときには当たりが来ても，魚は餌をとり，逃げてしまう」(328p)と指摘している。家族との最初の数回の面接でセラピストは，しばしば家族の「裏をかく」，あるいは辛抱強く待つことを求められるように思える。参加を求めた家族成員のうち一人でも最初の面接に来ないと，家族と会うのを拒否する家族セラピストも多い。たとえばNapierとWhitaker[125]は，セラピストと家族の治療構造を決める戦いに言及し，最初の段階でセラピストが勝利をおさめなくてはならないと述べている。来るべき者全員で来なかった家族は，セラピストが何に対処できるか試し，「自分たちにどのぐらいの力があるか……手を変え，品を買え」(10p)探ろうとしている，と彼らは考える。

私たち家族療法セラピストは，おそらく家族システムの抵抗やホメオスタシス（恒常性）を過大評価していた，という意見が広がりつつある[33,75]。AndersonとStewartは[5]，すべての家族が同じ程度の抵抗を見せるわけでない，そして抵抗はある程度やむをえないが，抵抗の裏にはつねに苦痛から救われたいという願望が潜んでいると指摘する。一般的な家族療法において，抵抗が起こるのは，セラピストの多くが家族に対して「上から見下ろすように，働きかける」というスタンスをとる結果だと筆者は考える。Hoffmanが述べているように[76]，「家族療法にはいろいろな種類があるが，たいていセラピストは山の頂上に立っているか，暗幕の陰に隠れている」(56p)。面接が家族と協力して行う作業でなく，家族に対して行われるものであるなら，家族が全面的に協力するようには，なかなかならないだろう[35]。

 近年，社会構築主義理論の諸概念が臨床実践に影響を与え始めている[63,77,78,162]。Sheinbergは次のように記している[162]。

　　最近「会話」と「反省」という語が「方策」と「介入」という，道具的ニュアンスが強い言葉と置き換えられるようになった。私たちの理論において使われるメタファーが物理学や生物学を離れて社会的，文化的表現に変わってくるように，臨床実践は階層的，「決定的」なものから協力的，仮定的な姿勢へと変化している。(201p)

 構築主義モデルの枠組みから介入するセラピストは，ある問題に一つの家族システム理論からの意味づけを与えようとするのではなく，家族が新しい複数の語りや状況を説明する話を見つけ，それまでとは違った行動がとれるように手助けをするのが自分の仕事だと考える。セラピストの役割は，家族の構造を変えるのを手伝うことでなく，家族成員に質問をしたり彼らと話をしたりすることで，家族の将来だけでなく過去に対する既存のビリーフシステムを彼らが変える手助けを

することである。もちろん面接中にセラピストが口にすることすべ[134,173,174,175]
てが介入であるが[182]，会話姿勢の心理療法に含まれる協力的態度は，そ
れほど抵抗を引き起こさないだろう。

　しかし，たとえそれが破壊的だということが分かっていても，それ
まで慣れて定着したパターンを変えるのをいやがる家族もいることは
事実である。これは，セラピストの理論アプローチがどうであれ，そ
れほど変わりないであろう。それどころか家族は変化するという見込
みに対して，単に否定的なだけでなく，ふつうアンビバレントである
ことが多い。大人であれ子どもであれ家族の面々は，相互作用を変え
るよう勧められると，すぐにその意見を受け入れるどころか喜んで
応じることが多くある。家族がIPを同じ位置にとどめておくことを
絶対に必要としていると仮定するのは，臨床的に見て非生産的である。
さらに，「問題」児を抱えることで夫婦や家族が何らかの「恩恵」を
得るとしても，セラピストが親の不安を尊重する態度をとれば，変化
への抵抗は大幅に減る，ということが臨床的経験から言える。

　本書で説明するアプローチの第一原則は，私たちのもとに相談に来
る親の大半は（学校から送られてきたとしても）子どもを助けてほし
いと心から願っているという前提から心理療法を始める，というもの
である。親は子どもが抱える問題は子ども本人のもので家族の問題で
はないと考えるかもしれないが，家族の中で何かを変えるべきだと勧
められると，それが子どもにとって助けになるなら，少なくとも多少
はその勧めを受け入れるのが一般的である。子どもを救いたいと願
う気持ちを利用し，「抵抗」と共存する変化への欲望を育てることが，
はじめての面接の目的である。

1．信頼を築く──協力関係を確立する

　多くの家族療法セラピストは，家族療法の開始にあたってまず家族

全体と面接するのが重要だと感じている。子どもの抱える問題は家族の問題でなく子ども自身の問題だ，という家族の考え方に立ち向かうことが，変化への第一歩だと考える者もいる。しかし本書で説明するアプローチは，完全に逆のスタンスで治療的作業を始めることになる。つまり親たちは自分のとらえ方で子どもや子どもの問題に焦点を当てることを許されるばかりか，奨励すらされるのである。逆説的だが，そうすることで，親は結果的に家族システムへの介入にあまり抵抗を示さなくなる。セラピストは，親に最初の面接に子どもを連れてこないように伝える。その代わりに親に，何を心配しているのか，我が子の問題をどう考えているか聞かせてほしいと伝える。親が離婚している場合は普通，まず父親，母親それぞれと別に面接するのが望ましい。親との最初の面接におけるねらいの一つは，どんな不安を表明しても構わないのだ，と親に感じてもらうことなので，それにはセラピストと親が個別に会うのが一番である。夫婦が離婚している場合，友好的な関係を保っていることは残念なことにめったにないが，そのような場合でさえ，元夫婦は互いにいくらか防衛的なので，個別に会ったほうが心を開いて自由に話をするものである。

　親だけとの面接は定期的に行われる。それゆえ最初の面接は，本当の治療的作業が始まる前の受理面接（インテーク）ではないことを心にとめておく必要がある。むしろそれは両親と数多く行う最初の面接である。したがってセラピストは，本書において面接で得られた情報として説明されていることすべてを初回面接で聞き出さなくてはいけない，とプレッシャーを感じないほうがよい。面接を通して，私たちセラピストが子どもを援助する計画を練るときには，親にも協力者としてつねに関わってもらう。子どものことが分かってくるにつれて，私たちはその情報を親にフィードバックし，逆に家での出来事について何か新たに気づいたことはないか，親にたずねる。

　両親との信頼関係を確立する基本となるのは，親の関心事，そして

子どもについての親の知識を尊重する態度である。セラピスト（子ども専門のセラピストと同様に家族セラピスト）は往々にして，親を尊重する代わりに，猜疑心を露わにしたり，自分のほうが知識をもっていることを誇示してしまう。親は家族システム内での衝突において，子どもに投影したり，子どもを歪曲したり，利用したりするかもしれない。だが重い精神障害を患い，現実検討に欠陥がなければ，子どもたちに関する真実を親はたくさん知っている。セラピストが筆者と同じように考え，親から子どもについて多くの情報が得られると思っているなら，親は自身の価値を認められたと感じて，今度は逆に「専門家」のアドバイスを尊重するだろう。最初の面接では，その後の面接と同様に，セラピストは協力的な話し方をするし，そういう態度を示す。親とセラピストは，何が悪いのか，問題を抱えた子どもに手助けができるか理解しようと，ともに努力するだろう。まず親に自身の関心事を詳細に述べる機会を与えてから（このことについては後述する），セラピストは初回面接で，幼い子どもを助ける一番の方法は，ほぼ例外なく子どもだけでなく家族とも面接をすることだと説明する。子どもとはときおり個人面接で顔を合わせるかもしれないが，治療的作業の大半は家で両親によって行われるだろう。セラピストの役割は，両親が子どもを助ける手助けをすることである。家族との面接，子どもとの個人面接，そして親だけとの面接を織り交ぜながら面接を進める。親はたいていこのアプローチに強い満足感を覚える。子どもをセラピストのもとに送り，治してほしいと強く願う親もときどきいるが，そのような親でも親の役目を果たしたいという願望の上に成り立つこの治療的アプローチに安心することが多い。疲弊が激しくイライラしている親でさえ，セラピストは子どもを助けようとする自分を助けるという考え方に，（どちらかというと）いくらか良い反応を示すようである。親の役割を子ども専門のセラピストに任せてしまうと，親は自分が落伍者であるように感じるかもしれない。たいていの親は家族

セラピストにいくらか指導を受けることによって，状況を好転させる機会を自身がもう一度得ることをうれしく思うだろう。

　このアプローチはかなり短期間で行われる心理療法であるという点も，親にとって重要な点である。幼い子どもに長期個人療法を受けさせるとなると，実際上の負担だけでなく経済的負担も大きくなる。問題を抱えた子どもに大金をつぎ込むことに，強い憤りを感じる親も多い。手を差し伸べる必要性は感じるかもしれないが，子どもに対するフラストレーションや怒りは，子どもが「問題を抱えている」からといって時間やお金を費やさなければならないことに対する苛立ちとして表面化する可能性もある。そうした気持ちを親が表す機会を与えることは，親が参加すれば心理療法がそれだけ短期間で終わると親に確信させるのと同じで，いっそう抵抗を少なくする効果がある。

2．親の罪悪感

　子どものことで相談に来る親の大半は，ひじょうに強い罪悪感を抱いている。自分が何かしたことが原因で問題が生じてしまったのではないかと心配しているのである。親は家族を取り巻く緊張感に憂うつな思いでいるかもしれない。週末が一番辛く，早く月曜になって仕事に戻りたいと思う親も多い。自分はもう我が子を愛していないのではないかと密かに不安を感じている親もいる。問題を抱えた子どもと同じ屋根の下で暮らしていると，情けなくなってくることもあろう。ときおり親は打ちのめされ，怒りを感じ，この子によって自分の生活は台無しにされているし，その子のきょうだいの生活，さらに夫婦関係にも悪い影響を受けていると感じてしまう。こうした気持ちをセラピストに「打ち明け」ると，大きな安堵感が得られるだろう。もし告白した結果，同情してもらったり，励まされたりすれば，強い作業同盟が形成される。

最初の面接で親に安心して心を許し，そうした「うしろめたい」気持ちを吐露してもらう一つの方法は，子どもに対する自由な意見，不平，批評，不安を口にしてもらうことで，そのさいにセラピストは，問題は家族システムによるということを強調する質問やコメントは差し挟まないようにする。あまり性急に，IPという立場から子どもを救い出さないよう注意しなくてはならない。というのも，そうすると親との作業同盟が弱まることになり，結果としてセラピストは家族システムを変化させる影響力を失ってしまうからである。筆者が面接に子どもを参加させないのは，親に好きなように，いわば「気持ちを全部吐き出させる」ことが重要だからである。親は子どもが同席していれば当然のことながら話したい気持ちを抑えるし，またそうするのは親として適切な行動であろう。それに子どもに関する重要な情報を提供するのを控えるだけでなく，子どもに対するひどい陰性感情が表に出ないよう注意するだろう。親だけとの面接で筆者は次のように説明して，陰性感情でも遠慮なく口にするように勧める。「お子さんと一緒にいてとても辛い思いをされている親御さんはたいがい，ご自身がひどく嫌な感情を抱いていることで苦しんでいらっしゃいます。扱いがひどく難しいお子さんだと，文字通り親御さんがうんざりしてしまうことが多くあります。お宅でもそのような難しい状況ですか」このように導かれると，（子どもにうんざりさせられている）親は自分の気持ちを分かってもらえたと感じ，ほっとして，もう子どものことを愛していないという自身が恐れている気持ちを明かす。そのように感じるのは珍しくないと知るのは，大きな慰めである。セラピストの経験からすると，子どもとの否定的な相互作用が変化すると陽性感情が甦るということを伝えて，親に安心させるのが大切である。家族ぐるみで治療的作業に励めば子どもに対する暖かい気持ちと愛を取り戻せるという希望を，セラピストが親に与えるのである。
　みんなが楽しく過ごせるような行動を子どもがとっている瞬間が少

しでもあるか，ということについて親に考えてもらうと役立つ場合が多いが，問題は子どもであるという考えをまだ疑問視しないように質問をすれば，親は批判されていると感じないし，それほど自己防衛的にもならない。そうすれば親は，子どもととても楽しく過ごしていることもたまにあると言えるようになるし，変な行動をとっているのはときに子どもでなく自分なのだと認識できることが多い。もし第一回目の面接が終わって，親が話を聞いてもらえた，理解してもらった，非難されなかった，尊重してもらえた，子どもに対して陽性感情をもつときに焦点を当てる手助けをしてもらったと感じるなら，家族システムへの介入の成功に向けて大きな一歩が踏み出されたと言える。

3．症状に対する態度とその症状の家族システム内での役割を見立てる

　もちろん，上記のように問題を抱えた子どもに対してすべての親が陰性感情を抱いているわけではない。初回面接で見立てるべきことの一つは，子どもやその問題に対する親の態度にはどんな特徴的な性質があるかということである。セラピストは親が子どもを描写するときに用いるメタファーや形容詞に注意深く耳を傾けなければならない。つまり私たちは子どもに関する情報をただ集めているだけなく，親の投影，空想，不安についての情報も収集しているのである。逆にこうした情報を得れば，家族と効果的に治療的作業を行う上で最終的に必要となる家族システムに関する情報も多少手に入るのである。

　たとえば2組の夫婦が同じ週にやって来て（片方は5歳，もう片方は7歳の）問題を抱えた子どもについて描写したことがあった。その子どもたちはともに教室での問題行動のため，学校から紹介されて来た。面白いことに，2組の親は子どもに対して家でのちょっとした問題について話をしたが，それは大したことではないと考えており，学

校での問題行動以外の点で援助を求めようという気がなかった。どちらの親も万策尽きたという感じではなく，子どもに対して極端な陰性感情を抱いているわけでもなかった。ともに思いやりがにじみ出ているし，その子にはつねに手を焼いていたという事実にもかかわらず，子どもの肯定的な面をたくさん認めていた。だが2組の親の報告にはこうした重要な類似点はあったものの，問題に対する態度には微妙な違いがあり，それは「最適な」家族への介入を計画するさいにセラピストが知っておくべきものである。

仮にスミス家と呼ぶほうの両親は，他の子どもに対する息子の攻撃行動は彼の「強情な」性質，そして「自分の立場を守ろう」とする決意の現れだと表現した。「息子は生粋のニューヨークっ子なんです」という母親の声にはユーモアと賞賛の響きがあった。父親も昔話に加わり，息子は幼いころ砂場で，他の子どものようにおとなしく遊ばず，いつも自分の縄張りを守っていたと語った。子どもの教師はささいな刺激に対して過度に攻撃的反応を示すことを憂慮していたが，その教師に「お宅のお子さんはいつも何かに反応するのであって，まったく挑発を受けないときには決して殴ったりはしません」と言われたことを両親とも覚えていた。表面的には過剰防衛の傾向があることは棚に上げて，息子はたくさんの仲間にひじょうに好かれているし頼りにされている，と両親は強調した。

この両親は息子をひじょうに誇りに思っていて，長所をたずねられると，たくさんの素晴らしい特徴を次々にあげた。「悪い特徴」でさえ，かなり肯定的に受けとめていた。彼らの一番の心配事は，息子の挑戦的態度と強い意志が学習に支障をきたさないか，ということで，授業中に教師とよく衝突するということだった。両親ともに学業面での成功に重きを置いており，息子がやればできるのに十分学べていないことが，悩みの種だった。この両親と面接を行うさいにきわめて重要なのは，彼らのとらえ方，つまり教師に対する息子の協力的態度に関す

る不安という枠の中で介入を行うことである。その子が屈強で他者にいいようにされないことを両親が重視しているのは明らかだった。セラピストは治療的作業を始めるにあたってまずこの価値観を受け入れなくてはならず，その関心事を基礎とする，あるいは少なくともそれを踏みにじらない介入方法を考案しなくてはならない。

　これをウォーカー家の両親による報告（第9章でさらに詳細に説明する）と比べてみよう。上記の息子と同じで，ウォーカー家の息子も子どもにも大人にも好かれていた。両親の説明によると彼は過剰防衛という重大な問題を抱えているそうで，彼らは他の子どもをひどく傷つけるようなことを息子がしないかと心配していた。両親はできる限り息子を監視し，ふだんの生活と異なるストレスから怒りを爆発させないように，修学旅行にも同行した。彼のことを何の前触れもなくいつ何時爆発するか分からない火山のようだ，と両親とも感じていた。彼は他の子どもによる故意の攻撃と偶然の事故をなかなか区別できず，混み合った場所ではよくあることだが，たまたま押されたり，突かれたりするとお返しに極端な攻撃（殴ったり，押し返したり）に出るのだった。我が子がそのように瞬時に怒りを爆発させるのは，彼がいつも感じているフラストレーションのせいだと両親は思っていた。というのも息子には軽い学習障害があり，それが原因で読書に限らず読む作業をするのが大変だったからである。スミス夫妻と同様に，ウォーカー夫妻も何の苦もなく子どものもつ多くの素晴らしい特性について詳述できた。これもまたスミス夫妻と同じで，ウォーカー夫妻も息子を誇りに思うとともに保護的でもあった。しかし両家のあいだには，子どもの攻撃的行為への感じ方に明らかな違いがあった。息子の行動を説明するさいに，ウォーカー夫妻が強い不安を感じていることが見て取れたし，息子の反応はいくらか「偏執病的」だと考えているようだった。実際上記の2人の少年の攻撃行動には多少違いがあったが（さらに解明を要する微妙な違いがたくさんあった），それでも両親の態

度の違いは顕著であり，その後行なわれる家族システムに関する作業においてぜひとも考慮しなくてはならない点であった。

4．問題に対する親の解釈

　上記の例にあるように，子どもの問題に対する親の解釈は，しばしば子どもの問題の描写に現れる。耳をそばだてて聞き，さらに詳しく説明してくれるように親を促すことが役立つだろう。なぜなら問題に関して人が作りだす「物語」が，どんな種類の解決方法を試みたかということを決定するからである。両親のプライバシーを保証しつつ親のビリーフシステムを表してもらうことで，セラピストは家族システムのどこに介入するべきかということに関する貴重な情報を得る。さらにできるだけ早く両親から情報を得れば，良好な作業同盟が確立される前に問題に対する見方に関して両親と対立する，という事態を防ぐことができる。親の見方に反対するな，異議を唱えるな，というのではない。信頼関係が築かれるまで待てということだ。多くの親は，専門家が自分の解釈を否定するのを歓迎する。というのも子どもに対する親の見方はセラピストの見方よりもずっと悲観的な場合が多いからである。状況に対する，セラピストのより肯定的な見解を受け入れるためには，子どもが正しく見立てられていると親が感じる必要がある。子どもが病気だという親の見方に即座に反論すれば，そのセラピストは不誠実で口先だけだという印象を与えてしまうかもしれない。なぜなら別の見方のほうが信用性が高いと思わせるほどたくさんの情報をセラピストはまだ得ていないように見えるからである。

　たとえばある母親が自分の6歳になる娘について，ひどく意地悪だということを，恐ろしいと言わんばかりの様子で説明したとしよう。聞くところによるとその娘は友達に精神的「苦痛を与え」，友達の「心を傷つけるような」意見を述べるし，どちらの親にもめったに思いや

りを示さないという。父親もそうした行動に気づいて困惑していたが，自分の妻とは解釈がいくらか異なった。父親は娘のことを，フラストレーションを感じやすいが，きわめて熱情的で聡明な子どもだと感じていた。一方，母親は，精神病で入院したことがある自分自身の母親と娘がよく似ていると思っていた。家族は，この母親の意地悪さで頭を悩ましていたのだった。そして，母親の娘に対する反応の根本には，自分自身の母親に対する怒りだけでなく，将来娘が重大な精神疾患を抱えるのではないかという恐怖もあった。

このケースでは，セラピストがその子一人と面接し，その子の「意地悪さ」をじかに見て取ってようやく母親は安心した。個人面接で発見したことに関して親にフィードバックを与えるのは，セラピストによる異なる解釈に信頼性をもたせる重要な要素である[注1]。それでやっと母親は，娘が見かけほどおかしくないというセラピストの主張を受け入れ，安堵したのである。ひとたび我が子の精神病理に関する不安から解放されると，母親は家族システムに関する説明を比較的すんなり受け入れてくれた。

シングルペアレントはよく，子どもの問題は，別れた配偶者と似たから起こったと考える。子どもは敵対する夫婦が力の争いを繰り広げるとき，手先として利用されているだけでなく，片方の親は，子どもが相手方と共鳴し，相手を手本とするのではないかと心底憂慮し気を落としている，ということを心にとめておくべきである。親は子どもの問題をこのように相手のせいだと解釈しながら，しばしば絶望感と強い罪悪感を抱いている。もう一度繰り返すが，親の解釈に即座に異議を唱えてはならない。もし可能であれば両親ともに面接に参加してもらわなくてはならないので，どちらか一方の親と作業同盟が強くな

注1 子ども専門のセラピストであるKessler[93]は，《親は，子どもからセラピストが「得た」ことに感心する……子どもの行動のちょっとした側面を明らかにするセラピストの力量と比べて，知的抽象化した理論的説明は，ずっとそのインパクトが弱い。》(p.442)

らないよう注意しつつ，セラピストは両方の親が，抱いている不安に真剣に取り組み，元配偶者に対する復讐心として簡単に片付けはしないと伝えなければならない。すべてとは言わないが多くの親は，自分自身が受けた傷つきや別れた相手に対する苛立ちに惑わされず，離婚によって起こる過度の心理的害から子どもを守りたいと願っている。そのため，子どもを別れた相手と同じだと決めつけてしまう嫌な説明よりももっと複雑な説明をしだいに受け入れるようになるだろう。

　ときおり親は子どもの問題を精神分析的に説明しようとする。その説明は自分自身が受けた精神分析が元になっているか，あるいは最初，精神分析的アプローチをとるセラピストに子どもが個人療法を受けたときに言われたことを踏まえているのである。たとえば親は子どもの行動を，抑圧された怒り，きょうだい間の対抗意識，分離の困難の反映と見なすか，あるいは「エディプス・コンプレックス」の問題と考える。こうした解釈には正しい一面もあるが，実際のところ親のこの「理解しようとする」態度が問題の一部であるかもしれない。子どもは感情を「抑圧す」べきでなく，感情はどんな形で表されてもかまわない，という誤った考えを親がもっているために，子どもが健全な防衛機制を発達させるよう手助けしていないかもしれない（第5章参照）し，適切な制限も設けていないかもしれないからである。

親の態度とビリーフシステムの違いに注意する

　子どもの問題に対して家族システムがどう寄与しているか把握する上で重要な手がかりとなるのは，子どもに対する親の態度の違いである。片方の親はもう一方の親よりも子どもに共感を示すかもしれない。父親あるいは母親が子どもにとって学校生活は辛すぎるのではと心配し，何でもないのに大騒ぎをするケースもまれではない。あるいは片方の親が子どもについてきわめて否定的な意見を述べる一方で，もう片方の親がそれを訂正し，それが起こる条件や状況を明確にして，よ

り広い視点から事態を眺める役割を果たすこともある。症状を呈している子どもに関してその原因，症状の程度，方策などについて親同士の意見が合わないケースも非常に多い。通常その食い違いは，意見の大きな隔たりというよりも問題に対する困惑の度合いの違いを反映している。普通，親の意見が食い違うという事実それ自体は，夫婦間の不和において子どもの症状が何らかの役割を果たしているという家族システム論の仮説が正しいと示す十分な証拠ではない。意見の相違以上に大切なのは，その違いが生まれる感情的風土である。たとえば，ときに一方の親が，配偶者は自分と違ったとらえ方をする，あるいは子どもは自分と一緒にいるときと相手と一緒にいるときでは全く違う振る舞いをする，と自分から言い出すことがある。子どもに対する自分の陰性感情に罪悪感を抱く親は，配偶者には子どもに関して違った感情を抱いていてほしいと願っているかもしれないので，これは安堵の気持ちを与えてくれるだろう。またその反対もありうる。つまり，罪悪感に押しつぶされそうな親は，配偶者に，我が子は実際にひどく扱いにくい子で，不愉快で，愛し難いと感じる自分の主観を支持してほしいと感じるかもしれない。

　子どもに関する親同士の意見が異なるのは，夫婦間の別の問題を反映しているのか，それともたとえ大きなものであれ意見の相違は，問題児を抱えているがゆえのストレスや罪悪感から生じているのか見定めれば治療的作業に役立つ。最初の面接で夫婦間の問題について話すのをためらう夫婦は多いが，子どもに対する態度の違い，またはその違いが結婚生活に与えている影響についてたずねると，通常よく答えてくれる。いつも子どものことが気になっているか，あるいは夫婦でときどき一緒に外出し，そのとき子どもの話をしないか，という問いに対する答えは，子どもが夫婦間をつなぐきずなの役割を果たしているかということを判断する手がかりとなる。

　セラピストと一対一で面接すると，親は世代をまたがった親子間の

同盟を打ち明けることが多い。子どもに対して親が共同戦線を張っていることを示したいがために，家族全体の面接ではその同盟をあまり表に出さない。子どもの行動と感情について話し合っている最中に，どちらかの親が，我が子の気持ちがよく分かると明言するかもしれない。たとえばある女性は，息子が頑固なのは，その子の父親（つまり自分の夫）が妻である自分だけでなく子どもの誤りをひっきりなしに指摘するほど完璧主義であるのが原因だと思う，と語った。また，別のケースでは，母親は，4歳になる娘がまとわりついて離れないのは，夜おそくの打ち合わせや外国出張で留守が多かった夫を彼女自身が渇望していたという事実から起こっていたためだと見ていた。自分の夫が遅くまで働いていたり出張に行ったりするとき，自分の欠乏感は大したことがないと片付けようとしたが，娘の不満を支持していたのは明らかだった。同様にある男性は，妻が家事の手伝い分担に関して8歳の息子にがみがみ言いすぎると感じていたが，自分は，妻の小言は「もう聞き慣れているので気にならない」と説明した。

　子どもの行動や問題に対する両親の態度の違いは，親が別居，あるいは離婚しているとき，もっとも顕著になる。子どものとらえ方が，父母間で単に違うだけか，実際子どもは父親と母親に対して違う態度をとっているのか，それともその両方とも当てはまるのか見極めることが重要である。父親と母親との（そしてそれが必要ならば義理の父母との）個人面接において，セラピストはこの問題を追及する。父親あるいは母親は，セラピストが相手方と同盟を形成していないと信頼すると（片親のみが心理療法を求めてきたとしても）防衛がゆるみ，以前より進んでもう一方の親の感じ方や懸念が正しいと認めやすくなる。問題の存在に関して両親のあいだで意見が一致していたとしても，それぞれが離婚後に築いた2つの家庭での対処の仕方が一致することはめったにない。離婚後もしっかりとした協力関係が保たれている場合でさえ，別れた相手の教育方針に一から十まで賛同できることはま

ずない。たとえば，不安を抱いた子どもに対しては，一生懸命慰めて安心させるのが一番だと片方の親が感じている一方で，もう片方の親は，そのやり方は完全な間違いで，脅えた子どもには逆に厳しくするべきだと感じていることもある。

　おそらく離婚のもっとも難しい面の一つは，片方の親が，もう一方の親と子どもが共有する経験にほとんど，あるいはまったく影響を与えられないという現実を甘受しなくてはならないことであろう。親権をもつ親の子どもに対する振る舞いを変えるようにセラピストが影響を与えてほしい，というのが片親の面接での密かなねらいであることも珍しくない。継続中のそれぞれの親との面接において，セラピストは実際に子どもの問題に対するアプローチを一致させるよう務めるし，もちろん親の行動を変えることが子どもにとって役立つということについても話し合う。しかし面接での信頼関係が築かれていても，父母の価値観や寛大さも違うかもしれないし，その現実は変えられない。セラピストは，それぞれの親との個人面接で，現実問題として期待や寛容の度合いは互いの家庭で異なるし，子どもがさまざまな経験をするのはプラスになるということを，親に納得してもらうよう努力する。

5．家族システム論的，精神力動的，行動療法的視点からの臨床仮説を立てるための情報収集

　親だけと面接を行うと，子どもの面前では避けたい質問をする機会ができる[注2]。一人であれ家族と一緒であれ，私たちは自分の面接室で子どもを観察できるが，そこから子どもの家庭や学校での様子について

注2　セラピストにとって子どもの症状，行動，個人史に関する詳細にわたる情報を得ることは重要でありながら，家族面接の主要なトピックは，子どもと彼の問題ではないことに気をつけなければならない。親が症状を呈する子どもに焦点を当て続けるのをそのままにしておくと，その子にとって面接は，屈辱的な体験となったり，他の家族成員までもが，その子を病気扱いしたり，悪者扱い（スケープゴート）したりすることになりかねない。

はあまりはっきり分からない。「実生活」では張り詰めてイライラしているのに，家族面接では，まったく穏やかで自信に満ちた振る舞いをする子どもを何人も見たことがある。セラピストは，子どもが面倒な行動をするのを自分の目で見なくても，最近の問題や過去にさかのぼって思い出せることを両親に話してもらえば，子どもについてかなり把握できる。

　面接の始めに，それぞれの親に（離婚しているなら個人面接で）心配に感じていることをすべて話してくれるように求めてもいいだろう。完全な「心配事」のリストができあがったら，親に子細にわたって例を交えながら個々の心配事について詳述するよう求める。たとえば，ある母親は「スージーは興奮しすぎるんです。感情があふれてしまう」と説明した。この例に限らないが，セラピストが知っている他の子どもたちとの臨床経験から，このような親の発言の意味が分かっていると仮定するのは間違いであろう。具体的な（そしてできれば最近の）例が，理解できていると確信するために必要なのだ。あとで判明したのだが，スージーは「歌うことに夢中になっているので」，母親に食卓につきなさいと言われても，歌をやめられない，あるいはやめようとしないのだった。そして歌声に負けずに自分の言うことを聞いてもらおうと弟が大声で話し始めるのだった。興奮しすぎだろうか。そうかもしれない。しかしこの描写はスージーの感情があふれすぎだということよりも，家族システム内の力動と怒りについてもっと多くのことを語っていた。

6．重大な手抜かり

　たいていのセラピストは，自分が何らかのひじょうに基本的な情報を知らずに面接を行っていると気づき，心乱された経験があるだろう。親は子どもに影響を与えたかもしれない重大な出来事について話すこ

とを思いつかないこともよくある。通常親は意識的に情報を隠しているのでなく，単に「重要な出来事」というカテゴリーにその情報を位置づけていないのである。しかし，重大な出来事を過小評価してしまうのは，ただ心理的に物事を捉えることに慣れていないからかもしれないが，子どもの視点からその出来事について考えたくないという親の思いを反映していることもある。子どもの気持ちに身を置いて感じとるとひじょうに辛いので，親は困難な経験が子どもに与えた衝撃を最小化する傾向にある。心理療法が本格的に始まってようやく，親は新しく重要な情報を自分から口にするケースが多い。最初からそうした重要な情報を得るために，親と協力して努力しないと，たとえば面接を始めて何か月も経ってから，シングル・マザーあるいはシングル・ファーザーには恋人がいて，数年間にわたって一緒に住んでいたが，その恋人が出て行ってからしばらく経っていたためにそのことを口にしなかったとか，親は家にいたが1年間仕事がなく，その間家族みんなが経済的にも精神的にも強い不安を味わっていた，というようなことを発見することになる。

　こうしたことから，次のような突っ込んだ質問をして親の記憶を呼び起こすのが重要である。

　家族の誰かが亡くなってはいないか。親しい友達が亡くなってはいないか。子どもと親密な家族の誰かが精神的あるいは身体的に深刻な病気を患っていなかったか。家族の誰かが入院したことはないか。引越しはしていないか。ベビーシッターを変えていないか。夫婦仲が険悪で別居に至ったことはないか。その他の理由で長期間夫婦が別居したことはないか。子どもが特に慕っていた教師が突然いなくなったことはないか。子どもが何歳のとき母親（あるいは父親）が復職したか。両親が別居あるいは離婚している場合，別居の前後で家庭内の感情風土はどう変わったか。子どもが片方の親に会わなかった時期はあるか。ペットが死んだことはないか。

仲の良い家族の誰かが犯罪の犠牲になったことはないか。家に泥棒が入ったことはないか。

子どもの友人で片親を無くして辛い思いをしている子どもはいないか。子どもの仲間で事故で亡くなったり重症を負ったりした者はいないか。

子どもの病歴はどうであったか。子どもは重い病気にかかったことはないか。きわめて苦痛を伴う治療を受けたことはないか。子どもの発達の重要な節目は，年相応な時期にあったか。言葉に遅れはなかったか。他の子より言葉が早かったか。子どもの健康，あるいは精神的・身体的発達に関して何か心配事はあったか。

不妊の問題はなかったか。流産をしたことはないか。その流産は妊娠何か月後に起こったか。

親はそれぞれどのような仕事をしてきたか。家族が経済的に困窮していたことはないか。

筆者は他の子どもやきょうだいに関する出来事でも，問題になっている子どもに精神的な傷を負わせた可能性のあるものについては質問をする。たとえばある8歳の子どもが何年か前に弟に向かっておもちゃのトラックを投げつけ，重症を負わせたことがあった。都会で成長する子どもたちはときおり犯罪を目撃することもあるだろうし，精神的疾患のあるホームレスに恐い思いをさせられることもあろう。家族の中で何かしら強烈な印象を与える場面を子どもが目撃，体験してはいないか，という質問もすることにしている。

7．教師，ベビーシッター，その他の重要な大人との相互作用についての情報

フェミニズム，離婚率の上昇，生計を立てていくことの困難さや経済的プレッシャーなどの要因から，今日では母親が仕事に就くのは例

外でなく当たり前となっている。その結果，多くの子どもたちがひじょうに幼くしてベビーシッターに預けられたり，保育園に入れられたりする。2歳半で保育園生活を始め，小学校入学ごろには1日6〜8時間も学校および学童保育で過ごすようになる。こうした状況で子どもと関わる大人は，子どもの自己感覚の発達に大きな役割を果たすので，ないがしろにはできない。仕事をもち，そして親でもあるセラピストでさえも，こうした対人関係が（否定的であれ肯定的であれ）子どもの自己イメージに与える影響を過小評価する傾向にある。扱いにくい子どもは教師や面倒を見てくれる人間に嫌われているということが多くある。教師たちや世話をする大人には，反抗的で拒絶癖のある子どもとの相互作用から強い陰性感情が起こるため，それを相殺するだけの愛の絆が芽生えないのだ。他方，教師や世話人の中にはきわめて心温かく同情的な人間もいて，子どもが問題行動を起こしても，純粋にその子を愛してくれる。こうした対人関係に対する親の印象をたずねてみるのも大切なことである。子どもがもっとも愛着を感じているのはどの教師か。担任教師が変わったとき子どもの反応はどうだったか，ほっとしていたか，それとも喪失感を感じていたか。親の知るかぎり，現在受け持ってくれている担任教師は子どもの問題に対してどのような態度をとっているか。親はその教師のことを寛大すぎると思っているか，それとも要求が多すぎると思っているか。子どもと特に強いきずなで結ばれている教師はいるか。子どもは過去に教師や他の子どもの親から，クラスのトラブルメーカーで，良い子がつるんでほしくない仲間だとみなされたことはあるか。もちろん親の印象は正しくないかもしれないし，現在子どもを見てくれている教師と直接話すことであとからさらに多くの情報が手に入るだろう。しかしこうした問題に対する両親の見方を知ることは重要な出発点となる。

　主に世話をしていたベビーシッターは誰なのか，そしていつ，どうしてそのベビーシッターはやめたのかという遍歴を知っておくと助け

になる。しばしば子どもは，一緒にいると安心でき，自分の価値を認めてくれ，愛情を示してくれるベビーシッターを失うと，親が思う以上に不安定になる。ベビーシッターや家政婦はしばしばきょうだいの中でも誰か一人を「気に入って」いることにも注意すべきである。こうした関係，同盟に関して親がどう感じているか知る必要がある。男子ならこうすべき，女子ならこうすべきという文化的前提もしばしば顔を現し，親とはまったく違う態度をベビーシッターらが子どもにとることもある。あるいは，単に家政婦やベビーシッターの性格特徴や子どもとのあいだにできた相互作用のパターンから，彼らが，家族の中のスケープゴートを「お気に入り」としてかわいがり，家族の中で「天使」とされる子どもに対して他の子よりもよくない感情を覚えるかもしれない。こういったことを両親に尋ねてみると，なんらかのことに感触をもっていることがほとんどである。このような態度ははっきりと表されることが少ないために，幼い子どもはそれを直感的に知っていても，なかなか言葉にして言い表せない。

　親はこのような世話人に頼っているので，子どもと世話人の関係に問題があることを認めたがらないケースが多い。ときおり，家政婦が面接に招かれて初めて，その否定的な相互作用のひどさが明らかになる。たとえばある親は，生まれたときから面倒を見ている我が子のことをこの家政婦が「大好き」だと思いこんでいたが，実際にその家政婦が筆者の面接室で見せた，少女のかんしゃくへの対応はひどく厳しかった。これは子どもとその家政婦だけとの面接での出来事である。その年下の「大変好かれている」少女（9歳）が姉（11歳）にゲームで負けて取り乱したとき，その家政婦はその妹のことを，いつも自慢ばかりしているし，姉にちょっかいを出すし，ちょっと思い通りにいかないと泣くし，それで「ばつが悪い」とも「恥ずかしい」とも感じない，と矢継ぎ早に批判を浴びせた。ところがその家政婦は妹を「かわいく」て，姉を「自分勝手」だとはっきりと決めつけ，自分はその「か

わいい」妹の方が「大好きだ」と主張したけれども，妹の行動についてはひどく憤り，あきらめも感じていた。

　子どもは普通自分のことに関してベビーシッターよりも親の判断のほうが気になるものだが，子どものアイデンティティと自意識は，世話人からの反応に良い影響も悪い影響もかなり強く受けることがある。したがって，私たちはこれらの対人関係に関する情報を子どもの問題が存在する家族システムの複雑な方程式の中にも組み込む必要がある。

　たとえばある9歳の子どもは，めったに両親に抱擁させなかった。親子とも思い出す限りでは，その子はすぐに取り乱し，怒り，イライラしたし，親から見れば要求が多く，自己中心的で，無神経で冷淡だった。親戚の大叔母が重病にかかって親が悲しんでいるとき，その少女はまったく無関心で，大叔母のお見舞いに行くように言わると，ひどく憤慨した。また親の悲しみにもまったく同情していなかった。だが家政婦といると，少女の気持ちは和んでいるように見えた。彼女はこの年老いた世話人のことは思いやり，愛し，心配もしていたし，逆にその祖母のようなベビーシッターには「親切で思いやりのある良い子」と思われていた。

　別の10歳の子は4人きょうだいの上から2番目で，きょうだいの中でもっとも手がかからない子だった。すぐ下の妹は深刻な精神的問題を抱えており，個人療法を受けていた。5歳になる末っ子は話し相手をすぐに魅了してしまうほど，飛び抜けてかわいかった。その10歳の少年はいつも周囲にうまく適応しているように見えたが，弟となる赤ん坊が生まれたとたんに問題を呈し始めた（ひとしきり泣き続けたり，物を盗んだりした）。親だけとの面接で，なぜ弟の誕生によりその子の心の均衡がひどく乱されたかという問題を解明する2つの情報を得ることができた。まず，その子を大変気に入っていた担任の先生が病気で2か月間欠勤したということである。さらに重要なのは，5年間家族と一緒に暮らしていた家政婦がその6か月前に突然クビにさ

れたことだった。両親はその家政婦のことを良く思っておらず，彼女に対して憤りを感じていたので，子どもがその後もその家政婦と会えるよう手はずを整えてあげなかった。シッターが変わっても他のきょうだいは気にしてないようだったが，その10歳の子だけはひどく悲しんでいたと，両親はともに認めた。明らかにその家政婦はこのおとなしい少年とひじょうに良い関係にあったし，その少年が家政婦の一番のお気に入りのようだった。

8．家族システムの情報源として
　　家族成員の気質に関する質問を利用する

　赤ん坊の生来の気質が十人十色だということは，今ではほぼ周知の事柄である。家族セラピストは家族成員の異なる人格特性，または気質の重要性を暗に認めてはいるが，この要因について扱うことはめったにない（Guerin & Gordon[65] 参照）。
　ChessとThomas[24]が説明した気質の次元の多くは，子どもの性向について質問するさいの枠組みとして役に立つ。面接のさいには，いつ，どんな変化が起こったかという情報だけでなく，その子が現在どのような性向をもつかという情報も提供してもらうべきである。一般に両親がもっとも描写しやすい特徴と言えば，子どもの活動レベルである。その子はある程度の時間，落ち着いた気持ちで何かに専念できるか，それともかなり動き回らずにはいられないようなのか聞くことは重要である。すぐにそわそわしだす子も中にはいる。親は，そのような子をエネルギーを発散させずにはいられないようだと描写する。テレビを見てじっと座っていても，それはじっとしていたいという子どもの欲求の表れとしてとらないほうがよい。ひじょうに活動的な子どもでも（さらに多動の子どもでも），テレビの催眠効果によっておとなしくなってしまうことが多い。活動レベルは子どもの精神状態

に合わせて敏感に変動する指標である。活動レベルが目立って変化したら，それはうつのサインかもしれないので，いつ変化が起きたのか明確に指摘するよう両親に頼んでおくべきである。

　活動レベルに関連するのが，何かしているときにそれに没頭できる能力とそれに注意を向けていられる時間である（Chess と Thomas はそれを注意の転導性と呼んでいる）。子どもによっては一つの活動から別の活動へと次々に移っていく。また今やっていることにひどく熱中していて，周りの状況など目に入らないように見える子もいる。子どもは単に熱中しているだけなのか，それとも子どもの熱中は他者から距離をとるためのものか判断しなくてはならない。また同様に重要なのは，そうした子どもの熱狂的な様子に対する両親の反応や対処方法についての情報である。たとえばビデオをつけて子どもを落ち着かせようとする親もいるだろう。子どもが絶えず「もう飽きた」というのを聞いて怒る親もいれば，何かの遊びで子どもを楽しませようとする親もいる。

　子どもの睡眠のパターンについてたずねれば，子どもの気質についての情報だけでなく，家族システム内の典型的な相互作用の仕方についての情報がたくさん得られる。睡眠パターンが大きく変化したら，そこをよく調べる必要がある。日が昇るといつも両親のベッドにもぐりこんでくる6歳の子どもの状況は，つい最近になって親のベッドにもぐりこみたいと思うようになった子どもの状態とは違う。両親はたいてい数回面接して初めて，子どもが自分たちのベッドに入ってくるという話をする。この行動について親が言及を控えるのはおそらく，親のベッドにもぐりこむという行動が心理的に「おかしい」ものであり，メンタルヘルスの専門家にいい顔をされないと思うからであろう。アメリカ文化は独立や自立を重んじるので，他の多くの西洋文化では珍しくないことなのに，親と一緒にベッドで寝るということを，文化的に受け入れられないのである。もちろん家族の構成と個人の欲求は

ある意味でその文化に照らし合わせて評価されなくてはならないし，自分自身の気持ちを落ち着かせるために親に頼る度合いが，同じ文化に属する他の子どもよりも大きな子どもは，家から一歩出て社会生活で期待されることができないことがあるだろう。

　子どもを夜一時的に一緒に寝かせる（あるいはそれを喜んでいる）親は夫婦間に問題があり，子どもを三角関係に巻き込んでいるのではないかと推測してはいけない。もちろんそういう場合もあるかもしれないが，多くの親は，こうやって子どもの心を落ち着かせるのは適切な育児方法だと単に感じている（セラピストが批判しないと信頼できるようになると，このように感じていることを自己開示してくれる）。この種の社会的タブーはいわゆる「隠れた添い寝者」を多く生み出してきた。

　幼い子どもの中にはほぼ毎晩朝まで眠り続ける子もいるが，大半は毎晩数回目が覚める。目が覚めた子どもに対する親の態度は，子どもの睡眠パターンに大きな影響を与える。早い時期に自分を落ちつかせて眠れるようになる子もいれば，親になだめてもらって寝かしつけてもらう子もいる。

　気質について知るためには，新しい出来事や初めて会った人に対して子どもが普段どのような反応をするか，話してもらうべきである（Chess と Thomas は接近と退却 approach-withdrawal と呼んだ）。生まれつき恐れ知らずのように見える子もいる。[85] その子たちは親と離されてもほとんど，あるいはまったく不安を感じず，目をキラキラ輝かせて新しい状況や人に近づいていく。別の子どもたちは用心深くなかなか人になじまない。子どもの性格のこの側面についてたずねるときには，親がその性質についてどう感じているかに注目することが肝心である。注意深く観察すると，新しい状況に飛び込む前に我が子はうまく状況を判断していると親が誇りに思っていることが浮かび上がるかもしれないし，逆に子どもの臆病さを軽蔑していることが判明する

かもしれない。あるいは他者が場にそぐわない恥知らずの行動だと思うようなものでも，親はほめることもある。

　子どもを恐れ知らずだ，あるいは臆病だと一般化するのは間違いの元である。自分の意見を主張することが求められない限り，新しい状況にいてもひじょうに居心地が良いと感じる子もいる。ひどく心配性な7歳の息子をもつ親は，学校でテレビコマーシャルの撮影が行われたとき，我が子が即座にセリフのない役のオーディションに志願したのでひじょうに強く困惑した。またある5歳の男児は多くの点で社交的であるし自信をもっていたが，まだ自分が修得していないことをやらされる状況からは後ずさりした。接近と退却の微妙な違いをはっきり説明すると，親は子どもを別の目で見られるようになり，ついしがちであるが，ステレオタイプで子どもの行動を判断し，分類してしまうことを防ぐ。子どもの特徴的な対人的姿勢の見立ての重要性については第5章でさらに踏み込んで論じる。

　もう一つ，ChessとThomasが説明した気質のいろいろな側面の中で，子どもと家族システムの両方を知るうえでとくに役立つと思われるのは適応性である。ChessとThomasは，適応性とは物事に「すぐに」慣れるとか，適応するのに「長時間」かかる，といった性質だと定義している。この側面について評価するには，自分の好みでない活動に進んで参加，適応するかどうか判定するという方法もある。教師は子どもが「あることから別のことへなかなか移行できない」と描写するさいに，この気質に言及している。親は子どもがどうしても家を出たがらないし，ひとたびあるところに落ち着いてしまうと，その場所から動いたりある活動をやめたりするのをいやがる，と説明するかもしれない。またある子どもは，家族みんなで外出しようというとき，いつも行動が遅くて家族の足を引っ張る，ひどいのろまな怠け者だと言われるかもしれない。子どもが他のことになかなか移行できないのは，子どもの「拒絶性」が強いからか，それともある活動にひどく熱

中しているからかということを見極めることが重要である。これは親からの報告を聞くよりも，子どもと家族が交わる様子を観察するとすぐに分かる。

　7歳のある少女は，他の子どもとなかなかうまく遊べなかった。彼女は仲間が何かをしようというといつもいやがり，自分が好きな種類の遊びしかしなかった。やはり7歳ぐらいで，友達とうまく遊べないタイプの子がいたが，前述の子どもと違って，ひじょうに想像力が豊かだった。そしてセラピストがその子と一対一である程度の時間を過ごしてみると，その子は仲間と意地の張り合いになることはないが，躁状態ともいえるほどの熱の入れようで空想上の劇の役を仲間に割り振って彼らを完全に圧倒していたことがよく分かった。

　子どもによっては，音，視覚的刺激，手触りの粗い布地の服などに他者より敏感に反応するようだ。この特徴（ChessとThomasは閾レベル threshold level と呼んだ）を親がどう感じるか，どうとらえるかが，ひじょうに重要である。そうした感受性の強さを否定的にとらえて，不満が多すぎる子だと思う親もいる。また子どものそうした欲求を受け入れようとする親もいる。

　同様に，うれしい出来事，あるいはがっかりする出来事に対して普通の子どもならもっと穏やかで控えめな反応をするのに，自分の感情を激しく表す子どももいる（反応の強度と呼ばれる）。喜ぶとその子はほどほどに興奮するか，それとも有頂天になるタイプかたずねてみよう。いやなことが起こるとその子は「穏やかに不平を言うか，それとも怒りにまかせて怒鳴るか」聞いてみよう[24]（121p）。感情をよく表す親は，驚かせたり褒美をあげたりしても子どもが控えめな反応しか示さないとがっかりしたり，拒絶されたと感じたりするかもしれない。逆に感情をあまり表に出さない親は，過度に感情を表現する子どもに驚いたり，あるいは批判的になったりするかもしれない。もちろん，極端に控えめで自分を抑えている親が，子どもの激しい反応を見

て，自分ができないことをしてくれているとうれしくなることも多い。

　子ども，そして親子が長期にわたって問題を抱えているのか，それとも問題が生じたのは比較的最近で，いつもとは違う近頃の状況に対する反応なのか判断するには，子どもの最近の気質と，もっと小さかったころの気質を比較するとよい。セラピストはえてして扱いの難しい子どもを見ると，赤ん坊のころからそうだったのだろうと勝手に思いこむが，この思いこみは誤りであることが多い。いつ子どもの気質が変わったか正確に指摘すれば，子どもが現在抱える悩みに寄与するかもしれない家族システムの要因，あるいは精神力動的要因を知る手がかりが得られる。

気質の現れにおける矛盾

　つねに「その人らしい」行動をとる人などほとんどいない。子どもの気質は一定不変でないが，それがどう変わるか親に考えてもらうような質問をしてみよう。そうすればこの子はこういう気質，あの子はこういう気質という厳密で凝り固まった定義を変えるきっかけとなり，大きな一歩となることがある。親だけとの面接だけでなく，子も同席した面接でもこれを実行すべきである。臆病な子どもでも，ある領域では，外交的で人前でも不安を感じない子どもよりも自信をもっていることもある。あるいは知らない人と会うとびくびくする子どもでも，新しい活動，食べ物などに対しては進んで冒険するかもしれない。セラピーに先立って，こうした「その子らしくない」行動が，子どもに関する一般化が修正されるようなやり方で気にとめられることはあまりない。

　症状を呈している子どもの気質について話すとき，親はよく自発的にその子を他の家族成員と比べることが多い。もしその比較が自発的に起こらないのなら，この点について質問して親に目を向けてもらおう。子ども抜きの面接という密かな状況だと，多くの親はあまり包み

隠さず，父親あるいは母親と子どもの一人が同一視している，同盟を結んでいる，といった話をしてくれる。問題の子どもは「気質」の面で父親似か母親似か聞くだけでも，転移や歪曲などの家族システムの力動が浮かび上がってくる。「ジョニーは父親そっくりです。動き回るより，ごろごろして何もしないほうが好きですから」といったコメントを聞くと，夫婦間がかなり緊迫状態にあるのがよく分かるし，家族システムの中で子どもの症状がどのような役割を果たしているかということがはっきりする。

9. 注意欠陥障害，多動，学習障害

　何かの活動にずっと集中していられない極端に活動的な子どもをもつ親はよく，我が子は注意障害があり，多動なのではないかという不安を口にする。この不安に真剣に注目するよう心がけなくてはならない。しかし，それと同時に，問題を神経障害のせいにして，問題の家族システム的，行動的，精神力動的側面を見過ごしてしまいがちだということに留意しなくてはならない。子どもが幼ければ幼いほど学習障害や神経系から起こる多動の診断を下すのは難しい。多動を伴うかということはさておき，本当の注意欠陥障害を，神経学的要因でなく心理的要因による集中力の欠如や衝動のコントロールの困難から見分け査定する方法について検討するのは本書の領域を越えている。普段筆者は子どもを診断や査定に委ねる前に，6週間ほど様子を見るようにしている。それぐらいの期間家族療法を施した結果，子どもの行動が大きく変化するかどうか見たいからである。

　多動でなくても多くの子どもは注意の欠陥があることを忘れてはならない。もし子どもが以前からずっと，きちんと枠組みのある一対一の状況でないと集中できないし注意を払えないという状態が続いていたり，こちらの言葉や指示をもう一度繰り返してほしいと頼むことが

繰り返されたり，めったに一つのことをし続けられなかったりしたら，筆者はその子を心理査定してもらう。同様に，子どもがたえず動き回り，極端に興奮しやすく，考えもなく行動し，相当神経を集中させないと何かにしっかりと取り組めないうえに，家族システムにも変化が起こり，子ども自身がもっとよく振る舞おうという動機付けをもっているにもかかわらずそのような行動に変化が見られないなら，多動の診断を考慮すべきである。

学習障害が，子どもの問題の一因になっていないか，セラピストは気をつけて見るべきである。学習が困難な子どもは，自分は能力に欠けるという思いから自己防衛するために，学校で「ふざけて」振る舞ったり，無関心を装ったりするかもしれない。仲間のように簡単には修得できない課題に苦心して取り組むうちにフラストレーションが生じ，それが強い攻撃性となって表れてしまう子どももいるかもしれない。学習障害をもつ子どもの中には，他の子どもと違って抽象化が苦手で，その結果，同年齢の子どもほどすぐに社会的信号を処理できない子もいる。子どもの自己評価は自分が直面している学習困難だけでなく，認知上の欠陥に起因している可能性がある。また，仲間との関係不良によっても強い影響を受ける。

10. 焦点を広げる

本章ではこれまで，子どもと家族システムについて予備知識を得るために親との面接を活用する方法について論じてきた。こうした面接を通じて，両親それぞれの家族的背景について知識を得たり，彼らが個人として，あるいは夫婦として感じる不安を知ったりすることもできる。両親それぞれに自身の親，きょうだい，祖父母について少し話をしてもらおう。夫婦それぞれの家族とは現在どのような関係にあるか，その人たちとはどのぐらいの頻度で会うか，みんな親しいか，互

いの原家族に関して夫婦間で軋轢はあるか，悩みの種である子どもは，親族の誰かと似ていないか，あるいは振る舞い方が誰かと似ていないか，夫婦はそれぞれ現在の家庭生活を自分の子どものころの家庭生活と比べてどう感じているか，きょうだい仲は良かったか，両親との関係はどうだったか，親は子どものころどのような生徒だったか，とくに肝心なのは，家族の誰かがかなり重い精神的問題をもっていないかたずねることである。家族の誰かが統合失調性，重篤なうつ病，あるいは精神遅延だったりすると，親は子どもが情緒的問題をもたないかと過度に警戒したり，過剰反応したりするかもしれない。

　また夫婦それぞれの現時点での心配事を一部でも知っておくことも大切である。自分の仕事に満足しているか，何に関心があるか，自分の生活の中で何がうまくいっているか，困っていることは何か，自分自身の中で変えたいと思う点はあるか，もし彼らが現在個人療法を受けている，あるいは過去に受けたことがあるなら，なぜ心理療法を受けたのか，今現在その問題はどういう状態か質問するべきである。

　最初の1回か2回の面接でこうした情報すべてを手に入れるのは無理である。親と面接をするたびに現在の家族の状態について話し合い，子どもに関する不安と親の問題がどこで交差するか，理解をよりいっそう深めなくてはならない。問題を抱えた子どものことが不安で心理療法を受けに来る親の多くは，最初のうちは自分たちの結婚生活について話したがらないということに筆者は気づいた。子どもに関する彼らの不安に焦点を当てながら1，2度面接を行ううちに，夫婦は自分たちの関係について話そうという気持ちの準備ができるものである。その時点で，どんな点で夫婦間がうまくいっているか，そして何に関して対立し，緊張関係にあるのかたずねる。筆者は，この何年かのあいだで夫婦関係がどう変わったか，夫婦それぞれの意見を聞くようにしている。夫婦が別居しているなら，別居の原因となった対立についての情報を求め，それは解決されたか，もし解決されたならどうやっ

て解決されたかたずねる。

11. 子どもと同様に親にも援助する

　親との最初の面接の目的は情報収集だけではない。最初から治療過程がはじまっているのである。家族セラピストは1回の面接だけでも肯定的な点に気づく訓練を受けているし，このような肯定的な面に気づく志向性は親が子どもの力を認識する手助けをするという点で，貴重な財産となる。一つ例をあげるが，息子が「心をのっとる悪い感情」のせいで攻撃的になってしまうと描写した，と親が報告してくれたことがあった。セラピストはそんなに幼いのに自分の経験をはっきり表現できるのは素晴らしいと答えた。別のケースでは，何か悪いことをすると子どもは深く反省していると報告した親に対してセラピストは，その子は親が自分のせいで心理的に参っていないか，ひどく気にしているようだが，全ての子どもがこのような気遣いを見せられるわけではないと指摘した。またセラピストは親に，「お子さんはひじょうに個性的で魅力があるにちがいありません。他のお子さんに対して攻撃的なのにひじょうに好かれているようですから」と言うのもいいだろう。

　親はよく，子どもの言動に関して面白い逸話を伝えてくれる。セラピストが声を出して笑い，その逸話を心から楽しんでいるように感じると，親は我が子の価値をもっと認められるようになる。セラピストが家族全員と会い，問題の子どもとも個別に顔を合わせれば，この傾向は持続する。個人面接で子どもの言動をセラピストが純粋に楽しみ，その気持ちを祖父母がかけるような暖かい言葉で表現すれば，親はそれをうれしい贈り物として受けとるし，介入としても効果を発揮する。もちろんこの種のフィードバックは偽りのないものでなくてはならない。ほめ言葉が具体的であればあるほど，信じてもらいやすい。個人

面接で明らかになった肯定的なエピソードを伝えれば，親は，自分たちがしばしば子どもに投影している否定的な自己イメージを中和させる，それまでとは違う肯定的な視点から物事を見られるようになる。セラピストに好感をもたれ，尊重された経験を大人が内面化することが個人療法の重要な要素であるように，多くの子どもと接してきた尊敬できるセラピストが我が子ならではの特性を高く評価してくれたと認識することで親の自己評価が高まる（し，子どもの自己評価も高まる）。もちろん，セラピストは子どもの問題や否定的な特徴も認識していると親が感じて初めて，子どもに対するほめ言葉や前向きな発言も受け入れられるということも忘れてはならない。

12. まとめ

　最初の面接では親のみと会い，その後も面接が続くあいだ，ときおり親だけと話し合うことには多くの利点がある。親だけと面接すれば，不安の種として子どもがスケープゴートにされる機会が増える代わりに，セラピストは親と作業同盟を築けるし，抵抗も最小限にとどめられる。本章では親だけとの面接でどのような情報が得られるか指針を示した。ここに示した質問のさまざまなカテゴリーを厳密なチェックリストととらえるべきではない。それにセラピストは一度の面接でこうした情報すべてを得ることを期待してはいけない。親との面接はただ情報収集の面接だけのものではない。ゆえにこうした情報がまだ全部揃わないからといって家族全員との面接や子どもだけとの面接を先送りすべきでない。

　面接が継続される期間を通じて，親面接をときおり行うことが大切である。家族全員との面接が終わるとすぐに，筆者は親とだけ会ってフィードバックを与えるようにしている。次章では，家族との面接でどのような情報が得られるか，そしてセラピストの所見を親にどのよ

うに伝えるかについて説明する。面接の場に子どもがいないと，家族との面接で観察した家族同士の相互作用について突っ込んだ質問をすることができるし，そのさいに子どものうちの一人に，自分だけ標的にされていると感じさせてはいけないと気配りする必要もない。したがってたとえば我が子が面接中に注意散漫であり，攻撃的であり，自分にべったりしていることを親が快く思っているようなら，こうした行動をとりまくさまざまな関連要因を探るために，親だけとの面接を利用できる。子どもは晩御飯のときにぼーっとしているだろうか。その子は一対一の状況で注意を集中させられるだろうか。面接中，親は子どもの振る舞いに対して寛大だったが，家でもそうなのだろうか，それとも違うのか，などである。

　親面接を行うと，子どもだけとの面接に関してフィードバックができる。親は子どもに関する情報を強く求めており，親面接でセラピストは自分の見立てを親に伝え，そう仮定するもととなった子どもの言動について，親に情報を提供できる。セラピストは親との個人面接で子どもに関して理解したことすべてを親に伝えはしないが，思春期の子どもや大人との面接のときと違い，幼い子どもと面接するさいに，守秘義務を同じように遵守するという約束はしない（第4章参照）。

　治療過程が進むにつれて，両親との面接での中心的話題は次第に広がり，問題の個人的，家族システム的，行動的側面に対処するための方策や課題について一緒に話し合うようになる。親は「宿題」を与えられ，具体的な介入を試みることになる。第7章，8章では，問題に対する精神力動的理解，および行動的理解を基礎とする介入について論じる。

第3章

家族との面接を最大限に利用する

　本書で説明する統合的アプローチの土台となるのは，家族システムの力動を理解し，それが子どもの問題にどう影響を与え，それとどう相互作用するのかということの理解である。本書のどの章においても，システムの力動と（行動療法と精神力動療法の）個人療法の視点の関係に注意を向けるべきだということを筆者は説いている。そのため，たとえば子どもが非適応的な防衛機制を用いる場合も（第5章参照），どのようにして特定の防衛機制が家族の他の成員によって強化されるか，どのように他の家族成員を困らせる問題を子どもが表すか，という点から理解されるだろう。直接的な行動への介入（第8章参照）でさえ，家族システムの要因に注目して初めて実行される。

　前章では，第一に子どもについて知る，そして第二に，どのように家族システムの側面が子どもの問題の一因となっているかということに関して最初のフォーミュレーションを立てる，という二つの目的のために親との面接を活用する方法を見てきた。問題となる子の気質を父親，母親それぞれの気質と比べたらどうか，あるいは子どもの行動に対して父親と母親のそれぞれがどの程度心配しているか質問し探索すれば，個人に関して，さらに家族システムに関して推測するための情報が手に入る。そしてその情報に関しては家族全体あるいは子どもだけとの面接でさらに探索していける。このように家族全体と会う前

にセラピストはすでに，どのようなシステム力動が働いているのかということについてある程度考えをめぐらせている。たとえば，家族内の同盟，起こっているかもしれない三角関係，三世代にわたって引き継がれてきたパターンなどに関していくらか情報を得ている。

　この章では実際に家族全員を観察し，彼らと話し合うことによって，家族システムをより正確に理解することに焦点を当てるが，その目的は三つある。第一に経験豊富な家族セラピストに対しては，幼い子どもを含んだ家族とどのように面接を行うか，具体的な指針を示すことを目指している。第1章で論じたように，ベテランの家族療法セラピストでも，現在行っている家族との面接をより有益なものとするために幼い子どもを参加させるとなると，途方にくれることが多い。本章ではかなりの紙面を割いて家族との第1回目の面接に照準を合わせているが，治療過程を通じてどのような方法で家族面接を活用できるか，そのさまざまな方法についても論じていく。

　しかし，子どもとの個人療法を中心として実践してきたセラピストがこの統合的アプローチを学ぶ場合，この章のねらいはいくらか違ってくるし，より大がかりな作業となるだろう。子どもと個人面接を行っているときだけでなく，その子が家族全員と一緒にいるところを観察するとどれほど多くの情報が得られるか，ということを実際に示すのも本章の目的である。子どもを専門とする多くのセラピストは，子どもの両親と会ったり，場合によってはクライエントである子どもおよびその親との合同面接を行ったりすれば，家族と関連する問題の要素に対処することになると感じているだろう。しかしきょうだいがそのような面接の場に加わることはめったにない。家族が全体としてどのように機能しているか分からなければ，たくさんの情報を聞き逃すことになる。子どもを専門とするセラピストがこの方法を試してみると，こうした家族全体との面接でどれほどたくさんの情報が得られるか知って驚くことが多い。したがって，たとえばある子どもが弟に対

するきわめて強い敵意をふくんだ空想を頭に描いていたとしても，実際には予想される以上に助けてあげたり世話してあげたりすることもある。あるいは，家族の中の「良い子」が，親が報告する以上にトラブルメーカーであるかもしれない。

そして最後に，本章では家族システムのアセスメントが答えようとしている種々の疑問を概観する。家族システムの思考になじんでいる読者も多いだろうが，本章で提案する特定の題材をまとめるやり方は役に立つと感じてもらえれば幸いである。

次の節では，セラピストと家族が有益な会話をするには面接でどのような関係を築けばよいか検討する。

1．家族との第1回目の面接

初心者であれベテランであれ，家族セラピストはたいてい子どもを含めた家族を迎え入れるために待合室に行く前に，一瞬ためらって息をのむ。彼らは家族全員と会うのは意味があると知りつつも，親だけ，あるいは親と当の問題を抱えた子どもだけと会う場合よりもずっとやりにくいと，えてして感じてしまう。ワークショップにおいて，経験豊富な家族セラピストが，幼い子どもが参加する家族面接を前にすると気分が落ち着かない，と感想を述べたのを聞いたことがある。子どもをうまく取り込めないかもしれない，彼らが混乱を巻き起こし実りのない面接になってしまうかもしれないとしばしば不安を感じるのだ。幼い子どもは話し始めると長くなるし，当座の問題とは何の関係ないような間延びした話をする。面接室の中にある触れてほしくないものに触れたり，セラピストのプライベートなものが入っている机や棚の引き出しやクローゼットを開けたりすることも珍しくない。しかし一番恐れている展開は，両親が期待のこもった注意深いまなざしを向ける中で，セラピストが惨めにもその問題の子どもを面接に進んで参

加させることに失敗する，というものである。子どもが一言もしゃべろうとしなかったり，あるいはもっとひどいことに退屈でしかない，ここにいたくないといった態度を示したりすると，セラピストは困ってしまう。親はセラピストが子どもの心を開いてくれることを期待しているし，セラピストはその期待を感じて，自分の力量を示せるか不安を感じる。

　この家族面接の主要な目的は単に家族全体を観察する機会をセラピストが得ることであり，家族がひじょうに重要なことを打ち明けたり，話したりしなくとも，とても有効な面接である，と両親に説明すれば，セラピストも両親も気持ちにゆとりが出るだろう。子どもがどのように振る舞うか不安に感じている親には，たとえ子どもが非協力的であっても，態度もよく，いろいろな話をする場合と同じぐらい収穫があると伝えて安心させる。面接は子どもが楽しめるように工夫されているが，子どもが喜ぶという保証はないし，また面接で起こるほぼすべてのことに有益な情報が隠されているとセラピストは親に伝えるとよい。セラピストは「うまくいかない」面接からも，親の反応，境界の設定，ヒエラルキー（階層構造）についてひじょうに価値ある情報が得られることを心にとめておかなくてはならない。

2．きょうだいを参加させる

　IPである子どものきょうだいを面接に参加させるとなると，かなり気をもむ親も多い。問題とは「無関係」だと親が感じているきょうだいは，自分とは関係のない問題を扱うセラピーに参加するために，もっとやりたいことを我慢しなくてはならないと言って怒り出すのではないかと親は心配する。また，問題の探索過程において「非問題児」が悪影響を受けないかという不安も親は抱く。IPは問題を抱えているがゆえに親は時間をかけてあれこれ世話を焼くので，きょうだいは

すでに相当怒りを感じている。その上，さらに家族療法に参加するからといってきょうだいに計画を変更させれば，彼らを傷つけるだけでなく侮辱することになるのではないか，という声を親からよく聞く。第2章で述べたように，筆者はこれを親からの抵抗と考えず，そのまま懸念として受けとめる。経験から言えば，家族面接をすると，一般に緊張や怒りは悪化するのではなく緩和されることが多い，と言って安心させてあげるとよい。できるかぎり子ども全員の放課後のスケジュールを調整してもらうとよい。セラピストは親面接のとき，すでに親と強い作業同盟を結んでいるので，親を安心させれば，抵抗はたいてい最小限にとどめられる。家族全員と会えばその子どもに関する貴重な情報が得られるし，その情報がなければ治療過程がはかどらないという確信を表せば，親のためらいが強くとも，通常はそれを克服できる。

3．最初の面接の雰囲気

本書では，抵抗は不安から生じるもので，不安はクライエントがセラピストの言葉を聞く妨げとなる，ということを大前提としている。セラピストがクライエントを安心させられればさせられるほど，そのクライエントはセラピストの言うことをよく理解し，それを取り入れるようになる（Wachtel[182]参照）。家族力動を強調するための手段として直面化したり，感情をあおったり，葛藤を強める方法は，このアプローチではめったに用いられない[120]。最初の家族面接では，可能であれば問題をはらんだ相互作用のことを直接持ち出さないようにするのが特に重要となる。最初の家族面接における大切な目標の一つは，子どもに面接は楽しいと感じさせることである。

子どもが泣いたり，口論をふっかけてきたり，その他の妨害するような行動をとるのではないかと心配する必要はない，と親を安心させ

るが，それでも面接が万事順調に進めば（セラピストを含めて）みんながいい気分になる。セラピストができるだけ落ち着いた雰囲気をかもし出すための工夫の仕方は数多くある。

　子どもは魅力的なおもちゃがたくさんある部屋に入ってくれば，じっと座って家族での話し合いや行動に集中できない。新しいおもちゃで遊びたいと思って興奮すると，おもちゃから離れることができても，またおもちゃのところに行って遊びたがる。このため，おもちゃを視界に入るところには置かない，あるいは少なくとも親が話す段になって子どもを遊ばせてもよいとセラピストが思うまでは，おもちゃを子どもの目の手の届かないところに置いておくほうが賢明である。同様にマーカー，はさみ，鍵，その他の小物など，幼い子どもの興味をひく物は，一時的に移動させるべきである。注意力が散漫になる状況を最小限にするのもそうだが，幼い子どもにとって安全な環境を作り出せば，親子ともリラックスできる。

　その場をしきる役にあるのは誰だという点に関して，親は勘違いしている場合が多い。セラピストが率先して子どもに対して制限を設けるものだと決めてかかり，親は子どもを野放しにすることもあるだろう。ゆえにセラピストは両親に対して早めに，親がそのしきり役にあるという自分の考えを伝えなくてはならない。これは制限を設けるときだけでなく，子どもにどの程度の協力と参加が望まれているかということについて伝えるときにも当てはまる。したがって，セラピストは子どもがのめり込んでくるよう陽気にリードし，家族での話し合いやロールプレイに参加させるよう導く。しかし，子どもが乗ってこない，あるいは妨害してきたときには，親に，最も良いと思うやり方で，子どもに協力させてほしいと伝え，子どもが参加しないことに対処するように求める。セラピストは，こうした方法で親にこの役を担ってもらうと，家族システムについて多くの情報が得られるだけでなく，自分には子どもに魔法をかけられる「魔術師」あるいは「ハーメルン

の笛吹き」の力があるという非現実的な期待から自らを解放できる。誰に責任があるのか，そして親は何を期待しているのかということに関してはっきり意思疎通を図っておくと，驚くことではないが，幼い子どもでも進んで参加してくる。両親のうちどちらがしきる役にあるのか，親がどのように子どもと接するのかという貴重な情報が手に入る。もちろん，何を期待するかに関して，親の意見が一致していないケースにも遭遇するだろう。こうした面接でセラピストが何を学べるかについては，のちほど細かく論じていく。

　家族全員の不安をやわらげるためには，まずどんなことが家でうま(・)く(・)機能しているか尋ねてみるとよい。家族は自分たちの関係がうまくいくことを目指して面接を受けているのであり，親が子どもに関して心配事があるから面接に来ているというのは自明のことだが，面接の始めに，家でうまく機能しているのはどんなことか，少し話をしてもらうのが一般に最善の方法である。親は喜んでその話をするが，それは，最初の面接ですでに子ども抜きでセラピストだけと話をしていて，すべてを楽観視できるわけではないとセラピストがはっきり認識していることを，承知しているからである。親も子も，それも最年少の子どもでさえ，家での出来事で楽しかったことについて話をするよう求められる。もちろん幼い子どもはひじょうに具体的な話をするだろう。「ママがおもちゃを買ってくれるとうれしい」とか「ディズニーランドに行ったときが楽しかった」といった具合に。「パパが車に乗せてくれた」とか「ママが仕事帰りにクッキーを買ってきてくれた」といった話をする子どももいるだろう。その後さらに突っ込んで，家族内の特定のペア（たとえば，きょうだい2人，親1人子1人）は2人でどんなことをして楽しむのか，とか今まででとくに楽しかった思い出は何かといった質問をする。簡単な単語を使えば，こうした質問はごく幼い子どもでも理解できる。楽しい思い出を語るときには，しばしば笑いと興奮が渦巻く。しかししばらくのあいだ家族を強い緊張関

係が支配しているような場合，肯定的な点を引き出そうとしても，家族の全員がうまくそうできるわけではないという問題もよく起きる。最近（あるいは随分長いあいだでも）家族が相当張り詰めた関係にあったので，楽しい思い出などなかなか浮かんでこないのは理解できる，とセラピストが単にそのことを肯定し，即座にその問題を扱わないのも，そのような状況を扱うためには良い方法である。そしてその後，良い思い出を語れる人に話をしてもらう。

　筆者はしばしばChasinとWhite[23]の提案に従い，次のように言う。「皆さんそれぞれに，自分の良い点を話してもらいたいんです。何か得意なこととか，自慢できることなどです」(17p)。一人一人に自分自身について話してもらったあとで何か加えることはないか他の家族にたずねると，会話がはずむし，家族が互いに支え合えるかどうか見極められる。競争意識のあるきょうだいが自分の良い点を話すときに互いに何度も助け舟を出すのを見て，親が驚くという場面もしばしば出現する。もちろんこの質問に対する答えを聞くと，その人が家族の中でどう思われているか，そして個々の成員にとって何が特に重要なのかということがはっきりする。

　家族成員同士が互いに強い怒りを感じ，傷つきが大きいとき，良い点を挙げるなどとても無理だというなら，セラピストはもちろんすぐに悪い点に移るべきである。（親であれ子どもであれ）1人，あるいは複数の家族成員が自分，あるいは他の家族の良い点に注目させようとするといやな顔をしたり，あるいは単に参加を渋ったりするかもしれない。もしそうなったら，その明らかな不満があるのだと受け取ったことを言葉にして伝え，何がいやなのかその人に話をさせるとよい。それが拒否されたら，明らかに怒りを感じている者，あるいは非協力的な者に関してどうしてそうなるのか，他の家族成員に情報提供を求めるとよい。

4．家族面接で行うこと

1　寸劇，劇，人形

　家族生活のいろいろな場面をロールプレイで再現するのは優れた方法であり，情報が得られると同時に，子どもを家族劇に積極的に参加させることができる。一番小さな子どもを「監督」と呼んであげて，セラピストか家族の誰かを助手にすると，2歳半から3歳ぐらいの子どもでも楽しく参加できる。「誰かの役をしよう Let's pretend」は，幼い子どもでも理解し楽しめる活動である。恥ずかしがりやの子どもは，実際の人間でなく人形やぬいぐるみを使って家族の役をしたがるだろう。

　いろいろなタイプのロールプレイが考えられる。たとえばママが仕事から帰ってきたとき，家族揃って夕食を食べるとき，あるいは寝るときどんな様子か劇にしてほしい，とその子に頼んでもいいだろう。もちろん家族の問題点も浮かんでくるだろう。しかし最初の面接では，問題にはあまり注意を払わないことが大切である。というのも，たいてい子ども，とくに「問題」の張本人だと思われている子どもは概してそうした話し合いにきわめて悪い反応を示すからである。家族みんなで楽しめば今後面接を続けていく上での基盤ができるし，楽しむこと自体，家でもめったにできない経験である。家族生活のいろいろな場面を演じる以外にも，現状と違っていたらという想定でシナリオを作り演じてもらう方法もある。Chasin と White[23]は幼い子どもにも目標を見据えさせ，願いが実現するような劇を演じさせるためのたくさんの興味深い提案をしている。

　のちの面接で，寸劇や人形劇を使って家での問題のいくつかを演じてもよい。ときどきこうした問題が第1回目の面接で演じられることもあるが，それは子どもがその問題をひどく気にしていて，自発

的にそれを実演したいと感じているからである。理想を言えば，何度か面接を行うまで，こうした否定的な側面の劇は控えるべきなのだが，家族に肯定的な，あるいは肯定的でも否定的でもない劇をさせてもまったく盛り上がらず，すぐに家族の問題について話し合うしか道がない，という場合もある。

　たとえば5歳のチャールズは筆者のカウンセリングオフィスに来る途中でかんしゃくをおこしたばかりで，パパのことがどんなに「大嫌い」かということについて自分から話しはじめた。自分の気持ち，あるいは出来事について話すのではなく，そのときの様子を「私に見せて」くれるよう筆者は彼に頼んだ。彼は大きな人形を使ってそのシーンを再現したが，最後に父親が息子の尻をぴしゃっと叩いて幕となった。自分がやったのと同じように人形に話したりごねたりさせ，もう一方の人形には父親が実際にやったように話し，大声を出し，ぶたせて，と頼んだところ，彼は自分が父親とのやりとりをどう感じているか，鮮明に伝えることができた。

　幼い子どもはよく，いちばん最近にあったことや直前にしたばかりのことをロールプレイにしたがる。たとえばある5歳の息子が，父親が帰宅したとき母親がソファに横になっていて，父親が母親と息子のためにご飯を作る様子を再現すると，その母親は狼狽した。これはある小さな手術を受けた母親が回復期にあった，面接前の2週間に限ってみれば「正確な」描写だった。正確であろうとなかろうと，こうしたロールプレイは子どもにとって何が印象的だったかを鮮明に示してくれるし，それが例外的な状況であっても，この「寸劇」が普段の様子とどんな風に違うか話し合えば，子どもを引きつけるし，有益な情報も得られる。

2　ボードゲーム

　親も子も互いの考えや気持ちを知る状況になると身を乗り出してく

ることを筆者は発見した。自分の感情を表現しても，それが本質的に互いを密かに非難することにならないように会話を進めれば，大半の子どもは喜んで話に入ってくる。人を非難せずに気持ちを語るように導き，幼い子どもでも手伝ってあげればほぼ参加できるような，「心理的」，あるいは「治療的」ボードゲームはたくさんある。家族はそのようなゲームを大いに楽しみ，そうしたゲームはどこにいけば買えるのかたずねてくることもあるし，ときには新しいゲームを買ってきて筆者のコレクションに加えてくれることもある。筆者は家族の会話を刺激する有意義なゲームをいつも探しているし，こうしたゲームは面接室の必需品だと思っている。ゲームのルールを少し変えてあげれば，4歳ぐらいの子どもでも「The Talking, Feeling, and Doing Game（話して，感じて，行動するゲーム：子どもが話しづらい内容についての開示をしやすくするためのボードゲーム）」，「The Ungame （アンゲーム：自分の秘密に関しての開示をするカードゲーム）」（子ども用と大人用のカードがある），「Family Happenings（家族の出来事：離婚，別居，アルコール依存など家族内に起こる問題についての気持ちの開示を助けるゲーム）」，「My Two Homes（私の二つの家）」，「Scruples（良心のとがめ：スクラプルズ：道徳的な場面にどんな行動をするか語ることを促進するゲーム）」（子ども用と大人用のカードがある），「Feeling Checkers（フィーリングチェッカーズ：相手のコマをとったとき，それに書かれている気持ちを感じた場面について話すことが求められるボードゲーム。6－8歳版，8－10歳版，10歳以上版がある）」，「My Ups and Downs（マイ・アップス・アンド・ダウンズ：自分が暗いときと元気なときの経験について語ることを求める）」，「The Great Feelings Chase（グレート・フィーリング・チェイス：気持ちのカーチェス）」といったゲームに参加できる[注1]。これらのゲームでは子どもじみたもの（片足でどのぐらい立っていられるか数える）から，本心について問い心理的側面が明かされるようなもの（あ

る少年は父親に何かを言うのを恐れています。それは何でしょう，そしてなぜ恐れているのでしょう。あるいは，女の子が自分の母親に言う最もひどいことは何でしょう。あるいは，友人が万引きするのを見たらあなたはどうしますか）まで，さまざまな質問に答えたり，いろいろな活動や動作を試すよう求められる。一人がすべての質問に答えるわけではなく，答えるとチップやその他のほうびがもらえる。幼い子どもにはカードに書かれたことを読んで説明してあげるが，彼らが認知的に理解できるカードのみが用いられる。

　大半の家族はこうした有意義なゲームをすると，彼らがセラピーに来た原因である好ましくない相互作用のことも忘れて息抜きできるので好評である。チップを数えたりポイントを足したりするのは，ゲームに参加する楽しみの一つだが，基本的に競争は伴わない。幼い子どもは，自分はこうしたゲームが得意だと感じるかもしれないが，その答えに対してセラピストが（また家族もそうであってほしいが）大い

注1　The Talking, Feeling, and Doing Game は，Richard Gardner[57]によって開発され，Creative Therapeutics 社（Cresskill, New Jersey 州）より入手可能である。難しく挑戦的な質問とふざけた簡単な質問が混ざっており，子どもと大人にも常に人気がある。

　Scruples は，モラル・ジレンマが投げかけられるゲームで一般の玩具店などで入手可能である。筆者が使うとき，子ども版と大人版を合わせて，ルールも簡単にして，大人と子どもの点数は，両方とも相手の答えを正確に当てることができたかということに対して与えられる。

　My Two Homes は，Center for Applied Psychology（P.O. Box 1586 King of Prussia, Pennsylvania 州 19406）から入手可能である。離婚と別居に関する懸念や問題の話し合いを促進するのに極めて有効であることが分かっている。

　Feeling Checkers（これも Center for Applied Psychology より入手可能）は，一般的な駒取りゲームと変わらないが，違いは，駒の下に書かれている気持ちについて何か言ってからはじめて相手の駒がとれるという点である。

　The Ungame（一般玩具店での入手可能）は，The Talking, Feeling, and Doing Game と同じように気持ちについて話し，直接的な質問に答える機会を作る。特定の年齢層に適した質問を選ぶことができるという利点もある。しかし，The Ungame は，商業的なゲームであるため，質問は心理的な側面が試されるような内容ではない。

　Family Happenings と My Ups and Downs は，Center for Applied Psychology より入手可能である。

に興味を示し，どんな答えをしても間違いがないからである。そして，真剣に考えてから答えて下さい，いい加減に答えてもポイントになりませんよ，と忠告しておくと効果的であることが分かった。筆者は，実際に起こった出来事や，学校でなく家族に関係のある気持ちだけに答えを限定することもときにあるが，この「規則」は子どもの問題の性質によるし，子どもがどのような答えを出すか，ということにも左右される。表面的で性急な答えは認めないというのが経験則だが，それも状況に応じて判断する。

3 描画

　たいていの幼い子どもは絵を描くことが好きだ。Zilbach[195]は，家族面接において，親とコミュニケーションをとる方法として子どもの絵をどのように利用できるか示してくれた。まず子どもを惹きつけるような画用紙と水性ペンを子どもに渡して，(1) 家族のみんなが何かをしているところ，(2) 家族の楽しいこと，(3) 想像できるもっとも恐ろしいこと，(4) 悲しいこと，(5) パパとママがけんかするときに感じること，といったいろいろな場面を描かせる。子どもが絵を描いているあいだに，親は子どもでなく，自分たち自身のことについてセラピストと話をする。こういう状況設定をするとセラピストは，大人と子どもが別々のことをしているという多くの点で家庭生活と等しい状況で，家族がどのように機能するか観察できる。子どもは頻繁に親の邪魔をしにくるか。子どもたちは当たり前のように互いを思いやりながら画材を貸し借りしているか。それとも口論になっているか。会話を邪魔しに来る子どもにそれぞれの親はどう反応するか。またセラピストにとって，子どもが自分の指示にどの程度従うか観察するチャンスでもある。子どもはセラピストの指示に従って絵を描くか，それともまったく違うものを描くか。子どもは絵を描くときに気持ちをストレートに表現しているか，それとも抑制しているか。絵の内容を足

がかりに家族での話し合いを開始できる。たとえばある子どもは，みんなで何かをしていて，父親だけが別室で寝ている絵を描いた。この絵を端緒に夫婦は，家族そろって何かする機会があまりに少なすぎる，父親は週末を迎えるころには，消耗しきっているように見える，といった話を始めた。10歳のサマンサは母親が電話で話をしている絵を描いた。すると母親は，帰宅すると自分の時間など一瞬たりとも子どもたちにもたせて「もらえない」のがひじょうに腹立たしい，と語った。ヒエラルキー，境界という問題が面接の中心的話題となった。

家族みんなで行う活動として絵を描いてもらうことによって，興味深い情報が多く手に入る。紙と画板（幼い子どもは画板に大喜びするようである）を渡し，特定のテーマ（たとえばこれまで経験した中で一番悲しかったこと，想像できる一番恐ろしいことなど）に沿って絵を描いてもらう。多くの大人は（そしてそういう子どももいるが）自分がうまく描けないことに自意識過剰になっているし，絵を見てその場面を「推測」する時間をとっておくために実際に描く時間は5～10分に限っているので，絵を上手に描く必要はないという指示を与えておく。絵が描けたら，順々に説明せずにその絵をみんなに見せる。そして残りの家族はそれが何を表しているか推測するのである。もちろん各自の推測には，描き手の関心事に対する推測と同様に推測者の関心事も反映される。このように絵とそれに対する推測には，家族の気持ちが大いに投影される。

4　家族の話し合い

ときおり幼い子どもでもまったく不満も言わずに面接室に座り，家族と一緒に話をすることがある。中断もなく，脱線もせずに集中して家族の話し合いが行われると，わずか4歳の子どもでも大きな満足感を得られる。しかし年上の子どもは喜んで親と話をしたり親の言うことを聞いたりしているのに，幼い子どもが落ち着かなかったり退屈し

たり，遊びたがったりするといった状況にも頻繁に出くわす。そういうときは話す時間と遊ぶ時間をそれぞれ別に設けるとよい。もう少ししたら遊べると分かっていると，一番幼い子どもでもずっと話し合いが続くときよりも我慢強く家族の会話に参加できる場合が多い。聞いているあいだ，その子に紙とペン，あるいは静かに遊べるおもちゃを渡しておけば，子どもは遊びながら話を聞くので，親の命令とそれに対する子どもの抵抗という実りない争いを回避できる。子どもはたいてい完全に参加する必要がない状態で，家族の会話を傍聴する機会を与えられると，自然に会話に加わり，参考になる話をつけ加えたりする。子どもが会話に加わっていないのに，会話の流れを乱すようなことをする場合には，セラピストは重要な情報を得ることになる。おそらく子どもは何の話をしているのか不安なのだろう。あるいは話題の中心になっているきょうだいに対抗意識を燃やしたり，嫉妬心を抱いたりしているのかもしれない。あるいは逆に，幼い子どもは困った状況に置かれている家族の一人を救おうとして邪魔に入るのかもしれない。

　家族面接において話し合われる内容はケースによってさまざまである。一般に家族面接の目的は，子どもの問題の文脈となっている状況をセラピストと家族がよりよく理解することである。背景を踏まえて子どもを理解することには，二つの別個であるが関連する側面がある。第一に，状況を理解するということは，家族全員，拡大家族，さらにその家族が住んでいる地域社会の中だけでなく，毎日顔を突き合わせる家族内での一対一の対人関係において起こる出来事をよりよく把握することを単に意味している。したがって，もし子どもが衝動のコントロールがなかなかできず，とても攻撃的な行動をとるなら，セラピストは家族面接を利用して次のような疑問点を解決できる。問題はいつ生じるか，そして同じ程度に重要だが，それはいつ生じないか。衝動コントロールの欠如に対して家族，学校の教師や友人，あるいは祖

父らはどのように対処しているか。親は問題に関して学校とどういう話ややりとりをしているか。他の子どもの親とは話をしているか。また，祖父母とはどのような話をしているか。

家族一人一人の反応や感情をその他の家族の反応や感情と比べるような問いかけをすると，有益な情報がたくさん得られる[133]。この方法を用いると，家族の一人一人が，どういう人間か，そして他の家族成員からどう思われているかということに関して，それまでとは違ったより正確な見方ができる。ごく小さな子どもに対してもこの種の質問ができる[8]。子どもが幼ければ幼いほど，より具体的な質問をすべきである。たとえば，「昨日の晩パパがひどく怒ったとき，家族の中で誰が一番怖がっていたかしら」，「きみのテストがうまくいくかということについて，ママはおばあちゃんより心配しているのかな。それとも二人とも同じぐらい心配しているかな。それともおばあちゃんのほうが心配しているかな」，「きみがすねてメソメソしていると，パパとママ，どっちが厳しいかな」，「悲しい映画を見ていると，家族の中で誰が一番泣くかな。一番泣かないのは誰かな」といった質問である。

ごく小さな子には，ジェスチャーで違いを「量らせる」と助けになる。両手を大きく広げると「たくさん」，両手の間隔を狭めると「少し」を意味すると教えよう。このジェスチャーを使うと3，4歳の子どもでも複数のものを比較できる。子どもは（両手を大きく広げて）「おばあちゃんは……これぐらい心配している」，（両手の間隔を狭めて）「ママは……たったこれだけ」とジェスチャーで示せるのだ。子どもがこういった違いを認識していることが分かればセラピストは家族の誰が「公に」認められない行動を強化しているのか，あるいは奨励しているのか，ということを知る手がかりを得る。

子どもをある文脈の中で理解する二番目の意義は，子どもの内面的葛藤と無意識の不安が，両親やきょうだいの心理的問題や心配事とどのように絡み合っているか理解することである。たとえば，もし「軽

んじられた」ときに子どもが怒りの反応を示せば，あるいは逆に傷ついても平然としていれば，セラピストは家族面接の話題として，他の家族の面々はこうした心配事にどう対処するかという問題を取り上げるだろう。たとえばセラピストは，精神的に傷ついたときどう振る舞うか父親にたずね，それから家族に父親の自己評価は正しいと思うかコメントを求めてもいいだろう。家族の誰がどう振る舞い，誰がそれとは違う振る舞いをするかたずねると，問題は家族の問題としてとらえられ，一人の子どもだけが対処すべき問題でなくなる。こうして話し合った内容をそれぞれの原家族の人々に関連づけるよう両親に求めるのも，大いに有益である。たとえば次のようにたずねるとよいだろう。母親の原家族は怒りにどう対処していたか，母親はそれについて今どう感じているか，今現在の家族には原家族の人たちとどのような点で違う振る舞いをしてほしいと母親は思っているか，またどういったところが似ているか。

5．家族システム内の相互作用を観察する

　家族面接で家族についていろいろなことを知るが，その大半は彼らが互いにどう接するか観察することから得る知識である。家庭内の状況について，当の家族による説明も役に立つが，おおかた「偶発的」だと思われる対話を観察することから，もっとも貴重な情報を得られることが多い。読者が，必然的に目撃するいろいろな場面をうまく系統づける手助けをするのが，この節の狙いである。

1　待合室での家族
　セラピストが待合室に入って初めて家族みんなと対面するとき，次のようなことを頭の中でメモしておくとのちのち役立つ——子どもは宿題をしているか，それとも遊んでいるか，待っているあいだに幼い

子どもが退屈しないように親はおもちゃをもってきているか，親は子どものためにスナック菓子を持ってきているか，子どもの食べ方について親は気を配っているか（たとえば子どもが食べかすや包装紙を散らかしっぱなしにしていないか，親が注意を払っているか），待っているあいだに家族みんなで遊んだり話したりしているか，セラピストにあいさつをしない恥ずかしがりやの子どもに大人はどういう態度をとるか，面接室に入ろうとしない子ども，あるいはまだ本を読みながら入ってくる子どもに親は何と言うか。

　上記のようなことを注意深く観察すればすぐ，親が何を期待しているか，そしてそうした期待が子どもに伝えられているかという点に関して，有益な情報が得られる。スナックやおもちゃを持ってくる親は，何も持ってこないで面接室に入る時間まで子どもがじっと座っていることを期待する親とは，欲求の充足を遅らせる忍耐力という点に関して，まったく違った期待をしている。また何も持たないできて子どもを待たせる親でも，何も持参しないが待っているあいだ子どもの相手をして一緒に遊んでいる親，あるいは長時間待たずにすむように予定の数分以上前には決して姿を見せない親ともまったく違っている。

　子どもが面接室に入りたがらないときに，「いやでも入らなきゃいけないのよ」と断固として言う親もいるだろうし，あれこれ説明し，なだめ，おだて，あとでおいしいものを食べさせてあげると約束する親もいるだろう。

　もちろん，父親，母親それぞれが当然だと思っている役割に注目することも大切である。片方がおだてたりなだめたりして，もう片方が断固として強要する場合もあるだろう。

　子どもが大人に対して「敬意をもって」振る舞うことを親がどの程度期待しているかが，この時点で明らかになることがよくある。待合室に入るとき，お菓子のかけらや包み，その他の食べかすをそのままにしてはいけない，といったことを何も言わない親もいる。また，自

分が出したゴミは自分で片付けるのが当然だと子どもに伝える親もいるだろう。

　同じように子どもにしっかりと挨拶させようとする親もいれば，たとえば話しかけられているのにそちらを見ない，といった一般に無作法だと考えられている行為に許容的な親もいる。

2　初めて面接室に入ってくるとき

　子どものうちの一人が，部屋に入ってくるなり一番大きくて一番座り心地のよさそうな椅子を占領するのは珍しいことではない。「最高」の椅子に誰が座るかを巡って口論になるかもしれない。この口論はきょうだい間で起こると思われるかもしれないが，親子間でも同じぐらい頻繁に起こる。父親が座ろうとした瞬間に小さな子どもが父親をどんと突き飛ばす場面を筆者は何度も目撃した。親がこれにどう対処するのかということから，いろいろなことが分かる。何も気にせず，すぐにその良い椅子を子どもに譲る親もいる。そうした親は笑いながら機嫌よくこの子どもじみた行動を大目に見てあげるのである。またこの子どもの行動に気分を害し，やはり席は譲ってあげるものの，自分が権力の争いに負けてしまったと思う親もいる。また，別の椅子に座れと子どもに断固として言い渡す親もいる。また子どもに席を譲ろうとしている親の縄張りを守ろうとして，もう一方の親が口出ししてくることも珍しくない。

　意地の張り合いになる可能性のある状況に親がどう反応するかだけでなく，座ってはいけないと言われた子どもがそれにどう反応するか観察することも忘れてはならない。その子は親の権威を簡単に受け入れるのだろうか。それとも親は，ほかに手立てがないため仕方なく子どもを脅したり，力づくで子どもを椅子からどかそうとするまで，その椅子に座ると言い続けるのだろうか。そうして，意地のぶつかり合いののち，子どもはすぐにその椅子を取り上げられた敗北から立ち直

るのか，それともずっと怒りっぽい気分でいるのか。その衝突の後，父親か母親が子どもをなぐさめたり落ち着かせたりしようとするか。

　子どもが「最高の」椅子に居座ることを許された場合，他の子どもの反応を観察してみるとよい。彼らは怒っているか，それともがまんし受け入れるか。そんな争いには関心がないか，それともめそめそ泣いて不公平だと不満を言うか。不公平だという苦情にそれぞれの親はどう対処するか。何とか解決しようとするか（たとえば，その子に順番だからあとで椅子に座らせてあげると約束するなど），あるいは「まだ赤ちゃんだから，座らせてあげなよ」と言うか。

　こうした最初のやりとりでセラピストが観察したことは，家族そして子どもをよりよく知るにつれて役に立つ。たとえば，自分の権威にたてつかれた父親が過度に反発し，ただちに親子間の意地の張り合いに発展する場面を目撃するかもしれない。幼い子どもを甘やかすときに年上の子どもが大人らしく振る舞うことを親が期待しているなら，セラピストは年長の子どもが幼いきょうだいに腹を立てるのも無理はないと感じるだろう。親は子どもの行動に制限を設定しているが，子どもが機嫌をそこねるとその子をなだめることによって，知らず知らずのうちに迷惑な行動を積極的に強化してしまっている，とセラピストが思うこともあるだろう。そうした短いやりとりからすぐに一般化に走ることはいけないが，こうした最初の場面を観察するうちに何らかの直感を得て，それがのちに役立つことがある。

3　身体的境界と対人関係

　一般に幼い子どもは年上の子どもよりも親にべたべたする。小さな子どもの大半は親と身体的接触をする機会が多い。どのように接触するか観察するのは，それに対する親の反応を見るのと同様に大切である。父親や母親の膝に乗り，心地よさそうにすり寄る子もいるだろう。またぴったり寄り添いつつも親を小突いたり，つねったり，引っ張っ

たり，蹴ったりする子もいるだろう。そうした行動に対する親の反応はさまざまである。ほかの親が普通わずらわしいとか邪魔だったり痛いとさえ思うようなことでも「自然なこと」だと受け止める親もいるようである。たとえば，ある5歳の少年はソファに横になり，足を父親の膝の上にのせ，その足で父親の胸のあたりを強く蹴りはじめた。すると父親は穏やかな口調でやめてくれと言ったが，その言い方から，その行動は容認できないと父親が本気で思っているわけではないことが伺えた。同様に，ある6歳の少女は母親の膝の上によじ登り，母親の頬と唇を力いっぱいつねった。しかし母親は何事もなかったかのように，そして全くうるさいと感じないかのように，ただ話し続けた。その子にむこうずねを蹴られて初めて，母親はその行動に対してわずかにいらだちを示した。[注2]

　子どもは身体的な愛情表現をしているつもりでも，親は邪魔だと感じるかもしれない。子どもの気持ちを傷つけるのは怖いし，愛情と思いやりの表現に制限を設けるのは間違いだと信じているため，自分にとっては不快でも目をつぶる親もいる。したがって，子どもが首に抱きついてきたり，膝に乗って寄り添ってきたりしたとき，親は純粋にいい気分でいるか，あるいは本当はうれしくないのにただ我慢しているのか，見定めるべきである。家族面接のさいにセラピストは，観察できる行動と親子それぞれの気持ちが一致しているか見定めなくてはならない。子どもの愛情表現は偽りがないように見えるだろうか。たとえば子どもが頻繁に親にすり寄り，抱きつくたびに親に痛い思いをさせている場合，子どもは自分が怒りを感じていることを否定しなが

注2　面接において親が子どもの行動に許容的であれば，家での行動でもそうであるのかということを尋ねるのが大切である。時に，そのような行動を親が許容するのは，セラピーという特殊状況においてのみ見られる作られた姿であることも時にある。セラピストの前で子どもをしかることを親が恥ずかしく思っていることもある。というのも「親は許容的であるべきだ」という意見をセラピストがもっていると，親は思いこんでいるからである。

らも，それを直接表わすのは危険だと感じて遠回しに表現しているのではないかと，首をかしげたくなるだろう。また身体的な制限を設けていない親は，子どものその行動を本当に心地よく感じているのか，それとも実際には子どもに離れてほしいと思っている自分に罪悪感を感じているのか，などとセラピストは考える。親は子どもに対して内面では不誠実なのか，そして子どもは親の本心を見抜き，それに対して怒りを感じているだろうか。抱きつかれたとき親はどう感じていると思うかということを子どもにたずね，その子どもの答えに対する親の意見を求めることによって，家族面接で上記のような問いを扱うことができる。家族に正直に答えてもらうには，セラピストが大いに機転を利かせ，真に中立的な口調でこうした質問をしなくてはならない。

　幼い子ども（6歳以下）が面接中に親とほとんど身体的な接触をしない場合，それ自体が注目に値する。なぜ子どもが自分の殻にこもっているのかセラピストは不思議に思うだろう。4, 5歳の子どもの中には親に抱きしめられたりキスされたりするのをいやがる子どももいる。それが怒りの表現である場合もある。こうすれば親は傷つく，と子どもは知っているのだ。その子はたいていの親がやりたくて仕方がないことを親にさせないのである。身体的に侵入されることから自分を守るために距離をおく子どももいる。幼い子どもをもつ親の多くは，子どもの顔にかかった髪をはらってあげたり，ヘアクリップを直してあげたり，口を拭いてあげたりする。親にとっては悲しいことだが，ひじょうに幼いながらも依存欲求を拒否し，その結果親と触れ合わない子どももいる。まるで子どもが「パパやママのそばにいたくない」と言っているかのようである。

4　性愛化された行動

　ときおり親に対してひじょうに性愛化された接し方をする子もいる。筆者は幼い男児が母親の唇や首にキスしたり，顔をやさしくなでたり，

胸をなでたりするのを何度か見たことがある。女児なら父親の膝の上で小刻みに体を動かしたり，耳元で秘密をささやいたりするかもしれない。そうした子どもの行動にほとんど気づかない親もいるだろう。一方いやだと思いながらもどうしていいか分からない親もいるだろう。また「仲間はずれになった」親がその光景を見て不快に感じているか，それともそれを自然なこととして受け止めているか観察する必要もある。精神分析理論に「通じている」親なら，そうしたエディプス期の行動は自然なものだと感じ，素直に受け入れるべきだと（精神分析の基準からしても）誤った結論に達するかもしれない。第6章で説明するように，この統合的アプローチでは多くの精神力動的な考え方を取り入れるが，私たちは家族内にエディプス・コンプレックスの問題が必然的に存在するとは考えていない。そうではなく，こうした場面に遭遇すると，その家庭にはどのような境界が存在し，どのような境界が欠けているのか，よりつぶさに観察せよという合図だと見るのだ。私たちは家族内での性的虐待が以前より頻繁に起きていることを認識しているので，当然ながら子どもに対する親の接し方をいっそう細かく観察するようになった。今ではもう，子どもの性的なふるまいを見ても，適切なやり方で抑制されたり，水路付けされてこなかった自然な性的衝動の現れだと仮定することはない。そうではなく，私たちセラピストは子どもだけとの面接のときも，親だけとの面接のときも，その家庭でどのように性的境界線が引かれているか，明確につかむための質問をしなくてはならない。父親が着替えているときの裸姿を子どもが目撃したところに遭遇して，母親は不快に感じるだろうか（あるいはその逆もあるだろうか）。寝る場所，風呂の習慣，家族の前で着替えることに関して，父親か母親が不満を感じているか。このようなことがらに関して両親のあいだに態度の違いがあるか聞けば，多くの情報を得ることができる。

　過度に性愛化された行動に関して親が不安を感じている場合には，

筆者は子どもだけとの面接で，細部まで人間の体を模した人形で遊ぶ場を設けるようにしている。子どもと一緒に遊んだり話したりする中で，筆者は風呂，布団の配置（とくに片親がいないとき），着替えについての質問を織り交ぜる。もちろん，そうした質問に対して子どもが気持ちよく答えているか，それともいやいや答えているかチェックすることも忘れてはならない。[注3] 不安な点は徹底的に検討しなくてはならないが，親とのあいだに性愛化された行動があるからと言ってそれがそのまま虐待があることを意味するという仮定が出発点になっているわけではないとしっかり心にとめておかなくてはならない。私たちはただ情報を探り，収集しているだけなのだ。私たちは取り調べをして，それをもとに親を告発しようとしているのではない。決して虐待はしていないが，家族成員の振る舞いが子どもを性的に刺激している家庭も多い。子どもが異性の親に対して「性的」な振る舞いをしても，親はその行動にある男女固有のしぐさに気づいていないためそれが見過ごされることもあろう。そのため，7歳になる息子のウィリーを生まれてこのかた女手一つで育ててきたシングルマザーであるミセス・ジャクソンは，息子が生まれて以来自分は一度も恋愛などしなかったが，息子が自分の胸を触るのを性的行動だとは全く認識しなかった。同様に裸でいるのを子どもに慣れさせようと，裸で歩き回り，バスルームでのプライバシーに関しても何のルールも設けない家族もある。裸に対するあけっぴろげな態度を多くの子どもは自然で不快と思わないが，そうした環境は刺激が強すぎると感じる子どももいる。筆者がふつう両親に示す目安は，親が裸で歩くのをやめるべき時は，それを気楽に思えなくなった時であるということである。通常親は子どもの視線を感じ，子どもの触り方が以前より性的になったと感じたときに，裸でいることを快く感じなくなる。

注3　もし，子どもが虐待を受けていることが疑われ，セラピストがその領域の経験が薄いとき，訓練を受けた専門家にリファーし査定を受けさせるべきであろう。

5　連合，同盟，役割への手がかり

　面接の時に家族のそれぞれが座る位置，動作のパターンを注意深く観察していると，家族一人一人の役割や家族の構造に関する貴重な情報が得られる。問題の子どもは母親の隣に座り，父親は離れたところに席をとるか，両親とも子どもと離れて座っているか，この席順は流動的かそれとも固定されているか，片方の親がもう片方の親よりも子どもに対してよく反応するか，子どもそれぞれに対する親の反応は違うか，「部外者」にされている親は一人にしてもらってありがたがっているか，子どもがかまってくると，のけ者にされた親は反応するか。

　症状を呈している子どもが家族成員一人一人に対してどのように振る舞うか，よく注意して見ることが特に重要である。その子は他の人を寄せ付けないような態度をとり，たとえば「いやだ。ママがやってよ」などと言うだろうか，その子は片方の親がまるでそこにいないかのように振る舞うだろうか。

　もしその子が一方の親に話しかけてきて拒絶されたら，その子はめそめそ泣くだろうか，それとも攻撃的になるか，それとも引き下がるか，きょうだいを相手にするか，おもちゃで遊ぶか，きょうだいに対して攻撃的になるか，強迫的に何かで遊びはじめるか。

　たとえば，ある7歳の少年の親は，ひどく攻撃的で扱いが難しいその少年をどこかの入所施設で治療してもらおうと考えていた。セラピストと単独で面接したさいに母親はさらっと（罪悪感もまったく見せずに），うちの子は生まれつき扱いにくいし，その子によって自分たちの生活が台無しになっていると言ってのけた。彼女は，陽気で利発で「扱いやすい」3歳の妹の生活が，問題をもつ兄のせいでめちゃくちゃにされていることに憤りを感じていた。その母親に言わせると，よちよち歩きのころから，兄は家族に悲しみ以外の何ももたらさなかったということだった。父親はその子のことを母親ほど激しく「責め」

はしなかったが，現状に対する妻の判断に心から同意していた。家族面接において，セラピストは，問題の子どもが同席しているとき，親は息子に対する気持ちにどう対処するのか，そして一方息子は親に対する自分の気持ちをどう扱うか，ということに特に興味を抱いた。

家族面接をしてみると，母親が息子と全く関わろうとしない様子が浮き彫りになった。息子は父親に完全にもたれかかっていたが，父親はその息子と母親のあいだに，盾になるように座っていた。父親は言葉以上に息子に対して愛情を示していたし，父と息子は仲がよさそうだった。面接のあいだずっと，少年も母親も決して互いと接点をもとうとはしなかった。幼い妹は離れたところでおもちゃで遊んでいることが多かったが，たまにしか母親とも関わらなかった。

6　反応性と行動の基準

大抵の子どもは大人の基準からすると，落ち着きがなく，つまらないことでも文句を言って，不注意で，物を散らかすし，「無礼」である。話しかけても答えないこともよくある。聞かれたこととは違う話をするかもしれない。げっぷ，おならも当たり前，バカな真似もすれば，きょうだいと「下品なことを言って人を怒らせ」もする。セラピストの面接室にいても，冗談半分に人をつっついたり，押したり，突き飛ばしたり，きょうだいと大騒ぎしたりする。ときにこれが冗談のおふざけを通り越してしまうことがある。きょうだいは，押したり突いたりしていたかと思うと互いに対して怒り出し，あっという間に本気の平手打ちになる。家族によって，そして親それぞれによって，そうした行動に対する寛容の度合いは大きく異なる。ある親がまったく問題ないと思うことに別の親は否定的な反応を示す。家族面接をすると，こうした子どもじみた行動に対する各親の反応と，許容レベルに関して重要な情報が手に入る。

8歳の娘をもつあるシングルマザーは，娘と一緒にいると苦痛を感

じるほどだった。娘の「行儀の悪さ」を見ていると，気が狂いそうだった。娘は最後の一滴まで飲もうとしてココアのコップを逆さにするし，アイスクリームを食べたら指をなめた。椅子に腰をかけるときは足まで椅子の上にのせて座るし，髪の毛をいじりまわした。この母親とは対照的に，そうした行動をほとんど何とも思わない親もいる。親が子どもの行動に対してひじょうに敏感な場合，注意深く観察して，子どもは親をいらいらさせるようなそうした行動に走って親を挑発しようとしているのか，それとも自分がしていることにまったく無頓着なのか判断を下さなくてはならない。同様に，やめなさいと言われたら子どもがどう反応するか，注意して見なくてはならない。子どもはやめようとするだろうか。少なくともあと一度や二度はこれ見よがしに，わざとやっているだろうか，子どもはいらいらしたような様子を見せるか，それとも親の叱責に腹を立てることもなくやめようとするか。

　年が1，2歳しか離れていないきょうだいに全く違う期待をかける親もいる。最年長の子どもは年下のきょうだいよりも自制することを期待されているか，年齢以外の理由で親は別のきょうだいよりも子どもの一人により敏感に反応するだろうか。

　家族同士のやりとりを観察するさいには，自分の好みや習慣で判断が左右されないよう気をつけなければならない。親の寛大さや敏感さのレベルはこの家族，この子どもにとって問題であるかどうか，考えるべきである。たとえば10歳と7歳の二人の男児をもつ親は，きょうだいが遊び感覚でやっている取っ組み合いや大騒ぎにもゆったり構えているようだった。少年たちが明らかに親しいことをひじょうに喜んでいる様子がよく見て取れた。両親は穏やかに「お前たち，もうやめにしなさい」と言うかもしれないが，基本的には子どもが大騒ぎしていようと気にしていないし，そうした雑音をバックに話し合いをすることに関して，神経質にもならないようだったし，張り詰めた様子も見せなかった。ふざけ回っていたきょうだいのうちの一人がけがをし

て，初めてひどく怒って慌てた。下の息子が怒りっぽいと心配していたが，二人とも興奮し，互いに応酬しあうことに帰結する活動自体に制限を設けようと思ったことはなかった。

6．価値観と態度

　先述したようなボードゲームをその後の面接で行うと，初回面接で得た親の価値観についての予備的な理解を深めることができる。親がゲームをするときの態度を観察するだけでなく，彼らの答えをよく注意して聞いていると，それぞれの親の動機になっているのは何か，彼らにとって重要なのは何かということが分かるようになる。たとえば「人間が生きているあいだにできることで一番重要なのは何か」といった質問に対する答えは，（「成功するために何をするときでも全力で臨む」といった）達成の重視から（「何であれ今やっていることを楽しむ」といった）楽しみの重視，そして（「自分より恵まれない人の世話をする」といった）道徳性の重視に至るまで多岐にわたる。
　ボードゲームでの答えから，攻撃性，衛生状態，敵対心などに対する態度も浮かび上がってくる。「親指をしゃぶる少年をどう思うか」とか「一番最近泣いたのはいつか，何で泣いたのか」といった質問は，態度について知らせる反応を引き出すことをねらいとする質問である。
　言葉で返ってくる答えよりもおそらく重要なのは，ゲームが行われているときの雰囲気である。競争を明らかに楽しんで，基本的には勝ち負けを争うゲームでないものでも面白がって手に汗握るやりがいのあるゲームに変えてしまう親もいる。「そら行け，ダグ。いい目を出せよ。ナンシーに追いつかれちゃうぞ」とか，「ママの負けのようだな──ダニーが勝つぞ！」といったセリフが子どもを盛り上げるかもしれない。
　子ども同士，あるいは子どもと大人がひじょうに激しく争い，子ど

もは自分の順番でないのに答えを大声で言ってしまうかもしれない。こうしたゲームをしているとき，ひどく興奮する子どももいれば，落ち着いて静かにしている子どももいる。一番幼いきょうだいを自分から進んで助けてあげる子も，負けそうになっている人の応援をする子もいる。こうしたゲームは本来勝ち負けを争うものでないので，どんな気分で家族がプレーしているか見れば，一人ひとりだけでなく家族の普段のあり方がよく見えてくる。

7．子どもの反応性，開放性，ストレスへの対処法に焦点を当てる

　家族面接の目的は家族の相互作用をよりよく把握することだが，セラピストは子どもそれぞれの心理状態にも注目する。たとえば，先述のようにセラピストは，子どもがどの程度親と関わりを求めるのか，あるいは距離を保つか注意する。感情面でデリケートな話題になったとき，子どもが気持ちよく話をするか，それともいやそうにしているかということに注目する必要もある。セラピストが気持ちについての質問をすると子どもが聞かれたことのみに答えるという同じやりとりのパターンで面接が進み，ほとんど自分の気持ちを見せない子どもも中にはいる。たとえば望みを聞かれたとき，「お母さんが私の学校の先生だったらいいな」という子と，「世界中のお金を全部を自分のものにしたい」という子のあいだには違いがある。両方とも親ともっと一緒にいたいと感じているかもしれないが，最初の子どものほうがそうした感情をより気軽に表現している。

　たいていの子どもは家族内での問題，あるいは親同士の対立について話を聞かされるとひどくいやな気分になる。その不快な気分を何とかしようとして，その場をしきろうとする子どももいる。関係のない話を休みなく長々として，他の者に割り込む余地を与えないこともあ

ろう。こうした子どもは家族の注意をそらすことでストレスに対処しようとするのである。あるいは本やゲームに没頭することによって自分の殻に引きこもってしまう子どももいる。また（一緒に遊んだり，けんかをしたりして）きょうだいと戯れることによって，子どもが自分と両親のあいだに線を引いてしまうこともあろう。彼らはその場の雰囲気や両親のこわばった表情など気にとめていないように見えるかもしれない。

　反対に，両親の気持ちに細かに注意を向けているように見える子どももいる。彼らは親の顔をしげしげと見つめて，親が何を感じているか読み取ろうとしたり，不安げに「どうしたの」とか「パパのこと怒っているの」，あるいは「なんでぼくのことそんな風に見るの」などとたずねたりする。

　子どもはセラピストに賛同してもらいたいと思うときどう接してくるか，その様子についても注意を向ける。セラピストに良く思ってもらいたいという気持ちが表に出る子どももいる。そういう子は自分から進んで，自慢したい物を見せたり，さまざまな方法で愛嬌を振りまいたりする。セラピストが注意しながら接近しなければいけないと用心を感じるほど距離をとることを好む子どももいる。もしセラピストが「かわいいおちびちゃん」といった愛情たっぷりの言葉を使った場合，とたんに喜ぶ子どももいれば，当惑したような顔をしたり，いらついたり，あるいは「そんな呼び方をしないで」とさえ言う子もいるだろう。セラピストが好意を示そうとどんなことをしてもきわめてあからさまに拒否する子どももいる。彼らは単に恥ずかしがるだけではない。そうではなく，彼らはセラピストの友好的な態度に敵対心をもって（顔をしかめたり，無礼な言葉を吐いたりして）応答するのだ。

　面接中に自分ではなく，きょうだいが注目されたときの子どもの反応はさまざまである。いやな顔一つせず，きょうだいからの心理的圧迫を感じていないように見える子どももいる。そうした子はきょうだ

いが注目を集めたからといって，結果として自分が注目されなくなるとは思わない。ある子が，きょうだいにみんなの注目が集まることに敏感であるように見えたら，その対処法に十分注意すべきである。中には殻に閉じこもってしまい，一人で何かし始める子もいる。自分に注目してもらいたいために，騒いだり，みんなの迷惑になることをする子どももいる。また，話に割り込んできたり，誤りを訂正したり，きょうだいを口で圧倒する子もいる。手を出して攻撃してきたり（押したり，つねったり），あるいは過度に愛情を示す場合もある。

　幼い子どもとの治療的作業にのぞむときには，いつ彼らが落ち着かなくなったか，退屈したか，気が散るようになったか，目配りすることが肝心である。自己防衛をしているのか，それとも単にその活動や話し合いのレベルについていけないのか。子どもがいつ会話から離れてしまうのか，そのタイミングに注意深く目を向ければ，何がその子を不安に，あるいは不快にしているか知る手がかりが得られる。そのとき誰が誰と話をしていたか。どんなことが話題になっていたか。部屋の雰囲気はどうだったか。

　またセラピストは子どもがいつ面接を妨害しはじめたかメモすることも忘れてはならない。両親のあいだに緊張感が高まると子どもはよく妨害行動に走る。競争心が相当強い子どもは，先述のように本来勝ち負けを争うものでないボードゲームをやっているときでさえ，自分が負けていると気づくと妨害しはじめる。「誤って」ボードをひっくり返してしまったり，自分が今すべきでないことをしてゲームの邪魔をしたりする（たとえば，カードを盗み見たり，箱を折りたたんだり，つぶしたり，部屋を出ていったり，家具の上に立ったり）。ルールについてあれこれ文句を言ったり，他の誰かが勝っていることに対して不公平だとめそめそ泣いたりするかもしれない。こうした行動を見ると，その子に自己評価が欠けていることや，勝つことでその子は自分の価値を証明したがっていることがよく分かる。

子どものこうした反応に親がどう対処するか注意して見よう。彼らは腹を立てるか，それともなだめるか。制限を設けるか。その子をどかしてゲームを続けるか，それともその子に家族の活動を邪魔させておくか。

こうして観察したことすべては，個人としてその子をもっとよく知る上で役立つ。こうした観察をもとにセラピストは子どもの葛藤，無意識の振る舞い，防衛に関する仮説を打ち立て，その後子どもとの個人面接でそれぞれについてさらに深く探索してゆくのである。

8．親とのフィードバック面接

家族全体との初回面接が終わると，親は何らかのフィードバックを強く求めるものである。そのため親だけと第1回目のフィードバック面接を行うが，その後何度もこうした面接を行い，セラピストは印象を述べ，具体的な提案をしてゆく。心理療法を通じて，家族と子どもの強みを肯定する言葉をコメントに含めることを忘れてはならないが，特にこのはじめてのフィードバック面接ではそうである。第2章で論じたように，セラピストの助けで親が子どものより良い面を見ることができるようになれば，セラピストはその親子に大きな恩恵を与えたことになる。自分たちが今まで気づかなかった，あるいはあまり重視していなかった子どもの側面をセラピストが観察，評価してくれたと親が感じれば，親自身も同じ気持ちになる場合が多い。子どもの人格面での長所やプラスの側面を認識すれば，親も子もそれまでよりも自己評価が高まる。リフレーミングと家族の強みを基礎として積み上げていくことを通じて家族の見方を変える手助けができるかどうかも，家族療法の特徴の一つの要素である。また家族の見方を変えるこの技量がもっとも重要になるのは，親にひどく否定的な目で見られている小さな子どものいる家族と治療的作業する時である。

子どもに関する肯定的なフィードバックを与えるさいには，まず親に対して，「あなたはお子さんの問題，そしてお子さんが，ときおりひどく扱いにくいことを十分認識しています」と言って保証を与えるのが大切である。セラピストが長所を認めても，それが信頼できるものでなくては親も受け入れない。セラピストは，親に自分の言うことを信じてもらうためには，親にとって気がかりな子どもの問題を自分もよく理解していると伝えてもよい。我が子を格別否定的に見ない親でも，自分が当たり前と思っていた長所を強調されるとありがたく感じるものである。

　たとえば，「お子さんは新しいおもちゃにすごく熱中していますね。興味や熱中があれほど続くのは見事ですね」といったことをセラピストがコメントすればよい。どんな子どもでも同じような遊び方をするだろうというふうに思いこんできたので，親はそうした発言に驚く。そこでセラピストはさらに詳しく，実際すぐに興味を失ってしまう子もいれば，自分がしていることを親にずっと見ていてほしいと思う子もいる，と補足すれば，幼い子どもが何かに熱中しているのはある意味で特別な肯定的性質であり，注目に値することが強調される。同様に，きょうだいが仲良く遊んでいることや，意見が合わなくてもすぐに話し合って折り合いをつけられることに関して，コメントするとよい。

　概してセラピストの観察が具体的であればあるほど，それが与えるインパクトは強い。たとえば，「話して，感じて，実行するゲーム」で子どもの答えのどこが興味深いか説明すれば，ただ「お子さんは興味深い答えをしました」と言うよりはるかに強い印象を与える。同様に，「質問に答える前にお子さんは思慮深そうな顔つきをしていましたし，よく考えてから発言していました」と指摘すると，両親が当たり前と思い，高く評価すべきものだとは気づかなかった行為が際立つかもしれない。

セラピストはできる限り子どもを尊重し，高い評価を伝えるよう努力すべきであるし，もし可能なら子どもに対する愛情も伝えるとよい。さらにセラピストは，どうやって小さな長所に気づきそれをはっきり言葉にするか，そのやり方を学ばなくてはならない。性格的にそれがうまくできるセラピストもいるだろうが，それでも何度も練習，訓練を重ねないとうまくできないスキルである。[182)]

　以下に，フィードバック面接で伝えるべきコメントを種類別に示した。

1. 「クリスティーは恥ずかしがりやで慎重ですけど，かなり好奇心が旺盛で，セラピストと話をしたがっているのがよく分かりました。私に直接話さず，親御さんにささやくのも，私とコミュニケーションをとる方法の一つみたいですね。恥ずかしがりやですが心底人と交わりたがっていますね。」
2. 「スージーが挑発的であることは一目瞭然ですが，あなたがご家族について話をされているとき，彼女がすごく興味津々だったのが印象に強く残っています」
3. 「ローラは本当にいたずらっ子ですね。ときどき，最初は冗談半分で始めたことに，夢中になってしまうみたいです。目をキラキラさせて，いたずらっぽく微笑んでとてもかわいいですよね。でもそれが，激しい意地の張り合いになると消えてしまうんでしょう」
4. 「ダニーはとても率直なお子さんですね。ご両親にも自分の思いをはっきり伝えるでしょう。反応もとても素直ですね。作っている部分なんてみじんもない」
5. 「ジョニーは仲介役をやらせたらぴか一ですね。人の仲を取り持つのが大好きなようで，ひじょうに印象的でした」
6. 「ゲームのやり方を説明しているとき，ベンがとても辛抱強く待っているので感心しました」

7.「ウィリーは何にでも挑戦するのが好きで，驚きました。彼は正々堂々とゲームに勝ちたいと思っていますから，あなたが彼だけに手を貸そうとしても拒むのですね。助けてもらって勝っても，本当に勝った気がしないんでしょうね」

8.「エバンは自分の気持ちをきちんと言葉で描写できて素晴らしいですね。お父さんに怒られているときどう感じたか話してくれましたが（「強い怒りを感じ，それから悲しくなった」），とても明確でしたね」

9.「あなたがサラに対して苛立ったとき，彼女は見るからにそのことを気にしていたようですね。彼女はただあなたのことを無視して，『勝手にイライラすれば』といった態度はとりませんでした。親に対して否定的な態度をとって，親の非難も受け付けないようなお子さんもいるんです。でもサラは違いますね。彼女はあなたが自分に腹を立てていると思うと気になるんです」

10.「トレーシーはお父さんにとても心を開いて愛情を感じているようですね」

11.「ジョニーはとても表情豊かなお子さんですね。彼は何度か心から楽しいといった顔で笑いましたね」

　以上のような言葉を伝えたあとで，問題のある親子間の相互作用に関してフィードバックを与え，それまでとは違う子どもへの接し方を提案する。第7，8章ではさまざまな種類の介入方法について詳細に説明した。ここでは最初の介入に的を絞るが，それはセラピストと親の協力のもとに行う計画，問題解決の基礎となるもので，治療プロセス全体を特徴づけている。親に対して肯定的なフィードバックを行うとたいていの場合（いつもではないが）[注4]親とセラピストの絆が強まり，結果として親はセラピストの提案をもっと受け入れるようになる。

　私たちセラピストは，まず自分自身の目で家族での会話例を見たあ

と，自分が観察したことをより詳細に探索することができる。たとえば，もしある両親が5分ほどかけて3歳の息子に言って聞かせるまでは彼に対してはっきりとした態度をとらないと気づいたら，この相互作用について説明して話し合うべきである。たとえば自分が「権威主義的」であることを彼らがどう感じているか，家で子どもが言うことを聞かない場合どうするか，といったことについて話し合う。あるいはもしある子どもが，きょうだいが話しているときにしょっちゅう割り込んでくるし，注意を引こうと対抗意識を燃やしている様子が観察できたら，この点に関して家庭内ではどうか，そして親がそれにどう対処しているか，もっと深く親と調べていく。もし子どもが母親にぴったりくっついてソファに座り，父親は離れて座っているなら，その状態を話題にし，いつもそうなのか，家庭内での親それぞれの役割についてそれぞれがどう感じているか親から話を聞こう。

　こうした面接は協力的な雰囲気で進められる。何か情報があったら共有し，個人の問題でも家族全体の問題でも，その解決策を親とセラピストが一緒になって考えなくてはならない。最初の介入は，家族内の構造をどう変えるべきかという提案から（たとえば，子どもを学校に連れて行くのは父親の役目とする，あるいは母親は家族内で口論が起こったときに，仲に割って入るのをやめるなど），子どもの無意識の葛藤に対する取り組みまで多岐にわたる（第7章を参照）。

9．継続面接の一部としての家族面接

　本章ではこれまで家族との最初の1，2回の面接に焦点を当ててき

注4　親によっては，子どもを病気扱いする強い欲求をもっている。セラピストが子どもの強みに関してコメントするとそれを表面的であると受け入れず，問題の重さを理解しないセラピストに対して怒りを露わにするかもしれない。この反応からセラピストが学ぶことは大きい。もちろん，そのような反応は面接プロセスにおいて扱っていかなければならない。

たが，そこでの第一の目的は，できるだけリラックスした雰囲気の中で家族の様子を把握することであった。その後面接を重ねていっても，その根本的な姿勢はそれほど変わらないが，次第に問題を解決したり，家での新たな接し方を考えたりするといった，より直接的な働きかけに重きが置かれるようになる。しかし治療初期の探索主体の面接と，中期以降の「治療的作業中心の」面接のあいだに，明確な区別があるわけではない。家族面接は，心理療法全体を通じて，問題を解決するだけでなく，家族一人一人の欲求や感情をセラピストがよりよく理解するためにもたれる。

　家族全体と面接を行うたびに，提案した介入方法がうまく機能しているかどうか，何らかの形でフォローアップをするが，セラピストは，面接が家庭内での失敗の報告，そして親からの不満や批判ばかりに時間が費やされないようにしなくてはならない。心理療法プロセスを通して親だけとの面接を随時行えば，親は家族面接を生産的に利用できる。なぜなら彼らは方策や介入の「不調」について，子ども抜きでセラピストと話し合う機会が継続的にもてるからである。

　セラピストは家族全体と面接するときに，子どもだけ，親一人だけ，あるいは両親だけとの面接で浮き彫りにされたテーマや心配事に取り組もうとする。たとえばある子どもは，成長して大きくなるのを恐れている赤ちゃん象の話をした。自分を引き取ってくれた象一家は大きい象でなく小さな象を欲しがっていたから，その象は大きくなりたくなかったというのである。セラピストはさっそく次の家族面接で，より広く「成長する」ということを話題にした。「赤ちゃん」のころ使っていた古いものをいつまでも持っていてよいか。大きくなった少女が赤ちゃん用の毛布を使っていてもよいか，あるいはお気に入りのクマのぬいぐるみをキャンプに連れていってもいいか。親は自分が幼いころ気に入っていたもので今でも持っているものはあるか。（大人を含めて）誰が赤ちゃん扱いされたがるか。誰がもっと自立したいと思

っているか。

　子どもが参加する面接では，話はきわめて具体的になるし，ただ話をするだけでなく，しばしば行動に移して実演してみることになる。幼い子どもに，父親がどうやって母親の世話をするか，父親はどんな風に子ども扱いしてもらいたがるかやって見せてほしい，と頼むこともあろう。子どもがもう少し年上になると，実演するより言葉で説明してもらう割合が大きくなる。例えば，9歳のトミーが過度に攻撃的な行為に走るのは，自分がひじょうに傷つきやすいと感じているからだ，ということが判明したので，家族面接では，傷つくことに対する恐れと敏感さを話題にした。軽蔑的な態度や明白に敵意のある行動に対して過去に親はどう反応しただろうか。親は子どものころどんな子どもだったか。家族の誰が嫌なことでもすぐに忘れるか，誰がすぐに傷つきやすいか。子どものうちの誰かが軽蔑されている，あるいは精神的に傷つけられていると知ったら，親はどう感じるか。親は精神的にどの程度強いか。親にはどのような傷つき体験があるか。彼らは根に持つか。彼らは傷ついた心や怒りを露わにするか，それとも隠すか。

　1回目，あるいは2回目の面接には家族全員が参加すべきだが，その後は毎回全員が参加する必要はない。ときには家族内の2人，あるいは3人ぐらいが，他の成員を交えずに出席者のあいだの関係について話し合う機会を設けることも大切である。ここで説明した統合的アプローチと一致するが，セラピストは家族システムの側面だけでなく，精神力動の側面に関連する話題も取り上げられるよう，話し合いの幅を広げる方法を模索すべきである。たとえば，ある父親はひどく反抗的な6歳になる息子にしばしば激昂していた。面接ではまず二人の相互作用に焦点を当てるが，セラピストは話題を広げて，傷つきやすさというやっかいな気持ちについても触れるようにする。その子との個人面接で得た情報からすると（第4章参照），親にするように求められることすべてを拒否するその少年の行動の陰に，傷つきやすさが

潜んでいるようだった。父親は，妻と別れたとき子どもはどういう状況にあったか話すよう勧められた。父親はこれまででもっとも精神的に辛かった時期について話すようにも求められた。その苦しみにどう対処したか。彼が苦しんでいることを周りの人は知っていたか，それとも彼はそれを隠していたか。今では傷つくとどう対処するか。人に頼らないようにしているか。誰かと親密になり，その後拒否されるような状況に身を置くか。

　こうした話し合いでは症状となる行動に直接対処するのではなく，その行動の原因となる精神力動的な問題を扱うようにする。第7章では，家族システムへの介入において精神力動的フォーミュレーションを利用するためのさまざまな方法で，ここであげた以外のものについて説明する。

　家族面接では，当の子ども，そして家族の問題と関係がある，父親，母親それぞれの原家族史についても話題が及ぶ。たとえば父親に，恐れを表すことに対して自身の家族はどのような態度をとっていたかということについてたずねるかもしれない。冒険はどれほど重視されたか。親しさが重んじられていたか。自立心は評価されたか。

　一般に原家族史に関するより細かな話し合いは，親だけとの面接で行われる。このようにするのは，まず，親は我が子の前で強い敵意の感情を示さないようにしていることがしばしばあるからである。また，細かいジェノグラムを作成していくには，子どもが一般にじっとしていられる限度よりも長い時間「話し合う」ことが必要になるという二つの理由からである。

　親面接では，親が，自身の経験でもつようになった無意識の葛藤を子どもに対してどの程度行動化してしまうか，より深く探索できる。子どもだけ，親だけ，そして家族全体とそれぞれ少なくとも一度は顔を合わせていると，セラピストは親と彼らの原家族史について探索するときにどんな点を探る必要があるか，ということがある程度分かる。

一つの例であるが，ある父親と，彼の子ども時代についていくらか細かく話をした結果（第9章のミッキーの例を参照）子どもがひどく攻撃的なのは，父親が暗にそれを助長していたからだということが判明した。父親は幼少時に，4人の兄からひどい攻撃を受けていると感じていたのだった。また別のケースで，ある母親は暴君的な6歳の娘に従順であったが，それは，自分はかつてひどく横暴な母親の犠牲になっていたという気持ちの行動化だった。

精神力動に関する知識の利用について論じた第7章では，心的問題や防衛機制に対処するために家族面接を利用するための異なるやり方について詳述する。たとえばセラピストが前もって親と話し合いをしておけば，その後家族との面接のときに親は無意識の不安や防御機制に関連する自分自身の経験やいろいろな側面について開示する話ができる。あるいは面接を，参加した子どもが，まだ自分の中にある赤ん坊の自己を親が覚えていることを確認してもらう「肯定的な回顧」のための面接として使うこともできるし，非適応的な抑圧の働きを抑えることを目的とする「否定的な回顧」を行う面接としてもよい。

10. 問題解決のために家族面接を利用する

治療プロセスを通して，家族面接の場で，家族全員の欲求を満たすためにはどうすればよいか，新しい方法を家族みんなで計画してもらうとよい。3歳半から4歳ぐらいの幼い子どもでも，家族の問題を解決するための具体的な方法を見つける作業に参加できる。どうすればものごとがうまくいくかアイデアを求められると，4歳児は喜ぶものである。もちろん問題をひじょうに具体的に述べなくてはならない。セラピストはたとえば次のように言うことができるだろう。「夕食のとき，みんなお互いに対してかなり怒っているみたいね。ときどきかんしゃくを起こしたり，きょうだいでたたいたり，親にしかられたり

することもあるみたい。夕食をもっと楽しい時間にするにはどうしたらよいか，何かアイデアはありますか。状況を改善するためにママは何ができるかな。パパができることは何だろう。夕食をもっと楽しくするために君はどんなことができるかな。」

　もちろん，ときには子どもが両親が賛成できないような解決方法を考え出すこともあるが，興味深いことにそれは想像するほど頻繁には起こらない。親が同意できないと思うようなことを子どもが言い出したら，セラピストは子どもも親も満足できるような何らかの妥協点，あるいは代案を見出すよう親を導く。一人一人からの提案は，話し合いや家族が知恵をしぼる話し合いの出発点とみなされる。子どもはこうした問題の解決に力を貸して欲しいと言われると，名案を思いつく自分の能力に誇りを感じるものである。そうすると話がまとまったときに，彼らはより積極的に合意したことに従うようになる。

　またこのプロセスは，今後別のさらに難しい問題が起きたときの問題解決法のひな型ともなりうる。セラピストは家族のみんなに，状況を改善するためにほかの家族の面々だけでなく自分に何ができるか提案するように促す。ひとたび計画がまとまったら，家族全員が理解しているか，その提案に同意しているか確認するために，セラピストがもう一度それを読み上げる。加えて，その計画を実行に移すときに直面するであろう問題を予期し，それに対処するための計画を立てるよう，セラピストは勧める。決められたことに従わないときの罰は明確にされるべきである。ロールプレイによってリハーサルしてみるのもときに役立つだろう。6歳の少女ドーンとその母親は，学童保育に母親が迎えにきたとき，彼女が母親をどう迎えるか，そして母親はそれに対してどういう反応をするか，ロールプレイしてみた。

　子どもはしばしば問題を解決する具体的な方法を思いつくもので，それが実際にうまくいくと大きな誇りを感じる。9歳のアレックスは夕食時にみんなが冗談を言えばいいと提案した。それはいつでもでき

ることではなかったが，もっと和やかな雰囲気が必要だというみんなの思いを浮き彫りにした。8歳のサリーは父親が夕食時に料理したものを食べるのをいやがり，その結果父親はひどくいらいらした。そのため彼女は父親と一緒にメニューを計画するという案に同意し，さらに1週間に一品新しいメニューを食べてみると約束して，その問題を「解決」した。5歳のジョンはお弁当箱に，今日はキャンディーの日かフルーツの日かを示す（字が読めないので絵による）メモを入れてもらえばよいと考えついた。そうすれば幼稚園から帰る途中で母親にキャンディーをしつこくねだらなくなると思ったからである。

　こうした提案は簡単で具体的だが，実際ずっと続いていた家族内の好ましくない相互作用パターンを修正し，統制感を子どもに感じさせ，問題の解決に話し合いが有効だと以前より強く確信させる一助となる。子どもが問題解決にあたって積極的な役割を果たすよう求められるからその「解決策」が効を奏するということもあるが，問題に関係する数多くの事柄を扱うことができるから有効だとも言える。たとえば，トリシアが食べ物をめぐる争いの主導権を握るのを自分からあきらめたのは，もはや母親の心理的葛藤に由来する反抗的姿勢を母親の代わりに演じる必要がなくなったからでもあるし，渇望していた愛情のこもった感情面でのサポートを母親から得たからでもあった。家族の成員と契約を結ぶのは治療的作業の一面にすぎないとつねに思わなくてはならないし，関連する家族システムと精神力動的問題に注意が払われないならば効果は期待できないだろう。

11．境界と同盟に対する治療的作業

　家族と継続的に作業する中で，家族が自らの機能の仕方（たとえば，境界，同盟，コミュニケーションのパターン，ヒエラルキー）に構造的変化を起こし，両親，子ども双方の欲求がもっと満たされるよう手

助けをするのが重要な要素となる。構造的変化に対する提案は，家族システムにおける症状の役割を理解した上で行うだけでなく，多面的アプローチの一部である行動分析と精神力動的分析にも基づいて行う。たとえばもし学校の勉強を「完璧に」できるかということについての子どもの不安がこの問題に関する片親の不安を一部反映しているのであれば，セラピストは，もう一人の親が宿題の面倒を見るべきで，「不安を感じている」親は代わりに，うまくやろうと思わずに親子で楽しめる活動をすべきだと提案するだろう。あるいはもし，ある子どもがよちよち歩きの弟あるいは妹に寛大になるよう期待されていることにひどく腹を立てているなら，その子が弟や妹に邪魔されずに親だけと一時を過ごせるように，きょうだい間にある程度の境界を確立する方法を模索すべきだと，セラピストは親に忠告するだろう。もし子どもの警戒心や不安が，幼いきょうだいの面倒を見ることができるぐらいお兄さん（あるいはお姉さん）でいてほしいという親からの期待と関係しているのであれば，どのようにしてその子を「親の役割から解放する」かという問題に的を絞って面接を進めればよい。

　親が口を出しすぎたり，過保護になり，子どもの問題解決能力の発達を意に反して妨害してしまうことは珍しくない。そうしたとき，面接ではどんなことであれば子どもが自分たちで率先してやりはじめられるか，そしてどうやって親を再び関わらせるように誘うことができるのか話し合えばよい。親は子どもが過度に不安を感じていたらどう対処すべきか。親は宿題を子どもに独力でやらせられるか。どうすればそれが可能になるか。親は何に関して安心感を得たいか。子どもが助けを求めてきたら親はどうするか。

　もし親との関係が緊密すぎると子どもが感じるようになり，親離れしたいという欲求から親と衝突になるのであれば，家族面接で，より建設的なやり方で今まで以上に分離できる方法を計画する。たとえば，親同士が恋愛のパートナーという関係をやめて，配偶者から得られな

い支えと慈しみを子どもに求める場合がある。そういう場合には家族面接で，どうすれば夫婦が親という役割においてのみ関係するのをやめて，大人としての私的な関係を再構築できるか話し合えばよい。外出するときに一緒に連れて行ってもらえないと子どもはどう反応するか。子どもは良い反応をするか，それとも悪い反応をするか，そしてそうした反応に親はどう対処するか。

明確な制限が設けられていないことが一因で子どもが衝動をコントロールできない場合，家族面接の場でルールを明確にし，誰がその規則を守らせるか，そしてどう守らせるかを決めることができる。両親の期待の違いを明確にし，話し合って妥協点を見つけるために，まずは子ども抜きで親だけと面接するのが通常最善の策である。それでも合意に達しなければ，家族面接の場で，その異なる規則を家族の規則に取り入れる方法について話し合えばよい。

もっと自立したいという子どもの欲求が問題になっている場合，家族面接で子どもそれぞれの年齢と能力に応じて異なる義務と特権を決めるとよいだろう。能力よりも年齢に応じてきょうだい間で区別を設けることは，緊張関係を緩和するのに効果的であることが多い。

しかし，ときとして，年上の子どもへの期待に歩調を合わせる形で，年下の子どもへの期待を変更する必要性が生じることもある。たとえば，上の子どもが年下のきょうだいに恨みをもつときである。これは，年下の子はまだ小さいので，上の子ほど規則をよく理解できないし，しつけられないだろうという理由だけで，あまりに好き勝手に自分がしたいことばかりする許しを得ていると感じるからである。幼い子どもはまだよちよち歩きの弟や妹が，もっと「ひどく」しかられるべきだと思いがちであるということはよく知られているが，実際に親は，幼児が上のきょうだいに対する境界をどの程度尊重できるかという点で，実際にできるよりも低く見積もっているかもしれない。そういう場合は家族面接の場で，それぞれの子どもにどの程度責任を持たせる

のが公平か話し合うとよい。こうした問題を親がひとたび子どものいる前で話し合えば，上の子どもは，下の子への期待に対して，ずっと物分かりがよくなることが多い。

12. 両親が離婚している場合に，コミュニケーションルールを決める

　親が離婚したり別居したりした場合，通常二つの家族それぞれと別々に面接を行う。両親とも，元配偶者の家庭をコントロールするのは無理だし，子どもは場合に応じて双方の親のやり方に順応する必要があるという現状を受け入れなくてはならない。しかしもし親同士のあいだで子どもに対する期待，規則に大きな隔たりがあり，それが子どもに悪い影響を与えているなら，セラピストは両親それぞれに，もっと互いに歩み寄るために努力しなくてはいけないとはっきり伝える必要がある。冷戦状態にある両親に休戦を宣言させるにはどうしたらよいか論じるのは本書の領域を越えている。しかし自分たちの敵対関係が子どもたちに悪い影響を与えているという明細な証拠を彼らに突きつけるのはしばしば有効である[83]。

　別れた家族それぞれと別々に面接を行うときには，子どもがもう一人の親とどのようにコミュニケーションをとって欲しいか，という期待について話し合う必要がある。離れて暮らす親，そしてその家族と会うときに，どこまで話していいのかと子どもは混乱し葛藤を感じることもよくある。親を守ろう，そして否定的な発言を聞いて自分が心乱されないようにしようとして，もう一方の親との生活について何も語らない子どもと面接をしたことがある。一方の家にいるときは，もう一方の家庭にいるペット，義理のきょうだい，家族ぐるみの友人などが存在しないかのように振る舞うのである。隠しだてなく話すことをそのように強く禁止すると，子どもは怒りや孤独感を覚える。家族

面接でこの問題について率直に話し合えば，子どもは安堵感を覚え，この時とばかりに，別れた配偶者に対して（あからさまにではなく，さりげなく表現されることが多いが）片方の親が敵意を表わすと自分はどう感じるか吐露する。親自身が精神的にどのぐらいのことまで許容できると思うか子どもにはっきり伝えれば，過度に抑制されていた子どもは気分的に解放される。子どもとそれぞれの家族のあいだ，さらに可能であれば離婚した両親のあいだで解決すべきその他の問題で，ごく一般的ものを次にあげよう——（1）子どもと一緒に暮らしていない親に，どのぐらいの頻度で電話すべきか，（2）元配偶者あるいは義理の親について子どもが不満を言ったらどう答えるか，（3）一緒に暮らしていない親の所に行くのを子どもが嫌がる，あるいは拒否したらどうするか，（4）父親，母親の両方がある行事に居合わせたとき，子どもがどう感じるか。こうした問題，さらに離婚や別居に関して子どもが感じるその他の不安について話し合うさいには，離婚，別居，混合家族を経験している子どもが置かれる状況に関して質問をするボードゲーム（My Two Homes「私の二つの家」や Family Happenings「家族の出来事」）を親と一緒にすると，よりスムーズに話し合いが進む。

13. 家族システムの力動の概観

いろいろな家族を見たとき，そのシステム内で一番重要であり注意するべき側面は家族によって異なることが読者の皆さんにお分かりいただけるだろう。どんな事例であれ，その事例の具体的な内容から一歩下がって，子どもと家族が遭遇している問題に関連するより広い概念や検討事項について考えるとよいだろう。そして，家族全体との面接では，それらすべての事項について洗いざらい見直していくことが有益だろう。本章の最後となるこの節では，子どもの問題の家族システムの側面を検討するときにセラピストが注目すべきであると筆者が

考える焦点のいくつかについてみていく。

　読者の皆さんには，本書で説明しているアプローチにおいて，査定と介入の区別がいくぶん不自然なところがあることを心にとめておいてほしい。一般に最初の2，3回の面接は，家族がどのように機能しているか知るためだけに費やされるが，家族力動の見立ては直線的には進まない。家族力動を同定し，評価するための方法は，それ自体が治療的になる場合が多い。さらに，つねに発展する家族力動の査定は治療プロセスを通じて継続的に行われる。実際，これから説明する査定に関する問題の多くは，何らかの介入を試みてからでないと，取り組めないものもある。

　子どもの問題を家族システム論の視点から考えるときに考慮すべきことのうち，子どもの症状をめぐって家族が互いにどのように関わり合っているか判断するのがおそらく最重要事項であろう。他の家族の面々が子どもの症状から何を得ているか，あるいは彼ら自身では表現できないどんなことをその子が表現しているか（第1章参照）見定めるだけでなく，親のどんな行動が暗黙裡に子どもの症状を助長したり受け入れたりしているか，セラピストは見定めなければならない。同様に，問題を解決しようとする家族の行為が，どんなふうに意に反して状況を悪化させているのかという点にもセラピストはつねに着目しなくてはならない。

　家族力動の役割を見立てるさいに，どのような出来事が家庭内の硬直した相互作用のパターンを変える可能性があるか，あるいは子どもの生活の中で発達的に何が起こっており，家庭内の相互作用に影響を与えているのは何かということを判断するよう努めるのもセラピストの仕事である。発達上のあるいはその他の変化が家族システムに与える影響を理解するさいには，家族内で支配的な相互作用のパターンをよく整理し，データを統合して理解しなくてはならない（Minuchin 参照）。たとえば，家庭内で特定の2人のあいだに強い同盟があるか，

そしてそうした関係性は流動的なのか固定的なのか，ということにセラピストは注目する。たとえばもし母親とある子どもの関係が極端に緊密で，父親が部外者のように扱われている場合，父親がその構図に不満を表明したら，あるいは子どもが父親ともっと接触したいと感じるようになったら，そのシステムはすぐに変化するだろうか。幼い子どものいる家族との面接をするさいに生じるもっとも重要な境界の問題は，おそらく親同士が親としての役割とは別の関係を築いているかどうか，ということだろう。親業に忙殺されて，一方の親，あるいは両親が相当なフラストレーションや欠乏感を覚えていることはよくある。両親とも仕事につき，家庭生活と両立している場合，自分の時間，夫婦関係のための時間がほとんど，あるいは全くないと感じるだろう。そうしたときは一日のスケジュールを綿密に調べ，仕事以外の時間がどのくらいとれているか細かくみていく。それが分かれば，家族構造をどのように変えたら，子どもの症状を通じて表現されている緊張状態をどの程度緩和できるかということが理解しやすくなる。

　子どもの精神力動的問題が家族の成員のそれとどう関わるかを理解することは，家族システムの見立ての重要な一側面である。家族面接，子どもだけとの面接，そして親面接で得られる情報から，その家庭ではどのような感情が表現されやすいか，そしてどのような感情が表現されにくい，あるいはまったく表現されないかが分かる。親がほかの人物に対してもっている感情を子どもに向けて表す転移による歪曲は，ことさら重要である。また，親がその存在を否定し，その後子どもに投影する，親自身の受け容れ難い側面について，親本人から得る情報も貴重である。

　家族システムの見立てをするさいには，どのような介入がその家族にとってもっとも効果的かという決定をある程度下さなくてはならない。どういう行動を取るべきかという提案を期待して家族療法にやってくる家族もいれば，探索し洞察を得ることにはるかに強い興味をも

っている家族もいる。したがってセラピストは，この家族は課題を与えると良い反応をするのか，それとも明確な提案やアドバイスを望んでいるのか，と自問しなくてはならない。そして可能であればつねに，親がもっとも歓迎するやり方，そして面接の進め方に関して彼らが暗に抱いている期待に沿うやり方で始めるのが得策である。

　最後に，そしておそらくもっとも重要なことだが，セラピストは家族一人一人がどのような強みをもっているかはっきり伝える必要があるし，問題をはらんだ相互関係の中で自分の役割を変えようという家族成員一人ひとりの動機と能力に気づき，それを際立たせなくてはならない。

第4章

子どもを深く知る

——効果的な個人面接のための臨床的指針——

　6歳のアンナは母親の肩に顔をうずめてソファに座っていた。親指を激しくしゃぶりながら，彼女はときおり背けていた顔をあげてセラピストである筆者のほうをちらりと見た。筆者が手を振り，面白い顔をすると，わずかな微笑みが彼女の顔に浮かぶようになった。アンナの母親と筆者が話をしているあいだ，その恥ずかしがりやの少女と筆者はそのジェスチャーと表情を使った無言のたわむれを続けた。しかし直接彼女に何かを質問したり感想を尋ねたりすると，彼女は母親の腋の下に顔を埋めてしまうのだった。マクドナルド夫人はアンナに話をしなさいとしきりに嘆願したが，妖精のような顔をしたその少女はお気に入りの指しゃぶりを相変らず続けるだけだった。

　7歳のアンドリューは筆者が待合室に迎えにいくと，母親から喜んで離れた。彼はいかめしく自信満々の態度で筆者の面接室に入ってきたかと思うと，椅子を引いてその上に立ちあがり，「Chutes and Ladders（シュートアンドラダー：すごろく）」に手を伸ばした。筆者が，まだそのゲームはできないけれども，別のおもしろいことを一緒にやりましょう，と言うと，彼は「あれじゃなきゃイヤだ」ときっぱり答えた。何ならできるか筆者が説明しているとき，アンドリューはじっと椅子に腰掛けていたが，何度も「Chutes and Ladders がやりたい，Chutes and Ladders がやりたい，Chutes and Ladders がやりたい」

と繰り返した。

またジョンという9歳の少年は，まだ部屋に入りもしないうちからセラピストである筆者に話しはじめた。彼はニンジャ・タートル（アニメのキャラクター）について，さらに各種ニンテンドーのゲームの長所と短所についてまくしたてた。ペースを落とそうとしても，会話になるように働きかけても，また新しい話題に関する独演が始まってしまった。

多くのセラピストが，問題を抱えた子どもと個人面接を行うのは無益だ，不必要だ，あるいは不可能だとさえ感じるのはおそらく，こうした場面に遭遇してどうにもこうにもお手上げだという気分になるからだろう。本章の目的は，子どもとの個人面接を家族療法の一部として組み込むという，ほぼ未踏の分野に家族セラピストが足を踏み入れるときに必要となる手立てを与えることである。「結末は自分自身が決める本」のように，そうした状況では次に何をすべきかという唯一の正しい答えなど存在しない。しかしどうやって幼い子どもを治療プロセスに参加させ，彼らとの時間を実りあるものにするかということに関するアイデアのいくつかを読者の皆さんに提示したい。

1．子どもと面接する目的

大人よりも子どもを理解するほうが難しい。家族面接でしか顔を合わせないと，セラピストはついうっかりその子独特の性質を見逃がし，単純化された紋切り型の言葉でその子を表現するだろう（親の役目をする子ども，感情をすぐ行動化する子ども，良い子，家族の中の赤ちゃん，など）。大人であれば家族面接だけから，個人としてよく理解できるが，子どもは自分自身について，さらに自分の気持ちをなかなかうまく伝えられないので，その本質を把握できない状態が続く場合が多い。家族内の子ども一人一人と個人面接をするのには，大人と同

じぐらいしっかりと子どもについても把握したいという理由もある。

　筆者は，子どもだけと会うようになって最初のころ，その子の不安や無意識の葛藤をよりよく知るという役目に徹した。筆者は個人としての子どもの不安に関して得た知識を，家族全体に対する治療的作業によりうまく組み込めるよう，子どもをいっそう深く理解することだけを目指した。また面接をすることによって，次のような疑問に対する答えを出そうとした。その子は何を心配しているのか，彼は何を恐れているのか，いろいろな問題に寄与するその子の無意識の葛藤は何か，その子の対処様式はどのようなものか，彼は難しい課題を与えられると逃げ出すか，それともうまくいかなくともがんばれるか，その子は感情的にオープンか，それとも感情を遮断し，切り離しているか，その子は人から認められたいと強く願っているか，その子は協力的か，それとも競争をしかけてくるか，彼はどのような対人スキルをもっているのか。

　何年もこの仕事をするうちに，このように面接の目的を狭く定義する必要はないことが分かった。子どもの不安や欲求をよりよく理解するだけでなく，彼らだけと一緒にいる時間を利用して，彼らが親から望むものを手に入れるための効果的な方法を，遊びを通じて教え，それによって彼らが問題をはらんだ家族システム内の人間関係の中で自分の果たす役割を変えられるよう直接手助けすることができる。またその時間の中で，対人スキル，衝動コントロール，不安軽減に直接働きかけることもできる。

　子どもとの個人面接は，親とセラピストのあいだでラポールが確立してから行われるべきである。親の関心事について理解してから子どもと個人に面接をすれば，親が取り上げた問題をより綿密に検討できるだろうと，必ず親に伝えることが極めて重要である。

　個人面接では子どもをよりよく理解するという役割に徹せずに，直接治療的介入を試みはじめた頃に筆者が懸念したのは，子どもにじか

に働きかけると，セラピストである筆者と親との関係が弱まってしまうのではないかということであった。しかしこれは杞憂にすぎないことが分かった。細心の注意を払って大人との強い絆を維持したところ，子どもがいくら面接を喜んでも，親はそれを脅威と感じることはほとんどなかった。

　第1回目あるいは2回目の個人面接のときに，子どもに直接治療的介入が行われることがあるが，通常最初のころの面接は，おもに子どもとのラポールを確立し，その子をよりよく知るという目的に向けられる。明確さを期して，本章では主に第1回目，2回目の面接で子どもと用いる手法に的を絞ることにする。そして子どもの問題に直接取り組むために子どもとの面接をどのように利用するかという点に関しては，7章と8章で指針を示し，いくつか提案をする。

2．子どもとの個人面接のためのいくつかの指針
―― 精神力動的プレイセラピーとの違い

　子どもだけと面接することによって，セラピストは子どもの精神力動的葛藤に対する自分の理解を家族療法に組み入れることができる。しかしセラピストは，子どもだけと会うからといって「子どもの個人療法」に乗り出したわけではない，ということをはっきり自覚し，親に対してもそれを明確にしておくことが大切である。ここで少し回り道をして，子どもに対する精神力動的療法と本書で説明している統合的な子ども―家族療法の違いを概観すれば，統合的アプローチに挑戦しようというセラピストが，この統合的療法にとっては不適切な伝統的役割に知らず知らずのうちに入り込んでしまうのを防ぐ助けとなるだろう。

1　セラピストとの関係

子どもの精神力動的心理療法では，子どもとセラピストの関係は，変化を生み出す手段とみなされる。セラピストは「発達促進者」となり，子どもが発達する上での課題をともにこなしてゆく。多くの子ども専門のセラピストは，子どもに対してより配慮がある接し方をすれば，それまで子どもが経験したことのない対人関係を体験的に教えられるし，親とどう関わりたいかという子どもの無意識の期待を変えられると感じている。Anna Freud は，精神分析家は子どもにとって新しい愛情の対象，そして子どもの自我理想としての親の代理になると説明した。「子どもたちは愛情の対象者からこれまで期待しても得られなかったものを，精神分析家から得るのである」(41p)。

　それとは逆に，本書で説明しているアプローチを実践するセラピストは，どのような点においても親の代わりにならないよう懸命に努力する。愛情と暖かさがある関係を子どもと築くのは不可欠だが，いつでも一番の目標は親子関係を改善することで，親との好ましくない関係の代わりにセラピストとの間に修正感情体験を与えることではない。家族療法において幼い子どもの面接にあたるさいには何よりもまず，セラピストとの関係がいくら良くても，それは実際の家族との人間関係に影響を与えることがない，ということが前提となる。ここでは，子どもと家族との修正感情体験が目的であり，その目的に向け，子どもとの個人面接ではさまざまな方法を試すのである。

　すぐになついてくる愛情に飢えた子どもと接するうちに，セラピストの心に世話をしてやりたいという感情が芽生えてくる。セラピストは「良い親」にならないよう注意しなくてはならない。そうではなく，子どもと思いやりある関係を，家族，さらにはその子にとって重要な役割を果たす人々との関係を変えられるよう，子どもの行動に影響を与えるために使うべきだ。セラピストのみと過ごす短い時間よりも，家族との新たな体験のほうがはるかに影響力が強く，包括的な感情体験を与えるというのが本書の基礎となる前提である。

2　解釈と転移

　子どもに対する精神力動的心理療法の重要な一側面は，子どもが不適応の防衛姿勢を捨てるように[193]，そして禁じられた衝動を受け入れられるように，無意識の，あるいはトラウマに関する素材を掘り起こすことである。子どもの無意識の願望や葛藤はその子の遊びから分かることもあるし，長期療法の受容的で構造化されていない治療関係に発展する転移を通しても明らかになる。非指示的アプローチをとれば転移が発展し，それをもとに洞察や解釈がなされると考えられている。子どもに対する伝統的な精神力動療法の基本的な理論前提は，子どもは転移によって，対人関係上の問題をセラピストに対して行動化することによって再現し，結果としてそれらを修正する，ということである。子どもは過去に体験した特定の人間関係における様々な側面をセラピスト相手に再現するかもしれないし，多くの人たちに対して表されるより広い他者一般に対する先入観を向けるかもしれない（Chethik[26]はこの特徴を転移と呼んでいる）。また，現在その子をとりまく人々やその人たちとの関係について抱いている気持ちをセラピストに向けたり，自分で受け入れられない気持ちをセラピストに帰属するかもしれない。

　子どもを相手にするセラピストは，じきにその子の行動の解釈を本人に説明する。HolderとHolder[79]は，次のように述べている。「やがて根源的変容へと結びつく本格的な治療的作業は，子どもの行動に表面化する無意識の心理プロセスを言語化し，解釈して初めて始まる」たとえばChethik[26]は選択的緘黙（かんもく）症である6歳のエイミーの治療プロセスについて次のように説明している。「まずChethikはその少女に向かって，『きみはときどき，自分の口がまるで何かを傷つけたりかんだりするものだと感じているみたいだね』と指摘しはじめた」（116p）。そしてChethikはエイミーに，「話をすると，誰かをかんだり傷つけ

たりしているような気がして困っているのかな」とたずねてみた。

　精神力動的アプローチのセラピストは，一般に子どもの無意識の空想を明るみに出すには，たっぷり時間をとって頻繁に面接を行う必要があると考えている。ひとたびそれらが分かれば，彼らは長時間を割いて遊びを通じてその子に自分の不安を「徹底操作（ワークスルー）」させる。本書で説明している「家族の中の子どもモデル」でも，セラピストは子どもの問題の精神力動的側面を理解しようとする。しかし，これは回数も頻度も低い面接においてであり，セラピストは，無意識の不安をもっとも表に引き出してくれそうな活動を子どもに行わせる。面接はたまに行われるだけであり，その合間に家族面接も行われるという実状とあいまって，面接の指示性は，強い転移反応を（決して完全になくすわけではないが）最小限にとどめる。本書で説明しているアプローチは，子どもを悩ませているのが何であるのか理解するのに長時間を要するとは仮定しない。また子どもの無意識の空想の，すべてのニュアンスを明らかにする必要もない。精神分析的心理療法で得られるフォーミュレーションほど深くはないだろうが，わずか数回面接するだけでも，有効な精神力動のフォーミュレーションを立てることができるのだ。

　個人療法と同じで，子どもの恐怖心を和らげ，無意識の感情に対する防衛姿勢を緩和するのも，家族と個人面接を組み合わせた心理療法の目標の一つである。しかしこの目標を達成するのは，子どもが親，家族と一緒の治療的作業を通してであり，セラピストとの治療関係を通じてではない。子どもに対する精神分析的個人療法とは違い，無意識の動機や心配を直接子どもに解釈することは治療的作業の一部ではない。その代わりに，セラピストは子どもの行動の意味に関する洞察を親に伝え，親が子どもと接するさいに治療的なやり方でその洞察を生かす手助けをする。

　治療的変化の維持において洞察がどれほど重要か，という問題につ

いてはまだ論争が続いている。洞察がなければ，子どもは今後起こりうる他の問題に対処する手だてを持たないことになると主張することもできよう。他方，ほとんどの子どもはセラピーを受けたことがないので，無意識の動機付けに対する洞察にとくに注意を払わなくても，発達課題を難無くこなしていくという意見もある。本書のアプローチは，子どもとその家族が通常の軌道に戻る手助けをすることを目的とする。子どもは新しい経験をすれば，これまで意識していなかった不安や感情に直接対峙し，それらを明確に言葉にしなくても，その気持ちを変えることができるだろう。本書で説明しているアプローチは，精神力動的葛藤（循環的精神力動）の見解を基礎としている（P. Wachtel参照）[185,187]。その見解では，無意識の不安や願望が外からの影響を受けたりそれに左右されたりしない世界に存在するものとは考えず，葛藤の両側面は，世界におけるその人独自のあり方とそのあり方が他者に引き起こす反応によって，たとえ無意識であれ，影響力を持ち続けると考える。

　Susan Harterは感情を理解する子どもの能力の認知的発達に関する側面を広範囲にわたり調査したが[73,74]，矛盾する感情（たとえば，楽しいと悲しいなど）が共存する状態を子どもがなかなか認められないという事実に関して，次のように説明している。

　　　最初，子どもは相反する二つの感情が同時に起こることを否定するが，のちにそれらが順番に沸き起こることを認め，最終的には同時に起こる事実を認める。概念的課題の中で一番難しいのは，たとえば愛と怒りといった二つの反対の気持ちを一人の人間に対して同時に抱くことがあるということを認識することである[73]。(52p)

　子どもは実際にどのような洞察ができるか，という疑問から離れて，いつどのように解釈を行ったらよいか知るには，その子と一対一で多

くの経験を積まないと難しい。子どもは解釈にかなり脅える可能性がある。なぜならそれはかなりもろい防衛機制と思えるものに干渉するからである。Brody[20]はこう指摘している。潜伏期の子どもと治療的作業するセラピストは，「かろうじて意識できる程度の葛藤の存在に私たちセラピストが触れただけで子どもがひどく腹を立てる」ことを知っているし，「子どもは内面的葛藤を示すすべての徴候に嫌悪感を抱くので，用いる技法には細心の注意を要する」(391p)。

子どもはあやういバランスをやっととっているかもしれない。それをさらに危うくすることなく，子どもとの個人面接で実行できる介入方法はたくさんある。しかし，現在の機能の阻害要因となっていると考えられる無意識の動機にいくらか対処しなければ，子どもが新しい行動をとるのは難しいかもしれない。

3　ごっこ遊びと劇の役割

子どもに対する精神力動的心理療法においてごっこ遊びや劇を取り入れる目的は二つある。一つは，ごっこ遊びや劇を通じて子どもが自分の不安を表現すると同時にそれに取り組みワークスルーすることである。もう一つの（十分ではないが）重要な要素は，子どもを悩ませる経験に対する除反応の方法として劇を用いることである。[150]

一般に子どもに対して精神分析的心理療法を行うさいには，指示を与えないで子どもを自由に遊ばせる。セラピストは投影の妥当性を狂わせないようにするため，子どもが遊びの中で展開する劇やごっこ遊びに影響を与えないように注意を配る。空想に対する子どもの取り組み方は徐々に変化しはじめる。このこと自体によって子どもはいくらか改善するが，多くの精神分析家は，ただ遊びを通じて子どもが快方に向かっても，解釈しなければ改善は長続きしないだろうと感じる。

本書で説明している「家族の中の子ども」アプローチでは，子どものごっこ遊びを，子どもが自分を悩ませている感情の除反応の方法と

みなすのでなく，子どもを悩ませているのが何であるのかを知る方法と考える。子どもに対する心理療法とは対照的に，ここではごっこ遊びについて指示が与えられる場合が多い。セラピストは，自分が探りたいと思っている子どもの不安にごっこ遊びの照準を合わせることによって，特定のテーマについて積極的に探索するのである。したがってセラピストは「この人はいじめっ子で，こちらはその子を恐がっている男の子たちだとしよう」というように子どもに語りかけるだろう。セラピストはごっこ遊びを特定の関心事に向けるので，他の方法では表すのに長時間かかると考えられるような感情に早く到達できる[193]。

ChasinとWhite[23]は家族療法における「ごっこ遊び」と子どもの心理療法における「ごっこ遊び」を対比して違いを示すことによって，セラピストに空想的なものよりも現実的なごっこ遊びを用いるよう勧めた。空想的なごっこ遊びでは動物，怪獣，その他の架空の生き物を中心に据えるが，現実的なごっこ遊びでは，「現在のその子，あるいは現実的に見た将来のその子の行動や感情を実演する」（9p）。子どもを含めて家族と治療的作業を行うときには，子どもは家族の場面を演じるか，あるいは人形を使って，解釈をほとんど必要としない「理解しやすいやり方で感情的に人を引きつける情報」（9p）を伝える。

本書で取り上げている「個人一家族システムを基調とするアプローチ」では，どちらのタイプのごっこ遊びも重要である。面接に家族全員が参加するときには，ChasinとWhiteが説明したような現実的な遊びがきわめて有効である。一番小さな子どもでもそうしたごっこ遊びに参加できるし，そのごっこ遊びでは問題となる家族内の相互作用にしばしばスポットが当てられる。しかし子ども一人と面接するときには，現実の状況を超えたごっこ遊びを取り入れるべきである。実際の場面を再現するロールプレイを中心としたごっこ遊びでは，家族面接の場で言われたり演じられたりしたこと以外の子どもに関する情報は，ほとんど浮かび上がってこないものである。

3．守秘義務に関して

　筆者の経験からすると，子どもはセラピストが自分の親と話をするだろうと思っている。筆者はしないが，セラピストが子どもに秘密にすると約束してその予測を覆さないかぎり，子どもは一般に面接の内容を親と共有してもふつう気にしない。実際に，面接室から駆け出していって，親に絵を見せたり，今何をしているのか親に話したがったりする子どもはよくいる。あるいは「私が作った話をママに教えてあげてね」と頼まれることもある。ときには子どもと面接をしている最中に，お母さん（あるいはお父さん）に中に入って活動や会話に加わってもらおうか，と子どもに提案することもある。また秘め事を楽しむように，子どもに提案しているある行動のアドバイスに関して「これは二人の秘密にしましょう。それであなたのやり方が変わったことにママやパパが気づくか，試してみましょう」ということもある。このタイプの介入については，第7章，8章でより細かく説明する。

　自分が言ったことを親に伝えないでくれと子どもに頼まれることもときどきある。こうした頼みそれ自体が，子どもと家族の状態がどうなっているかということについて，多くを物語っていることもある。おそらく子どもは親に腹を立てているので，情報の出し渋り，あるいは受動－攻撃的行動でその怒りを表しているのだろう。あるいは子どもは親が個人的領域まで押し入ってくると感じていて，境界線を引こうとしているのかもしれない。または自分が家族の何らかの秘密をばらしたことを知ったら親が怒るだろうと恐れているのかもしれないし，セラピストとの面接で告白した考えや行動に罪悪感を抱いているのかもしれない。

　守秘義務に関する子どもの希望には，きわめて臨機応変に対応しなくてはならない。筆者は通常不安がる子どもを安心させ支持を与える

が，守れないだろうと思うような約束はしない。子どもは，ある話題についてセラピストである筆者に話をすることで，その問題を何とか解決したいから助けてほしいという希望をはっきりと伝える。親に何かを話すときには手を貸しますよ，という筆者の申し出を拒む子どもはほとんどいない。きみの言葉をそのまま伝えないけれども，きみの心配事をパパやママに知らせなくてはいけない，と言って安心させると，子どもは十分な統制感を得て，セラピストと子どもとのあいだで起こる危険性がある力と力のぶつかり合いが避けられる。また筆者は，子どもにその心配事を親に話すときに同席したいか，それともまず親だけとの面接のときにセラピストである筆者から話しておいたほうがよいか，ということを決めさせてあげる。こうすると子どもはいくらか自分に統制力があると感じ，安心するのである。

　しかしこうした交渉はそう頻繁に起こるわけではない。というのも，自分の言ったことを秘密にしておいてもらえると思って面接に臨む子どもなどほとんどいないからである。家族全体との面接そしてそれに続く子どもとの個人面接について子どもに何を話せばよいか，親が少し指示を与えることができるように指導する。家族療法についてもっとも簡単に，そしてもっとも分かりやすく説明するには，セラピストは家族が仲良くなり，より幸せだと感じ，一緒にいてもっと楽しめるように手助けしてくれる人だと言えばよい。IPである子どもに対しては，その子が抱える問題を両親とも心配している，家族みんなで面接を受ければ，その子と家族みんなを手助けする方法を見つけるために一致団結して取り組むことができる，と話すとよいだろう。家族面接でその子に会ったのち，セラピストは，「もっときみたちのことを良く知りたいから，一人一人別々に面接をする」とその子に伝えるとよい。さらに助けが必要な子どもともっと面接を重ねることに関しては，セラピストが子どもの問題を解決する手助けをする場だと説明すればよい。

本書で説明するアプローチでは，親もセラピストも幼い子どもに「きみはセラピストと二人きりの面接で何か話したいことがあるのではないか」とは言わないほうがよいだろう。そうした発言は親子双方に恐怖感を与える可能性のある，秘密の同盟を予期させるかもしれない。さらにそういうつもりでなくても，自分が感じていることは罪深い秘密で，当然白日の下にさらすべきでないのだと子どもに強く感じさせてしまうかもしれない。個人面接をできるだけ当然のこととして扱い，家族にも子どもにも，個人面接をするのはただ家族全体との治療的作業をまた別の視点で見られるようになるからだ，と伝えることが大切である。親はしばしばセラピストが子どもの「心を開いて」くれることを期待する。親に失望，幻滅させないようにするのと同様に，子どもとセラピストに圧力をかけないために，子どもと話をするだけでいろいろなことが分かるし，幼い子どもはめったに気持ちを言葉に表わさないものだと説明するとよいだろう。その不安の一部は子どもの話や遊びに現れるが，その多くは，意識して言葉にするのが難しい。

　親に対して子どもとの面接についてフィードバックをするとき，その話をあまりにストレートに子どもと話し合わないよう親に忠告しなくてはならない。子どもに対する言葉には慎重を期すよう頼む。そうしないと，子どもはセラピストに話すこと全てに対して，自意識過剰になってしまうからである。子どもはセラピストに守秘義務を期待していないし，セラピストから親に自分のことが伝わるのを知ってはいるが，それでも自分がセラピストに言った言葉すべてがそっくりそのまま親に報告され，その結果そのことについて親と直接話をすることになると思わせないほうがいい。

　親はえてして子どもの心配事について，すぐに本人と話をしたがる。しかしそうした話し合いは逆効果である。もし子どもが，自分がセラピストに話したことすべてをさらに詳述し，それについて話し合わなくてはならない，あるいはその正当性を主張しなくてはならないと感

じるのなら，自分の言葉により慎重になるのも当然である。たとえばもし不安を感じた親が子どもに「あなたは私たちがあなたよりおにいちゃんのほうをもっと愛していると思っているそうね」といえば，子どもは恥ずかしいだろうし，困惑するだろう。子どもの悩みに対してすぐに何か手を打ちたいと親が願うのは理解できる。だからこそ親が「あなたが個人面接で話した」ことを子どもに対して持ち出すことなくその問題に対処するように，セラピストが手助けするのだ。

4．最初の面接

1　親と離れる

　初めて子どもと二人だけで面接をするとき，子どもとセラピストは初対面ではない。すでに二人は一緒に遊んでいる。それより前に行った家族面接で，その子はセラピストの助けを得て，楽しい家族劇をみんなと一緒に演じたのである。第1回目の家族面接ではほぼ例外なく，みんなで笑う場面がある。初対面なのにセラピストがからかったり，さらには抱きしめたりしても平気な子どももいる。筆者は家族面接のときはいつも子どもに，自分のことを得意になれるようなことを努めて言うようにしている。だいたい面接は楽しく，子どもはセラピストである筆者に良い関係をもってくれる。よく子どもは描いた絵を筆者にくれたり，大事にしているおもちゃを見せてくれたりする。

　もし幼い子どもが一人で筆者の面接室に入ることを不安に思っているようであれば，最初は親子一緒に部屋に入ってもらって面接を始める。2歳半から3歳ぐらいの幼い子を含めてほとんどの子どもは最終的に，親には待合室で待っていてほしいと強く主張するようになる。親が面接室にいるあいだに，子どもは一緒に話をするよう求められるかもしれない。あるいはもしそれが難しすぎるようであれば，子どもに紙とペンやクレヨンを渡してお絵かきに熱中させておき，そのあい

だにセラピストである筆者は親と話をする。ママあるいはパパにはもう少ししたら外に出て待ってもらって，一緒に何か楽しいことをしましょうね，と筆者は子どもに言う。このようにもっていくと，子どもは待合室であれ親がいるほうがより安心できるので，その不安が薄らぐし，さらに親が出て行かないと遊びが始まらないので，子どもは筆者だけと過ごしたいという気持ちが強くなる。セラピストが完全に自分のほうだけを向いてくれるまで子どもに待たせることには，実際にこのような逆説的利点があるのだ。それゆえ，通常親がまだ面接室にいるあいだは，子どもとの活動に入らないほうがよい。そうでないと親に部屋を出て行ってもらうことの利点が少なくなってしまう。

初対面のときはただひたすら強い不安を感じて，親と離れられない子どももいる。子どもがセラピストと二人きりで時を過ごすことがどうしても必要なわけではない，という話を事前に親にして安心してもらえば，親も子も気を楽にして面接にのぞみやすくなる。たとえ子どもがぶつぶつ文句を言ったり，落ち着かずに歩き回ったり，全般的に非協力的であっても，面接から有益な情報が得られると両親に伝える。セラピストは，自分はきっと子どもに信頼されるようになる，という印象を親に与えることによって，自ら失敗を招くような状況を作らないことが大切である。

中には無意識のうちに子どもと同一視して，「専門家」に抵抗し打ち負かせと子どもをたきつける親もいる。このような「挑戦」も軽く受け流せば，この種の反抗を最小限に食い止められる。親が個人面接に対して不安を示しているなら，セラピストは「これはとても役に立ちます。試しにやってみましょうか」というような態度をとるとよいだろう。もし親が同意してくれたら，どうすれば子どもが個人面接で気楽にしていられるでしょうか，とアドバイスを求めるとよい。このようにして親を協力体制に巻き込めば，親が感じるかもしれない抵抗を最小限に抑えられる。

2　楽しい雰囲気作り

　ひじょうに大胆な子どもでも，セラピストと二人きりになってしばらくは，多少不安を感じるものである。Tシャツ，お弁当箱，野球帽，通学かばんなどについて一言コメントすれば，子どもと打ち解けて親しく会話を始めるきっかけとなる。流行っていることに精通していなくとも，その子のTシャツにプリントされている奇妙なキャラクターのイラストについての会話に子どもを入らせることができるだろう。「その人は誰かな？」と聞けば，子どもは，おそらくセラピストよりも詳しく知っていることについて話す機会を得るし，こうして一時的に立場が逆転し，子どもが上に立つことができるので，その子は安心できる。あるいは子どもがごく小さい場合には，お弁当箱について「それ，新しいお弁当箱かな？　去年はどんなのを持っていたの」とか「今日のお弁当は何だった？」といった具体的な質問をすれば，セラピストの質問に答えるのはかなり簡単だと感じ，子どもはリラックスする。

　もちろんときにはひどく臆病で，外で親が待っているのに，何とかセラピストを避けようとする子もいる。うつむいたままで顔を上げようとせず，視線を合わせず，上記のようなあたりさわりのない話をされても，黙っている。恐れで顔はこわばり，不安にひどく苦しめられているような様子でいる。そんなときは「こんにちは。ねえ，きみ，ぼくと遊ぼうよ」と，筆者の面接室の必須アイテムである大きなぬいぐるみの「ウサギ」に甲高い声で言わせる。すると自然に笑みがこぼれ，ちらとこちらを盗み見る。すると友達のウサギは「おちびちゃん，きみってすごくいい子みたいだね。ねえ，お願い，お願い，お願いだからぼくと遊んでよ」と加えるのだ。何歳の子でもほぼ例外なく，そうした見え見えの作戦に引き込まれてくる。

　面接を楽しい場だと感じてもらおうとするとき，この打ち解けて

親しげな毛皮を着た友達は，貴重なアシスタントとなってくれる。子どもに別のぬいぐるみを渡して，その子に直接話すのでなく，たとえばその「小さなクマ」に話しかければ，子どもの緊張感も解けてくる。子どもと一緒に床に座ってしまうのがお勧めだが，とくにひどく脅えて見える子どもには効果的である。その場があまり堅苦しくない雰囲気であればあるほど，そして大人であるセラピストが身体的にも気持ち的にも子どもと同じ高さにいればいるほど，子どもはよりくつろいだ気分になる。

　それでも相変らず子どもがひどく脅えていて，固くなっているのであれば，面接に参加してくれるよう親に頼んだほうがよい。親を呼ぶか否か決めるさいには，手に届くおもちゃを漁っているとか，与えられたぬいぐるみを抱っこしているとか，わずかでもその場になじんでいる徴候を見せているかどうか見極めなくてはならない。もし子どもがひたすら苦しい思いをし，我慢しているようなら，絶対に親を呼び入れるべきである。セラピストが思い描いたように情報は得られないけれども，直接子どもの不安を感じ，親と再会したときに子どもが親とどう接したり話したりするか注意してみれば，今後の介入に役立つ情報が得られる。

5．話をする——事実から気持ちまで

　ひどく脅えた子が相手のときは，すぐにおもちゃを出したり，一緒に遊ぼうと誘ったりしてその子が面接に入り込むようにするが，筆者はふつう面接の初めに少し子どもと話をするのを好む。家族面接で得たその子についての情報を口にし（たとえば，2年生だ，絵が得意だ，ママと料理をするのが好きだ，といったこと），あたりさわりのない具体的な質問をして，それまでに得た知識を広げる。子どもが小さければ小さいほど，質問は具体的になる。たとえば相手が5歳なら「き

みは幼稚園にバスで行ってるんだよね。じゃあ朝幼稚園に行く前に何をしているの？」とたずねてみるかもしれない。相手が幼ければ，面接中の「一緒に話す」時間に何らかの「活動」を組み込むとやりやすい。たとえばセラピストの「友達」である大きなぬいぐるみのウサギを取り出して，「このウサギをきみってことにしましょう。それでウサギを長いすに寝かせて，きみが家のベッドで寝ているところだってことにするのよ。ママやパパがどうやってきみを起こしてくれるかやってみてくれない？ きみがパパかママの役でウサギがキミね。どうなるのかな？」と言うのである。

　ひとたび子どもが気軽な会話に入ってきたら，その子が抱える問題についてストレートに話をしてみる。それは，子どもが自分の問題を進んで認めようとするかどうか知るためである。自分は非難されていると子どもに感じさせないようなやり方で問題を取り上げるように努める。たとえば4歳児に筆者は「ママはきみにしょっちゅう怒鳴っているけど，そうすることがママもいやなんだって。それにほとんど毎朝，きみとママはお互いのことを怒っているんだってね」といったことを言うだろう。「これについてどう感じますか」といった抽象的な質問をしても，発展性のある答えは返ってこないものだ。そうではなく「きみは今朝ママとけんかしたの？ ママがなんで怒ったか覚えてる？ 今朝の様子を再現してみない？」といった聞き方をする。

　あるいはもし子どもが学校で集中していないなら，「きみは学校で先生の話を注意して聞いたり，勉強したりするのがつらそうだってパパが言ってたよ。パパが何を言いたいか分かる？」といった聞き方をするだろう。そしてその子の学校での生活について一つずつ順を追って見てゆき，一番集中できるのはいつで，一番集中できないのはいつだと思うか評定するように求めるとよいだろう。

　あるいは子どもがときに突如としてひどく攻撃的になるのが一番の心配事であるなら，ときどきひどく誰かに腹が立ったり，親たちが

「かんしゃく」と呼ぶ状態になったときに親や先生と問題を起こすのを知っている，と子ども本人に言うだろう。一番最近かっとなったときは何が原因だったのか，そしてママとパパはその子が怒っているときにどういう行動をとったか，その子はセラピストに言えるだろうか。

　子どもの感情，そして世界内体験について最も多くの情報が得られるのは，具体的な出来事について描写してもらうときである。しかし，ひじょうによく話をする子どもでも，きちんと順を追って出来事について話してもらおうとすると，なかなかうまくできないことが多い。幼い子どもには，さまざまな複雑な事象を時間的に正しい順序に並べる認知能力はない。したがって，子どもがする話はひじょうにわかりにくいことが多い。正確に何が起こったか，そしていつ起こったかがごちゃまぜになって，つじつまの合わない話となり，きわめて注意深い大人をも混乱させてしまうだろう。さらに大人だけでなく当の子どもも実際に何が起こったか分からないことも多い。

　たとえばもし最近かんしゃくを起こしたときのことについて子どもにたずねてみると，その子は「すごく頭にきたんだ。だってまだ公園で遊びたかったんだもん」としか言わないだろう。しかし通常かんしゃくは，それに先立ついくつもの小さなフラストレーションや不安が積み重なったものだが，本人はそれに気づかないか，あるいはあまりにとらえ難く，はっきり説明できない場合が多い。子どもが心の奥底で何を感じているか手がかりが得たければ，心かき乱す出来事を子どもが順を追って説明する手助けをするのがセラピストにとって最善の策である。出来事を適度に正確に描写させるためには，子どもが話をするのをセラピストが積極的に手伝わなくてはならない。

　筆者は通常ある出来事に関して親の説明を最初に聞くようにしている。それは子どもと話すまえにいくらか指針を得ているほうがよいし，子どもが何を話し忘れているか推測しなくてすむからである。たとえば母親によると7歳のノレーヌは，他の3人の子ども，およびその

子の父親とボール遊びをしたときとても不機嫌で，ずっと不平を言っていたという。30分ぐらいのあいだ，けがしたとか不公平だとか文句を言い続けていたので，母親は「楽しくないなら，帰りましょう」と怒って言ったそうである。その後まもなく本当に帰らなくてはならない時間になると，ノレーヌはひどいかんしゃくを起こした。母と娘の口論はエスカレートし，ついに母親は娘のほっぺをぴしゃりと叩き，足をばたつかせ，泣き叫ぶ娘を家まで引きずるようにして帰ったという。

ノレーヌと一対一で面接したとき，セラピストである筆者は，なぜ彼女が腹を立てていたか，よく理解できるように，そのときの状況を一つずつゆっくり話してほしいと頼んだ。子どもたちがよくやるように，彼女は簡潔にまとめて言った。「帰りたくなかったから，かんしゃくをおこしたの。ママはすごく怒ったし，私もわんわん泣いたの。でも次の日には泣き止んでいたし，もうけんかもしなかったよ」。公園で彼女が何をしていたか聞いたところ，彼女が友達とその父親，さらにそれぞれの弟や妹とボール遊びをしていたときに，どうして彼女が気分を害していたかということに関して，彼女の口から話を聞きだすことができたが，その話は混乱していた。物事を明確にするためには辛抱強く接することが重要だが，それと同時にしつこく質問されている，あるいは自分はうまく話を伝えられない，とその子に感じさせないよう注意することも大切である。ノレーヌが話をするのを助けるために，そしてもう少しその場の雰囲気を楽しくするために，話の一部を実演するように頼んでみた。ノレーヌと筆者は一緒に風船を膨らませてボールに見立てた。そしていくつか大きな人形を長いすの上に置いて，ノレーヌの母親と公園のベンチに座っていた他の女の人，ということにした。こうして場面を整えると，彼女はその出来事を，順を追って演じることができた。彼女はどうやって怪我をしたのか実演し，実際に自分が母親に言った言葉を内容も声の調子も人形に語りか

けてそのままに再現することができた。セラピストである筆者の問いかけ（たとえば，お母さんはあなたに何て言ったの？　次はどうなったの？　といった質問）に対する答えを実際の演技で見せてくれたので，ボール遊び中にひどく怪我をしたと自分では感じていたこと，そして友人きょうだいの父親（ノレーヌの両親は離婚しているということに注目すべきである）が他の子たちほど彼女にボールを投げてくれなかったと感じていたことが判明した。最後に，自分が怪我をしたと母に不平を言ったときに，母にどう対応してほしかったかロールプレイしてみてほしいと頼んだ。するとノレーヌはそのボールあそびを自分が楽しめるようなものに変えるのは無理だと感じ，友達の父親に対して「この遊び，何だかすごく荒っぽい感じね。何か違うことをしたらどうかしら」と母親に言ってほしかったことがそのロールプレイからはっきりした。彼女が何度も母親にけがしたとこぼしていたのは，自分にとって困難な状況を何とか変えるのに，母の手を借りたかったからだった。

　精神力動的レベルでは，かんしゃくを引き起こした出来事に対して，ノレーヌが自分の見方に沿って細かく説明をしてくれたので，腹を立てたのは公園から帰りたくなかったからではなく，むしろ欠乏感，さらにはきちんと守ってもらえなかったという気持ちの表れだということが明らかになった。こういう気持ちになったのは，自分が父親とほんの少しの時間しか一緒に過ごせないという状況，さらに母親との関係からあまり充実感が得られないという現実と関係していた。どうやって自分の欲求を示せば母親が応えてくれるか分からなかったし，母親は母親で，ノレーヌがぐずついている本当の意味をどうやって読み解いてよいのか分からなかった。

首尾一貫した話を子どもから引き出すために絵を使う
　複雑に絡み合ったいくつもの出来事をセラピストにはっきりとわか

るように順序だてて説明するのが子どもにとって難しいようであれば，出来事が起こった順を追って絵に描く，あるいは簡単にスケッチするから手伝ってほしいと子どもに頼むとよい。子どもの言葉を簡単なスケッチとして具体的に表せば，その子は自分が説明している出来事の連鎖をはっきり表現できるかもしれない。たとえば8歳のダグは1か月の滞在型キャンプから帰宅し，母親の財布から50ドル盗んだ晩に起こった一連の出来事について説明しようとしたとき，何が起こったのかをセラピストである筆者が正確に理解できなかったので，ひどくいらいらした。その晩の出来事の細部を知ることは「盗み」に走った彼の気持ちを知る手がかりを与えてくれるので重要だった。彼の言葉をそのまま絵に描いてようやく，複雑な一連の出来事をつなぎあわせて一つの話にまとめることができた。それによるとその晩，ダグと弟はバス停まで父親と継母に車で迎えにきてもらった。そして父方の祖父母の家にちょっと立ち寄り，それから実母とその夫の家で車を降りて晩御飯をとった。そして食後，継母が迎えにきてくれて，父親との2週間の休暇が始まった。キャンプ用バス，それぞれの家，きょうだい，それぞれの家に行くまでの車での移動を簡単な絵に書いてみると，ダグが母のお金を盗むまでの経緯が明らかになった。ダグの説明が進むにつれて，1か月も母親に会っていなかったのでまたすぐに別れるのが辛かったこと，夕食はとても短く感じられた上に6か月になる父親違いの弟が食事の邪魔をしたために母と離れたくない気持ちがいっそうつのったことが明らかになった。

6．子どもが重いうつ状態にあるとき，あるいは奇妙な行動をとるとき

もし子どもがうつの徴候を示していたり，妄想的な，あるいは異様に見える振る舞いをみせるなら，子どもが不安に思っていることに関

する情報を引き出すように語りかけることが大切である。セラピストは強みから積み上げ，できるだけ子どもの「病的な側面をみる」ことを避けたいと感じるが，それでも深刻な障害を露呈するような質問を回避してはならない。家族セラピストは子どもの臨床的診断および精神薬理学の専門家である必要はない。それでも精神医学的，精神薬理学的診断にリファーすることが適切かどうかということを得た情報に基づいて判断を下すのはセラピストの義務である。

1　うつ

　子どもが小さければ小さいほど，悲しみ，落胆，自己評価の低下といった，大人においてうつ病の特徴となる感情を直接的に表すのはまれである。その代わりに子どもの陰うつな気分は，人と交流する欲求の減退，学校に対する態度の変化，気分の起伏が激しくなる，学校の成績が落ちる，眠れなくなる，いつもの元気が沸いてこない，体の不調を訴える，体重が減少する，自己卑下の念慮がみられる，攻撃的行動が増加する，といった現象となって現れる[143,146]。ごく幼い子どもでも自分の感情を具体的に説明する手段を与えられると，自分の陰うつな感情について語ることができる。子どもが自分の気持ちについて話をするのを助け，簡単でありながらしばしば多くの情報を引き出してくれる方法の一つは，身体を使ってスピードメーターのような尺度で自分の気持ちを量らせることである。まずセラピストが自分の胸の前で両手を合わせて，これを車の「スピードメーター」だと思ってね，と子どもに伝える。「じゃあ，こっち側の一番端に私が手をもっていったら，最高に不幸だってことにしましょう。それでもう一方の端に手をもっていったら，最高に幸せってことね。きみがいつもどのぐらいの気分でいるか，私の手を動かしてみてくれない？　きみがとても悲しいときとか，すごくうれしいときに，どこに手をもっていったらいいか，動かしてみて」あるいは子どもにある特定の場面で（たとえば，

学校にいるとき，お母さんと二人だけで家にいるとき，公園にいるとき，など）どのぐらい幸せか不幸か，メーターになった腕を動かしてもらってもいいだろう。

　自分がひどく動揺しているとき，自分の考えをすぐに吐露する子どももいる。「私ってばかよね」，「この体，きらい」，あるいは「もう死んだほうがまし」などと子どもが言うのも珍しくない。そうした発言が子どもの口から飛び出したら，あるいは「感情のスピードメーター」の一番端の最高に不幸な点に手を置いたら，セラピストはその発言を深刻に受け止めなければならない。多くのセラピストは自殺念慮について子どもにたずねるのは気が進まないが，それはそんな質問をしたら変だと思われるのではないか，子どもに危険な考えを植え付けてしまうのではないかと恐れるからである。そうした問いかけをするさいにはもちろん，細心の注意を払い，きわめて臨機応変に対応しなければならないが，セラピストはこの責任から目をそむけないよう，自分自身に言い聞かせなくてはならない。すごく悲しくてときどき自分を傷つけたくなるかたずねるべきである。自分自身を傷つける場面をどう想像したことがあるか，そしていつそういう気持ちになったのか，という質問に対しては，はっきりと答えてもらわなくてはならない。

　子どもがうつではないかという心配があるとき，教師と親に，特定の状況や場面に置かれて子どもの気分が変わることはないか聞いてみる。いつも感情的に平板で，抑えた子どもは，家では落ち込んでいるのに学校では元気ではつらつとしている子どもとはまったく違う。学校が嫌いだと親に不平を言っているのに，だいたい何の授業でも生き生きと熱心に参加していると教師から報告を受ける場合もある。逆に教師にはおとなしく控え目にみえるのに，家では明るくかなり騒々しい子どももいる。どのような状況下でも子どもが暗い気分でいるようなら，そちらのほうが心配である。それゆえ環境が変わるとどれほどすぐに気分が変わるか観察する。子どもの気分が変わったのは最近か，

それともその暗い支配的な情動は長年のあいだに起こった性格的順応の結果なのか，ということについて知る必要もある。

2　思考障害と正常な「うそ」を見分ける

　幼い子どもが空想と現実を混同して話すのは珍しくない。大人は通常そのように事実と虚構を交ぜた話に慣れていないので，すぐに混乱し，こんな奇想天外な話をするなんてこの子は果たして正気なのか，と心配になる。大人と違って子どもの場合，一次過程の思考と二次過程の思考が明確に分離していない。多くの子どもは，自分はこんなことができる，こんなに勇ましいんだと大風呂敷を広げるので，現実と願望を区別できているのだろうかと大人は考えてしまう。「昨日ジミーと遊んだときね，ぼくたち犬を6匹も土に埋めたんだよ」「6匹？」「うん，マイマイガをやっつける薬を誰かがスプレーしたんだけど，その毒にやられちゃったんだ。それでぼくらが死体を埋めたんだよ」「誰が埋めたって？」「ぼくとジミーだよ」「どんな犬だったの？」「大きくて黒いの」「誰か大人はそのことを知っているの？」「ううん，秘密の場所で見つけたんだ。そこに犬が住んでいたことなんて誰も知らないんだ」

　このような子どもの話を聞くと，大人は驚き困惑する。空想と現実を混ぜこぜにする子どもは多いが，3歳から4歳ぐらいになれば大半の子は完全とは言えないまでも，実際の出来事と想像上の出来事を区別できるし，6, 7歳になれば空想と現実をはっきり区別できるのが普通である。[165)]

　子どもと話をするときには，その子が現実と空想の区別ができるか見極めることが大切である。直接本人に，自分の言っていることを理解しているかたずねれば，その子が一次過程の思考と二次過程の思考を区別できるかどうか分かる。上記の「犬」の話をしているのが4歳児だったら，その子の話の一部は現実に起こったことで，一

部は「ただ空想して楽しんでいた」ことだと認識できるはずだろう。GoodmanとSours は、「それをどこで聞いたの？」とか「誰がそう言ったの？」(63p) といった質問をすれば、きわめて奇異で奇想天外な子どもの話も、より了解可能になる、と指摘している。自分がしている話は現実に起こったことだと言い張る子どもに対して、「その話、いつか聞いた話（読んだ話）に似ているみたい」とコメントすれば、意固地に主張しなくなるだろう。幼い子どもは、本で読んだり人に聞いたりした話を現実のものだと感じてしまうかもしれないが、「物語」と現実の出来事の区別をセラピストが強調すれば、自分がうそをついているのかと疑問に感じることなく、自分のした話について考え直すことができる。

　子どもは空想と現実を混同しているのか、それとも「何かをでっち上げている」つまりうそをついているのか、という疑問が生じることもあろう。アンナ・フロイトは子どものつくさまざまなうそを分類した。（彼女が「悪意のない」うそと呼ぶ）ある種類のうそは、子どもがまだ一次過程から二次過程に完全に移行しておらず、心的現象と外的現実を明確に区別できないときにつくうそである。一方「空想」のうそは、そうした区別はつけられるものの、耐え難い現実に幼児的なないものねだりという形で退行することによって対処し、自分の都合のいいように考えてしまう子どもがつくうそである。たとえば、片親から連絡がこないので見捨てられたと感じた子どもは、その親が電話のない場所にいると想像して自分を慰めるかもしれない。しかしそのことについて聞かれれば、空想と現実をはっきり区別できるのである。そして最後のうそは（Anna Freud は「非行」うそ、と言及している）何か物を手に入れたい、権威を恐れる、批判されたり罰せられたりすることから回避する、大見得を切りたい、といった動機から生じるうそである。こうした非行うそをつく子どもは、うそをつくとき、自分の小さなうそは現実なのだと自分に言い聞かせているのかもしれな

いが，現実検討に欠陥はなく，もし真実を告白したらどうなるかと子どもが恐れていない場合には，何か質問をすれば思考障害はないことが通常明らかになる。

　親や教師は統合失調症，妄想性障害（パラノイア），あるいは自閉症の徴候の可能性のある行動について報告することもあろう。たとえば，他者からの孤立がひどく，「夢遊病のような状態で」，「ぶつぶつ独り言を言っている」という報告を受けたら，セラピストは子どもに，そんな状態のとき何を考えているのかたずねる。すると子どもは「分からない」とだけ言うか，あるいは具体的で明細な答えを返してくるかどちらかに分かれるだろう。そうした質問をされたとき，あるいは動揺したときに自分を傷つけたいか聞かれたときに，子どもが苦痛を覚えたり，混乱したりしているようなら，妄想や幻覚に関してさらに質問すべきである。何かをしろという声を聞いたことがあるか，その声は自分の内側から聞こえる自分の声なのか，それとも外から聞こえる声なのか，その声は何と言ったのか，自分はその声に何と答えたか，その声が聞こえないと辛くなることはないか。

　同じように子どもの恐怖心が極度に強く，そればかりに気を取られて通常の生活に支障をきたすほどであれば，自他に危害を及ぼすことに対する念慮があるか，子どもの思考過程と内容を探る必要がある。その恐怖心は妄想的か，その子は誰かが自分を傷つけようとしていると思い込んでいるのか。

　私たちセラピストは幼い子どもの現実検討の水準を確認しようとするかもしれないが，子どもが小さければ小さいほど，確固たる結論に達するのは難しくなる。大人の思考障害の徴候は，幼い子どもではまったくはっきりしない。なぜなら現実世界で何が可能で何が不可能か見極める感覚が，子どもではまだ発達途中にあるからである。子どもが小さければ小さいほど，たとえば悪いことをすると物質世界により何らかの形で罰を与えられるといったビリーフが強くなる[137]。ぐるぐる

回転しながら独り言を言うといったひじょうに奇妙な行動でさえ，精神病の兆候とは違い，ただ一つの対処の仕方であるのだ，ということも心にとめておく。子どもに「診断を下す」のを躊躇する傾向は広く認められるが，精神医学の診断，あるいは心理査定へリファーするべきだと思われる状況も存在する。思考障害の徴候が見られる，自殺企図が疑われる，ひどいうつ状態にある，などと感じたら精神科医に相談に行くべきである。投薬治療は必要か，もし必要ならいつ行うか，という問題に簡単に答は出せないが，親は少なくとも，精神科医と精神薬理学の専門家，あるいはそのどちらかと相談しなくてはならない。

通常，診断のための疾病分類は本書で説明している「家族の中の子ども」アプローチにはほとんど何の役割も果たさない，とここで述べておきたい。子どもが表す障害を類別して名前を与えるより，その子特有の傷つきやすさ（脆弱性），欠点，不安に，家族という背景の中で対処する。診断上のカテゴリーは互いにかなり重複しているし，「精神疾患の分類と診断の手引き」（第4版，改訂版，DSM-IV-TR；アメリカ精神医学協会，2003）の正確な分類に必要な細かい区分に当てはめても，本書で説明するようなアプローチの介入の効果は上がらないだろう。介入は，子どもの個人的問題，そして家族生活のシステムの側面に合うように調節されなければならない。たとえば子どもを「境界例」，「スキゾイド」あるいは「自己愛性人格障害」といったカテゴリーに分類したら，子どもの障害を示す行動に対する介入と解決法の独創性をセラピストが求めるのを制限するかもしれないので，害をもたらすことすらある。奇妙な言動に走る多くの子どもは，家族への介入にあっという間に反応し，すぐに「正常」に見えるようになる。

7．プレイ，物語作り，描画

子どもはたいがい体を動かして何かをしたがるもので，長時間じっ

と座って話すことはあまりがまんできない。子どもはだんだん身体をくねくね動かしはじめ，そわそわし，退屈そうなそぶりをするし，遠慮もなく「いつになったら遊べるの？」と聞いてくる子も中にはいる。このような反応はごく自然で予想できる。セラピストは，それでもいつ子どもが話題を変えるか注意を向けるべきである。たとえば，嫌なことが話題にのぼりそうになるのを避けているかどうかということについて考える。子どもだけと面接を行う目的の一つは，その子が用いる防衛機制について，いっそう理解を深めることである。第5章では，厄介な感情を子どもがどうやって意識しないようにしているか，その典型的なやり方について論じる。突然気が散ったり，集中力を失ったり，あるいはそのとき話題になっていることとまったく無関係な話を始めたりする子どもは，ストレートに「ねえ，もうすぐゲームできる？」と聞く子どもとはまったく違っている。

　このアプローチにおいて「プレイ（あそび）」（物語を作ったり，劇の形式で絵を描いたりするのも「プレイ（あそび）」に含める）を行うおもな理由といえば，投影的素材を引き出すことであるが，それを見れば，その子の意識している不安と無意識の不安がよりよく理解できるからである。CheckersやChutes & Laddersのような，意味ある話し合いを導くのがそもそもの目的でないゲームは，子どもがひじょうに強い不安を感じているために，この種の中立的な遊びでないと乗ってこないというのでないかぎり利用しない。このようなゲームは子どもから見えないところにしまっておく。というのも子どもがひとたびこのような簡単で慣れ親しんだゲームに没頭してしまうと，もっと意味のあるゲームに気を引こうとしてもなかなかうまくいかない可能性があるからである。

　まず，幼い子どものためのゲームを選ぶときの経験則は，ゲームをしている感覚を子どもがもてるようにしてしかもできるだけ早く投影される素材を得ることである。したがって先述のように，子どもの選

択肢を意味あるゲームに限るという点だけでなく，子どもにとって今何が問題なのかということに対する直感が正しいか探りながらゲームに参加するという点で，ゲーム中は「指示的」に振る舞うのが望ましい。簡単な道具を用いる場合でも，単純な活動を，子どもとその心配事について多くを物語るやりとりに変えることは可能だが，さまざまな特別なゲームや道具（後述する）を用意するのが望ましい。

　たいていの子どもは話をするより遊ぶほうが断然好きだが，8歳か9歳ぐらいになると，あるいはもう少し幼い子でも，自分の気持ちをはっきり表現できるし，会話の中で自分自身のことを進んで話すだけでなく，話したいという意志をもつように見える子どももいる。その時点でまだ意識されていない感情を理解するために，それが投影される道具を結局は使いたくなるが，それにいつ移るかについては子どものリードに従うのが大切である。たとえば筆者が初めて会った7歳の女の子は，遊ぶより話すほうが好きなようだった。ほんの少し後押しするだけで，彼女は「パパがママと一緒に暮らしていた」ころの思い出や，両親がまだ別居していなかったころにはあったのに今なくて寂しいもの（両親のベッドにもぐりこんだこと）について話をしてくれた。彼女は2年前に，両親が離婚の決意を彼女に告げた日のさまざまな出来事について話したがり，そのときの自分の気持ちを進んで描写した。子どもに自分の気持ちをそれほどよどみなく伝えられると，この子はただ話し慣れてはいるが，話す内容から感情を切り離しているのではないかと考えてしまうだろう。のちに両親それぞれと面接して，セラピストである筆者にした話を両親のどちらにもしていないし，そうした思い出を語る機会に恵まれて彼女はありがたいと感じていたことが判明した。

8．「気持ち」にふれるボードゲーム

　子どもはたいてい規則があるゲームが好きである。ゲームとなれば子どもは，普段ではしないようなことをたくさんする。「動くな」，「大またで2歩前進」，「3つ下がれ」，「回れ」，「左側のプレーヤーにチップを一つ渡せ」，「次の質問に答えよ」，といった命令は，子どもがひとたびゲームのルールを守る，と誓ったら，簡単に従えるものである。ゲームは，それに参加すると決めた人に意識の変容状態を作り出すようである。大人も子どもも，日常抑えることや拒否するようなことでも，反論も忘れて，ゲームのルールに従う。ゲーム中，プレーヤーはふだんの自分から一歩外に出る。「ゲームのルール」という明確さ，客観性には人に安堵感を与える何かがあるのだろう。普段なかなか言いつけに従わない子どもでさえ，ボードゲームの簡単な命令には進んで従うものである。

　ボードゲームをしている子どもが味わう楽しみは，自分の気持ちや自分にとって大事な出来事を描写することを可能にするという点ですばらしい役割を果たす。ゲーム中に子どもはカードにより，これまで経験した中で一番恐かったことを言うように求められると，ゲーム以外の場でそう求められるより，はるかに答えやすいだろう。かなり抑えた子どもでも，ポイントやチップを集めるという大義名分があれば，自分のことを大いに開示するだろう。子どもはだまされやすい，というのではない。「動物」の話でも本当は子どものことを言っているのであれば，子どもは大人が何を言いたいか，はっきり意識しているものである。子どもはゲームや物語の魔法にかかると，大人に身を任せるのだ。子どもはただ無邪気に，というわけではないが，進んで大人と一緒に遊ぶ。

　自分自身についての開示を引き出す目的で作られたゲームはいろい

ろある。The Talking, Feeling, and Doing Game（Richard Gardner 制作）は簡単なゲームで，子どもは大いに楽しめるようである。子どもがボードの上のコマを進めるたびに，話す，感じる，する，という三つのカテゴリーからカードを1枚ずつ引く。どれほどまでしゃべらなくてはならないかはカードによってずいぶん違うので，子どもはその質問に答えたくなければパスしてもよい（しかし答えたほうびにもらえるチップは受け取れない）。答えに正解，不正解はない。自分の考えや気持ちをただ話せば，ポイントやカードが貯まっていく仕組みである。

　子どもとこうした類のゲームをするときには，質問について真剣に考えて，精一杯答えを出したときだけポイントがもらえる，と必ず説明する。こうした指示を出さないと，チップを増やして早く勝ちたいあまりに口先だけの意味のない答えを出す子どもが多い。セラピストがボードゲームの問いに答える番になったら，子どもが，もっと自分についていろいろしゃべりたい，という気になるような答えを注意深く選ばなくてはならない。たとえば，もし子どもが片方の親に対してもつ怒りを否定していることで葛藤している場合，「記憶にある中で最悪の日は？」という問いに対してセラピストは，自分の両親にされてひじょうに腹が立ったことについて話すとよい。あるいはもし子どもが，自分は愚かだ，あるいは無力だと感じているのなら，「今まで経験した中で一番恐かったことを話してください」という指示に対してセラピストは，試験に落ちるのではないかと恐れたり，スピーチの内容を思い出せない場面の話をするとよいだろう。それを聞いて子どもが割り込んできて，同じような気持ちや出来事について話したら，その子の順番でなくても，自分から進んで情報を提供したことに対して，追加のチップをあげよう。

　The Ungame は The Talking, Feeling, and Doing Game と同じで，大人と同様に子どもに対しても自己開示を促すような質問を投げかける市販のゲームである。このゲームは勝ち負けとまったく関係ない。

子どもでも大人でも，ただ円を描くようにぐるぐる回るだけ，と聞くとつまらないと感じる者が多い。ここを目指して進む，という目標点ははっきり決まっていない。このゲームを使うにあたっては（このゲームには大人を含めてさまざまな年齢層向けのカードがあるという利点がある），勝ち負け，そして進むべき目標という要素を少し加味するため，やり方を工夫しなくてはならなかった。

　The Talking, Feeling, and Doing Game とよく似たボードゲームがもう一つあるが，それは The Family Awareness Game である。このゲームは家族向けだが，少し手を加えればセラピストと子どもが2人でプレイするように変えられる。このゲームがお勧めなのは，カードにテーマにそってコードがつけられているため，子ども独自の状況（家庭内にアルコール依存者がいる，虐待，再婚，義きょうだいがいる，等）に関連したカードをセラピストが前もって選んでおけるからである。

　Feeling Checkers は，相手を飛び越えるときにプレーヤーがそのコマを取るためには，チェッカーの下の面に書かれた感情について何かしゃべらなくてはならない，というゲームである。口先だけの答えを避けるためには，ルールをもう少し具体的にし，細かく答えてもらうようにしたほうがよいと筆者は気づいた。子どもは先週あるいはその前後で，家や学校でその気持ちを感じたときのことを話すよう求められる。たとえばもし選んだチェッカーに「悲しい」と書かれていたら，子どもは先週起きた，悲しかった出来事について話さなければチェッカーをもらえない。「ママが私におもちゃを買ってくれなかったとき，悲しかった」だけでは物足りない。それにプラスして，それが起こったときの具体的な出来事について話すよう，子どもに求めるとよいだろう。

　My Ups and Downs のようなカードゲームも，特定の気持ちについて話すのがそのテーマだが，子どもはカードを使う前にそこに書かれ

た気持ちについて話さなくてはならない。

　各面に感情を示す言葉が書かれたシンプルな木製のサイコロを子どもとセラピストのあいだで転がすゲームもある（Feeling Cube, Project Charlie, Edina, Minnesota）。プレーヤーは，自分のほうを向いているサイコロの面に書かれた気持ちをもった最近の出来事について話すとポイントがもらえる。ここでもやはりセラピストは，子どもの不安に関連するような答えを練る。自分の番でなくても子どもが気持ちについて話したら，特別にポイントをあげるとよい。

ゲームの仕方で子どもについて知る
　こうしたゲームをしている最中に子どもを注意深く観察すると，セラピストはひじょうに有益な情報を得ることができる。ゲーム中の質問にきちんと答えられるか不安を感じているように見える子どももいる。こうした質問には正しい答え，間違った答えというものはないので，何らかの質問に「うまく」答えたあともそうした不安を感じ続けているのであれば，その子が自分の能力にかなり自信をもっていないことが分かる。逆説的だが，ときおりこうしたゲームにひどく熱中することは，子どもの自己評価の低さ，不安感を表していることもある。子どもはゲームでうまくいくと興奮しすぎではと思うほど興奮しているように見えるが，（「ぼくこれ得意なんだ，もう12個もチップを取ったよ！」といったような）自画自賛のコメントには，こんなふうに優越感を感じるのは初めての経験だということがにじみ出ているのである。

　答えるときには真剣に考えなくてはならないという指示にもかかわらず，ぺらぺらしゃべる割には自分を出さない子どももいる。子どもがなかなか自分を見せようとしないときには，何でも自発的に話したらチップを与え，セラピストと子どものあいだに信頼関係が築かれるまでは，あまり自己開示を求めないゲームに変えてしまうとよい。

セラピストがゲームの用意をし，説明するあいだ待つのはきついと感じる子どももいる。そうした子どもはひじょうに短気で頭に血が上っているので，自分と接する人々に緊張感を生み出してしまう。彼らはコマをつかみ，くるくる回したり転がしたりして「知っている，知っているよ……もう始めようよ」とせかすので，セラピストは一息つく間もない。この子は衝動コントロールに問題があるのか，それとも単に不安，過度の興奮，勝ちたいという強い願望の表れなのか，ということをセラピストは判断しなくてはならない。穏やかに，しかし断固として子どもに待つように伝えれば，子どもがどれほど自制できるか，進んで制限の設定に従えるか，ということが把握できるだろう。
　中には勝ち負けにひじょうにこだわる子もいて，こうした基本的には勝ち負けを争わないゲームを激しい競争ゲームに変えてしまうこともある。チップの枚数を数えて，どれだけ相手に勝っているか知って一人満悦するのである。サイコロを振った結果チップを失ってひどく動揺し，ずるい手段によって「勝とう」という必死の作戦に出る子どももいる。こうした落ち着いたゲームをしているのに激しく戦ってしまうのは，自我が元気づけられることを渇望していることの表れである。
　ときおり過度に競争心の激しい子どもとは正反対の子どもを見かける。そういう子どもは負けそうになっているプレーヤーのことを心配し，相手に運が巡ってくればよい，と自発的に願う。そうした子どもは勝つことに対して罪悪感を感じるようで，それほど競争の要素を含まないゲームでも，勝者，敗者のないゲームに変えてしまうのである。
　子どもがどのような態度をとろうと，つまり熱中しようと，慎重であろうと，競争心むき出しであろうと，寛大であろうと，セラピストは，ゲームを通じてその子の人との接触の仕方，さらに安全感，自己評価の高さに関して多くの情報を手にする。

9．物語作り

　物語を通じて子どもは，自分の心配事，防衛機制，対処様式を明かす。直接対話する中で物語が語られることもあれば，プラスチックのフィギュア，人形，ぬいぐるみ，パペットなどを使った架空の劇の一部として語られることもある。子どもはたいがい喜んで物語を作るが，いろいろな手段を使って，話をする過程をもっと「ゲーム」仕立てにすることができる。[56] 防衛的であるために簡単に出てくる語りを最小限にするように，「引き出す」刺激を与える方法もある。

1　スクイグルと落書き（図柄を埋め込んだ絵）

　ひじょうに小さな子が相手のときには，Winnicott のスクイグルの一種の描画法が有効だということがこれまでの臨床経験から分かった。そのゲームでは，セラピストか子どもかどちらかが適当に線を引き，もう片方がその線を起点にして絵を描く。指示は次のように簡単である。「私は目を閉じて，こんなふうに紙に線を描くから，きみはこれを使って何かの絵にしてね。終わったら今度はきみが線を描いて，私が何かの絵にするね」(12p)[193]。Winnicott は親子を相手にした短期的相談（彼はそれを精神分析とは区別している）の中でこの手法を用いた。簡単な絵を通じて，子どもは心配事を伝えてくるので，Winnicott は子どもに対して直接解釈するし，その絵に応えるような絵を描いて子どもに応答する。子どもに対する彼の解釈は，対象関係論的アプローチに根ざした心理発達理論に基づいており，絵それ自体からはっきり読み取れるものでは決してない。子どもに直接解釈するのに加えて，Winncott は両親に子どもの不安を伝える手段として絵を利用している。

　4,5 歳の子どもは，セラピストである筆者がさっと書いた線から「何

かを作り出」せることが分かった。セラピストである筆者がお返しに絵を描くときは，その子が関心をもっていると思われる問題やテーマを取り上げる心づもりで描く。この絵が引き金となって，しばしば子どもは最初に描いた絵よりさらに自己開示的な絵を描いてくれる。大切なことが詰め込まれた絵が描かれても，セラピストである筆者はその絵の意味を子どもに解釈せず，代わりに子ども自身が描いた絵を使ってお話を作ってくれるようにと子どもに求めるようにしている。子どもがとても小さい場合，話の糸口を見つけてあげなくてはならないし，そういうときには中立的で話をつなぐことを可能にする素材を使って子どもに刺激を与えるというGardner[56]の方法がひじょうに有効だと分かった。

　スクイグル・ゲームの一種で，もう少し年上の子でも楽しめるものに，ページ一面のなぐり書きの絵に手の込んだ模様を描くものもある。なぐり描きした模様を絵に仕立てるのがこのゲームの課題である。子どもとセラピストはしばしば協力して，単純ななぐり描きの中に見つけた絵に関係する物語を作っていく。こうした物語から子どもの経験をよりいっそう理解できるようになる。子どもが見つけた絵や作った物語を子どもの精神力動的問題に当てはめれば，手早く投影的な素材を効果的に引き出すことができる。たとえば，子どものなぐり描きに怒った顔をした怪獣を見つけたら，行動はいかにも怪獣だが実はひじょうに脅えている怪獣の物語を創作すればよいだろう。しばしば子どもはそれに反応して自分の話をしたり，基本的にセラピストの話に描写された精神力動から自由連想した実生活での出来事について語ったりする。

　このゲームに子どもがどう取り組むか観察すると，実際に引き出される素材と同じぐらい貴重な情報が得られる。答えるさいにひじょうにためらいがちで控えめな子どももいる。そうした子どもはそのなぐり描きを見ても誰もが気づくようなものしか見つけないし，いくつか

絵を見せても同じ形ばかり見つけるかもしれない。また用心しているため独創的な物語を作らない子どももいるだろう。そうした子どもはセラピストの話とほとんど同じ話をしたり，似たような物語を作ったりする。たとえば，もしセラピストが迷子になったクジラの話をすれば，子どもは魚についてほとんど同じような話をするだろう。こうした抑制された子どもが相手なら，物語を作るさいにセラピストの積極的な参加が求められる。どの方向にも展開できる文を子どもに聞かせ，その続きを言わせるのだ（たとえば「昔々，……何がいたのかな？」「どこに住んでいたのかな？」「何を感じたのかな？」）。そして「次に何が起きたの？」といって話を膨らまさせると，さらに話は豊かに展開していく。

　このように助け船を出しても子どもが物語を作れないなら，セラピストはさらに解明する必要がある重要な何かを知ったことになる。その子は脅えているため自己防衛しているのか，それとも積極的に空想する能力に欠けているのか，とセラピストは考えるかもしれない。衝動的，攻撃的に振る舞う子どもは，平均的な空想能力をもたないことが多いようである。[149]

2　離婚の話カード（Divorce Story Cards）

　離婚の話カードは，Thematic Apperception Test（TAT）の図版のように用いられる。[160] そのカードには白黒で絵が描かれているが，さまざまな解釈が可能で，話を引き出す役目を果たす。自分の親が別居または離婚しているか，あるいは親の夫婦関係に問題があるか否かにかかわらず，役立つ刺激となる。描かれているシーンは多岐にわたる。たとえば公園にいる親子，先生と話している子ども，空想している子ども，などたいていの子どもが自分と結びつけて考えることができるシーンもある。物語作りを少しゲーム仕立てにするために，筆者はまるでこれらのカードが巨大なトランプであるかのように，この23cm

×30cmのカードを数枚差し出し，子どもに目をつぶって一枚引くように言う。筆者は事前にその子にもっとも関連があると思われるカードを数枚選んでおいて，そこから選ばせる。

　それからその子にカードに描かれた絵に関して何か良い話を作れるかたずねる。始め，真ん中，終わりと，三部構成の物語を作るよう子どもに勧め，子どもがもっと話を掘り下げていけるような質問をいくつかする。もしそのカードをもとに物語を作るのをためらっているようなら，そうするようにその子を励ますか，あるいはセラピストである筆者自身が完結した物語を作って聞かせ，子どもに自分もやってみようという気にさせる。

　離婚の話カード the Divorce Story Cards は，子どもの生活中の重要な出来事について話をするきっかけを与える上でも有効である。ひじょうによくあるケースだが，子どもはカードに描かれた絵と似た経験をしていると，その出来事について自分から話を始める。彼らはその絵が文字通り自分と自分の家族の絵であるかのように，語ることもある。たとえばある4歳半の子どもは，「弓をもっているのがぼく，それがママ，家を出ようとしているのがパパ。ママはパパとけんかするときやパパが出ていくときに泣くの」と言った。

　ときおり子どもはカードに描かれた中心的な出来事は無視して，背景に注目する。それは，その絵によって呼び起こされた記憶があまりに辛いものなので，その気持ちが甦ってきたのを認めないよう防衛しているサインかもしれない。また自分にとって特別な意味をもつので，背景として描かれた状況に実際引きつけられることもあろう。たとえばある少女は怒ったような様子の母親が子どもの乗ったブランコを押している前景の図柄は無視して，その背景に描かれた楽しそうな三人についてだけ「小さいころのママとそのお母さん。おばあちゃんはママの妹のブランコを押して，妹は大喜びしているの」とコメントした。

3　おもちゃ入りの袋

　子どもに楽しみながら物語作りをさせるもう一つの方法があるが，それは宝探し袋から小さなおもちゃを取り出させ，それにまつわる話をさせる，という方法である（Gardner 参照）[56]。袋には小さな動物や人形やおもちゃをいっぱい詰めておく。もし子どもが象を選んだら，象が出てくる話を作らなくてはならない。このゲームの変形版で多くの子どもが大喜びするゲームがあるが，それは二つかそれ以上のものを選ばせ，選んだ物全部を物語に盛り込まなければならないというものである。そうやって物語を作るのは面白おかしい作業なので子どもはリラックスできるし，あまり堅苦しくなくより奇想天外な話が生まれる。小さな泡立て器やネズミ，帽子，銃，オートバイ，食べ物，階段，ドラム，などが一緒になって風変わりな話が生まれるが，それでも子どもの関心事，無意識の願望，不安などが浮かび上がってくる。セラピストもゲームに参加し，一つ袋から取り出してそれを話に加えるが，それがきっかけとなって子どもが物語の次の部分で自身の不安に触れるような話を作るかもしれない。たとえば泡立て器一つをとってもいろいろな感情移入ができる。つまり，拒絶（「それは放り出されて，手入れをしてもらえませんでした」），怒り（「泡立て器は武器として使われました」），あるいは自立への欲求（「泡立て器は自分の仕事すべてを自分でできればいいな，と思いました。誰にも握られたくないし，かき混ぜてもらいたくありませんでした」），といった気持ちである。

4　自発的に作られる話

　多くの子どもは自分から進んで，お気に入りの架空のスーパーヒーローの話を始める。今流行のスーパーヒーローに関する代表的な話や伝説をセラピストがたまたま知っているというのでないなら，子どもの話を聞いて，それが，子どもが本やメディアで出会った話なのか，それともその子の投影なのか見分けるのは難しい。したがって子ども

が「自由連想している」からといって，その内容が必ず無意識の関心事を示していると考えてはいけない。自分を守り，コミュニケーションを避け，それを効果的に遮断するために子どもはよく独り言を言う。おしゃべりが延々と続くように思えて，セラピストがそこから「抜け出せない」と感じたり，イライラしたりするのは，その話が防衛のために使われているということを反映しているのかもしれない。しかし少し我慢して子どもの話を聞こう。その話は無意識の葛藤とは関係ないと結論づけるのはそれからでも遅くない。混沌とし，一見無関係に見える言葉の山の下から，セラピストは，子どもが苦戦する問題や不安に関連していると思われるテーマを見つけるかもしれない。子どもの自発的な話から投影的素材を引き出すのは最適な方法ではないが，セラピストは子どもの話に，結果的に投影を導く要素を加えることができる。そのためにセラピストは「離婚の話カード（The Divorce Story Cards）」の絵のように，その後連想を生み出す刺激となるような出来事について話をするとよい。たとえば，子どもにとってのスーパーヒーローでさえ「お兄さんに守ってほしい」と思うほど恐ろしい怪獣の興味深い話について遊び心を忘れずに取り上げる。セラピストが話題を変えたことに対して子どもがどう反応するか，忘れずに注目しよう。セラピストの話に入ってきて，一緒になって空想を膨らませる子どももいる。逆にセラピストのコメントなど聞こえなかったかのように，独り言をずっと言い続ける子どももいる。

10. 自分の作った物語に対する子どもの反応

　子どもが，自分自身の作った物語についてどう感じているか，その話を親にも教えたいと思っているか観察すると，ひじょうに多くの情報が得られ，その子に対する理解をいっそう深めることができる。実際，物語それ自体に織り込まれたテーマや葛藤を分析して得られる情

報と同じぐらい多くの情報を，この活動に関連した子どもの行動から知ることができることもある。たとえば，物語作りに夢中になる子もいるだろう。そうした子は自分のすべてを物語につぎ込んでいるようで，創作活動を心から楽しむ。彼らはスクイグルの絵も家に持って帰りたいと言うかもしれないし，あるいは家にもって帰りたいので自分が作った物語を書きとめてほしいと頼んでくることもあろう。また挿絵を自分で描いて，創作した話を本の形にしたいと思う子もいるだろう。このような子どもたちは少なくともこの領域では，高い自己評価と熱心さを露わにしている。もしその子が学校で苦労していたり，親とはげしくぶつかったりしているのであれば，これはひじょうに明るい兆しである。何かに没頭できる，あるいは自分の創作品に満足できるということは，リジリアンス（心理的柔軟性）がある証拠である。さらに自分が描いた絵や物語を親に見せたいというのは，たとえ親子関係に問題があろうとも，親を気にする気持ち，親に認められたい，賞賛してもらいたいという気持ちの表れである。それとは対照的に，親に物語を聞かせるのをいやがる子どももいる。

　物語作りには協力的だが，実際にはあまり気乗りのしない子もいる。上手に話を作れる自信がない様子がはっきり見てとれ，課題だから仕方ないという感じて創作する子どももいる。そうした子どもはきわめて慎重に答えを出し，彼らが生み出す物語は，セラピストの話の繰り返しであったり焼き直しであったりする傾向にある。

　また笑顔もなく緊張して，ごくごく表面的な物語しか作らない子どももいる。そうした場合，物語自体も子どもの語り方も抑揚に欠けるだろう。一般にこうした抑えた様子が何を意味するかは，その子に関するその他の情報に照らし合わせて判断するのがもっとも賢明である。たとえば気持ちが入っていないのは，怒っているために殻にとじこもっていること，憂うつ，価値あるものを生み出す能力が自分にはないかもしれないという強い不安などを反映している。

第4章　子どもを深く知る　157

11. 物語作りに関して一言

　これまで子どもが無意識の不安を表に引き出す手段として，物語作りについて論じてきた。語られる話は離婚の話カード（The Divorce Story Cards）やセラピストのコメントなど誘導的な刺激により生まれたという点で中立的なものではない。だが感情的意味合いの強い刺激に対して子どもはその子独特のきわめて個性的な反応を示すが，それはその子ならではの不安や，対人関係に関する懸念，それに心的な懸念も反映している。これまで説明してきた物語作りは，本来，治療的活動というよりも査定を目的として行われる。その目的は子どもに対して話をするのでなく，子どもに話をさせることである。しかし子どもに話をすることも，本書で説明している介入アプローチの重要な要素であることを忘れてはならない。第7章では，子どもとの個人面接でその子の防衛を迂回する手段としてミルトン・エリクソン派の物語手法について論じる[116)]。第7章ではまた，子どもの不安を具現化した物語を親が子どもにする方法，さらに子どもが恥じている感情は誰もが抱くものだ（ノーマライズ）ということを，親が子どもに伝える方法について説明する。

12. パペット，人形，おもちゃのキャラクター人形で劇を上演する

　子どもとセラピストが話のシナリオを実際に演じるさいに用いる道具を各種，面接室にそろえておくと便利である。いろいろな場面を，小さなプラスチック製のキャラクター人形や小道具（Playmobilセットにあるようなもの），ボール紙の切り抜きや背景画，家族揃ったパペット（人間の身体の作りを細部まで模したものでもよいし，そうで

なくてもよい），人形，あるいはぬいぐるみを使って演じるとよい。
　スーパーヒーローやその他キャラクター人形は使わないほうがよい。というのも，子どもはすでにそうしたヒーローたちが出てくる空想物語をたくさん見たり読んだりしているからである。「空想上の」物語でなく，より現実に即した実際的な劇を演じるのに役立つ道具は，子どもの不安について分かりやすい情報を与えてくれる。怪獣，魔女，悪霊，ロボットなどは道具箱に入れておくべきでない。もちろん子どもが超自然的な力を「現実的な」人形に吹きこむこともあろう。しかしもしそうしたら，ただそこにあるからという理由で魔力をもった人形を使う場合より，心理的に意味ある話が出来上がるだろう。
　子どもが受ける刺激の中には，ひじょうに強い連想を呼び起こす力をもっているものもあり，子どもの反応は実際それらによって決定され，個人的あるいは独自の意味が入りこむ余地がほとんどない場合もある。たとえば銃や戦車を目にした子どもはほぼ例外なく攻撃的な劇を創作するだろう。攻撃性を強く誘発する物はおもちゃ箱から取り除くべきである。もし子どもが攻撃性を表したいなら，その子は中立的な道具でも簡単に武器に仕立ててしまうだろう。こうして表現された攻撃性は，それ自体が攻撃性を呼び起こす道具を子どもが手にしたときに反射的に表現される怒りや敵意よりもずっと意味がある。
　劇のストーリーに合う道具を子どもに勧めるとき，セラピストは，子どもが防衛的であればあるほど，きわめて現実に即した劇に恐れを感じるということを心にとめておくべきである。子どもが用心深く，脅えているように見えたら，現実からある程度離れていて子どもが安心できるような道具を勧めてあげよう。ぬいぐるみやいくらか非現実的なパペットを使う物語は，人形や人間を模したフィギュアを使う場合よりも，空想劇から心理的距離をおくことができる。
　これまで説明してきたさまざまな形態の劇と同様に，子どもと一緒に積極的に空想劇を創作すると，大いに有益な情報が手に入る。セラ

ピストは「これを学校の校庭で遊んでいる男の子や女の子だってことにしてみようか」というように，適切だと思われる場面設定をして，子どもに劇を始めさせる。もし子どもが同意したら，セラピストは，自分にはどの役をやってほしいかたずねるとよい。子どもはしばしばセラピストが提案したシナリオを，もう少し自分が好きなシナリオに変更する。そうしたらセラピストは子どもが考えたシナリオに，自己開示的発言や行動を呼び起こすと思われる登場人物や問題を組み込むだろう。たとえば，学校で自分は無力だと感じていて，挑戦的なことをするよりも隠れてしまう少年が相手だったとき，セラピストである筆者はパペットで何人かの子どもたちの役割を演じ，クライエントが演じる一人の小さな少年が泳げないことをバカにした。するとその臆病な少年は仕返しに，自分役のプラスチック製の人形に，いじめっ子を殴らせた。

　小さな子どもが，劇をしている最中に終始一貫した詳細なストーリーを展開していくことはめったにない。むしろ彼らは一つの出来事から別の出来事へと飛び，セラピストに聞かれなければ，何が起きているのか，はっきり説明しないことがよくある。劇中の「登場人物」としてセラピストである筆者は何を言うべきか，何をすべきか子どもにたずねると，子どもは自分で即席で創作してくれと言うことが多い。彼らはもちろん，しゃべっているのは筆者だと分かっているのだが，それでも「話す」人形や動物に心を奪われる。ひとたび劇を始めると，彼らはほぼ例外なく劇に没頭し，セラピストである筆者の動作を命令し始める。シナリオを作っているときは，子どもの心配事をうまく脚色して組み込むことが大切である。劇の内容があまりに現実の状況に近すぎると，子どもは楽しくないし，もっと抵抗してくるだろう。

　こうした小道具を使って子どもがどのように演じたか，注意を向けるのが大切である。自分が創作しているドラマに相当熱を入れる子どもも中にはいる。そうした子どもは大声でセリフを言い，空想上の劇

に完全に没入しているように見える。子どもが，自分が作った想像上の生活に夢中になっているからといって，自分の活動にセラピストを参加させる気があるとは限らない。劇には熱中しているが，自分が創作している劇中の事件について生中継のように報告して，セラピストを劇作りに参加させる子どももいれば，自分が空想の世界に入り込んでいるときには，セラピストの存在など眼中にない子どももいる。

同じ年頃の子どもと比べて，空想劇に参加する能力が足りないように見受けられる子どももいる。そういう子どもはどのようなものであれ物語というよりも，きわめて簡単な出来事を演じる。たとえば何が起こったかをストーリーに仕立てるのでなく，ただ単にブランコに乗った人形の背中を押すのである。筋書きも背景となる状況も指示せずにパペットや人形を渡すと，想像力を働かせる子どももいれば，つまらなそうな顔をして，何か面白いことをしてほしいとセラピストに期待する子もいる。

13．粘土を使う

粘土は抑制が強く用心深い子どもが想像上の事物を作るのを促す，ひじょうに便利な道具である。柔らかく，湿り気のある陶磁器用粘土，粘土板，それに各種「道具」を子どもに渡す。道具とは，たとえばニンニクつぶし器（髪の毛やいも虫を作るため），ゴム製の槌（敵をたたくため），模様をつけるためのさまざまな型，ナイフ，コルク抜き，麺棒や，その他，脅えて防衛的な子どもの興味を引きそうなものなら何でもよい[128]。ひじょうに柔らかいプラスチシンを用いてもよいが，やわらかなセラミック製の粘土（それに少量の水）を使った作業は，子どもを劇的にリラックスさせる効果がこれまでに見られた[注1]。粘土はベたべたするし，汚い感じがして嫌だと最初はいやいや粘土をいじっていた子どもでも，べたべたするのは水の加え加減によるし，乾けばす

ぐに手についた粘土もぽろぽろとれると分かれば，次第に嫌でなくなるだろう。筆者は通常子どもに少し時間をあげて粘土いじりをさせ，何を作るか観察する。その後子ども自身に何を作ったか説明してもらう。あるいはもし子どもがなかなか粘土に興じないなら，セラピストが作ったものが何か当てるゲームをしようと言う。またその後，子どもが作った作品を使ってストーリーを作ろうと提案し，その話に必要な登場人物を作る手伝いをすると申し出ることもある。

粘土は，（文字通り）物語を組み立てるほか，子どもを悩ませているものは何か，直接探るためにも使える。たとえば，恐いと思うものを粘土で作らせたり，怒りを感じている人を作らせたり，家人が出てくる場面を作らせたりすることもできる。無意識の，表には出てこない攻撃的感情を子どもに表現させるために粘土を用いることもできる。これに関しては第7章で論じることにする。

14. 絵を描く

子どもはたいてい絵を描くことが好きである。特定のテーマを与えて子どもに絵を描かせるだけで，多くの情報が得られる。子どもに何かを描かせるときには，きわめて具体的なものから抽象的なテーマに至るまで，どういう指示を出してもよい。たとえば家族のみんなが何かしているところを描くように言ってもよいし，「キミの怒りを絵に描いて」というようなもっと漠然とした指示でもよい。一般に具体的な指示を出したほうが子どもは熱心に取り組む。その子を怒らせたものの絵，思い出せる範囲で小さいころしていたことの絵，恥ずかしい，困った，恐いと感じたときの絵，これまで経験した中で一番いやだっ

注1 Violet Oaklander[128]は，ゲシュタルト療法の視点から萎縮した子どもが自分の体を楽にする方法，そして表されることのなかった怒りを表出してそれについて話せるようになるための数多くの非常にクリエーティブな示唆を与えている。

たことの絵，うれしかったことの絵，などいろいろな指示が可能である。

　子どもが絵を描き終わったら，その絵について説明するようその子に頼む。子どもが不安を感じていて，話すのを躊躇していたら，その絵が何を描いたものか当てるゲームにしてしまう。そうするとたいがい子どもはセラピストの間違った推測を正して説明を加えてくれる。あるいはもっと子どもの内面を投影させるための刺激として絵を利用することもできる。たとえば子どもが家族の絵を描いたあとで，その絵の中の一人一人について一言コメントさせたり，一人一人に対してその子に何か言わせたり，逆にその子に対して絵の人物に何かをしゃべらせてもよい[128]。

　Oaklander[128]は，絵の様々な部分について話すことを通じてその子自身の感情やいろいろな面を表現させるために，ガイデド・ファンタジー（イメージ誘導法）と描絵を結びつけたり（たとえば，心に思い浮かべる場所や，夢に見る場所を描く），ゲシュタルト手法を用いるためのさまざまな案を紹介している（たとえば「この○(まる)たちは何を考えていると思う？　それはどうなるかな？　絵の中の……は……に話しかけたのかな？」）。

15．子どもの投影の素材を理解する——全般的考慮事項

　子どもが何を空想しているか理解するさいには，それをその子が経験した出来事や属する家族の状況から切り離すことはできない[注2]。一般に何らかの対処が必要な困難な事件やトラウマとなるような出来事を体験した子どもは，劇の筋書きに何かしらの形でそうした出来事を再現することが多い[165]。Irwin[82]は子どもの気持ちが投影されている筋書きによく見られる複雑さについて，次のように見事に解説している：

　　治療の場で子どもが自発的に話を劇に仕立て再現する場合，彼らは

劇作家，俳優，演出家，批評家の役割を同時に果たしている。自分の内なる世界の一部を劇という空間に投影しながら，子どもは場面を設定し，ストーリー中のさまざまな登場人物になり，動作，セリフ，ジェスチャー，パントマイムによって，その内なる世界を演じる……その劇は，実際に経験した出来事と空想上の出来事，過去と現在，衝動と防衛，意志と半意志などの混合したものを反映する。（149p）

しかし子どもが創作する物語や空想物語の意味を理解するさいには，そこにその子独自の精神力動的葛藤と同様に，その発達段階に特徴的な心理社会的葛藤が組み込まれていることを心にとめておかなくてはならない。投影を利用する場合，セラピストは，その子の物語に反映されている実生活上の状況と，そうした状況を処理したり，それに対処したりするその子独自の方法の両方を探らなくてはならない。一例をあげると，10歳のサマンサは，グラミー賞を受賞することを期待して，最高にドレスアップして授賞式にやってきたロックスターの絵を描いた。その歌手は自分の代わりにライバルが受賞したためひどく落胆し，翌年の勝利を確実にするために，ニューヨークで最高のソングライターたちに曲を作ってもらうと誓った。この簡単なストーリーを聞いて，セラピストである筆者はサマンサが賞賛を得たいと強く願っていること，そして自己価値が揺れ動いていることを読み取った。一方その歌手は，自分が優れた歌手だと強く確信しているので，受賞

注2 アンナ・フロイト[54]は，子どもの精神分析についての著作で，子どもの象徴的あそびに対する環境の強い影響力を過小評価しないようにと注意を促している。彼女は，あそびについて以下のように指摘している。
　《[こどもは] 内的な空想だけを伝えるのではない。同時に，毎晩のように両親がセックスをすること，口げんかや言い争い，フラストレーションや不安を喚起するような行動，両親の異常性や病的な感情表現など，その時点で起こっている家族内の出来事も子どもなりのやり方で伝えているのである。内的世界という視点に限定して解釈をする精神分析者は，その時点において同じ程度に重要である環境的状況とかかわる活動に関するこどもの報告を理解し損ねるという危険をおかしている。》(p.51)

場面を想定して着飾ってきた。しかし，その主人公がその過度の自信によって恥ずかしい思いをするストーリーを語ることで，サマンサは自分自身の価値に対する気持ちの揺らぎを露呈した。この葛藤も彼女が置かれている状況を知れば納得がいく。というのも，母親は（この話を理解する上で偶然ではなく，著名な芸術家であった）娘を大切な宝物扱いしており，絶えずほめたり，なでたり，守ったりしているが，父親は最近再婚したばかりで，（かなり離れた都市に住んでいるので）年に2度サマンサが訪れるときには，彼女が自分の家のやり方に従い，あまりちやほやされることを期待すべきでないと感じていたのだった。その話は，サマンサが自己価値について混乱していることだけでなく，その対処様式をも物語っている，ということにも注目しよう。話の中の歌手は，たとえば自分が達成したことを自分でほめたり，仕事をやめたり，不平等な判定を非難したりはせず，積極的に最高の歌手であろうと努力を続けるのである。

また別の例だが，6歳のマーラは家族のパペットを2組のペアにして，ママ人形とパパ人形をくっつけて抱き合わせ，少年の人形と少女の人形もやはり抱き合わせた。「彼らは互いに愛し合っているの」と少女の人形に言わせた。彼女の家庭は暴力的な争いの絶えない家庭だと知っていたので，そのシナリオが仲睦まじさに対する子どもの強い願望を明確に表現していることがはっきり読み取れた。

10歳のジョニーは，暴漢が誰かを世界貿易センタービルの展望デッキから突き落とそうとしている絵を描いた。絵の少年は落ちながら，地上にいて，彼を受け止められるただ一人の人物が，彼を憎んでいる教師だということに気づいた。その少年は死んだ。「先生たちが注意していてあげなかったから少年は死んだんだ」とジョニーは言った。その話は，家庭での生活状況の変化に関係しているようだった。というのも両親曰く，ジョニーが「崇拝し」「尊敬している」異母兄がジョニーの家に来て一緒に暮らすようになった。ジョニーはこの半分血

のつながった兄とそれまで一人で使っていた部屋を共有することになったし，親の目も半分そちらにとられることになったが，まったく不平を言わなかった。しかし彼が作った物語は，何の問題もないと思われているそのきょうだい関係に一方踏み込んで探りを入れる手がかりを与えてくれた。兄は実母に捨てられたと感じて怒っており，自分に信頼を寄せる弟に八つ当たりしていることに両親は気づいていないようだった。このケースについては第9章でさらに詳述する。

　セラピストが子どもの連想について知ると，物語の内容はもっと簡単に解読できるようになる。たとえばセラピストは子どもに「この話の中の誰に（あるいは何に），きみは一番なってみたい，それと一番なりたくないのは誰かな？」とたずねるかもしれない。Gardner[56]は子どもに，その話の教訓あるいは寓意は何か，あるいはその話は彼が以前見聞きした何かを思い出させるかたずねている。物語中の登場人物はそれぞれ起こった出来事をどのように感じているのか，子どもに問うこともできよう。

　子どもの空想世界の内容を探ることで，その子どもについてたくさんの情報が得られるが，その空想上の内容をただそれとして，つまり空想として見るよう注意しなくてはならない。セラピストは空想上の内容を過度に一般化し，その子を病気扱いしないよう気をつける必要がある。私たちは無意識の感情を「引き出そうとしている」ことを心にとめておこう。私たちが目にしているのは子どもの空想世界であり，彼がいつも通りに防衛機制を働かせて現実世界と関わっているときの考え方，行動の仕方とは違うということを非常に忘れやすいのである。

　障害の度合いを判断するために投影的素材を利用するさいには，子どもの空想の形式的な特徴が内容それ自体よりも意味をもつこともある。物語の形式的特徴（たとえば，それがその子独自のものかそれとも型にはまったものか，まとまりがないかそれとも完結しているか，固定的かそれとも流動的か）は子どもの精神状態およびどの程度気持

ちの整理がついているか知る手がかりを与えてくれる。湧き出てくる衝動，感情，空想に子どもがどのように対処するかということをセラピストは探る。気が散って，心かき乱すような話にちっとも決着がつけられない子もいるだろうし，話が支離滅裂で，非論理的で，ばらばらなこともあろう。自分の空想にひどく興奮して，現実の自分と架空の物語を切り離せないように見える子どももいる。またひじょうに緊張していたり，抑圧されていたり，あるいは飽きてしまったりする子どももいる。

Simmons[165)]は子どもの精神医学的診断に投影的素材を用いることに関して，次のように記している：

> 空想物語が実生活上の問題を扱っている場合，その性質上，健康な子ども，および軽度の神経症の子どもがとる対処手段として，空想が適度に健康的に用いられていることを示す。人形劇によって自分の体験を実演し，それを発散しようという子どもがその例である。他方，サディズム，性的に象徴的な行動，さらに子どもの現実の状況とはほとんどあるいはまったく関係のない誇大妄想的な世界の崩壊などに満ちた空想は，精神病に近いか，さらに重い神経症の子どもに見られる。（83p）

Simmons[165)]は，初期潜伏期にある（6〜8歳の）子どもは，怪獣やおばけのように形が定まらず，おそろしい生き物が出てくる空想物語をよく作ると説明している。その子たちが成長するにつれて（8〜11歳ぐらいになると），話の中の恐ろしいキャラクターはより人間的になり（たとえば，魔女，どろぼう，悪党），形が定まらないということは少なくなる。子どもの象徴化能力が高まるにつれて，細かい点まで詳しく述べて楽しむようになる。

もう少し年上の潜伏期の子どもは，ひじょうに騒々しくけんかも多

発するが，細かい点がほとんど描写されない空想物語を作ったり，炎，影，洪水といった情動の浸透性が高いことを示すシンボルを用いたりするときには，攻撃衝動や迫害的空想にひどく悩まされているのかもしれない。

　子どもの空想が想定される限界を超えているとしても，その意味はその子に関して知っている他の情報のすべてに照らし合わせて評価しなくてはならない。次章で論じるが，子どもが重症に見える症状を呈していても，実際に重い障害の徴候であるとは限らない。

16. 子どもの敵意に対処する

　セラピストがいくら親しげに，愛情を込めて接し，救いの手を差し伸べてその子の不安を和らげようとあれこれ試みても，セラピストに対して無関心な態度をとるだけでなく，敵意をもって反応する子どももいる。破壊的あるいは攻撃的行為に出て，その敵意を示そうとする子もいる。物を床に投げたり，わざと何かにぶつかったり，さらにエスカレートするとセラピストに対して暴力をふるってくる子どももいるだろう。セラピストとして筆者は毅然とした態度をとり，自分の気持ちをセラピストに言うのは歓迎するが，そうした暴力的行為はセラピストの面接室では許されないと，はっきりした口調でその子にはっきり伝える。面接室にいるのがいやだという彼の気持ちは共感し，もう一方でなぜ腹を立てているのか話してくれないか，とたずねることにしている。もしその時点で子どもが反抗的態度を改めないなら，親を部屋に呼び入れて，親同席で面接を続ける。制限の設定を責任をもって行うよう親に求めることが重要である。親に見られているとたいていの子どもは静かになる。攻撃的な感情を爆発させるのは極度の傷つきやすさの表れかもしれないし，もしそうであれば，そうした感情は面接に両親が加わることで影を潜める。もし両親が同席しても子ど

もの興奮，攻撃的態度が収まらないなら，その時点でその子一人と面接しようとしても無駄である。むしろ，攻撃性の抑制と，子どもをそこまで怒らせたフラストレーションの源の両面をテーマに，家族全体と面接するほうが優先されるべき作業である。

　子どもが黙秘したり，ぶっきらぼうに答えたり，無作法に振る舞ったりして怒りを露わにしているときは下手に出て，セラピストはクライエントである子どもにしゃべらせたり，遊ばせたり，楽しませたりする力はないということを子どもに知らせると効果を発揮することが多い。こちらが自分自身の限界を認めれば，子どもは意地を張るのをやめるかもしれない。

　セラピストである筆者がどう感じているか子どもにフィードバックを与えるだけで，子どもの筆者に対する態度が劇的に変わったことがこれまで何度もあった。「キミは私と一緒に遊ぼうとしないし，私に腹を立てているか，あるいは私を嫌ってるみたいで，悲しい」と子どもに言う。あるいは子どもがきわめて挑発的であれば，「そんなことをされて困惑しているし，それにキミといても楽しくない」と伝えることもある。子どもはセラピストの率直な答えにひどく驚くことが多い。セラピストが何らかの感情を抱いているとか，自分の態度によってセラピストの気持ちが変わるなど，それまで考えもしなかったかのようである。

　本章の目的は，子どもとの個人面接を最大限に利用するためにいくらか指針を示すことであった。子どもに自己開示させるようなゲーム，活動，物語作りを通して，セラピストは子どもの精神内部の状態や対人関係について多くの情報を得る。次章ではこうした情報を用いて（家族面接や，親や教師からの報告によって得た子どもに関する知識も用いて），その子が暮らす家庭というシステムにおけるその子のコーピングスタイルや防衛機制を見立てることを目的とする。

第5章

不安,適応様式,防衛機制

　両親,家族,そして子どもと会えば,セラピストは子ども個人に関してたくさんの情報を入手することができるが,そうした情報を家族システムへの介入に組み込めるように,総合し,理解する必要がある。第2章で論じたように,親が問題行動だとみなして報告してくれた内容を受け入れ,子どもとの個人面接で投影的素材を得れば,家族システム論の視点を補う貴重なデータが揃うが,セラピストはこの種の情報を知っても,実際以上にその子の問題が大きいとか,欠点が多いと思わないように注意しなくてはならない。本章ではセラピストが子どもの精神病理的側面ばかりに注目せず,安易に「大丈夫だ」と断言しないよう,自分が得た情報を系統付け,評価するのに役立てるやり方について論じる。この目的に向け,私たちは子どもが典型的に用いる適応様式と防衛機制にはどのようなものがあるか調べ,その子どもの選択が非適応的かどうか,見定める方法について論じていく。

　本書の基本的前提は,個人として子どもを細部にわたるまで理解しても,必ずしも個人への介入が必要となるわけではない,というものである。そうではなく,子どもの問題をはっきり描写することは,家族が子どもを助けるのを手助けするさいの必須要素の一つなのである。したがって最終的に介入をどのように行うか考えるにあたって,おそらく一番重要になるのは,子どもの対処能力および防衛機制と家族シ

ステムの関係について論考することである。のちの章で家族成員との相互作用が子どもの関心事の内容とどう関係しているか論じるが、ここで焦点を当てるのは、心的および対人ストレスに対する有効な対処の仕方と非適応的な対処の仕方に、家族の機能の仕方がどのような影響を与えるのか理解することである。また私たちセラピストは発達が十分でない防衛機制の問題についても目を向け、さらに家族との相互作用がどのようにこの問題に寄与しているのか、あるいは逆にこの問題をどう修正しているのか、ということを検討する。

　子どもはおそらく大人以上に、不安の内的な源泉と外的な源泉の両方に対処するやり方を知る必要がある。彼らの世界は、初めて経験するがゆえにしばしばストレスのかかる状況に満ちあふれているが、彼らがそれらを調整出来たとしてもほんの少しにすぎない。きわめて安定し、安全な家庭に育つ子どもでさえ（現代社会では珍しいかもしれないが）、彼らを脅えさせ、苦しめるたくさんの出来事に対処しなければならない。第一に、子どもたちは期待に沿うようにならなければならないし、他者には受け入れ難い衝動をコントロールするすべを少しずつ身につけなくてはならない。そして大きくなるにつれて、子どもっぽい振る舞いを手放し、能力を試されるような課題も徐々にこなすようになることを期待される。さらに子どもは他の子どもともうまく付き合っていかなくてはならない。幼い子どもは仲間に対して驚くほどひどい振る舞いをすることもある。子どもは自分が嫌いな子、さらに昨日までとても仲良しだった子どもにさえ、残酷なことを言ったりしたりするので大人はしばしば恐ろしくなる。そしてもちろん子どもは、一日中一緒にいることになる教師やベビーシッターのように日々の暮らしの上で重要な役割を果たす人のこと、あるいは両親が離婚したとか、自分が頼りにしている片親がうつ状態だとか、引っ越さなくてはならないとか、兄弟と親の愛情を分けなくてはならないといった重要なことについて、ほとんど、あるいは何も話さない。さらに幼く

子どもっぽい依存性は，この年代の子どもにとっては珍しくない。

ある子どもが抱える問題が，その年頃の子にとって珍しいものでなくても，問題を簡単に片付けたり，その重要性を過小評価しないようにセラピストは注意しなくてはならない。ある意味で「普通」であるさまざまな心理的ストレスに対する子どもや家族の対処方法は，少なくともその不安自体と同じぐらい重要である。このように家族セラピストは，子どもの問題を一般と照らしてみたときの深刻さだけでなく，子どもの適応の様式および防衛機制が家族，仲間，教師にどのような影響を与えるかについても，見定めるようにならなくてはいけない。

1．適応の様式

子どもの気質は（第2章参照），初めて出会う，困難かもしれない状況に対するその子の特徴的な対処の仕方と同じぐらい他者に大きな影響を与えるし，人間関係の形成にきわめて重要な肯定的，または否定的結果をもたらすかもしれない。家族全員と，そして子ども一人と面接をすることで，セラピストは子どもが世界に対してどのような関わり方をするか，細かい点まではっきりと把握できるようになる。

1　接近－回避

セラピストと面接することそれ自体，子どもにとっては対処せねばならない新たな状況である。まず，見知らぬ人物や状況を子どもが回避するのか，それとも恐怖に立ち向かうように接近するのか注目する。一生懸命セラピストの気を引き，喜ばせることで自分が感じている不信感を払拭しようとする子どももいる。こういう子どもたちは見知らぬことにも真っ向から接近してゆく。その格好の例は4歳児のベニーであった。彼は1歳半で母親に捨てられ，その後2つの家庭に里子に出され，筆者と会った少し前に養子縁組されたばかりだった。その

少年はごく幼いころから，並外れて人なつっこく，愛嬌を振りまくすべを学んでいた。筆者と会って数分もしないうちに，彼はセラピストである筆者にいろいろ質問したり，筆者の椅子のすぐ近くに立ったり，自分が持ってきたおもちゃを筆者に見せてくれるときに筆者に軽くもたれかかって肌と肌を触れ合わせたりして，見事に筆者の注意を引き，好意を抱かせた。彼は見知らぬ人も，愛情をもって世話してくれる昔からの友人に変身させてしまうコツを心得ていた。
　だが多くの子どもはそれよりずっと用心深くセラピストの指示に従順でありながら，セラピストの存在を無視することで，不安の源であるセラピストを避けたり，自分の世界に入れまいとする。回避しようと試みる子どもは目をそむけ，セラピストである筆者と目を合わせまいと必死になる。こうした子どもはセラピスト抜きで行う活動にはあっという間に熱中するかもしれない。たとえば7歳のミッキーの場合，家族の絵を描いてほしい，というセラピストのリクエストには応じたものの，黄色い紙に黄色いマーカーで描き，セラピストの質問に対しては短い一言の答えしかしなかった。
　また空想の世界に引きこもってしまう子どももいる。人形，ぬいぐるみ，架空のキャラクター人形を使った空想劇に興じ，もごもご独り言を言いながら自作の劇を続けているが，セラピストを仲間に入れようとはしない。
　子どもが自分自身とセラピストのあいだにおく物理的距離からも接近―回避の程度が判断されうる。子どもによってはセラピストから一番遠くの席に座り，床で遊び，その子の仲間に加わろうとセラピストが近づきすぎると，遠ざかってしまう。逆にスキンシップを過度に求めるように見える子どももいる。たとえばハンナはソファでセラピストの隣に座るときには，セラピストが窮屈で居心地が悪いと感じるほど，べったりと近寄ってきた。5歳の子どもがやるとかわいくても，もう少し年上の8，9歳の子にされるととてもげんなりする行為もあ

る。くっつくのが好きで，最初の面接からやけになれなれしい子どもは，依存欲求を表しているだけでなく，相互作用に重大な結果をもたらす対処能力を示している。

　見知らぬ状況に平然と足を踏み入れる子もいれば，不安そうな顔をしてどう対処してよいのか助けを求める子どももいる。ごく幼い子どもであれば，ふつう親に保証を求める。彼らはしばらく親も一緒にいてほしいと言うかもしれないし，ドアを開けておいて，と求めるかもしれない。あるいは面接の最初ではセラピストに言いたいことがあっても親の耳元でささやき，親にそれを声に出してセラピストに伝えてほしいと思う子もいる。後ろにいる親のほうをまったく振り返りもせずに子どもが面接室に堂々と入ってくると，恐れを否定し，依存欲求を捨てることで，対処することを学んだのだろうかとセラピストは考えるだろう。家では親とうまくいっていない子どもが面接室という新しい環境ではごく自然に親の助けを求めるなら，それは予後が良いことを示す指標である。新しい状況に慣れようとするとき，子どもはどの程度不安を認識できるか，そして親や他の大人の助けをどれだけ自然に求められるか，注意深く観察することが大切である。

　よくできたねとほめてほしい，そう言って安心させてほしいと自分から進んで（ときには強迫的に）求めてくる子どももいる。たとえば9歳のイーサンは，ほとんど同じサメの絵を描くたびに，「ねえこれ上手に描けている？」と期待たっぷりにたずねてきた。一方，ほめられて決まり悪くするように見受けられる子どももいる。5歳のジェレミーは何かほめ言葉をかけてあげると，顔をしかめてやぶにらみをした。期待や評価に対する不安に対処しようとして賞賛を拒否するのは，残念ながら子どもがよくとる手段である。

　同様に，幼い子どもだと「愛称」で呼ばれたり，「小さい子」扱いされたりすると腹を立てる場合がある。たとえば5歳のレイチェルは「私，小さくなんかない。ママの最初の子どもなんだから」と主張

した。もちろん，愛情のこもった，いかにも小さい子に対するような働きかけを拒否するのは，子どもは単に恥ずかしかったり，「強がり」を演じているだけで，本当に人に依存するのがいやなわけではない。子どもの言葉の意味は，他者だけでなく親と接するときの全体的な態度を念頭に置いて判断しなくてはならない。子どもはセラピストの親しげな申し出を気持ちよく受けないかもしれないが，親にはごく自然に頼るかもしれない。

　回避的になったり，もったいぶったりすることで「接近」する子どもも中にはいる。はずかしそうにニコッと微笑んだり，こちらを盗み見たり，親にひそひそ話すことを通じてセラピストとコミュニケーションをとる子は，「こっちに来て私をかまって！」と心で叫んでいるのだ。こうした子どもたちは追いかけられたい，声をかけてほしいと思っている。一見恥ずかしがっていて，引っ込み思案に見えるかもしれないが，本当はセラピストに関わりをもってほしいと強く願っている。遠回しであるが最終的にはセラピストが励まし，積極的に関わってくれるように振る舞うことがこのような子どもの対処法なのだ。

2　服従―反発

　子どもは他者といろいろな関係を築くようになるが，その中でもこの服従と反発という関わり方は，おそらくほかのどの関わり方よりも相互作用に大きな影響を及ぼす。人を避ける無口な子どもは，反発することで新しい状況に立ち向かう子どもとはまったく違った感情を大人の胸に呼び起こす。セラピストを排除するが敵対心を感じさせず，一人だけの活動に集中し引きこもることと，頑固に参加することを拒み，他者を怒らせることのあいだには大きな違いがある。時としてこの二つを見分けるのは難しいが，一般にその子の表情，ジェスチャー，ボディーランゲージを見れば，単に殻に閉じこもってしまっているだけなのか，それとも要求だと思うことに対処しようと（そして抵抗し

ようと）しているのか判断できる。中には両親が部屋にいるときだけ殻に閉じこもったり，反抗的になったりして，親が出て行ったとたんに，積極的にセラピストと話を始める子どももいる。

それと同様に注意しなくてはならないのは，必要以上に服従的，協力的に見える子どもである。こうした子どもは一生懸命になってセラピストを喜ばせようとすることによって，新しい場面の不安に対処している。自分の欲求をなかなか主張しないし，何をしたいかたずねると，その決定を完全にセラピストに委ねてしまうかもしれない。そうした子どもは絵を描いたり物語を作ったりしているとき，自分では書き終えたと満足しても，そこでは手を止めず，セラピストが声をかけてくれるのを待つことすらある。

子どもの適応様式を評価するとき，その子が用いる対処機能はその子が置かれている状況の性質によってしばしば変化する，ということをセラピストは心にとめておくべきである。セラピストとなかなか打ち解けない子どもは，その子の認知能力を要求するような新しいゲームやパズルを前にすると，まったく回避的でなくなることがある。しばしば子どもは，対人場面に対応するときと知的課題に取り組むときでは，違った対処の仕方をする。子どもの学校での適応の仕方が問題となっているとき，知的にやりがいのある課題を与えて刺激するとよい。筆記体で自分の名前を書くように求めてもよいし，算数の能力を見せびらかすような課題を与えてもよい。少し年上の子どもが相手なら，パズルや言葉ゲームの本を利用するという手もある。教室で出されるのと似た知的課題を課せば，要求の高い学習状況でその子がどのようにストレスに対処するか観察する格好の機会となる。強い集中力を発揮し，できるまでがんばる子どももいるだろう。その対極には，難しいと感じたら，手をつけようともしない子どももいる。もちろん，たいていの子どもはその中間あたりにいる。子どもが新しい学習環境から受けるプレッシャーにどう対処するか，子どもを観察するとよい。

セラピストの指示もよく聞かないですぐに課題に手をつけるか，助けを求めてくるか，そして救いの手を差し伸べられたらどう反応するか，あきらめる前にどれほど努力するか，どんなふうに子どもはやめてしまうのか，単に興味が他のことに移ったのか，それとも「ばかばかしい！」といったセリフを吐いて，進んでその課題を拒絶しているのか，自分が本当に知っていることをアピールできるように課題を変えてしまうか。その子のやり方を細部にわたって知れば，認知的課題に対する対処方略を子どもが発達させるのを助けるための行動的介入を定めるのに役立つだろう。

2. 防衛機制

　子どもだけと一，二度面接すると，セラピストは子どもの心的葛藤だけでなく，こうした無意識の力から起こる不安を避けるためにその子が用いる防衛機制についても，かなり把握できるはずである。その子個人に対する介入と同様に家族システムへの介入を計画するさいには，子どもが何を恐れているかということだけでなく，そうした不安に対して子どもがどのような防衛をするか，ということもはっきり知ることが大切である。

　幼い子どもは一般にそれより年長の者に比べて原始的な防衛機制を用いる。子どもが幼ければ幼いほど，恐ろしい感情が意識を脅かしやすい。アンナ・フロイト[52]は，幼い子どもが無意識の願望を避けるのは，それが良心（精神分析的用語を用いると超自我）と対立するからでなく，特定の感情の表現が親や社会により禁止されているからだと指摘している。子どもは年齢が上がるにつれて，無意識の衝動，願望，感情を，成長しつつある自己，さらに現実の要求に対処する自らの能力に対する脅威ととらえるようになる。したがって，たとえば退行的な衝動に対して適切に防衛できない子どもは，家庭やキャンプで年相応

の活動ができる程度にいろいろな面で成長しなくてはならないことを、ひどい重荷と感じるだろう。さらに、感情によっては、それに反する願望と激しく衝突するので、無意識のままであったほうがよいものもある。子どもは大人と同じように、複数の対立する反対の傾向のあいだに、ある種の調和を求める。たとえば依存願望に対する意識は自立を求める強い意欲と対立するだろう。したがって相対する感情の片一方の強さを最小限まで抑え、意識から排除する必要がある（Horney[80]参照）。

潜伏期の子ども[注1]はそれより幼い子どもよりも、もっと防衛傾向が強くなる。そしてもしそういう傾向が見られないなら、衝動や恐怖に対する防衛の欠如の問題に対処することが必要になる。Sarnoff[150]は潜伏期の子どもに特徴的な、特定の自我構造の一群を、「潜伏性の構造 structure of latency」と呼んだ。こうした防衛機制（以下に説明する）が十分発達していないとき、子どもが行儀よく、落ち着いて、教えられたことを受け入れるために必要な精神的均衡状態を妨害する衝動が増大する。

ごく小さい子どもにもっとも典型的な防衛機制は、否認、反動形成、望ましくない感情を呼び起こす刺激の回避、それに投影である。これらは、年上の子どもや大人も用いる。面接中のどんなときにこうした防衛機制が用いられるか気をつけていれば、セラピストは子どもを悩ませているのは何かということに関して多くの情報を得ることができる。子どもが用いる防衛機制の頻度と強度は、望ましくない感情によって子どもがどれほど不安を感じているかという度合いを示している。

注1 子どもの潜伏期という概念は、疑問の余地がある。精神分析理論において、潜伏期は、性的衝動が抑圧された無活動期として想定されている。しかし、臨床経験からいうと心理社会的発達、および性的発達はともにより継続的なものである。性的な刺激により多く曝されており、思春期までそのような衝動のスイッチが切られるという発達的示唆はない。このため、筆者は、潜伏期という概念を単に6歳から思春期までの機会を指す用語としてのみ使用する。

反動形成では，衝動がそれと正反対の衝動に変えられるが，問題となっている子どもにまだ幼い兄弟がいるときの家族面接でよくそれが現れる。最も幼い子どもの身体を突っついたあとにキス攻めにするのも珍しくない。そうした感情について率直にたずねられたとき，その子（そして家族）が新しく家族に加わった一番幼い子どもに対する陰性感情を認められるかどうか判断するのは重要である。14歳のコナーは家族に赤ん坊のネルが加わって何がよかったか聞かれたとき，すぐに返答できた。しかしマイナス点は何かと聞かれたときには黙ってしまい，代わりにおかしな顔をして赤ん坊を笑わせようとし始めた。反動形成は幼い子どもがよく用いる有効な防衛機制であるが，あまりかたくなにそればかりに頼っていると，そのように陰性感情を抱いたからといって自分がモンスターだというわけではない，ということをその子は学べないままでいることになる。
　少し通常とは違った状況で反動形成が用いられるときには，注意が必要である。たとえば6歳のクリステンは，母親が会社から家に電話するときには「忙しすぎて」母親と話ができないことが多かった。しかし支配・習得への願望を依存欲求に対する反動形成と混同しないよう気をつけなければならない。6歳半のカーラは本を読んでもらうのをいやがり，一人で読むほうが好きだと頑として主張した。この行動は退行的願望や，母親にぴったり寄り添ってかなり長い話を読んでもらうことが無上の喜びである3歳の弟への嫉妬に対する反動形成だとも解釈できる。しかし，この場合カーラの他の行動を見ていると，ここでは反動形成が働いていないことが分かった。読んでもらうことに対する拒否は，最近身につけた読むというスキルを楽しみたいという気持ちを反映していたのである。彼女は別の方法で嫉妬や退行願望を無理なく表現できた。
　もちろんもうすこし年長の子どもや大人でも反動形成を用いる。幼いころに明らかに防衛だったものが，もう少し大きくなって，その子

の性格の一部として組み込まれることもあり，防衛機能というよりむしろ自我理想を表わすこともある。

　否認は，不快な気持ちから自分を守るために現実に対する知覚を歪めることを意味する。それはもっとも原始的な形の防衛機制の一つで，少し年長の子どももそれに頼るが，典型的に現実と空想を区別する能力がまだ完全に発達していない幼い子どもがよく用いる。ひとたび現実と空想の違いが分かれば，否認はそれほどうまく働かなくなる。たとえば激しい怒りが顔に表れている女性の写真を見せられた子どもが，この女の人はあくびをしていると説明する場合，単純でわかりやすい否認が働いている。

　6，7歳にも満たない子どもは，心の平静を乱す現実を否定するために，かなり手の込んだ「罪のないうそ」をつくかもしれない。スザンヌは父親とほとんど接触がなかったが，父親についてたずねられたとき，休暇に父親に連れて行ってもらった素晴らしい場所の数々について事細かに描写した。しかしスザンヌの母親と雑談をしていたところ，実際にはこれまで休暇の計画など立てたことがないという事実が判明した。

　子どもが否認を用いるのは予測の範囲内であり，それ自体は何も心配のない反応である。しかし，どのような状況下で子どもがこの防衛手段を用いる必要を感じているか注意して見ると，有益な情報が手に入る。より年長の子ども（7歳以上）が否認を多用する場合，それを使うということ自体に，いっそう注意を払う。そのぐらいの年齢になれば，否認に特徴的である，すぐに見てとれる極度な現実歪曲以外にも，混乱を引き起こすような嫌な感情に対処する方法をいくつかもっているべきだからである。

　好ましくない感情が沸き起こってきたとき，幼い子どもは防衛機制の一つの手段としてしばしば回避を用いる。子どもは会話やゲームを，自分にとってやっかいな話題からそらす。5歳のレイチェルはフ

ィーリングキューブというゲームをしていたとき，3歳の妹をつねったり，その髪の毛をひっぱったりしたのだが，妹が「怒って」反発し，レイチェルがしたことを親に告げ口したとき，レイチェルはもうゲームなんてしたくないと言った。それといくらか似たケースだが，9歳のスティーブは，家族みんなで何かをしている絵に父親の姿も描いてほしいと頼んだところ，筆者の面接室の壁にかかった絵に興味を示した。否認と同じで，幼い子どもが回避という機制を用いるのはまったくおかしくないのだが，ここでも回避がいつ現れるか細かく観察することが重要になってくる。というのも，気をそらすのはそのとき感じている不安を反映しているからである。少し年長の子どもが回避を主な防衛機制として用いる場合，それはその年齢にしては非適応的であり，適切な反応とは言えない。

　抑圧は不穏な精神状態を意識しないようにする機制である。否認の場合，子どもは何かを感じてその感情を排除するためにそれを歪めるが，抑圧は，いやな気持ちを完全に意識外に追いやってしまう防衛機制である。否認と回避は，抑圧を強める補助として登場する。たとえば10歳のジェニーはひじょうに優しく過敏な子で，厳格な教師たちにびくびくし，クラスの無秩序で騒がしい男の子たちがいやで仕方なかった。彼女は自分が4歳のときに離婚した親同士が話をするのを見た記憶がなかった。彼女は「離婚の話カード（the Divorce Story Cards）」を見せられたとき，否認の防衛を見せ，夫婦はけんかをしているのでなく劇をやっている，と言ってその場面を歪曲した。ジェニーの両親それぞれと別に面接したところ，別居する前に何度かかなり暴力的なけんかをしたが，あまりのひどさに近所の人が警察を呼んだこともあったという事実が判明した。それまで身体的に傷を負うことはなかったが，けんかにより壁にはいくつもくぼみができていたし，家具が壊れたり皿が割れたりすることもあった。こうした出来事をずうっと抑圧し続けるために，ジェニーは暴力が起こる可能性のある状

況をすべて回避していた。第9章ではこの子とその家族の治療プロセスすべてを事例報告として紹介し，それ以前に抑圧されていた内容を子どもが徹底操作（ワークスルー）するのを助けるためにどうやって「否定的回想（Negative Reminiscing）」という技法を利用したか，説明する。

セラピストが幼い子どもを相手にするとき，おそらく注意しておくべきもっとも重要な防衛機制の一つが投影である。受け入れ難い衝動や感情を自分自身のものとして認めず，自分の外的なものや他者にその原因を帰することによって心理的均衡を保つというという防衛機制だが，しばしば相当の代償を伴う。投影のメカニズムが分かれば，子どもの創作する物語や空想劇の意味が理解できる。空想上の友人や擬人化された動物はしばしば子どもの投影された感情を表わしている。

子どもの恐怖の感情と恐怖症は，実際の恐怖体験がその根底にあり，子どもがそれを過度に一般化しているのかもしれないが，子ども自身の嫌な衝動の投影を基礎とする場合が多い。4歳のジェニファーは誰かが「私を盗んで，ごみの中に投げ込もうとしている」ので恐いという話をした。この恐怖は，1歳の妹をそのように捨ててしまいたいという自分自身の願望の投影だということがすぐに分かった。怪獣が恐いとか，動物にかまれるのが恐いといった子どもが感じる典型的な恐怖は多くの場合，子ども自身の願望が導く可能性のある損傷や破壊が外部に投影されたものと理解される。

置き換えは，投影と結びついて用いられることが多くあるが，それとはいくらか異なった現象である。置き換えを用いるとき，子どもは自身の陰性感情を認識しているが，その感情を引き起こした源をより受け入れやすい他の相手と置き換えるのである。子どもの置き換えは，教師や学校に対する反権威主義的反応としてよく現れる。親に対して文句を言わない子どもが教師や世話人，あるいは他の大人に対して誇張された不当な怒りを示す場合もある。もちろん，子どもの恐れや陰

性感情を根拠のないものとして簡単にあしらわないよう細心の注意を払う必要がある。子どもに対する虐待は，安全だと思われるような状況でも起こりうることが分かってきたし，子どもが大人を恐れたり，あるいは嫌ったりしたときには，つねに深刻に受け止めなくてはならない。しかしセラピストはある状況が現実かどうかという点を検討し，「子どもに害を与えている」大人が実際には無害だと確信したら，その子が大人に対して陰性感情を持つのは，親とのあいだに何か問題があってそれが置き換えられているサインでないかと考えられる。

　置き換えられるのは陰性感情だけでないことにもセラピストは留意すべきである。教師，ベビーシッター，セラピストを「良い親」と感じ，その人たちを喜ばせようとしたり，その人たちから慰められたい，大事にしてもらいたいという願望を表す子どももいる。もちろん，これを置き換えと呼ぶ前に，自分の味方である「他者」とは対照的に，親は批判的で要求が多い，という認識は事実と照らし合わせて不正確であることをセラピストは確かめなくてはならない。たとえば 8 歳半だったケイティーは，かなり厳しい反面，愛情深いベビーシッターと一緒にいるときは，赤ちゃん扱いされたがった。しかし自分の母親が彼女を抱きしめようとしたり，本を読んであげようとしたりすると，彼女は自分がどれだけ成長したか，自分一人でもどれだけ上手に読めるか，必死に示そうとした。娘の能力を育み，素晴らしい成果をあげさせたいという母親の極端に強い欲求をケイティーは正しく認識していた。母親に評価されるような娘になりたかったので，彼女は母親に赤ちゃん扱いしてほしいという願望を，シッターに置き換えたのだった。彼女は大切にされたいという欲求と優秀になりたいという欲求を，母親とシッターのあいだで分離させていた。しかし実際のところ，ケイティーの母親は能力面にひじょうに重きを置いていたが，自分の幼い娘と「くつろいで」過ごす時間も好きだったし，それを求めてさえいた。しかしケイティーは母親が自分に対して，「赤ちゃんじみた」

要求をすることにがまんできなかった。おそらくこのような要求は，自分が成長し，何でもできるという感覚が成長過程にあったために，それに対して強すぎる脅威となっていたのだろう。ケイティーは自分の退行衝動（投射や抑圧の形で）を気づきから遠ざけることはなかったが，それをシッターに対してのみ感じる気持ちとして置き換えてしまったのである。

　隔離，知性化，合理化は，多くの子どもがいやな出来事に対処するために用いる防衛機制である。これらを用いる子どもは，その出来事について，それに見合った感情をこめずに話す。たとえば9歳のイーサンは，クラスの仲間に嫌われていることを穏やかに，冷めた口調で話した。鼻をほじったり，「奇妙な」行動をとったりすることに関して，クラスメートが彼に投げつけた言葉を一語一語そのままに再現した。そしてまもなく彼はこうした出来事に悩まされているという徴候を見せるようになった。そして母親がこの事実を別の親から知らされて初めて，学校での状況がひじょうに深刻であることが判明した。自分が触ったものを他の子どもたちは触ろうとしないということを話すとき，イーサンは涙一つ流さなかった。彼は感情の隔離を強化するために知性化という手段に訴えたのだった。彼は，クラスメートが「幼く」，自分が学業面で秀でていることに嫉妬しているという「解釈」を心から信じていた。さらに彼は，自分は独り遊びのほうが好きだと強く信じ込んでいた。

　強迫念慮による防衛はおそらく潜伏期の子どもがもっともよく用いる防衛機制であろう。しばしばこの防衛手段は，攻撃衝動や性の衝動を封じ込める働きをするので，子どもはそれらの衝動を不適切な形で行動に出してしまわずにすむ。潜伏期の子どもは，カード，切手，コインを収集する，複雑なルールのあるボードゲームに興じる，模型飛行機や複雑なレゴの建物を組み立て説明書に従って制作する，といった活動に多大な時間と労力を費やす。この防衛機制は攻撃性を封印す

るためにしばしば用いられるが，[150] 子どもはよく，感情を隔離する目的でもこれを利用する。イーサンのように「強迫的」な行動に没頭する子どもは，傷つけられる，拒絶される，あるいはその他の心理的苦痛を感じない能力に他者より長けている。

　打ち消し，および強迫行動は強迫念慮による防衛と密接に結びついている。打ち消しや強迫行動に走る場合，子どもは不安を感じるのを避けるためにある特定の行動をしなくてはならない。幼い子どもは耐え難い感情に対処する手段として，多くの儀式的行動をとる。行動方法をしっかりと決めてしまい，しばしばその決まりきったやり方にこだわる。同じ行為をしたりそれを取り消したりという防衛的行動を含む儀式的行動はより大きな力動的重要性をもつ。子どもが何度も何度も絵を描いたり消したりするとき，その子は絵から生じる，心を乱す感情にまつわる何かを回避していると同時にそれを伝えようとしているのである。たとえば5歳のレイチェルは家族みんなが何かしている絵を描くように求められたとき，母親の絵を何度も描き直した。彼女は繰り返し自分が書いた絵を消しては何かを書き足した。母親を台所に描いてみたり，仕事に出かける場面を描いてみたりした挙げ句，どちらか選ぶのがいやにいなり，かんしゃくを起こしてしまった。他のことをするように求められたのに，何度も何度もたった一つのものだけ描くとき，その子は強迫行動に没頭しており，ある感情を押し殺すと同時に，それを表現してもいる。先述のイーサンが初めてセラピストである筆者と二人きりで面接したとき，彼は敵対的で反抗的だった。それでも彼は何か絵を描くことで協力的態度を示した。彼は文字通り何十枚もの絵を描いたが，それはすべて大して違いのない，口を大きく開けたサメの絵だった。

　攻撃者との同一視は子どもによく見られる防衛機制である。子どもは予期される非難を自分に取り込み，感情を害する行動をほかの誰かに投影し，逆にその人物を非難する。子どもはよく自分に対して攻撃

的だったり批判的だったりする人の真似をする。彼らは自分自身を，脅される人から脅す人へと変えてしまう。アンナ・フロイト[52]によると，この防衛を用いる子どもは，大人からの批判を内在化するが，その内在化された批判は自己批判に変化せず，分離され，外的世界に戻される。たとえば8歳のリンダは，本当はもちあわせない才能について自慢したとしてサラを批判した。だが現実には自慢したのはリンダのほうであり，「うそをついた」とか，まだできないのにできるふりをしたと親に激しく叱責されたのは彼女自身だった。リンダは自己批判する代わりに，自分の中の「非難されるべき」部分を分離してそれを友人に投影し，その子を批判したのだった。

　子どもが用いるさまざまなタイプの防衛がその子の心的機能にどのような影響を与えるか理解できれば，親と一緒に，子どもに対して何をするように勧め，何をやめさせるべきか判断できる。どのようなやり方であれ，その子の対処様式や防衛機制に介入する決定を下したら，防衛を必要とする感情，衝動，欲求を同時に扱うことが不可欠である。たとえば，もしセラピストが，子どもの攻撃性に対する反動形成に対して介入するのであれば，その子どもが激しい攻撃感情を持つ原因となった状況も同時に扱うことが大切である。もし，ある子どもの強がった行動を積極的にやめさせるならば，周囲の人たちは，その子の高まった依存欲求を受け入れ，修得と能力を高めようとするその子の適切な努力に対して褒美を与えることを確実にしなければならない。ある家庭状況のせいで子どもの防衛が過剰に刺激され，そのために子どもが強くなりすぎた自身の衝動を追い払わなければならなくなり，結果として防衛機制が過度に用いられることもある。たとえば向こうみずで不安や恐怖に立ち向かっていく子どもは，通常よりも大きな恐怖を喚起する環境に暮らしていることがある。

　新しい体験がその子に印象づけられる過程は，もはや必要とされない防衛の働きにより妨害される可能性がある。家族が新たな行動を

起こしていることによる変化を子どもが体験するためには，生じつつある変化を子どもが「認識」できるよう，そのことに関して子どもおよび家族と積極的に取り組むことが必要な場合もある。第8章では，もはや適応性のない防衛に頼ることを減らす行動介入の方法について論じる。

本章の残りの部分では，防衛機制がどのようにして家族システム内の相互作用から生じるか，さらにそれにどう影響するかという点に的を絞る。

3．防衛，対処方略が非適応的である場合

子どもの対処の仕方と防衛機制が非適応的であるという判断は，子どもが不安に対処するために用いる手段が，年相応のスキルの発達にどの程度差し障るか，対人関係，興味，そして何かを楽しむ能力がどれほど犠牲にされているか見定めた上で行う。たとえば，もし学業面での壁にぶつかると最初は殻に閉じこもるという反応を見せていた子どもが，少し誘うとすぐにその壁に挑むようになるなら，励まされ，元気づけられ，援助されているにもかかわらず回避という手段を用い続ける子どもに対するときのような心配はまったく無用である。同様に子どもが敵対的である場合，新しい経験にさらされ，それを修得することがかなり阻害されるかもしれない。最初の反応の仕方が悪い子どもに対処するときに大人がフラストレーションを感じ，「もう面倒くさい」という気分になってしまい，その結果その子は他の子どもと比べてあまり新しい経験をする機会が与えられなくなるかもしれない。

家族に対して用いても問題のない防衛機制を同年代の仲間に対して用いるとき，きわめて悪い結果が生じることもある。たとえば9歳のキャスリンは怒りの感情を抑えるために反動形成という防衛によく訴えていた。彼女は自分がしっかりしていて責任感もあることに誇りを

もっており，親からも頼りになる子だとほめられていた。キャスリンは妹たちに対してとても親切で面倒見が良いし，年老いた大叔母の健康も気遣ってくれる，と親はよく話していた。彼女の両親はともにきわめて激しやすい性格で，他者の気持ちを落ち着かすことができるキャスリンに自分たちの親の役割まで求めるようになっていた。キャスリンの両親は娘に満足しきっていたので，彼女が仲間内でひじょうに孤立しているようだと知らされて困惑し悩んでいた。さらに調べたところ，キャスリンが同年代の子どもの「ずるさ」，「意地悪さ」に悩まされていることが分かった。彼女は自身の防衛機制のせいで自身の怒りの感情に気づかなかったために，何をされてもやり返さなかった。教師の話によると，そんな彼女のことをクラスメートは「いい子ぶりっこ」で付き合いきれないと思っていた。したがってキャスリンの「良い性質」は家庭では高く評価されていたけれども，友情の発展，さらに外で他者とうまくやっていくために必要な自己主張を阻害していた。

　どの防衛機制でも過度に用いられると，対人関係にマイナスの影響を与え，認知的，社会的発達を妨害する。7歳のトミーは不安を強迫的，完璧主義的行動にすり替えていた。彼は度を越して秩序正しく生活していて，遊ぶときも勉強するときもきちんとやらないと気がすまなかった。その結果いくつかの問題が生じた。まずほかの子どもたちと遊ぶのは彼にとってひじょうに大変なことだった。というのも彼は，ゲームはこうやるべきだというひじょうに頑固な考えをもっていたからである。また役割を割り当て，遊び方まで決めたり，また，遊んでいる最中からおもちゃを整頓したりするので遊び仲間は彼のことをよく思わなかった。彼の強迫行動は個人的好みという境界を越えて，尊大な態度を彼にとらせてしまった。学校ではその強迫的性質ゆえに，なかなか決められた時間内で課題を仕上げられなかった。細心の注意を払って課題に取り組まなくてはならないと思っているので，教師にもう終わりにしなさいと言われると，葛藤を覚えフラストレーションを

感じた。自分がやりたいように課題を完成するのを阻止されると，怒りに大泣きした。

　陰性感情を自分のものとして「収め」ずに，主にそれを他者に投影することで対処する場合，子どもは「けんか腰」になって偏執病的姿勢をとるようになり，当然ながら他者と信頼関係を築く能力が大幅に減少することがある。こうした子どもは，攻撃されたと感じやすく，すぐに怒りを爆発させる可能性がある。ときおりこうしたタイプの子どもはいじめの格好の対象となり，周囲の子どもは，その子を「かっと」させて喜ぶ。また，ただ無視され仲間から孤立する場合もあろう。

　上記と関連するが，用いられる防衛手段がもろく，衝動や感情がその防衛を突き破って外に漏れてしまうかどうかという問題がある。防衛機制がもろいと，何も刺激を受けていないのに，子どもは突然崩れるかもしれない。見たところ何も原因がないのにすすり泣いたり，怒りを爆発させたりするかもしれない。4歳のサラは（9章で詳述する）突然音信不通になった父親の記憶を抑圧しようとしていた。父の記憶，そして捨てられたという辛い気持ちを抑えようとして，彼女は自分の本当の名前は本名とは違う，実年齢より何歳も上の年だと言い張った。こうした防衛機制はもろく，次第にサラは突発的に暴力を振るうようになり，クラスメートの作品を壊したり，床に突っ伏して手がつけられないほど激しく泣き叫んだりした。

　子どもの防衛および対処様式が非適応的であるなら，セラピストは子どもが新しい行動の仕方を確立する手助けをするさいに両親にも参加してもらうべきである。子どもにそれまでとは違う防衛機制，対処の仕方をとらせるのは容易な仕事でない。それに着手する前にセラピストは，子どもが用いている防衛機制，対処の仕方がその子の発達にどのように支障をきたしているかということについて親と十分に話し合わなければならない。家庭で受け入れられる防衛が，より広く社会で子どもが機能する上で悪い影響を及ぼしているかもしれない。防衛

と当座の問題の関係について両親に説明するのはセラピストの任務である。

4．非適応的な防衛機制と対処の仕方に対する行動とシステムの強化因を理解する

　防衛が非適応的だと判断したら，セラピストと親は，子どもの防衛が家族あるいは重要な他者によってどのように強化されているのか一緒に分析しなくてはならない。子どもの非適応的な防衛的姿勢は，親が実際に意図しているのとはまったく違う親自身の軽率な言動によって強化されていることが多い。

　6歳のアーサーはひどく脅えて回避的な子で，少しでも難しい課題を与えられると尻込みした。彼は学校でグループ活動やゲームに参加しようとしなかった。教師たちは，彼に相当手を貸し，個人的に目をかけてあげてようやく，彼の能力で十分こなせるその学年の初歩的な学習課題に彼を集中させることができた。少し難しい課題だと，教師がアーサーにつきっきりになっていても，彼はぼーっとしたり，立ち上がってどこかに行ってしまったりして，その課題から逃げてしまうことも珍しくなかった。家でも彼は同じような行動をとった。しかし教師も両親も，かなり手伝ったり，励ましたり，ご機嫌をとったりすれば，アーサーが初めての課題にも取り組み，ときにはそれに熱中し，できたときには自分の能力に喜びを感じていることに気づいた。両親と教師はアーサーをなだめすかし，それがときおりうまくいったので，彼が回避という手段に出るとそうやって彼に対応することが強化された。こうして彼は新しいことに取り組んで，できたという喜びを味わったが，残念なことにその喜びは回避傾向を克服するほど強くなかった。親や教師がこのなだめすかす戦法をとったのは，最終的にはアーサーが，自分は現実に不安を克服して新しく困難な課題でも修得でき

ると経験から思えるようになる，と暗に仮定していたからである。多くの子どもにとっては有効な方法であるが，アーサーの回避傾向はひじょうに強く，励ましたり手伝ったりするだけでは，なかなか崩れそうにもなかった。彼は知的に平均以上だったが，学校側は普通学級で彼が勉強するのは無理ではないかと憂慮していた。アーサーと教師，両親のあいだの相互作用を細かく行動面で分析したところ，実際のところなだめすかしが回避を強化する方向で働いていたことが判明した。回避傾向を最小限に抑えるどころか，大人たちはことあるごとに個人的に目をかけ手を貸すことによって，問題視されているまさにその行動を，実際には助長していたのである。さらに悪いことに，彼はみんなに大いに助けてもらったり導いてもらったりしたときだけ新しいことに挑戦できると学習してしまったようだったし，自分の不安に自分で対処する方法をまったく学んでいなかった。さらに状況を家族システムの側面から分析したところ，アーサーの母親は息子の回避を「強い意志」と解釈し，「誰もアーサーを説得できないし，誰かが彼に何かをさせようとしていると，彼はそれを察知する」ということを強く誇りに感じていた。

　反動形成はしばしばひじょうに強い正の強化を受ける防衛の一つである。大人は子どもを見ても「いい子すぎる」とはなかなか思えない。上の子が生まれたばかりの妹や弟を大好きであるように見えるとき，幸福感に浸らない親がどこにいようか。子どもが自分より荒っぽく反抗的なクラスメートから距離をとるとき，介入しなくてはいけないと思う親はまずいない。反動形成が度を超して非適応的になった場合，通常セラピストは，子どもの攻撃的かつ「隠された暗い」感情を本人が自然に受け止められるよう手助けする作業に両親が協力してくれるように，なぜそれが問題なのか彼らに細かく説明する必要がある。

　しかし，反動形成が過剰になり，親をひどく悩ませる場合も時にある。4歳のサラ（先述の）に「ママ大好き」と繰り返し言われると母

第 5 章　不安，適応様式，防衛機制　191

親はひどく苛立ち，少し怒りも混じってきて，もう娘を安心させるなどできなくなってしまった。子どもが反動形成に頼りすぎる場合の介入方法に関しては，第 9 章のサラに関する総括的な事例報告の中で詳しく説明する。

　幼い子どもはしばしば，ひどく強迫的である。強迫観念が強かったり，強迫的な行動をとったりするのは，望ましくない衝動や感情を避けるという目的に向けられ，子どもの世界をより予測しやすくするという点においても大きな役割を果たしている。次に何が起こるか分かったり，予測できたりすると大きな安心感が得られる。多くの子どもはいつ何が起こるかということを知らせる正確な時刻表を求めるものだ。親がいつ出かけていつ戻るか，分単位で知りたがるかもしれない。あるいは学校に送ってもらうときはこの道でないとだめ，と主張するかもしれないし，寝るときだけでなく日常生活のいろいろな場面で，長い儀式的行動を細かく定めているかもしれない。そうした行動が適応的な場合もあるが，それらは問題行動となり，日常生活に支障をきたすことも多い。

　たとえば 5 歳のレイチェルは家での日課にほんのわずかでも変更があると激しいかんしゃくを起こした。母親がいつもとは違う道を通って公園に行こうとするとレイチェルが大騒ぎするので，母親は逆戻りして子どもが望む道を通らざるを得なかった。レイチェルは朝の支度にひどく時間がかった。彼女は部屋にあるものはすべて，そのままの状態にして手を触れるなと念を押していたし，朝食をとり，着がえたりするやり方も細かく決めていた。夕方になって両親がベビーシッターにレイチェルを託して出かけるときには，どのレストランに行くのか，いつそこに到着していつそこを出るのか，その後どこに行くのか，そしてきっかり何時に帰宅するのか，正確な情報を教えてもらえないと怒ってわめき散らした。

　親はどうしたいいかわからず途方にくれた。レイチェルがかんしゃ

くを起こさないようにできる限りの情報は与えた。しかしそれが続いたため、彼女はたとえ細かく正確な情報が得られなくても自分の身に何かが降りかかるわけではないことを学ぶチャンスがなかった。娘の強迫観念に従ううちに，両親はうかつにも，こうした情報が実際に自分を危険から守ってくれるという娘のビリーフを強化してしまったのである。

親はときおり我が子の非適応的な防衛機制の形成を助長してしまうが，おそらくもっともよく見られるのは，苦い記憶を抑圧する方向に導いてしまうケースであろう。子どもが過度に心理的苦痛を感じないようにと願うばかりに，親はしばしば子どもの心を大いにかき乱す体験に言及しないよう注意を払う。そうすることで親は，あることは話題にすべきでないというメッセージを子どもに送るだけでなく，実際に子どもがその体験を「忘れる」手助けをしてしまうかもしれない。先に論じたように，いやな記憶をすべて抑圧してしまうのは非適応的である。というのも，切り離された感情を思い出さないために，子どもは多くの知覚，主観的感情も排除しなければならないからである。

離婚や別居後，特に片親が子どもと接触を断ったときに，苦痛な体験に関して口を閉ざしてしまう。子どもと生活する親は離婚した相手から電話も来なくなったり，予定した訪問がなくなったりしたことにただ触れないようにして，子どもを守っていることもある。他にも両親が心理的，身体的なけんかがある状況でも，しばしば子どもは抑圧という手段に訴えるよう導かれる。夫婦はひとたび関係を修復したり，あるいは別居してしまったりすると，壮絶な事件などまったく起こらなかったかのように振る舞う。子どもがそうした過去の出来事に言及すると，その子を安心させようと親は意図的に子どもの体験を最小化する。親がある特定の痛ましい体験について言及を避けてきたが，その心乱される出来事について再び口を開く場合，その方法に関してセラピストは親を指導することができる。心を悩ます体験の記憶を子ど

もが抑圧している場合，面接を「否定的回想」の場として利用できるのである（第7章参照）。

　親自身が何らかの体験，感情にどう対処してよいか分からない場合も，子どもがそうした感情や体験を抑圧することを後押しする。たとえば，ある父親は残酷で暴力的な犯罪の犠牲になったことがあり，その現場を子どもたち（3歳と5歳）も目撃していたが，家族の誰もセラピストである筆者にその話をしなかった。しかし現在10歳になる息子がほんの少しでも攻撃的と思われるような場面を目撃すると過度に反応し，それが偏執病のレベルまでエスカレートして初めてその事実が露見した。彼らは，7年前の事件（武装した強盗が家に侵入し，父親を縛り上げて脅した）のことはほとんど忘れてしまったし，家族みんなを恐怖に陥れた体験についてくよくよ思い出してもまるで意味がないと説明した。7年が経過していたそのころ，当時の体験が子どもの問題の原因になっていることを親はすぐに認識できたが，その記憶は頭にこびりついて離れず，親自身がひどく心を乱されていたので，まず彼らが，そうした感情に対処するのに手助けが必要であった。

5．十分に発達していない防衛機制

　上記のような子どもの多くが用いる防衛はきわめて硬直し，柔軟性が乏しく，過度におしなべて使われるものだったが，そうした子どもたちとは違い多くの子どもたちは，防衛機制や対処の仕方をゆるめるのでなく発達させることに助けを必要としている。普通子どもたちは激しい感情をどうやって鎮めるかまだ知らない。たとえばある5歳児は母親と離れるときにひどく不安になるので，彼の強い依存欲求に対する防衛は十分発達していないと考えられる。またその子は不安を鎮める方法も身につけていない。また異性の親に対して強い性的感情を抱き，それをあからさまに表現する子どももいる（たとえば6歳のサ

ムは母親の唇に激しくキスしたり，胸を触ったりした)。あるいは多くの子どもが感じる怒りの衝動，さらに加虐的な衝動は，とくに弟や妹が相手だと，たやすくそして過度に行動化されることがある。幼い兄弟に対してあまりに強い嫉妬を感じるあまり，その気持ちがその子の考えを支配し，その子の機能を混乱させているのであれば（敵意を実際に行動に表すか否かは必ずしも基準にならないが)，その子の防衛機制はまだ発達不十分で，ストレスが強い状況に適切に対処できていないのである。

　もちろん不適切に防衛機制が用いられる場合には必ず，子どもがそうした強い感情を抱く原因となっている状況に対処し，改善することがセラピーの重要な作業となる。第 6 章では，激しすぎる衝動や感情の内的側面と対人的側面の両方について論じる。

　子どもや家族が心理療法に送られるよくある理由の一つは，子どもが学校でひどく衝動的に振る舞うというものである。そうした子どもは年相応だと思われる方法で自分をコントロールせずに，感情を行動化してしまう。怒りを感じると他の子どもが危険にさらされるほどひどく攻撃的になる。自分自身に対してであれ，フラストレーションを感じているときにはかんしゃくを起こしたり，破壊的になったり，自我能力（たとえば，現実検討，欲求充足の延滞，将来の同じような状況においてどれくらい満足が期待できるかということに関する予期，または過去の似た状況に関する記憶）を一時的に喪失したりするかもしれない。たとえばもう一つブロックを載せると塔が倒れてしまうのでイライラして，大得意で作った塔をすべて壊してしまう子どもは，自我強度を一時的に失っている。

　当然ではあるが，子どもの防衛，対処手段が十分発達しているかどうかはその子の年齢によって判断されなければならないということに留意すべきである。一般に潜伏期に突入するころには，防衛機制が十分発達するので，子どもはたいてい心の均衡を保った状態でいられる。[150]

抑圧，強迫行動，行為とその打ち消し，反動形成，衝動の空想への昇華を先述のように過度に用いることがなければ，ある程度気持ちが鎮まり，安心感が得られるので，子どもは集中して学習できるようになる。しかし学習障害により学習内容の習得が難しいというのであれば，潜伏期の子どもの防衛はもろく不適応になる可能性がある。自分は勉強が苦手だと子どもが感じているとき，退行的依存願望が表面化するのは珍しくない。こうした子どもを援助するために，その年頃の子どもにとって学習，習得は一番の仕事であるため，セラピストは彼らの自己評価がひどい打撃を受けていることを理解しなくてはならない。

　セラピストは親や教師の報告によってのみならず，個人面接，家族面接の両方で子どもの行動を観察して，その防衛機制が十分かどうか判断する。ゲームに負けると憤慨し，ほかの人がプレイできないようにゲーム盤をひっくり返してしまう子どももいる。あるいはある問題について話し合ううちに苦しい気分になり，面接中に取り乱してしまう子どももいる。

　子どもがどれほど上手に遊べるか見れば，その防衛機制の適切さが分かる。防衛機制が十分発達していないと不安が表出しはじめるが，それがあまりに強いと子どもは忍耐力や平静さを失って新しいゲームを習得できず，自分で好きにやれるような遊びにも集中することさえできなくなる。何かで遊んでいても2, 3分すると飽きて立ち上がり，他にできることはないか探しに行く子どももいる。セラピストが何かの活動に子どもを引き込もうと積極的に働きかけても，彼らの集中力はほんの短時間しか続かないかもしれない。すぐに気が散り，次々におもちゃをとっかえひっかえするかもしれない。逆に無関心で面白くなさそうな顔をしている子もいる。少しのあいだは適度に熱中するが，その後興味を失ってしまうこともある。

　子どもとの一対一の面接は，課題が難しいとその子がどれほどイライラするか，そして気持ちを落ち着かせ，初めての難しい課題にも我

慢強く挑戦するための対処能力を発達させているか，セラピストが確認するチャンスである。もちろんどんな場合でもセラピストは，その年頃の平均的な子どもと比べて，その子の注意力，落ち着きのなさの度合いを判断する必要がある。親が我が子について，一人遊びができない，しようとしない，と不満を言うのも，年不相応の期待をかけるからかもしれない。たとえば面接室で4歳の子どもが前章で説明したスクイグルをやって，その後描いたものについての「物語」を一人で，あるいはセラピストと共同で作る能力は，7歳の子どもがそうした活動に没頭する力，やろうとする意志とはまるで違うだろう。幼い子どもとの面接経験があまり豊富でなく，子どもの集中力の持続時間は期待される範囲内かどうか自信をもって判断できないセラピストでも，子どもの面倒を見ている教師と話をすれば，その子がその面で同年齢の子と比べてどうか把握できる。

　子どもがする話や創作する空想劇の性質からも，その子の防衛機制や自我構造が適切か否かが分かる。自分をなかなかコントロールできない子どもは，道理にかなった行動が展開する「物語」を作る代わりに，筋立てなどが漠然としてはっきり言葉によって表現されないまま，パペットや人形で遊ぶ。そのとき子どもは独り言 monologue interieurs[136)]を言い，それを通して，自分では現実に行動に出せないことを象徴的なレベルで行動に移して表現する。感情をうまく処理できる象徴的な劇に十分に入りこめない場合，衝動を行動化する頻度が高くなる。[26,82,150,166,190)]
Irwin[82)]は次のように述べている。「観察している大人にとって，ごっこ遊びは努力もなく，技術もいらないように思える。そして大半の子どももそう感じる。しかし心理療法を受けにやってくる子どもには，簡単にごっこ遊びができない子どもたちも多くいる。その子たちのごっこは『つじつまが合』わない。まるでばらばらになってつながらないパズルを見ているようである」(153p)。空想したり象徴を用いたりする能力が年相応に発達していない場合，その子は衝動の方向性を

変えたり，困難な状況を抑制するために劇を用いることができない。

6. 発達不全の防衛機制および対処能力の行動的要素と家族システムの要素を理解する

非適応的防衛が維持される原因となった行動と家族システムの要因の手がかり得るために家族内での相互作用を見てきたが，必要とされる対処能力，防衛機制の発達不全に寄与してきた相互作用を理解することも重要である。

1 過度な刺激

子どもを取り巻く環境の中で，その子がとても対処できないほどの過度の興奮を引き起こす強い性的刺激はないか注意して見るべきである。たとえば6歳のサムはひっきりなしに母親にキスしたり身体的接触をしていた。学校に行けば女の子のパンツを下ろそうとしたり，遊びの中で性行為を想像させるようなやり方で（男女かまわず）ほかの子の上に乗ったりしていた。6歳児がある程度の性的興味をもつのは珍しくないが，ほかの遊びや活動を占め出すほど性的関心でサムの頭はいっぱいだった。

サムの両親と話し合ったところ，親にとっては許容範囲の性的解放性を彼がもてあましていることが明らかになった。15歳になるサムの義理の兄は週末に戻ってくるとき，同じ年のガールフレンドをよく連れてくるのだが，両親はティーンエージャーが一つのベッドに寝て，互いにくっついて抱き合いながらテレビを見て何日も過ごすのを，何のためらいもなく許していたようだった。サムはよくこの兄とガールフレンドと一緒に出かけ，思春期の情熱を感じて刺激を受けていたが，（両親が知るかぎり）おそらく性行為そのものを直接目撃してはいなかった。

同様に子どもが激しい怒りに満ちているように見えるとき，セラピストはその子どもがその怒りをコントロールする手助けをするだけでなく，期待される程度の自己抑制を発達させられないほど激しい怒りを誘発しているのは何か把握しなくてはならない。もちろんセラピストは子どもが何にさらされているかということに加えて，その子がどの程度激しい攻撃性を目撃したことがあるか，という点に関しても見立てなくてはならない。家で暴力的なけんかがあったか，子どもは身体的虐待，あるいは言葉による虐待を受けていないか，子どもに対する管理やしつけがあまりに厳しいために，絶えず親子げんかになったりして，敵意が内在化されていないか。

子どもの怒りは，親自身が激しい敵意を抱く結果であるかもしれないが，兄弟関係をよく観察することも重要である。下の子どもは兄や姉からいじめられたり，いばり散らされたり，身体的攻撃を受けたりした結果として起こる怒りの前に，ただ圧倒されてしまうのかもしれない。親にとってはごく普通の兄弟げんかに思えるけんかでも下の子には極度の怒りを喚起しているかもしれないし，その激しい怒りをコントロールするという機能をこなすほどその子の防衛が発達していないことに，親は気づいていないかもしれない。

2　過度に支持的なとき

親が子どもをなだめたり，手を貸したりしすぎることが，気づかぬうちに子どもが対処法および防衛機制を発達させる妨げとなってしまうこともある。子どもが不安を感じているとあまりに敏感に反応し，子どもの不安を和らげようと，すぐにあれこれ手を尽くしてしまう親もいる。こうした親は子どもと一緒に自分まで苦しくなってきて，対処能力を発達させる過程の一環として子どもが切り抜けなければならない一時的な心の乱れに耐えるのが困難になってしまう。たとえば5,6歳児をもつ親の多くは，子どもを寝かしつけようとして泣かれると，

そばにいて子どもを安心させようとする。そしてそのうち，我が子が寝るまでそこにいなくてはならないと感じるようになってしまう。こうなると，子どもは自分をなだめるために頼れる対処手段を発達させなくなってしまう。

　こうしたパターンは家族システムという点からも重要な意味をもち，システムに対して何らかの影響を与えるかもしれないが，子どもが見捨てられた，寂しいと感じたときに親が過度に同一化してしまうことから起こることもある。子どもが自分をなだめたり，自分で不安に対処する能力が，ある領域では発達しているのに，別の領域では十分に発達していないことに気づき，親に指摘するのは重要である。なぜこうなるかというと，どの親も，子どもが親に助けてもらわずに自身の不安に打ち勝つように求めるが，どの親もある特定場面における不安を重視する傾向があるからである。

　子どもに同情しすぎ，手助けしすぎる親が，子どもの感情コントロールの発達を促せないパターンにはいろいろある。たとえば子どもが宿題をしているとき，親はよく子どものそばに座っている。親が一緒にいないと落ち着いて宿題に取り組めない子どもは多い。食卓で宿題をすると聞くと暖かい家庭の団欒というイメージが浮かぶが，自力で宿題をするよう促されないと，じっと腰を落ち着けて集中する精神力が発達しないだろう。単に家族構造を変えるだけで（第7章参照）大きな変化が生じ，子どもは徐々に不安に対処し，自分で気持ちを鎮められるようになり，ストレスを感じても集中していられるようになる。

　自己コントロールと感情を扱えるようになることを促すのに失敗したからといって，必ずしも親自身がこうした心理的操作ができないということではない。自分をなだめ，強いフラストレーションや不安を生産的方向に向けられる親は往々にして，自分が当たり前にやっていることをわざわざ子どもに教えようと思わないものだ（し，どうやって教えてよいかも知らない）。子どもの不安にどう対処すべきか分か

らなくて途方にくれる親は，自己調整に必要な対処スキルを発達させる手助けをせず，直接子どもを安心させることを選んでしまうかもしれない。たとえば，8歳のエリオットの両親は大きな成功を手にし，自己抑制ができる人間だったが，息子がボードゲームで負けてひどいかんしゃくを起こすと（最後は大声で泣き，物を蹴ったり壊したりした），彼をなだめ，そのうちどんどん勝てるようになると言って安心させた。息子が苦しむのが申し訳なく，ただ支えてやるより他の方法を思いつかなかったのである。なぜこの子はそこまで勝ちにこだわるか理解しなくてはならないのは言うまでもないが，両親らがもっている対処法と自己コントロールの仕方を子どもに教えるように親に手を貸すことに，セラピストが集中することが不可欠である。

3 衝動コントロールに関して混乱したメッセージを伝える場合

　家族になんらかの原因があり子どもが衝動をコントロールすることができないケースでもっとも頻繁にあるのは，片親，あるいは両親が子どもの望みを抑えて自分の望みを主張するさいに，自身の迷いを伝えてしまう場合である。親がこのようにアンビバレントな感情をもつ原因の一つは，子どもをコントロールすると「子どもの意志を打ち砕く」ことになる，という，誤った先入観である。また子どもが攻撃的になると，同時に怒り，不安，喜びを感じる親もいる。第1章で論じたように，そうした親たちは子どもと同一視して，自分が表現できない感情を子どもが表現できることに喜びを感じていることがある。

　子どもにどれだけ自己コントロールしてほしいか，あるいはそれをどの程度期待するかということについて片親，あるいは両親に迷いがあるときには，その心配事について話し合い，その迷いが実際子どもにどのように伝えられるか調べる。7歳のミッキーは激しいかんしゃくを起こす子だった。家でも学校でも仲間にもう少しで重傷を負わせるところだった。ミッキーの父親ロジャーは4人兄弟の末っ子だった

が，幼いころから兄たちに攻撃されて自分で自分を守ることを学んでいった。ロジャーは，自分のことを，傷つけられたらただじゃおかない人間だと描写した。何年経っても，仕返しするという。一方，ミッキーの母親はかなり自分を抑える人で，怒りを感じたときは泣き崩れた。ミッキーに軽い先天性障害があったことなどさまざまな理由で，両親は丈夫な兄と比べて，ミッキーのことを「劣勢」だと見なしていた。面接では，ミッキーが怒ったときの狂暴さを自分たちが知らず知らずのうちに助長していたことを理解したあと，その傾向を改められるようにその理解をより具体的な行動や場面に当てはめ，捉え直す作業を行う必要があった。たとえば，あるときミッキーがバットを振り回して年上の少年一団を威嚇したときの話を兄弟の前でするとき，愛情と驚嘆でどれほど自分たちが笑ったか気づく必要があった。このケースでどういった介入を行ったかについては，第9章のミッキーの事例報告で細かく論じることにする。

4　感情的な混乱を引き起こす否定的な知覚に対する強化

多くの親は，幼いころの自分と親の関係とは違った関係を子どもと築こう，そして子どもの気持ちに敏感でいよう，子どもに気持ちを表すことを促そうと必死に努力している。一般的に見て，思っていることを言葉にするよう子どもに促すのは健全で前向きな方針であるが，それが行き過ぎて，皮肉にも子どもに心理的苦痛を引き起こしてしまうことも多々ある。たとえばシングルマザーのミセス・ヒューズは8歳の娘ジャニーンと親しい関係でいたいと強く願っていた。娘が友達とのけんかに関して不平を言ったり，先生が嫌いだと言ったりすると，ミセス・ヒューズは何かしていてもその手を止めて娘の話に耳を傾け，娘に自分の気持ちをもっと話させようとした。ミセス・ヒューズは自分自身うつ状態であったため，実際のところ娘の不快な気分をますます強化していた。悪い体験はどれも深刻に受け止めるべきだとジャニ

ーンは学習していた。そしてときにはある感情を振り払い，いやなことばかりいつまでも考えているより気分転換をしたほうがよい，という態度を身につけられなかった。

　子どもがきょうだいに対して悪い感情をもったとき，それを気にしすぎる親をよく見かける。きょうだいに対して敵意をもっている子どもがそれを身体的攻撃という手段で表さないかぎり，その感情表現を禁ずるのは良くないと多くの親は感じる。親はそうした敵意の激しさにしばしば気をもむが（ある5歳の少年は友達と5時間もかけて2歳年下の弟を殺す絵を描いていた），子どもにそういった表現を禁止したり気持ちを抑圧したりするのは良くないと感じている。例えば，8歳の娘をもつ両親は，自分が学校に行っているあいだに妹は家で母親と長時間一緒に過ごしていて不公平だというその娘の慢性的な不平をだまって聞いているだけでなく，その穴を埋めるために時間をとると約束するまですることもよくあった。また親はその娘に，それはただ単に変えることができない現実であること，そして彼女自身も2歳のころは家でお母さんと一緒にたくさんの時間を過ごしていたという事実さえ伝えなかった。セラピストはこのような娘の激しい反応を引き起こす家族の力動を極力理解しようと努力もせずにこうした反応を簡単に片付けてしまってはいけない。だが，子どもが動揺しているからといってあまりにも理解ある接し方をしても，何か対処方法を見つけなくてはならないというメッセージをその子に伝えたり，動機付けを与えたりすることにならない。上記の5歳の子の両親が，もう敵意を込めた絵を描いてはいけないし，友だちに描かせてもいけないとその子に話したところ，その子の気持ちはかなり鎮まった。親が我慢したところで，子どもが攻撃的衝動に対する必要な防衛機制を利用できるようになるわけではない。

　第7，8章で論じるが，子どもが衝動をコントロールできるよう，そして不安に対する年相応の防衛を身につけるよう介入するときには，

同時に次の3つのことを行うべきである。(1) 子どもに自己コントロール，不安緩和のために何らかの手段を与えなくてはならない，(2) 親は適切な防衛に正の強化を与え，コントロールできなかったときには罰を与えなくてはならない，(3) 子どもが対処し難いと感じる刺激を最小限にすると同時に，その子が対処の仕方，防衛機制を学べるよう家庭，学校環境を整えなくてはならない。

7．子どもの防衛と家族システム

　本章ではこれまで子どもの非機能的防衛の個人的側面だけに焦点を当ててきており，問題を悪化させる親子の相互作用が問題を強化していると感じられるときにしか，家族システムの側面に目を向けなかった。子どもの問題は，より標準的な家族システム論の視点に立って理解しなくてはならないということに，ここで読者の皆さんの注意を喚起したい。子どもが感じている不安と，その子が受けている強化の両方を理解するさいにセラピストは，家族の相互作用の中で子どもの行動がどのような役割を果たしているか自問する。たとえば症状を呈している子どもは，家族システムの中で均衡を保つ役割を果たしているかもしれない。第3章で説明したように，子どもは一方の，あるいは両方の親の不安に共振しているのか，といった問題を検討しなくてはならない。もしそうであるなら，その不安は表立って表されているのか，それとも知らず知らずのうちに表されている無意識の感情なのか，子どもが不安や危険を感じる原因となるような夫婦間の問題があるのか。多くの子どもが親の緊張関係を察知する並はずれて鋭い能力をもっていることは周知のことであるし，この不安がイライラ，怒り，親にすがりつくような行為になって表れる。子どもにはコントロールできない家庭内の緊張関係への反応として，彼らは病的症状を呈するようになるのだ。

第1章で論じたように，夫婦間のストレスは子どもを「三角関係」に巻き込むことで解決される場合が多い，ということは多くの家族セラピストが認めるところである。子どもの問題は夫婦の衝突を棚上げするために用いられるかもしれないし，一方の親との同盟を反映している可能性もある。子どもの症状が主にどちらか一方の親と接するときだけ出てくるのであれば，問題の家族システムと関連する側面がとくに重要である可能性が高い。たとえば，寝るときの習慣を厳密に決めてそれに過度に固執する子どもは，どちらか一方の親に寝かしてもらわないといやだと主張するかもしれないし，もう一方の親が代わりに寝かしつけようとすると悲鳴をあげるだろう。そうしたパターンは重要なシステム的意味をもっている。たとえばその子は仲間はずれにされた親に対する怒りを露わにするよう，もう片方の親に求められていたのかもしれない。あるいは子どもが寝ようとするとき，その子の部屋で何時間も付き添うことによってその子の不安に対処する以外に選択肢はないと感じるほど子ども一筋である母親は，夫とはあまり一緒に過ごさない決断をしている。あるいは夫は硬直した役割の範囲を守る一つの方法として，母親がしなければいやだという子どもの主張に従い，家族とは距離を置いているかもしれない。

　セラピストが心に止めておかなくてはいけないもう一つの重要な家族システムの要素は，子どもの非適応的な防衛機制が家族全体の特徴的な防衛機制を反映しているかもしれない，ということである。つまり，子どもは自己の否定的側面を行動に表しているのではなく，通常親が支持する対処法あるいは防衛的姿勢を誇張した形で表しているかもしれない。子どもは親のビリーフシステム，「神話」[46,130]，そして「現実」[120]に強く影響される。家族のビリーフシステムはめったに直接表現されたり，あるいははっきり認識されたりしないが，そのように外面に現れないからこそ，なおさら強い影響力をもつようになる。「家族以外は誰も信用できない」とか「権威がある地位につく人は厳しいし

批判的だ」,「友達はあなたに嫉妬している」, あるいは「世の中で人より一歩先んじるためには競争力がなくてはならない」といった考えは, 現実に対する子どもの考え方を形作り, ゆえにその対処能力, 防衛機制に重要な影響を与える.

　同様に暗黙の家族の規則というものがあり, それによりある感情は禁じられるが別の感情は助長される. 子どもが過度に抑圧という防衛手段に訴える場合, 通常それは, 家族が特定の感情に不快感を示すことに関係している. 感情表現で何が容認され何が期待されるかは家族によって大きく異なる. たとえばある家族は「決してけんかをしない」が, 別の家族は感情のあからさまな表現を「甘ったるいし感傷的だ」と感じる.

　子どもが防衛して回避している感情に対する緊張をやわらげるのを手助けをするために, 子どもが表現するよう促される感情に, 家族全体が寛大になり防衛的にならないことが不可欠である. たとえばロス家の人々は6歳の娘シルビーの強情さを気に病んでいた. シルビーは他の子どもに対して残酷で冷淡だったし, 叱責され, 罰せられ, 避けられたりしても泣かなかった. 彼女に援助するさいには, 傷つきやすさを見せることに対する家族の態度を考慮に入れてその行動を理解する必要があった. ロス氏はユダヤ人大虐殺を生き延びた人間だった. 彼は両親が連れ去られるのを陰から見ていたが, その両親は二度と戻ってこなかった. またロス夫人も幼いころに傷つかないことを仕込まれた. 重い精神障害の病歴がある母親に捨てられたり, 彼女と和解したりという繰り返しに慣れてしまっていたのだった. こうした過去があるロス夫妻が, 過敏な部分や傷つきやすさに対する娘シルビーの否認を知らず知らずのうちに強化していたのも不思議ではない. 娘に対してはっきり泣くなとは言わなかったし, 悲しい気持ちを表現させないよう圧力をかけることすらしなかったが, 傷ついてもすぐに忘れるよう娘に教えていた. 彼女は自分の気持ちを「認め」ずに, 他者に残

酷に振る舞うことで自分自身が抑圧している苦い気持ちをその人に代わりに感じさせた。シルビーが「ライオン」でなく「子猫」になる手助けをする介入方法を考案する前に（第7章参照），傷つきやすさの問題に関して両親と話し合う必要があった。

8．統合的視点と詳細さに関して

　子どもの問題に関する家族システムの側面の理解は，統合的アプローチにとって不可欠な要素だが，（1章で論じたように）それだけでは十分ではない。自分のものと認められない感情を表現したり，親の衝突をぼやかしたり，家族の言葉にはされない先入観や価値観，心配事を露わにしたりするという点で，子どもの問題がどのように家族と関わっているかひとたび理解したら，セラピストは次に家族システム，行動，精神力動的側面がどのように絡み合っているか，できるかぎり具体的にしなくてはならない。たとえばシルビーのケースでは，傷つきやすさに対する不快感について両親に話をするのは，家族システムの理解を治療的作業に取り入れる第一段階にすぎない。次の段階として，親が一緒にあるいは別々に，実際どのようにして傷つきやすさの表現を阻止し，代わりに問題をはらんだ防衛機制を助長しているか，正確に理解しなくてはならない。彼女の「強情さ」を両親が愛情たっぷりに面白がり，彼女の強さの前では無力を装っていることに気づいたら，シルビーの強靭な面でなく「柔らかい」面を表現させるような行動的手法を両親に指導すればよい。

　家族力動に対するセラピストの知識が具体的な側面に関する観察に言い換えられるように，子どもの内的葛藤と無意識の願望に何が影響しているかということに関して，セラピストはより具体的に，そして正確に理解するよう努力する。たとえばどのような瞬間に，どのような相互作用の中で子どもは自分自身に否定的な気持ちを抱くか，また

は自分の気持ちに恐れを抱くか，ということにセラピストは注意する。このようにひとたびある子どもに対し精神力動的フォーミュレーションを見立てたら（たとえば，その子は傷つきやすさに対して防衛する，といったように），どのような状況ゆえにその子はそれほどまでに強烈な感情を抱くのか，その気持ちに対して過度に防衛するその子特有の原因は何か，私たちはできるだけ細かくその子独自の理由や状況を知るよう努める。第7章では，心理的問題や問題をはらんだ防衛機制に対処するために，具体的な介入方法をどう用いるかということについて論じていく。

第6章

主要な精神力動的概念

　本章では子どもの問題の精神力動的フォーミュレーションのいくつかの例を紹介する。これらのフォーミュレーションによって子どもの問題の心理内的要素を扱う積極的介入方法を計画できる。本章の目的は，家族システム，行動的概念を補う視点を示すことなので，本章で取り上げる，子どもによく見られる症状を説明する理論は，一時的に偏ったものになるが，意図的にそうするのである。ここで筆者が説明する概念はある特定の精神力動理論に基づくのではなく，幅広く複数の異なる精神力動理論の中から選んだものである。前章では子どもが用いる防衛機制を理解することがどれほど大切か，そしてその防衛手段が家族システムとどう影響し合うかということについて論じたが，本章では子どもを悩ませるいろいろな症状が出てきたり，子どもが防衛機制を非適応的に用いたりすることに寄与する（意識的および無意識的）精神力動的葛藤にはどのような種類があるのかということについて説明する。

　本書で解説する子どもと家族との介入作業において，セラピストは精神力動的フォーミュレーションによって問題を抱える子どもについて理解を深めることができる。しかし，ここで使われる介入法の数々は，精神力動的フォーミュレーションのみから導かれる介入方法とは，かなり異なっている。このことを読者の皆さんは心にとめておくべき

である。本書の家族の中の子どもというアプローチにおいて，精神力動的視点から子どもの症状を理解する目的は，個人面接でそれについて解釈を与えたり，治療的体験を提供することではない。そうではなく，精神力動的見解は，子どもの無意識の葛藤に対処する積極的介入方法を考案する助けとして用いられる。

原則としては，精神力動的視点から何十もの，いや何百もの具体的なフォーミュレーションを導き出せる。しかしセラピストは誰でも，そのいくつものフォーミュレーションの中でどれか一つを強調する傾向にある。本章では精神分析理論におけるさまざまな視点の違いについては，あまり目を向けない[注1]。逆に可能であれば，自我心理学，対象関係，自己心理学，対人関係論のあいだの従来の違いを越えた収斂の領域を示したい。

1．恐ろしい，あるいは否定された自己の側面

1　怒り

子どもが怒りを感じていてもそれを自分自身に対してさえ認めず，むしろその気持ちを否定したり，自分のものではないと破棄したり，抑圧したりするのには，多くの理由がある。前章で論じたように，子どもが怒りを受け入れるか否かには，明らかに家庭環境が影響しているが，子どもが自己意識から怒りを消すときには，心的力動も働いている。最も明確なのは，愛し，支えてくれている人を一時的であれ「憎」めば，実際そうではないにしても心理的に見捨てられる危険を冒すことになるので，子どもは怒りの感情に恐れをなすのである。自分の激しい敵意や乱暴な感情が親に知れて親が愛想を尽かし，自分を

注1　様々な精神分析の理論学派の包括的な概観とそれらの理論的差異が心理療法実践にもつ含みについて関心をもつ読者は，「心理療法の歴史」に収められたEagleとWolitzky[40]による優れた章を参考にしてほしい。

愛さなくなることを子どもは恐れる。さらに悪いことに，子どもは自分が誰かを憎んだり，敵視したり，攻撃したいと思っていることに対して報復されるのではないかと脅えることもある。もし古典的精神分析理論に従うのであれば，同性の親に対して自分が破壊的願望を抱いた当然の結果として「去勢」されることすら想像してしまうかもしれない。

また子どもが幼ければ幼いほど，自我統制力はすぐに感情に屈してしまうので，激しい怒りの感情は脅威である。何かを予期したり，理由を考えたり，衝動をコントロールしたり，空想と現実を区別したりする子どもの自我の能力は阻害されやすい。子どもが激しい怒りを感じているときには発達中の統制力も脅かされる。大人にとっても自身の怒りが衝動的，破壊的行動にエスカレートするのがどれほど恐ろしいか考えれば，自我機能がもろく，完全に発達していない子どもにとって，統制が効かなくなるのがどれほど恐ろしいか想像できるだろう。子どもは怒りの感情を抑圧することによって，不安，鎮められない衝動，見捨てられ不安に圧倒される状態に退行するという，恐るべき体験から自分を守るのである。

子どもがようやく成長し，正邪を見極められるようになって内在化された良心，あるいは超自我が芽生えるようになれば，自己批判したり罪悪感を覚えたりしないよう，憎むべき感情をかわすようになる。対象関係論は，なぜ子どもが強い陰性感情を抑圧する欲求をもつのかということに対して，もう一つの有益な見方を示してくれる。この理論によると，子どもが発達する上で重要なのは，衝動をコントロールできるかどうかでなく，自分の面倒を一番見てくれる人に対する良いイメージと悪いイメージを調和させられるかどうか，ということになる。対象に対する感情を内在化する過程を通して，自己感覚が発達するのである。たとえばFairbairn[41]によると，良い母親（あるいは主な養育者）が理想的な対象として内在化されると，子どもは愛されてい

るという感情を自分の中にもつようになる。一方子どもが最愛の対象を憎んだり，辛らつな感情，復讐心を抱いたりした経験があるならば，やはりそうした感情も内在化してしまい，自分は愛されていないと感じる。つまり対象関係論の見方からすると，子どもが自分自身の激しい怒りの気持ちを恐れるのは，上記のような理由からだけでなく，自分のことを愛される者だと感じられるか否かは，おもに養育者を肯定的に体験できるかどうかによるからでもある。

最愛の対象に対して子どもが強い陰性感情を抱くと，「分離」が起こる。そのさい子どもは否定的側面を知覚しないことによって良い親の像を維持する。その側面を分離することによって，子どもは親をつねに良いものとして体験し，その側面を内在化し続ける。それが極端な形をとると，子どもは親のことすべてが良いと思ったり，すべてが悪いと思ったりすることのあいだを揺れ動く。このような親の良い面と悪い面が統合された感覚は内在化されず，子どもは愛する気持ちと憎む気持ちが同時に存在することを受け入れることができない。

理論はさておき，ここ何年ものあいだに筆者は，自分自身がもつ激しい怒りの気持ちに対する恐れが，症状のおもな原動力となっている多くの子どもに接してきた。幼い子どもはしばしばそうした感情に対する罪悪感を，自分自身の身体を憎むという具体的な形で表に出す。4歳ぐらいになると，自分の体のどこが嫌いだとか，骨を折ってしまいたい，死にたいなどと言う場合もある。第9章では，自らの怒りに圧倒されて，こうしたことを口走る4歳の少女サラの事例を取り上げる。

怒りの感情の破棄は，それ以外にもいろいろな形で表れる。何らかの防衛機制を使いすぎると怒りの感情を否定している，という推測もできる。強迫的に，繰り返し「ママは世界で一番のママだね」とか「ママ大好き」と口にする子どもは概して，恐るべき陰性感情と闘っている。同様に強い陰性感情の「存在を否定」すると，親の健康を過度に

心配する，という形で表出することもある。親が家にいないとひどく不安になったり，破滅的出来事を想像して恐怖心を味わったりするかもしれない。寝ている両親が息をしているか確かめる子どもさえいるだろう。こうした行動は子どもの魔術的思考が現実に災難を引き起こすという思い込みを反映している。

　もちろん親と離れているときに親の健康を気遣うのは，見捨てられるという恐怖の現れである可能性もある。自分自身の怒りがもつ破壊力に対する恐怖と見捨てられる恐怖はいつも区別できるわけではない。親が自分を拒絶し，自分を置いていってしまうのではないかと子どもが心配するのは，親が全知全能で子どもの怒りを知っているからでもあるし，また子どもが自分自身の気持ちを拒絶して親に投影し，今度は親から拒絶されるのを恐れるからでもある。

　前章で論じたように，子どもは皆，自分の怒りを投影し，その権化である「泥棒」や「怪獣」を恐れるが，空想上の危険でずっと頭がいっぱいなら，おそらく強い攻撃的衝動と激しく闘っているのだろう。

　潜伏期の子どもは自分の怒りに対する恐れが激しくなるほど，もっと厳格な強迫的儀式に訴えようになるかもしれない。子どもが前もって決めた特別な活動にひどく固執するようになり，物事を行う細かい順序が乱されるときにひどく不安を感じるようになったら，その子はおそらく外面的な秩序によって内側にある混乱を引き起こす感情を統制しようとしているのだろう。

　そのほか「悪い」感情に対して罪悪感を感じていることを示す徴候には，事故に巻き込まれやすいこと，あるいは無意識に待ち望んでいた罰を露骨なやり方で挑発する行動がある。他者にからかわれるように子どもが振る舞うとき，その子は自分の自己嫌悪を他者に行動化させているのかもしれない。仲間に，自身を罰するような行動をとらせることによって，子どもは自分自身の怒り，そしてその結果感じる自己嫌悪の気持ちを否定する。

子どもの自分自身に対する見方と自分に対する他者の見方のあいだに大きな差があるとき，受け入れ難い気持ちに対してその子が罪悪感を感じていることが多い。明らかにほかの子どもから人気があるのに自分は誰にも好かれないと言い張る子ども，あるいはどう見てもやせているのに自分は「太っている」という子どもは，自分自身の中で魅力がなく受け入れ難いと思い込んでいる側面について「知っている」ことと葛藤しているのかもしれない。

2　傷つきやすさと依存性

　2，3歳の子どもで，傷つきやすさを能動的にまたは意図して否定し分離する子がいるが，そういう子どもは年齢以上に自立していることが多い。親と離れるときにも泣いたりはしない。（保育園から帰るとき，あるいは親が長い出張から戻ってきたりして）親と再会するときにも無感動である。他者に対しても自分自身に対しても，不安や恐怖を感じていると認めない。自分がもろく傷つくことはないと心底思いこんでいる。

　その否認が極めて強くなると，子どもは恐れ知らずの行動に出るだろう。たとえば街中で親から離れてどこかに行ってしまったり，まだ対処できない（プールに飛び込むなど）身体的に危険な状況に何も考えずに飛び込んでしまったりと，向こう見ずな行動をとるかもしれない。こうした行動は認知的欠陥や成長遅滞が原因なのではなく，恐怖や傷つきやすさに対する否認の現れである。その程度がもっとも軽い場合，子どもは自分自身に対して恐怖を否認する一方で，回避的で，ある活動に対して無関心であることを合理化するかもしれない。

　子どもならほぼ例外なく，ときには上記のような行動のいくつかをとるかもしれないが，筆者が取り上げている子どもたちとそれ以外の子どもたちの違いは，前者が親と接触したい，親から守られたいという欲求を拒否する程度にある。たとえば，いなくて寂しいと感じてい

た親が帰ってきても子どもは（とくに幼い子どもは）無関心を装うかもしれないが，筆者が描写する子どもたちは，片親，あるいは両親が出かけたり帰ってきたりしてもほとんどいつも関心を示さない子どもである。同様に，多くの子どもはたまに実際以上に勇敢にふるまうことがあるが，筆者が問題視する子どもは，不適切でしばしば危険を伴うほど恐れ知らずの行動が長年習慣となっていることがある。

　傷つきやすい気持ちを拒否する子どもの親は，子どもに拒絶される，または愛されていないと思うことさえあるだろう。子どもは実際愛情を示す必要性を感じていないように見えるかもしれない。これまで筆者は，どちらの親からも抱きしめられたりキスされたりするのを拒む子どもたちを見てきた（それでもベビーシッターや祖父母には，わずかだが身体的な愛情表現が許されているケースが多い）。多くの子どもはときどき「私は赤ちゃんじゃない」と主張するが，彼らには，年齢以上の行動をとりたいという強い欲求がある。自分でできることはできるだけ自分でやりたいと思っており，働けるようになったらすぐに働いて，自分でお金を稼ぐんだ，というような欲求である。我が子が自立しよう，何か能力を身につけようと一生懸命努力しているのを見れば親はたいていうれしくなるが，「それ，自分でできるよ」とか「手伝ってもらわなくても大丈夫」と子どもが言いたがるのは，成長でなく拒否を示しているように感じられるときがある。まだ本を読めない子どもが親に読んでもらうのをいやがり，自分で読めると言い張ると，親は本来なら「かわいい」と言うべきところなのに，一線を超えて，子どもでいるという状態を全て拒絶していると感じる。実年齢より上だと主張する子どもさえいる（第9章のサラの事例を参照）。

　どんな子でもこうした行動をとるが，ここでも過度に依存を許容できない子どもは，一過的に許容できなくなる子どもよりずっと頑固に，そして執拗に親を退ける。それほど行動が極端でない場合でも，親は子どもと関係が希薄である気がしてフラストレーションを感じる。た

とえばイーサンは抱きしめてと言うときもまるでロボットのような動作をまねして，機械のように両手を広げて「ロ・ボ・は・抱・き・し・め・て・ほ・し・い」と言うのだった。

　子どもが，自分の考えが親に否定されたり，または何かをして罰せられたりしても無関心でいるときも（後ほど論じるが），親の愛情に対する欲求を否認する信号であるかもしれない。ある6歳の女の子は，「ワル」のように振る舞っていた。母親はその子がひどく挑発的な行動でいじめることをあたかも楽しんでいるかのように自分を「苦しめ」ようとしていると感じた。その母親は，精神的に自分を「苦しめている」母との関係を娘に投影していた。もう一方で，娘は自分のことを怒らせても気にしていないと正しく認識していた。ここで再び読者の皆さんには，こうした現象はほとんどすべての子どもに見られるが，そこまでひどくないことを，心にとめていてほしい。モーリス・センダックの『ロージーちゃんのひみつ（Really Rosie）』に出てくるピエールのように，多くの子どもはいけないことをして厳しくしかられたり罰を受けたりすると「気にしないさ」というような言葉を繰り返す。この姿勢が持続し，慢性的になって初めて，やさしくしてもらいたい，認めてもらいたいと思ってもそれを否定しているその子の状態を憂慮する必要が出てくる。

2．欠乏感，フラストレーション，見捨てられ感

　子どもが圧倒されるほどの強い感情に襲われたら，そうした感情を否定し自己意識から切り離さなければならないと感じるほどその感情が強くなったのはなぜか，ということをセラピストは理解するよう努める。子どもなら誰でもときおり強い怒りや傷つきやすさを感じるので，この子はなぜ通常の期待値を超えるほど強い感情を抱いているのか疑問に思わなければならない。極度に強い怒りを感じている子ども

の家庭環境や家族史を注意深く観察すると，実際のところその子が激しいフラストレーションや欠乏感に耐えなければならなかった事実が判明する場合が多い。

　文字通り，あるいは象徴的に，子どもが親に見捨てられるのも珍しくない。しばしば離婚前，あるいは直後の数か月間，両親が感情的に子どものためにいてあげられないときがある。さらに，多くの父親は子どもに対する経済的責任を全うしないだけでなく，子どもの母親と別れてしまうと子どもとの接触を断つか，あるいは会っても回数が劇的に減ってしまう。[注2]

　一度離れた親と最終的にまた会うようになっても，親と突然全く会えなくなるという経験をした子どもは，見捨てられるのを恐れるだけでなく，その親を深く愛し，会えなくてさびしい思いをしながらも，同時に激しい怒りを感じる。また強いアタッチメントをもっていたシッターを失うときも，子どもは同じような感情を抱く。子どものベビーシッターに対する強い愛情に親が気づかないことが多いので，その人がいなくなると，子どもはひどく怒り，無力感に襲われる。

　子どもが身体的あるいは言葉による虐待を受けている場合，解離状態に入り，自分の気持ちを抑圧することはよく知られている。同様に自分は良いことは何もできないと感じている子どもは，親の小言に対する防衛的免疫を発達させるかもしれない。絶えず批判され，罰せられ，誤りを指摘されている子どもは，絶望感を無関心に変えることがある。

　悪循環が定着しつつあるとき，セラピストは親子両方がそれに加担しているかもしれないと思うべきである。否定的な目で見られる子どもは（おそらく誰か別の人と同じであると無意識に感じられるからか，それとも〔親の〕自己の否定的側面を具象化しているからか，あるい

注2　父親は，自分がどんなに子どもにとって大切な存在であるのかということに気づいていないことが多くある。

は単に「扱いにくい」気質だからか），当然ながら親の批判的な見方に沿うように振る舞い始める．子どもは扱いにくくなればなるほど，批判されるようになる．そして自分は批判しかされないと絶望し，親から認められたいという欲求を押し殺してしまう．親に認められた行動をとる誘因がないため，子どもの言動はいっそう悪化し，親は子どもが自分を拒絶するので，より激しい怒りを感じるようになる．

もちろん「被害者」を責めないことも大切である．この悪循環が生じた責任を，子どもは同等にもたないかもしれない．不幸なことに，実際に子どもが親の薬物乱用，精神病理，また残虐性の犠牲になっていることも多く，その場合，子どもはどうしても，親から良い反応が得られない．子どもがこうした傷つきに屈しないようにかたくなに身を守るようになれば，少しでも優しくしてもらったり愛情を示されたりすることに対しても，否定的な反応を示すだろう．Sullivan は，子どもが実際に愛するよりも敵意を抱いているほうが落ち着くようになるこの現象を「悪性の変容 malevolent transformation」（213p）[172]と呼んだ．

親が重度の心理的問題をもっているときも，子どもは精神的に見捨てられた気分になるだろう．極端な形で身体的，精神的虐待を受けなくても，きわめて精神的に不安定な親をもつ子どもは，理由もなく親の怒りに見舞われ，怒りが突如として爆発することに悩まされるだろう．あるいは感情的問題を抱える親は，子育てに思い詰めたり，いい加減になったりするため，子どもは混乱したり怒りを感じたりするかもしれない．親は身体的には子どもとそこにいるが気持ちはそこにないと子どもが感じることもあろう．セラピストは家族史の中に，極度な怒りや傷つきやすさに対する恐れの原因となっているかもしれない要素を探すとき，それまで子どもと感情的つながりをもてていた親を劇的に変化させたうつや家族内でのストレスがなかったか，ということを調べる．生まれて最初の数年のあいだ，うつ状態あるいは子ども

のために感情的に現前することができない母親に主に育てられた子どもは，スキゾイドのような性格防衛を発達させることがある[26]（第8章参照）。彼らの無関心で打ち解けない態度は，苦痛を伴う自己感に対する防衛だと考えられる（Willock[190]では「無視された自己 disregarded self」（402p）と名づけられている）。こうした子どもたちは，大人の関心を受けるための要素を自分はまったく持ち合わせていないと思っている。

　しかし家庭環境の誘因が全くはっきりしないことも多い。筆者は「普通」の家庭に育ちながら親に対して親しく接することは全くなく，どんな愛情のこもった申し出もはねつける3歳児を見たことがある。筆者が会った多くの子どもは（これも一見普通の家庭の子どもだが）母の日に母親に愛情を示そうという大きな社会的圧力に反発していたし，怒りが高じて母親に「鼻くそ」の箱に切り刻んだ虫を加えてプレゼントとして渡した子もいた。

　予期されるごく普通の経験をしただけで，自分は無力だと感じ，怒りを覚える子どももいる。親が仕事に復帰したり，自分の世話をしてくれていた祖母が病気になったりして保育園に入れられると，見捨てられたと感じるかもしれない。夫婦が別れた後に築かれる新しい恋愛関係は，親子関係の強さに大きな影響を与えることがある。よくあることだが，子どもは親の恋人や新しい義父あるいは義母に自分の居場所を取られたと感じ，その結果として，極度の無力感，フラストレーション，地位の喪失感に見舞われるようになる。逆に最終的には親の生活に一時的にだけしか関わらない人物にアタッチメントをもつこともももちろんある。

　多くの子どもは親が長時間働いていることに対して強いフラストレーションを感じる。もっと親と一緒にいたいので怒りを感じる。残業，長い出張旅行，自宅へ仕事の電話が頻繁にあると，親が家にいるときでも怒りがいつまでも残るかもしれない。筆者が仕事で出会った多く

の子どもは親と接触し足りない，そして親との接触時間の足りなさを自分ではどうしようもできない，と心底苦しんでいた。親がもっと子どもと一緒にいる時間を作るようにすれば，子どもの怒りは急速に消えていくだろう。

　また家族からつねに愛情を受け，注意を向けてもらっているように見えるのに激しい怒りを感じている子どももいる。このような事例では，事実を曲げて理論的枠組みに押し込まなければ子どもの怒りを説明できるほどの親の不在や欠乏は見つからない。この現象は，単に子どもの気質と親の性質が合わないと説明できる。合わないゆえに生まれつき頑固で「扱いにくい」子どもは，通常親が「コントロール」する領域に対して激しい怒りの反応を示すかもしれないし，逆に親がこのとりわけ難しい子どもの強い自立欲求に敏感ではないのかもしれない。その子のきょうだいは，同じ子育ての仕方にほとんどあるいはまったく問題を起こさないということもあろう。これは２人の子どもが実際のところまったく同じ環境で育つことはないし[39]，さらに一方の子どもがもう片方より単に適応性がある，あるいは単に子育てのやり方に合っているからであろう（つまり，子育ての仕方と気質が違っていたら，きょうだいもその問題児よりうまくいかなかったかもしれない，ということである）。逆に，健全な心的機能が阻害されるほど強い怒りを抱くこともなく，激しい欠乏や感情的攻撃に耐えられるように見える性質の子どももいる。

3．激しい怒りと欠乏感の源としての過剰な充足

　皮肉なことに子どもは，何かの欠乏があるからでなく，フラストレーションに対処するすべを学んでいないので極端な怒りを感じやすいこともある。いつも親が子どもの欲求や願望によく気を配っているので，ひとたび家族システムに何か変化が起こって，自身の支配力が奪

われたり弱められたりすると，子どもがひどい喪失感を覚えて激しく怒るというような家族をときおり目にする。[69,171]

　親もセラピストも，愛されてよく面倒をみてもらっている子どもは気持ちが安定しているので，成長する過程で避けることができない分離や変化にもすぐに対処できるだろうと思いがちである。愛された子どもは欠乏してきた子どもより気持ちが安定しているという考えは概して正しいが，深く愛されよく面倒をみてもらってきた子どもが，別れるときにひどく不安を感じたり，兄弟に対して強い敵意をもっていたりするのを見たことが誰にでもあるだろう。自分の要求がどれだけ注目され，受け入れてもらえる「べき」かということに関して，非現実的な期待を子どもがもちはじめるために，より要求度の高い対人場面に順応するのが困難になることが臨床経験から分かっている。筆者も臨床実践を続ける中で，望みがかなえられなかったことに対する怒りが家庭だけでなく学校でも出てしまう子どもに数知れず会ってきた。しっかりと対応しようとする教師や学校心理士でさえ，しばしば子どもが苦しんでいることを家庭で顧みられないことと結びつけるが，家族システムをよくよく観察すると，それがまるで逆だということが判明することもある。

　たとえば9歳のジェシーは愛らしく魅力的で，両親，そして祖母の毎日を明るく照らす光のような存在だった。筆者が彼女に会ったころ，彼女は一人でベッドで眠ったことなど一度もなかった。彼女がうとうとするまで誰か大人が付き添っていたのだった。そしてもし夜中に目覚めると，誰かをまた呼ぶのである。彼女のどんな願いもほとんどすべて叶えられた。彼女がベビーシッターについて文句を言うと，両親は実際のところ理由もほとんど聞かずにそのシッターを解雇した。またもしジェシーが留守番させられると知って気分を害せば，夫婦だけの予定だった夜のお出かけでも彼女を一緒に連れて行った。両親が出かける準備をしているときにジェシーが一緒に行けないことをすねた

結果，高価な舞台のチケットが2枚とも無駄になった（あるいは片親が家に残った）ことも何度かあった。

　ジェシーの両親も祖父母も，ジェシーを畏怖の念をもって抱擁した。彼女の可愛さ聡明さに魅了されており，彼女がどれだけ特別な存在か，本人にも伝えていた。ジェシーは無条件の賞賛に慣れすぎ，学校で何かするように言われてもうまく対処するすべをもたなかった。以前はジェシーのことを賛美していた教師が，彼女が学業面で努力を怠ったことに対して苛立ちや不快感を表すようになると，ジェシーは教師の承認を取り戻そうと以前より努力する代わりに，教師が自分を賞賛しなくなったことに激しい憤りを感じた。他者が賞賛してくれるからこそ自己価値の感覚をもてていたジェシーは，教師が自分を「好きでない」ことに自暴自棄になり，それで両親が家族療法に助けを求めたのだった。当然ながらそれによって彼女のフラストレーションはいっそう強まったが，それは両親がジェシーをこれまでほど甘くない世界で暮らす準備をさせようと思っただけでなく，それまでの夫婦関係の中からジェシーを引っ張り出そうと決心したからだった。こうして「お姫様状態から引きずり降ろされて」彼女が感じた激しい怒りやかんしゃくは，彼女自身にとっても両親にとっても恐ろしいほどだった。

　子どもを過度に甘やかした親が，いまや非常にわがままになってしまった我が子に，相当深いうらみを感じ反感を抱くようになることもある。そうした気持ちに罪悪感を感じて，子どもにやさしくしようと懸命になるかもしれない。こうして，子どものわがままに親がうらみを覚え（そしてときに断続的に激しい怒りを表すようになり），親はその感情に罪悪感を覚えて逆に過度に甘やかし，その結果子どもがわがままを言い，親が怒り……という悪循環に陥る。このようにして子どもが親の注意を引く場合，子どもは親が心の底でイライラしているのを感じている。こうした子どもはある意味で同年代の大半の子どもよりも甘やかされ，よく目をかけてもらっているが，実際には本当に

自分が欲しいもの，つまり親密感と愛情を手にしていない。このように客観的に見れば人より注目されているものの，実際には面倒を見てもらっていない気がするので，「説明のできない」フラストレーションや怒りを覚える。親だけでなく子どもも悪循環に陥っている。たとえ親が子どもの要求に屈したとしても，子どもは心の底から満足するわけではない。子どもは愛を欲しているのであり，長い時間一緒にいればよいというのでなく，特権やプレゼントが欲しいのでもない。自分が欲しいと思うものを手に入れようとすればするほど，親のうらみの感情は激しくなり，子どもはいっそう満たされない気分になる。この悪循環を断つのは，もちろん家族療法の仕事である。

4．敵意があり攻撃的な子どもを理解する

子どもをセラピーに連れて来る親がもっともよく口にする不満は，我が子の「扱いにくさ」であろう。具体的に子どもがどんなに目に余るほど反抗的だったか具体的な状況を説明してくれる親もいるが，ただこうした子どもと過ごして毎日心労が絶えないと感じている，と言う親のほうが多い。そうした子どもたちは何度も繰り返し，親や教師を忍耐の局限まで追い詰める。こうした子どもの多くはいわば受動的に敵対的，攻撃的でいるのを得意とするが（もしあなたがはるかに大きく強い大人を相手にしている小さな子どもであれば，それがもっとも効果的な敵意や怒りの表現方法である），敵意をあからさまに表す子どももいる。たとえば7歳のマーカスは自分の父親に向かって「父さんの目玉をえぐり出したい」と，そして初めて会ったセラピストに「お前なんて車にひかれちまえ」と言った。ある6歳の小さな女の子は，一日中別の子の外見に関して侮辱的な言葉を浴びせて「いじめた」と言った。また別の少女は家族面接の最中にきわめて穏やかな口調で，弟なんて死ねばいいのに，と言った。こうした子どもたちもときには

いい子になるが，親にも教師にも，無愛想で，ひねくれていて，否定的，支配的で，いばり散らしていると評される傾向をもつ。いつもではないにせよ，不快な気分と怒りの感情が仲間との関係に頻繁に波及する。遊び相手も少なく，めったに友達と遊ばないが，たまに遊んでも最後には相手を泣かせてしまう。保育園の保母たちはしばしばこうした子どもについて，威圧的で他の子どもに対して操作的だと描写する。悲しいことにこうした子たちは，より協調的な子どもたちに「悪影響」を与えているという烙印をごく小さいころに押され，クラスメートの親に煙たがられる。4歳にしてすでに，（もちろん防衛のためであるが）クラスで「一番強い」という自分に対する評価を鼻にかけるのだ。ぞっとするが，こうした子どもはいじめっ子であることに満足している。

彼らは，自分の攻撃行動は攻撃されてきたことに対する反応として正当なものだと感じている。すぐに軽んじられたとか，傷つけられたと感じるので，偶然の出来事でも意図的な攻撃としばしば誤解し，密かに（たとえば，ターゲットとなる子どもをつまずかせるなど），あるいはお返しにあからさまに「防御的」攻撃をしかけて報復する。

同様に親に何かを求められたとき，他の人が聞いたら大したことでなく理にかなった要求だと思うが，彼らは自主性が大いに脅かされると感じる。親はこのような子どもをひじょうに「意志が強い」と表現するが，彼らは求められたことをすると，ひどくプライドが傷つけられるようである。

我が子の「偏執的」で「奇妙」に見える過剰反応に直面し，後悔の念をまったく見せないのに愕然とした両親はしばしば，我が子は重い精神病理を遺伝により受け継いだのではないかと不安になる。統合失調症を患う親族の姿が親の目の前にちらつき，我が子は生涯精神病に悩まされる運命なのではないかと恐怖を感じるのだ。もしこの怒れる子どもがたまたま養子であれば，この子は精神病質を生みの親の遺伝子を受け継いでいるのではないかと心配になるかもしれない。強い罪

悪感と怒りから，敵対的な子どもの両親は，自分たちは何かひどく悪いことをしたのではないかと思ったり，この子は単に「根っからのワル」なのだと思ったりと，心が揺れ動く。

1　反抗的な子ども

　ある程度までであれば，反抗的態度を通常の成長過程の一部であるばかりか，肯定的で，そして不可欠な一部であると見ることもできる。[102,142]子どもが「反抗的」なとき，その子は周りの影響に抵抗できる力を見せつけている。内的統制の発達にとって重要なのは，外からの圧力を無視し，それに挑みさえする能力である。

　「やだ」と言う練習を積んで，子どもは自律性を発達させる。同時に，周りからの影響に抵抗することによって，子どもは自分自身で成長する能力を高めている。しかし反抗的姿勢があまりに根強く，その子の性格の一部になってしまうほどであれば，発達上の有益性をはるかに超えている。子どもがつねに反抗的行動に出るようになったのは，事実過度に支配的で権威主義的な大人に抵抗する方法がそれしかなかったからか，あるいは先述のようにその子が自分の依存欲求は危険なものだと思うようになり，服従願望を抑えるためなら何でもするからである。

　反抗心の強い子どもは，その子に対処しなくてはならない大人に強いフラストレーションと激しい敵意を喚起する。どのように悪循環にはまっていくか説明するのは簡単である。子どもは自分に対する親の陰性感情に気づく。その結果子どもの自己破壊的な防衛的性格が強くなる。Sullivan[172]は，人格に悪性の変容が起こる過程を次のように説明している。

　　　優しくしてもらいたいとか，親しく協力してほしいという欲求を
　　見せているのに，いつも拒絶や屈辱につながる体験ばかりしていたら，

他者によくしてもらいたいという欲求を表さなくなり，たとえそういう欲求を感じても，確実に起こると予期される拒絶を待っているかのように憎むべき行動をとるようになる。対人関係の力を育んでいる最中にそうやった逸脱が起こると，自分は人に好かれないし魅力がない，自分は人に嫌われ避けられている，他者は不親切で友好的でなく，互いの生活を不愉快にすることに一番関心を抱いている，という確信をいっそう強めてしまう。(303p)

　子どもの拒絶的な人格の発達を家族システム論の視点で理解するとしても，子どもに対する親の拒絶が問題の根にあると仮定するわけではない。先述のようにさまざまな要因が重なって，子どもは傷つきやすさに対して過度に防衛するようになるが，ひとたびそのパターンが発展すると，子どもは親からの陰性感情を正確に認知するようになり，親を喜ばせたいという気持ちから自分を守る欲求がいっそう強まる。
　臨床家も両親も，否定的で反抗的な子どもは，心の底では自分をひどく嫌だと思っていることを忘れてしまうこともあるだろう。相手から強い否定的な反応を引き出すように挑発する子どもは，そうした感情を内在化しており，通常強い自己嫌悪感を抱いている。さらに自己嫌悪感ゆえに否定的に人と接するようになり，悪循環にはまってゆく。愛されないと感じる子どもは，挑発的行為に走ることでのみ，大人に影響を与えることができ，真剣にとってもらえると感じている。大人の注意を引く方法はほかにもあると子どもに分からせることは，定着してしまった自己破壊的パターンを打ち破る介入方法の一つである（第7章で説明する）。

2　行動化傾向のある攻撃的な子ども

　精神分析的セラピストの大半は，反抗的な子どもと同様に，過度に攻撃的な子どもは心の奥底ではひじょうに傷つきやすいと考えている。

Chethik[26]は「反社会的」な子どもとの心理療法プロセスを取り上げ，そうした子どもは大人からの統制や批判，それに仲間からの「攻撃」と彼らが受け止めるものを，自己評価に対する重大な攻撃だと解釈している，と記している。

> 親，教師，あるいはセラピストがどんなことを命じたり，要求したりしても，ロジャー（クライエントの名前）は自己評価への攻撃，大人は自分を服従させようとしていると感じた。このように屈辱の念を感じるからこそ，彼の反抗的な行動が起こったのだ。(146p)

Chethik[26]はひじょうに攻撃的な子どもは次のように感じていると述べている。

> ひどく脅され，誰も助けてくれず，自分は弱い立場にいる（と感じている）。そうした子どもがこの脅威に「対処する」メカニズムは，「攻撃者と自分の同一視」である，つまり自分を，脅威にさらされる立場から攻撃する立場へと変換してしまう。(138p)

Willock[190]もひじょうに攻撃的な子どもとの治療的作業について描写する中で，わずかな，そして空想上の脅威や「軽蔑」もすぐに大きく現実的な危険と彼らはみなす，と説明している。行動のある一面が批判されると，自分という存在の全体が非難されたと受けとめるのである。自分はとても傷つきやすいと感じているので，そうした「攻撃」から自分を守るためには，原始的で攻撃的な安全行動をつねに発動できる状態にしておかなくてはならないと感じている（p389）。

セラピストは，わずかに競争の要素を含んだゲームをするときに，そうした過度に攻撃的な子どもにある中核的な不安を見て取ることができる。勝ちたいという欲求は極端であり，負けたときの反応（たと

えば，ゲームの中断，怒り，勝ったときにもらうはずの「チップ」をただとってしまうなど）は，強い傷つきやすさ，負けたときの屈辱感を示している。

　こうした子どもは，自分は重要でないと感じるだけでなく，自分には本質的に人から愛されない何かがあると信じ込んでいる。Willock[190]はこうした攻撃的で感情を行動化してしまう性格特徴について記述する中で，彼が「無視され，価値の引き下げられた自己」と呼ぶものについて説明している。「こうした子どもは，自分は世間の人々の目に，重要でなく価値もないだけでなく，全く嫌悪感を抱かせる人間に映っているのではないか，と恐れている」(390p)。自己愛の傷つきから自分を守るために他者を拒絶するが，敵意ある態度をとってよろいをつけたうしろには，この傷つきやすさが潜んでいる。

　生後2，3年における体験がそうした感情を引き起こすと一般に考えられている。つまり子どもは，自己への脅威が比較的分化されていない発達の段階にとどまっているようである。こうした問題を循環的精神力動理論から理解する場合は，そうした一見「固着」のように見える状態をその時点において賦活させている原因には注目しても，どうしてそのパターンが始まったのかという点はあまり気にかけない。自己の否定された側面について論じた節で述べたように，実際に虐待やネグレクト（育児放棄）があった場合から，よりとらえがたいが，親の精神障害が原因で親に感情的に頼れないという場合に至るまで，さまざまな状況が子どもの自己価値に大きく影響した可能性がある。現時点での大人，兄弟，それに仲間との関係は，自分自身に対するこうした否定的な考えを消すほどのフィードバックを与えてくれるような関係ではないのである。

　自分は攻撃の対象になっている，と子どもが思うのが正しい場合が多いことを心にとめておかなくてはならない。仲間から敵視されるのではないかと思う子どもは，いつも兄や姉に敵視されていたというケ

ースが多い。兄や姉から弟，妹に対する，ときに慢性的な敵意がどのような影響力をもつか，ということは先行文献において十分に注意が払われてこなかった。しかし臨床経験から示されるのは，家庭での経験は驚くほどの波及効果があり，家で無力感を感じている子どもは，逆に学校でクラスメートに対して手を出してしまう。

　最後に，衝動の強さは子どもによって違うということを心にとめておいてほしい。Freud[55]は，極端に強い無意識の願望があり，すぐにフラストレーションを感じ，不安に耐えられない子どもがいると考えた。これまでの調査結果から，実際に他の子どもたちに比べて生まれつき攻撃的ですぐに苛立ち，行動化傾向が強い子どもが存在すること[24]，さらにそうした子どもは他の子に比べてなかなか限度を認識できないと分かっている。こうした「扱いにくい」子どもが一般的な期待に順応できるよう，親は普通の子どもの親以上に巧みに我が子を手助けしなくてはならない。

　こうしたひじょうに攻撃的な子どもと治療的作業をする際の精神力動的考え方の基礎となる前提は，彼らが「弱い」気持ちだとしてとらえる感情を，より自然に表せるようになる必要がある，ということである。こうした子どもの中には，自分が自分の体を傷つけているのを見れば，親が本心で子どもの幸せを気遣っていることを示してくれるのではないかと無意識に期待して，衝動的で危険な行動に走るだろう[190]。こうした子どもは不安，恐れ，当惑，強い願望に対処するのがひどく苦手であり，そうした感情が沸き起こると，しばしばそれが攻撃的な行動として表出してしまう。

5．過度に不安で依存的な子ども

　この節では，筆者が広く「子どもの過度に依存的な行動」と呼ぶものに関係するいくつかの精神力動的理論を紹介する。この節で取り上

げる子どもは親や教師から次にあげるような言葉で描写される子どもたちである——自信がない，恐がり，親にべったりする，幼稚っぽい，学校恐怖症，親と分離できない，用心深い，グループに入れない，ママの上着のすそをつかんでいる，マザコン（昔からある性差別的用語だが，今でも広く用いられている）。それ以外にも，「甘やかされ」，自分で何かをするよりも大人にやってもらいたいと思う子どもだと評されるかもしれない。こうした特徴づけの中でも，もっとも客観的かつ描写的で軽蔑的でないものといえば，「幼い」という語である。つまり，同じ年頃の子どもの大半が比較的簡単にやってしまうこと（たとえば自分で服を着替えるとか，親元を離れて泊りがけのキャンプに行くとか）をしたがらない子どもだということである。もっと穏やかな言い方をすれば，ある面では適切な行動が，年相応の期待をかけられると，重荷だととらえるような子どもである。たとえば勉強せずに遊んでいればいいから学校をやめて保育園に行きたいと言うかもしれない。強い依存の問題を抱えてきた少年は，もう立派に発達しているのに，母親の胸から温かいミルクを飲むことを「思い出し」，それをまたやりたいと切望した。保育園時代に分離が困難だった少年は，7歳になって友達の家に喜んで泊まりにいくようにさえなったが，まだかなり長い時間，母親にぎゅっと抱きしめてもらうし，しょっちゅうベビーフードが食べたいと言った。もちろん子どもが赤ちゃん言葉でしゃべることはよくあるが，もう普通にしゃべれるようになったのに，いつも赤ちゃん言葉でしゃべる子どももいる。こうした子どもたちは，やればできることなのに，いろいろなスキルを習得したくないという気持ちをあの手この手を使って表している。

　こうした行動の中でももっとも極端なのは，片親，あるいは両親から離されるときにひどく不安になり，それが高じてパニックまで起こしてしまう場合である。こうした子どもの中には，離れているあいだにとんでもない大災害が起こるかもしれないという不安を口にする子

もいる。それ以外の子どもは単に親と離ればなれになるときにひどく恐怖を感じるだけで，それがかんしゃくやパニック発作として表れることもあれば，退却行動ややる気のなさとなって表れることもある。もちろんこれは家族セラピストが日常的に直面する問題であり，通常は子どもの不安に家族がどのように関わっているか，そして逆に家庭の問題を「解決する」ために子どもがどのような役割を果たしているか，という点に注目して扱う。この節では分離不安に関する精神力動的視点のいくつかを検討し，次章ではそうした理論的視点をどのように利用することによって家族システムへの介入を計画するのかみていく。

　伝統的な精神力動の視点から見ると，分離不安，睡眠障害，学校恐怖症は，投影，置き換えという防衛機制を子どもが用いた結果として起こると理解できる。子どもが親から離れるのを不安に感じるのは，怒りの感情を周囲の人間に投影し，その結果自分は周りのみんなから敵視されていると感じるからであり，また，親が自分の敵意について知っていると思い込み，見捨てられるのを恐れるからでもある。

　学校恐怖症である子どもが母親のことを「心配」するのを家族セラピストはよく目にするが，それはその中にあって子どもが脆弱な母親を支えよう，守ろうとする家族システムだけが原因なのではなく，むしろ子ども自身の怒りや破壊的空想に対する防衛（反動形成）として理解できる。さらにGardner[58]によると，不安を感じる子どもの母親自身，無意識の敵意に罪悪感を覚え，その反動形成として心配したり過保護になったりするという。

　　　興味深いことに，子どもはほぼ同じようなパターンの精神病理を呈する。基本的に子どもはさまざまな理由から母親に怒りを感じる。……しかし〔子どもは〕この怒りを直接表すことができない。あまりにも恐くてできない。あまりに母親に依存しているので，怒りを表す

など無理なのだ。結局のところ「この世で」子どもに降りかかる可能性のある危険から子どもを守る使命感をもっているのは，世界中のほかの誰でもなく母親である。……そして子どもも母親と同じような方法で自分の敵意に対処するようになる。とくに子どもたちは抑圧，反動形成，空想の中での充足という手段を用いる。母親を襲う大災害を思い描くたびに，子どもは母親に対する敵対的願望を空想の中で満たす。その願望を恐れに変えることによって，子どもは自分の罪を軽くする。（20p）

Kessler[93]は，子どもが，投影した自分自身の敵意から自分を守るために，よりいっそう母親に依存することによって，受け入れがたい攻撃性から自分を防衛するとき，その子はそれまでにないほど母親に対する攻撃的感情と葛藤するようになるかもしれないと指摘している。敵意を抱いた結果，愛されなくなるのではないかという恐れは，自らの怒りの対象であるまさにその人物に過度に依存することによっていっそう強まる。不安を感じたときに子どもがきわめて「攻撃的に」親にしがみつく様子に，子どもの症状が無意識の葛藤を表現すると同時に否定しているという精神分析的仮定を見て取れる。親はよく自分から離れない我が子にひどく怒りを感じるが，それはその恐怖心を抱いた子どものことを，ひじょうに支配的で要求が多いとも感じるからである。親を必要とする気持ちを子どもが強く表すのは，攻撃性に対する防衛の派生物と理解できる。

分離不安とそこから生まれる諸問題は，対象関係論の視点からまったく違った解釈ができる。そのような視点に立つと，上記のように無意識の衝動と，自我および超自我からの要求のあいだの対立を強調するのでなく，母親との関係の内在化が中心にあるとみなす。このようなアプローチをとる場合，子どもが自分を何から守っているかたずねるのでなく，子どもが幼いころの母親との関係の質に目を向け，その

子が自己を発達させて安心感をもてているかどうかに着目する。
　Winnicott[192]は，完璧でなくても幼い我が子に十分に目をかける母親を描写するために「ほぼ良い母親」という語を生み出したが，彼は子どもが「良い母親」と一体化した体験を内在化することで基本的な信頼感が発達すると信じた。子どもは自分が母親から離れていることを感じるようになると，依存的なアタッチメントを「移行対象」に向けるようになる。そうすることで母親との融合感を持ち続けられるし，子どもが分離不安に対処するのが後押しされる。親から離れているという感覚は，次第に大きくなり，すべての欲求が満たされないことに対する怒りが伴われる。母親に対して破壊的な感情を抱いても，実際のところ母親を破壊しないし，自分が見捨てられることもないと体験すると，子どもは自己と対象の両方が別個でそれぞれゆるぎない存在であると感じられるようになる。もし母親が子どもの気持ちに十分応えてあげないなら，あるいは子どもの攻撃性も許容される「抱える環境」を与えないなら，子どもは確固たる自我を発達させられない。
　Mahler, Pine, と Bergman[110] は Winnicott と同じように，生後数か月間で幼児は母親と融合しており，マーラーが「正常な共生期」と呼ぶ融合状態に守られて安心感と万能感を得ると考えた。「私」と「私でないもの」の区別がないという意味で，母親は「補助自我」とみなされる。子どもが分離の感覚を身につけ，母親から離れて行動できる能力を発達させるためには，まず母親と共生期の融合を過ごす必要がある。子どもの発達課題は，少しずつ母親との共生関係から離れ，自分自身の特徴をもった個人として自己感覚を発達させることである。この分離－個体化の段階はだいたい3歳ごろまで続くが，安心できるようになるまで子どもは何度も親から離されては戻ることを繰り返す。母親は子どもに探索し，冒険するよう励ますと同時に，子どもに安心感を与えるより，いつでも子どもが帰ってこられるように現前する必要がある。この「再接近」期に母親が子どもの要求に応えてあげない

と，子どもは親から適度に分離できず，共生段階から抜け出せなくなる。

Slipp[168)]は対象関係論と家族療法の関係に関する著作において，不安を理解するさいにMahlerの著作が重要であることを巧みにとらえている。

> Mahlerは個体化を心的自律性の発達と同義だと定義づけている。つまり分離は自己を対象から区別し，距離を置き，自己と母親のあいだに境界を引くことと関係している。この過程がうまくいけば，再接近の下位段階で母親は子どもの中に内在化される。そうすると子どもは母親が目の前にいなくても，自分を愛し続けてくれると信頼できるのである。子どもは，以前実際に母親が目の前にいて慰めてくれたり，世話してくれたり，愛してくれたように，必要とするときに心理的に母親像を記憶から呼び起こせる。比較的自律性があり，母親という対象から分離し，凝集性のある自己が発達するのに加えて，対象の恒常性がこの段階で確立される。こうして，子どもはそれまで母親がもっていた均衡維持機能を自分の中にもつようになり，自己評価を維持するために自己をなだめたり，自己愛を調整したりできるようになる……もし発達が抑制されると，共生的なつながりは続き，その子は周囲にいる他者から自己評価を調整されることに過度に敏感なままでいることになってしまう。(50,51pp)

症状の形成に対する葛藤理論，母子関係早期における問題があるという考え方のどちらも，分離困難の源泉を判断するのに有益である。次章ではこの二つの視点を，分離の問題を家族システムの出来事としてだけでなく，子どもの内的困難を反映するものとしても対処するような介入方法を定めるために活用する。

6．より深刻な障害をもつ子ども

　典型的な子どものクライエントよりもさらに重い障害をもつ子どもを描写するために種々の専門用語が生み出されている。いくつかの例をあげると，自己愛障害，統合失調質的人格障害，境界例，分裂病型人格障害などである。ここでは家族志向の心理療法の文脈において役立つよう，障害の重さを理解するいくつかの方法について検討する。ここで上記のような診断上の用語を持ち出したのは，単に読者の皆さんに，筆者が説明する問題の種類をはっきり認識していただきたいからである。しかし筆者は自分ではこうした用語は用いない。なぜなら，こうした用語には実際に可能な診断的正確さよりももっと厳密な正確さが可能であるという誤った印象を与え，現象を過度に医学的に扱うためにこうした子どもの問題に対処する私たちセラピストの手腕を高めるよりむしろ損なうからである。たとえば子どもを「境界例」(DSM-Ⅲ-Rの範疇とは違う）と診断する基準を設けようという試みがあるということは，とりもなおさずそれについて書かれた論文で説明される症状が，きわめて広範囲に及ぶ行動まで及んでいることを示している。Vela, GottliebとGottlieb[177]は異なる著者による8冊の専門書にあげられた19の症状のうち，6つが共通していることを発見した。しかしその6つの症状もDSM-Ⅲ-Rに照らしはじめると，分離不安障害，反抗性障害，注意欠陥障害，分裂型人格障害の基準にも合致していた。さらに分類のさいに見かけの（あるいは記述的）妥当性は，必ずしも予後に関する，予測妥当性を保障しない。実際問題として境界例の子どもと自己愛性人格障害だと説明される子どものあいだ，あるいは分

注3　診断用語が概念的な明確さを高めるのに役立つ指針となるよりも、人の威厳を傷つけ、非生産的なものになってしまう危険性のいくつかについての詳しい議論は、P. Wachtel[187]を参照してほしい。

裂型人格障害と幼年期および青年期の分裂型障害のあいだには真に機能的な違いがあるのかもしれないが[94]，家族療法においてこうした子どもたちを相手にするさいにはこうした分類が役に立たないことが分かった。こうした分類は，ある子どもに特有の性質や困難を理解することにはつながらず，家族もセラピストも子どもの病気を必要以上に強調してしまうかもしれない。

　この節で筆者が話題にしている子どもたちは精神病，あるいは統合失調症ではないが，「奇妙に」見えるし，より典型的な問題児とは明らかに一線を画している。たとえば，ある子どもは攻撃されているという感覚にひじょうに敏感であり，妄想があるとは言わないまでもより広い意味で偏執病と言えるかもしれない。こうした子どもは，他の子ならそれほど挑発されないことに過度に反応する。彼らは自分が敵意だと感じることに対して極端な攻撃反応を示すので，教師たちは彼らが爆発したときにほかの子を傷つけるのを恐れて，その子を普通学級に入れておけないと判断を下す。本章で先ほど論じたが，こうした子どもは衝動のコントロールができないだけでなく，現実検討がうまくできず，出来事をきわめて個人的なやり方で解釈してしまう。

　さらに学校ではいろいろなことをこなせるものの，仲間からひどく孤立してしまう子どももいる。彼らが「変わっている」のはほとんど他者と関わらない点にある。たとえばイーサンは学校では誰とも目を合わさないし，家でも抑えがちで，感情的に家人から距離を置いているようだった。彼は家族から孤立し，何時間も強迫的にサメの絵ばかり描いていた。これを何とかやめさせようとしても，イーサンは激しく抵抗し，怒った。

　自分の殻にこもり，人との交わりを絶っている子どもは，人と接触しなくても苦しいと感じているようにも見えないかもしれない。イーサンは自分の周りにそのように壁を築いてしまっていたので，自分に友達がいるかいないかなど（意識レベルで）純粋に気にしていないよ

うに見えた。その他，深刻な障害を抱え，対人的に孤立している子どもたちは人と接したいという願望を示すが，あまりにぎこちなくその場にそぐわない行動をとるので，他者に近づいても避けられてしまう。

深刻な障害に悩む子どもの中には，あまりに不安が高く，落ち着かせてくれる大人がそばにいないとうまく機能できない子もいる。たとえばChethik[26]は，自らの臨床実践で扱った，挑発されたわけでもないのに動揺し脅える境界例の子どもについて描写して「新しい刺激はどれも彼を脅かした。彼はつねに精神的外傷（トラウマ）を受けるし，うまく日常生活を送るための効果的な適応システム，あるいは防衛システムを持ち合せないかのようだった」（161p）と書いている。

その他，気持ちの揺れが激しく，しばしば瞬時に気分が変わってしまうという症状を呈する子どももいる。いつとは知れず激しい怒りや絶望感が起こる。はっきりした刺激をまったく受けていないのに子どもの精神状態があまりに突然変化するので，親や教師はしばしばひどく当惑する。たとえば6歳のジェレドは教師の目にはよく描けている絵を突然ずたずたに引き裂いた。その後1時間ほど教師の手に負えないほどひどいかんしゃくが続き，頭をどこかに打ちつけて自分を傷つけないよう，教師は力ずくで抑えていなくてはならなかった。同じように4歳のサラは（第9章の事例報告を参照）何かちょっかいを出されたわけでもないのにお返しに仲間に暴力をふるったかと思えば，自己嫌悪でむせび泣くという痛ましい「発作」を起こし，そうした状態を交互に繰り返した。こうした子どもは自分と関わる重要な大人に対して激しい感情を表出させることもある。かつて愛されていた親や教師は，極端な場合，身も凍るような激しさで「憎まれる」かもしれない。

Combrinck-Graham[29]は，境界例の子どもの扱いにくさは家族システムの視点からとらえ理解できる，と興味深い説明をしている。しかし筆者の経験では，家族システムの視点で見るのも重要だが，それだけ

では十分ではない。こうした子どもの心的生活に対する理解も組み込んだ介入を行えば，相乗効果を生み，家族への介入による効果が高まる。したがって再び読者の皆さんには，本書で提案している精神力動的な理解は子どもを病理的に見るためにではなく，行動的介入および家族システムへの介入の効果を高めるために用いられるということを思い出していただきたい。

精神分析的志向の臨床家はこうした子どもについて，自我構造の発達が不適切だったと説明する。Pine[138]は境界性人格障害の子どもに関して「慢性的な自我の逸脱」が見られると記している。

> より障害の重い子どもの主な特徴といえば，現実原則を確立できていないこと，不安の信号機能の信頼度が低いこと，対象へのアタッチメントが流動的であることである……つまりこうした子どもたちには，他の子が備えている基本的な機能安定装置が欠けている。ふつう，よりどころとなるような安定装置が外的世界と秩序だった対象関係の中にあり，子どもを調整し，不安が実際に喚起されると，心的防衛の数々が作用し始める。(348p)

こうした問題は，それより障害の軽い子どもにおいて症状形成につながる心的葛藤や防衛機制ではなく，対象関係の領域における問題を反映する重度の発達不全から生じるとPineは考えた。Paulina Kernberg[92]もこうした問題は，（先述の）再接近の確立期および分離－個体化の段階で対象関係に問題があることに起因しているとみなした。彼女の見解によると，内在化された対象を良いものと悪いものに「分裂」するからこそ，不安や攻撃性を扱う自我機能がうまく発達しなくなるという。同様にChethik[25]は，母親との共生的一体化の状態から部分的にしか移行できないのが境界性人格障害の子どもだと説明している。境界性人格障害の子どもの場合「良い対象」が内在化されてい

ないので，自分の安全を与えている「対象」から離されるとパニックに陥ったり恐怖を覚えたりするかもしれないし，自らの弱い自我機能では抑圧できない攻撃的空想や原始的な憤怒に圧倒される可能性もある。

　幼いころの対象関係がうまくいかなかったことに精神分析的に注目するからといって，必ずしも育児の失敗を意味するわけでないことを心にとめておく必要がある。たとえばOtto Kernberg[91]は，子どもの中には生まれつき不安を許容できなかったり，攻撃衝動が人一倍強かったりする子がいると考えており，それが分裂の一要因だとみなしている。

　内在化されたよい対象と悪い対象という概念および分裂という概念を受け入れないとしても，こうした問題を抱えた子どもは，基本的な自我機能が十分発達していないと考えるのは有益である。だからこそこうした子どもたちは現実検討がうまくできず，衝動に対する防衛の発達が不十分で，充足の遅延ができず，自分を混乱させる不安を適切に防衛できないかもしれない。その結果さまざまな形の防衛に大いに頼ることになり，それが通常の機能を妨げてしまう。

　子どもを対象とする精神分析志向のセラピストは，本書で提案するのとは根本的に異なる治療的介入方法をよりどころとしているが，それでも境界性人格障害の子どもや自己愛の障害をもつ子どもに対する治療目標は，本書の家族−子どもに対する統合療法とかなり一致している。たとえばChethikは，主な治療目標は，子どもが原始的な素材をつなげて，二次過程の統制下に置く手助けをすることだと述べる。同様にPaulina Kernberg[92]はこうした子どもに対する治療的作業について説明した中で，「いまここで」の作業の重要性を論じている。彼女は超自我機能を訓練するために具体的なゲームを利用し，その子の欠点についてその子自身と現実的に話し，クライエントとセラピストの共感を強める目的で治療関係において何が起こっているかはっき

りと言葉にして説明し，原始的空想にまつわる不安にその子が耐えられるよう手助けする。

　第7，8章では，子どもの自我機能を高める目的で行われる，一人一人の子どもに応じた介入方法について説明する。

7．対人的期待

　人が抱くイメージや期待がその人の行動を決める大きな要因となる，というのはどのような学派の理論家も共通して認めるところである。精神力動的セラピストに関して見ると，上記のような考え方は当初，おもに無意識の空想という考えによって表された。初期の精神分析理論では，空想という概念は衝動という概念と密接に結びついており，空想は充足感を得た子どもの体験の精神的，あるいは視覚的表象とほとんど変わらないと考えられているときもあった。しかし次第に衝動モデルにおいても空想という概念は練り上げられ，世界がどのように機能するか，何が期待されるか，求める価値のあるものは何か，という全体像まで包括するようになっていった。さらに最近になって，対人関係論，対象関係論，および自己心理学の見解が精神分析的思考の表に立つようになるにつれて，空想よりむしろ期待として描写される，自己と他者との相互関係の内的表象に重きが置かれるようになってきている。乳児に対する調査では，ごく小さな乳幼児でさえ，経験したことを記憶に組織化し，そこから一般化された期待を引き出していることが判明した。Bowlby[170]はこのように人間関係の心的表象を「内的作業モデル」と名づけた。Zeanah[194]らは精神力動理論と実践へのふくみをレビューして，内的表象を次のように記している。

　　本質的に，生きられた経験の一つの見方をその個人に対して表象(再-現前)させる記憶構造である……この（内的表象の）巨大なネットワ

ークは，生きられた経験を再現（再‐現前）するだけでなく，入ってくる情報を選択的に知覚し，解釈し，期待を生成し，対人関係における行動を導くとされている。それら記憶構造は経験を受動的にろ過するだけでなく，個人が能動的に人間関係の体験を再現するのにも寄与している。(663p)

　内的構造の存在とその妥当性は，赤ん坊が母親と離れ再会する様子が観察される実験パラダイムである「ストレンジシチュエーション」における「アタッチメント行動」の研究から多くの実証的支持を受けている[3]。「安定型」アタッチメントを示す乳幼児は，「回避的」あるいは「アンビバレント型」アタッチメントを示すと分類される乳幼児よりも，その後心理社会的適応度が有意に高かった[169]。このような予測研究の対象となったのは乳幼児よりも少し年上の子どもたちだが，学齢児を対象とする研究も，安定型アタッチメントを内在化したと思われる子どものほうが不安定なアタッチメントを見せる子どもよりも，全体的な機能に関してすぐれており[111]，自己評価も強く[22]，精神病理も少ないと示している[103]。
　こうした理論概念は，認知療法および認知行動療法の理論家が独自に発達させた期待という概念と融合，あるいは重なり始めている。第8章で論じるが，スキーマの概念はこうした概念と多くの共通点をもつことが分かるだろう。
　本章で説明する治療的作業において，最も直接的に適用可能なのは，後者のより認知的に定式化された概念である。なぜなら内在化された期待と今起きている出来事を反映すると同時に追認するその時点に起こりつつある操作について，より精緻化された概念となっているからである。しかし子どもの期待の中には，認知志向のセラピストの概念的枠組みにはまるで収まらない期待もあることが明らかになるだろう。この点で，本書の他の箇所でもそうだが，循環的精神力動的視点は，

精神力動的理論によって示されるもっとも深くもっとも不合理な思考に対する洞察と，認知行動的アプローチを特徴づける顕在的な出来事の関連に対する認識のあいだに，有効な橋渡しをする。

　幼い子どもとその家族を相手に面接作業を行っているとき，両親がある内在化された期待を強化しているかもしれないと気づくし，どのように発達していようとも，現時点での強化因子とは比較的自律した機能をするように見える「内的作業モデル」を子どもが様々な状況に適用していることも簡単に見て取れるだろう。内在化された期待は固定化された実体ではないので，筆者は比較的自律して，という言葉を使った。期待は子どもの行動に影響を与えるし，次にそれは子どもと家族のあいだの相互作用のパターンに影響する。そして今度はその相互作用パターンそれ自体が，子どもの内在化された作業モデルを微妙に修正する。もちろんこれと同じ循環過程は，子どもと外の世界との関わりにおいても生じる。たとえば拒絶されることを予期する子どもは，自分が予期するまさにその反応を喚起するように振る舞うことが多く，その結果，内在化された期待の有用性をいっそう強く「追認する」ようになる。もちろん子どもの期待が周りからの反応を完全にコントロールするわけではないし，反応が期待にそぐわないとスキーマは修正される可能性もある（たとえばP. Wachtel[179]参照）。

　家族がセラピーにやってくる原因となる問題は，子どもが遭遇するさまざまな状況が相互に矛盾するのを反映していることもある。ある期待が家族という環境の中では適切であっても，子どもが住むより広い社会の中ではほとんど予測的価値をもたないかもしれない。たとえば「赤ん坊じみた」言動をすればかわいがられるどころかちやほやされると子どもが期待するのは，家庭でのそれまでの経験を反映しているのかもしれないが，キャンプや学校といったより厳しい環境でそのスキーマを用いれば，期待をかけた子どもはひどく失望し怒りを感じるだろう。あるいは，ある環境において何も原因を作らなくても家族

の誰かが敵意を爆発させるのに注意しなくてはならないと子どもが予測するのはある意味で正しくても，そういう子どもが敵意のない環境で一日を過ごす場合，その防衛姿勢はその新たな場にはふさわしくないかもしれない。

　精神力動的視点，家族システム的視点，認知行動療法的視点を統合させる必要性がもっとも高まるのは，社会で居心地よく過ごし適切に機能することの妨げとなる「内的作業モデル」を変える目的で子どもおよび家族との心理療法にあたるときである。詳しく観察すると，こうした個人の無意識の仮定と認知スキーマは，家族システム内の相互関係に影響を与え，かつそれにより維持されている。（投影的方法あるいはその他のやり方で）子どもがもつ無意識の仮定を理解し，家族と一緒にいるときの子どもを注意深く観察することを通じて，親のどのような言動が，知らず知らずのうちにこうした期待を維持する役割を果たしているかということを理解すれば，より包括的で十分に交流的なアプローチの基礎が形作られるだろう。本書ではこの先，こうしたさまざまな視点から，どのようにしてジレンマから抜け出そうとする子どもと家族を助ける幅広い介入方法が生まれるか，見てゆくことにする。

第7章

精神力動的フォーミュレーションにもとづく介入

　本章では，精神力動的フォーミュレーションを用いた家族および子どもに対するさまざまな介入について説明する。この介入には，積極的介入を通じて子どもの問題に対処し，精神力動的視点を全体的な介入計画に取り込むのが目的である。子どもの精神分析的心理療法，あるいは子どもの精神分析とは異なり，ここで説明する方法を採る場合，子どもに解釈を与えるために，子どもの精神力動から得られた知識を用いない。そうではなく，子ども個人の特定の必要に合わせるために精神力動的フォーミュレーションを用いて家族システムへの介入と行動的介入を計画する。

　フォーミュレーションや一時的な仮説を両親に伝えることは，この心理療法の不可欠な要素である。たいていどの親も子どもに関してもっと学びたいと切に願っているし，精神力動に関する情報は，しばしば家族セラピストによるリフレーミングと同じような働きをする。リフレーミングや精神力動的フォーミュレーションにより親はそれまでとは違った目で，そして以前ほど怒りを感じずに我が子を見ることができるようになる。

　一般に親は子どもに何が起こっているか，ということに関する精神力動的仮説を受け入れる姿勢をもっている。しかし，それは親がただ我慢して理解ある姿勢をとるように指示され，ただ一方的に情報を与

えられるのではないからだ。親たちは精神力動的仮説だけでなく，子どもの問題解決を助けるために何をすべきかという具体的なアドバイスを受ける。行動的介入と家族システムへの介入を精神力動的理解に結びつければ，親たちは新しい方法を試したいと強く願うようになる。たとえばもっとしっかりした制限を設けるように言うと，厳しすぎるのではないかと恐れて抵抗していた多くの親でも，我が子の心的プロセスへの影響，さらには外からの自我統制が一時的に必要であるという文脈においてその制限設定の意味を理解すると，喜んでそれを受け入れるようになる。このように精神力動的フォーミュレーションは，介入の基礎となるだけでなく，相互作用のパターンを変えるほうがよいという提案に対する抵抗を大きく下げることもある。

　本章に紹介する例をあげたのは，一つのアプローチについて具体的説明をするためであり，精神力動的概念を用いるさまざまな方法を余すところなく概観するためではないということを心にとめておいていただきたい。それぞれの子どもや家族が抱える問題，課題は異なっているので，そのようにすべてを概観するのは不可能である。すぐれたセラピーに常套手段などないように，本アプローチでも固定された手法は決まっていない。たとえば子どもの攻撃性が傷つきやすさに対する防衛と理解されるとき，こうするべきだ，という決まった指示など出せない。むしろ，どれほど厳密にこの視点が用いられるかというのは，家族システム，社会，行動の要因も考慮に入れる複雑な問題である。本章の目的は，そうした統合的視点を総合し，精神力動論の知見を適切かつ独創的に用いる道具を読者の皆さんに示すことである。

　クライエントの問題を精神力動的に概念化することは，精神力動が最も中心的な焦点でないときでも，治療的作業のいろいろな側面に関して情報を与えてくれる。したがって，行動修正の計画を立てるさいには，子どもの無意識の欲求を理解した上である特定の強化因が提案されるかもしれない（第9章のマシューの例を参照）。同様に，家族

内で境界と同盟に関して，どのように構造を変えれば問題を抱えている子どもを助けられるか分析するさいに，その子の無意識の欲求と葛藤をセラピストが理解していれば，大きな助けとなる。

　まずは二種類の介入を見てみよう。一つは「赤ちゃんごっこ」，もう一つは「物語作り技法」で，子どもの精神力動的葛藤に対処するとき特に役立つ介入方法である。

1．赤ちゃんごっこ

「赤ちゃんごっこ」の介入では，親にごっこ遊びなどをしてもらうが，その目的は，子どもが赤ちゃんだったときの自己に親が気づき，それを受け入れ，愛していることを子どもに知らせることである。「大きくなった」子どもという外見の下にまだ潜んでいる赤ちゃんに対して親に話しかけてもらうと，不安だったり幼稚っぽかったりする子どもや，内面とは反対の仮面をつけている子ども，つまり依存欲求を否定して親からの愛情も賛同も求めない子どもを対象とする場合，きわめて有効であることが分かった。この方法が役に立つのは，上の子どもが下の子どもに対して感じるうらみを扱うときである。このようなうらみは，親が上の子どもに対して，妹や弟と同じ程度，またはもっと注意を向けようとしても起こってしまう。「赤ちゃんごっこ」の介入は，うらみがあからさまに表されるときも表されないときも使うことができる。

　子どもがどれほど大きくなろうとも，そしてどれほど自立したように振る舞おうとも，親は子どもが口にせず，ときには放棄してしまう願望に気づき，それを受け入れ，育んであげるんだということを子どもに思い出させるための様々な行動を網羅する用語として，筆者は「赤ちゃんごっこ」という語を用いている。子どもは年相応の振る舞いをするよう期待されるが，ある意味で「あなたはいつまでも私の赤ちゃ

んよ」ということを子どもに知らせるようなゲームやその他の活動を始めるように親は指示を受ける。子どもの欲求から「ゲーム」を作るにあたって，子どもの育ちつつある成熟さと自律性の感覚を脅かさないようにしつつ，強い退行願望を受け入れるということを親がモデリングして見本を示す。

「赤ちゃんごっこ」は子どもの年齢や性格，そして親が退行的なごっこ遊びをどれぐらい許容できるかによって大きく異なってくる。たとえば，学齢の我が子を「毛布ちゃん」でくるみ，「お菓子」を与え，その子を退院して家に帰ってきたばかりの新生児のように扱ったらすごく楽しかったと語る親もいる。また幼い我が子が，はいはいし，よちよち歩きをしたり，数単語を話せるようになって親が興奮するという設定を楽しむ親子もいる。また「赤ちゃんごっこ」といっても，ただ子どもが赤ちゃんだったころについて親が回想したり，赤ちゃんのころの写真やお気に入りだった移行対象を引っ張り出してきたりすることもある。

　本質的にこの技法は，子どもが自分の願望を表立って「認める」ことなく，それを扱おうという試みである。とくに依存欲求を抑圧した，あるいは捨てた子どもにとっては重要な方法である。セラピストは子どもの行動の意味を本人に「解釈する」のでなく，このような象徴的な劇を通じて，ほとんど無意識にある願望に子どもが接触し，それを充足させるのを手伝う。したがって親のほうから，「あなたが大きくなって誇らしく思うけれども，ときどき小さかったころが懐かしいから」ごっご遊びをしましょうと提案する。「赤ちゃんごっこ」をすれば，遠回しに子どもがもつ欲求を意識にもたらし，象徴的にその欲求に語りかけるだけでなく，おそらく一番重要なことだが，実際に親子の相互作用の質を変えられる。このようなやり方で注意を向けられる子どもは，挑発的で否定的なやり方で親と関わることはまずしないだろう。同様に子どもの空想を満たす親は，実際のところ成長，発達に有害な

影響を及ぼす時期に，子どもを「過度に甘やかす」可能性がずっと低くなる。

　子どもが実生活で年不相応な振る舞いをしないときだけ「赤ちゃんごっこ」を始めるべきだ，ということを親に対して明確にしておく。「赤ちゃんごっこ」は通常子どもにとってとても楽しいので，何が奨励され，何が強化されるべきか，親がきちんと意識しておくことが大切である。だからこそ，親が良しとするような行動を子どもがとっているときに，「赤ちゃんごっこ」をするのが一番良い。もし年不相応に幼い，あるいは否定的な行動をした直後に「赤ちゃんごっこ」をすれば，そうした行動は知らず知らずのうちに強化されてしまうだろう。

　Anna Freud[54]は，どんな子どもにも正常な発達の過程で退行は必ず起きると指摘している。たとえば寝るときに，「誰にもまして聞き分けがあり適応した子どもでさえ，むずがったりめそめそしたり，バカげたことを言ったり，親にしがみついてきたり，もっと幼いころのように世話をしてもらいたいと願ったりする」(101p)。このようなときには「赤ちゃんごっこ」は控えるべきである。なぜなら子どもは，親が本当はしてほしくない行動をとると自身の退行欲求が受け入れられるため，この二つの出来事を結びつけてしまうからである。

　「赤ちゃんごっこ」をするとすぐに顕著な変化が現れることが多い。そのためこの活動を，一度飲ませれば病気をぴたりと治してくれる甘いシロップの薬だと思ってはいけないと親に伝える。そうではなくて「赤ちゃんごっこ」は，もう消えてしまった子どもの幼い部分を，親は今でも受け入れ，愛していることを本人に知らせるためのものである。成長過程にある子どもは，大きくなりたいという願望と，いつまでも子どもでいたいという願望のあいだでつねに揺れ動く。そうした何年ものあいだに親はときどき思い出したように我が子がまだ赤ちゃんだったころを回想し，赤ちゃんのころの写真に見入り，当時子どものお気に入りだったおもちゃを取り出すだろうが，それは望ましい行

為である。

　中には「赤ちゃんごっこ」というやり方を好まない親もいる。そういう場合には，この介入方法の裏にはどのような理論があるのか，その親と話し合うことが大切である。したがって，たとえば親に愛情を示さず，妹や弟に敵意をもっている子どもは，自分自身の願望を絶ってしまったのだと親に説明すればよい。これはゲームであって，日常生活においては年相応の行動に関する期待を緩めることではないと再確認できれば，親は進んでその方法を試してみるだろう。

　「強い男」ぶったり，冷めて大人ぶった我が子がそのようなゲームに乗ってくるか懐疑的になる親も多い。子どもは表面的にはその遊びを楽しんでいるようには見えないかもしれないし，親の提案を拒否しているようにさえ見えるかもしれないが，それでも子どもは自身の欲求に対する親の象徴的な語りかけを聞き，それを受け入れるのだ，ということを親に知らせるとよい。子どもがそのゲームを受け入れなくとも，与え続けることが肝心である。こうして子どもを誘うだけでも，子どもの防衛のよろいは壊れ始める。

　この「赤ちゃんごっこ」という方法はどうしてもいやだと親が言うなら，セラピストはそれを無理強いしたりその重要性をしつこく説いたりすべきでない。親との信頼関係が強まるにつれて，なぜ親はとくにこの方法を受け入れるのが難しいのかがはっきりしてくるだろう。ここで再び読者の皆さんは，心理療法において家族システム論的，精神力動的，行動的側面を分けるのが不自然だということを思い出すだろう。「赤ちゃんごっこ」という方法はそれだけが他の介入から切り離されて行われるわけではない。家族全体における傷つきやすさと退行願望の問題に対処するために，家族面接も利用する。このように，この方法に対する「抵抗」は，家族面接を実りあるものにするための手がかりだと考えればよい。

1 「赤ちゃんごっこ」を用いた具体例

　7歳のミランダはしょっちゅう両親にひどく腹を立てているようだった。両親の話では，親が妹にばかり目をかけているとミランダは不平を漏らしていたが，実際のところ彼女は，親が彼女を喜ばせようとしていろいろ提案しても，ほとんどすべて拒否するとのことだった。ミランダは，親がおはようと声をかけても，本からほとんど顔を上げなかったし，彼女のしかめっ面を見れば，読書の邪魔をしてはいけないと親は感じた。しかしこのようにつっけんどんにしているかと思えば，親にべたべたしてきたり，めそめそ泣き言を言ったり，親に依存してきたりするのだった。朝，母親が仕事に出かけるとき，ミランダは大声で泣き，お母さんはスクールバスのところまで自分を送ってくれないと不満を言った。夜，両親が揃って出かけようとすると，なぜ自分を連れていこうとしないのか，あるいは連れていけないのかと詰問した。ミランダは自分の思いをはっきり口に出せる子だったので，しばしば親に強い罪悪感を感じさせることができたし，ときには計画を変更させることもできた。ミランダはあからさまに依存欲求を示したが，親に大事にされたい，あれこれ世話をやいてもらいたいという願望に葛藤を感じていることは，親との親しく暖かいやりとりが始まるとすぐに彼女がそれを中断することから明らかだった。たとえば父親と大騒ぎしながら遊んで陽気に笑っていたと思った次の瞬間に，父親が不注意にも自分に「痛いことをした」，もっと前に自分がふざけながら「やめて」と叫んだときにとっくみ合いをやめるべきだった，と言ってミランダは怒るのである。同様に母親にくっついてしばらく静かに本を読んでもらっていたかと思えば，その直後に何かに邪魔された（弟が妨害した，というケースが多い）と言ってむっとした。母親が問題を片付けてまたミランダのそばにやってきて，さっきの続きを読んであげましょうと言っても，彼女はそれを拒んで受け入れなかった。

ここに例示している問題は，家族がセラピーを受ける原因となる問題のほんの一部にすぎないことを忘れないでほしい。新しい学習課題がうまくこなせないと，ミランダが自分自身にひどく腹を立てることを両親も教師たちも気にしていた。このきわめて聡明な子どもは，自分にとってほぼ完璧といえる域に達しないものは受け入れられず，自分自身が期待したレベルに届かないと無口になって涙ぐんでしまうのだった。食欲があまりないこと，そして太るような食べ物を口にすることに極度に神経質であることにも，親たちはひどく気をもんでいた。最後にもう一つの，おそらく両親にとって一番の悩みの種は，弟に対して彼女が激しい敵意を示すことだった。

　ミランダとその家族に会ったのち，成功したいというミランダの激しい欲求と弟に対する憤りは，親の愛をつなぎとめておく資質を自分はもっていないという彼女の中核的感情から生じているのではないかという仮説を筆者は立てた。彼女は愛を要求すること（その行動は両親に迷惑がられ，拒否されたという彼女の気持ちはいっそう強まった）と愛情欲求をすべて拒否することを交互に繰り返した。「赤ちゃんごっこ」を両親が始めたとき，最初ミランダは参加を渋った。赤ちゃんのころどれほどかわいかったかという話を両親がミランダにし続けたとき（そして楽しかったミランダの赤ちゃん時代を，劇を通じて追体験したいのは自分たち親だ，ということを彼女に伝えたとき）初めて彼女の気持ちはほぐれ，愛への欲求を自分自身のものとして「所有する」ように求められなかったので，それが充足されるのを喜ぶことができた。この簡単な介入を通じて，ミランダと両親のあいだの暖かさは大いに強まった。そしてすぐに，ミランダが何かを拒否したり，要求したりする頻度も目に見えて低くなった。両親は娘との交流を以前よりずっと楽しいと感じるようになったし，それ以前と比べて，言うべきときにはきちんと「ノー」と言えるようになった。

　ミランダの問題行動には，傷つきやすさと依存性をめぐる葛藤以外

の原因もあるのは明らかだった。家族面接では，夫婦間の衝突，一方の親を仲間はずれにして，もう一方の親と子どもが同盟を結ぶこと，真剣さと勤勉を重んじる家族の道徳規範，そして両親が自分たちに対する判断のよりどころとしていた高く自己批判的な基準について話し合った。しかし筆者の考えでは，「赤ちゃんごっこ」の介入によって，ほかの治療的作業がずっとスムーズに進むことができた。なぜならそれはすぐに子どもの心の奥底に潜む欲求に対処したし，結果として家族システムの肯定的な変化につながったからである。

　10歳のアダムは，両親とベビーシッターの話によるといつも「扱いにくい」子どもだった。誰もそれをはっきりとは口にしなかったが，実際のところアダムがしょっちゅう手におえない行動をとり，人をひどく傷つける発言をする傾向があることは皆の話から伺い知れた。とくに彼は弟のベンジャミンを標的とした。ベンジャミンもしばしば言うことを聞かず，衝動的な行動をしたが，両親によるとアダムよりずっと優しい性格の持ち主だった。教師，親類，そしてとくに父親は，アダムが無礼で横柄な口の利き方をするので参っていた。このようにアダムは，学校の宿題をやり，家での規則を守るという点では基本的に「良い子」だったが，どうみても人好きのする子ではなかった。とくに目に余ったのは，人が苦しんでいても，アダムがまったく同情しないように見えることだった。アダムの父が，年老いた自身の父親が病気になって動揺していたときも，アダムの口から出たのは「どっちみち，じいちゃんは年寄りだろ」といった言葉だった。さらに悪いことに，アダムはまったく悪びれもせずに，あれこれ物がほしいとしつこくねだった。高価なスニーカーと運動用品が「ないとだめ」だったし，親と一緒にいて楽しそうにしているのは，自分が「必要な」ものを買いに，ショッピングに連れて行ってもらうときだけだった。

　アダムの家では，両親とも二人のきょうだいをはっきり「格付けして」おり，弟に対して両親が抱いている愛情とアダムに対して行って

いた義務的な世話とのあいだには大きな差があるのをアダムは察していた。それゆえ弟にいっそう激しい敵意を抱くようになり，また親の愛情の印である物に執着し，それらをいっそう強く求めた。もちろん両親のアダムに対する冷めた感情は，アダムがひどく人を傷つける扱いにくい子になってしまったのが原因だった。さらに，アダムが6歳のときに別居し，その後離婚してしまったことに両親とも強い罪悪感を感じていた。彼を傷つけてしまった償いに（さらに2番目の本当にかわいらしい子どもを産んで，アダムを傷つけてしまったことへの償いに），両親ともアダムの要求に屈したし，彼の喪失感を考えれば彼が弟に敵意を抱くのも無理はないとして，その敵意に目をつぶっていた。程度こそ違え，両親ともにアダムが自分たちの社会生活を指揮するのを許していた。両親が再婚しようとしまいと気にしないとアダムは言っていたが，両親の新しい恋愛に対して彼は超然としていた。母親の新しいボーイフレンドのことを「ばか」呼ばわりし，次々出現する父親の相手の女性のことは「能なし」と呼び，口をきこうともしなかった。

　さらに先述のような罪悪感から両親はベンジャミンも甘やかした。ベンジャミンのことはかなり「赤ちゃん扱いして」おり，同じ年齢のときアダムはもっとしっかりしていたと両親とも認めていた。明らかに両親ともある意味でベンジャミンの傷つきやすさを喜んで受け入れており，この優しくて抱きしめたくなるような子どもが，自分たちの力によってなだめられるのを見て大きな喜びを感じていた。

　アダムの両親はうわべでは互いに対して協力的だったし，たまに問題が生じることもあったが，子どもの連帯保護義務をきちんと守っていた。しかし本当のところ，二人の間には相当強い敵意があった。母親は，アダムが横柄でわがままなのは父親から学んだものだと思っていた。一方父親は，母親が必要以上に息子をコントロールしようとしたり，成功するよう息子にものすごいプレッシャーをかけたりするか

第7章 精神力動的フォーミュレーションにもとづく介入

ら、その反動でアダムが敵意を持つのだと解釈していた。

明らかにアダムの「手におえない言動」の家族システムの側面を扱うことが極めて重要であった。しかしアダムが自分自身に対する否定的な見方を修正するよう導く方法を見つけることも重要だった。アダムとの一対一の面接で、子どものころの思い出話をしてもらったが、「かわいい」ことをした話や思い出がないと分かった。そのかわりアダムは、歩くのもしゃべるのもひじょうに早く、とてもしっかりした子だったと言われ、ひどく機嫌の悪い子だったと、少し誇らしげに話してくれた。どこかまだ居たい場所から連れて帰られそうになると、足をばたばたさせたり泣き叫んだりしたという話を彼は聞かされていた。

家族面接は、アダムにも両親にも、アダムが小さかったころの穏やかな場面を一緒に思い出してもらうのに使われた。「赤ちゃんごっこ」については、両親に個人面接で説明済みであり、アダムに自分のもっとやさしい側面や親からの愛情に対する願望に気づかせるために、いろいろな形態で「赤ちゃんごっこ」をするよう筆者は両親に勧めた。母親はアダムが小さいころからとっておいたいくつかの品物を「春の大掃除」で掘り出して「赤ちゃんごっこ」をやる気になっていた。彼女はアダムに、たとえばトラックで遊んでいた記憶があるかたずね、小さいころアダムがかわいかったことについて何かうっかりと言うようにした。父親は別の種類の「赤ちゃんごっこ」を実行した。父親はアダムの小さいころの写真を何枚か取り出し、アダムが寝るときに冗談ぽく、昔を懐かしんで当時気に入っていた物語を読んでもいいかたずねた。

それ以外にも、彼がわずかでも優しい面を見せたり良い事をしたりするとそれに気づいてほめるなど、いろいろな介入も合わせて行ったところ、アダムは以前ほど敵意を見せなくなり、明らかに喜んで昔を懐古した。ある日母親は小さなかわいいクマのぬいぐるみをもって帰

り，キーキー高い声で「ぼくちっちゃいから恐いんだ。今晩寝るときぼくを抱っこしてくれない？」とクマにしゃべらせた。するとアダムの冷たさは完全に溶けて，やさしく「もちろんいいよ」と答えたのだった。

2．物語作りの技法

　「物語作り」[179]という方法では，子どもが思い出すまいと否定している感情を具体的な形で表すような物語を作るように両親に求める。その話には子どもが罪悪感を感じているかもしれない感情だけでなく，口には出さない恐れや無意識の不安も盛り込んでもらう。幼い子どもは通常動物が出てくる話に魅了される。自分はそんなふうに感じたり考えたりしていないと否定しても，自分と同じような思考や感情をもつ赤ちゃんゾウや小学生のトラにすぐに感情移入する。
　我が子はいろいろと物分かりがよく鋭いので，親の狙い通りに引っかかってくれず，したがってこの方法では効果がないのではないかと懸念を見せる親も多い。しかし，たとえ子どもが親の真意に気づいたとしても（確かにほとんどの子どもはある程度気づくものだが），それは物語にすぎず，問題に真っ向から対処するのでなく間接的に扱っているので，子どもはその物語に耳を傾けるし，動物を通して自分の隠された暗い面を知ってもらえるのを喜ぶ。
　子どもは（そして大人も）物語に魅了される。その話が，子どもの問題にぴったり合うように作られたものなら，子どもはそれを大変気に入り，何度も繰り返しその話をしてくれとせがんでくる。自分は面白い話など作れないと不安に感じる親も多いが，たとえ物語が想像力に富み，独創的で意匠を凝らしたものでなくても，自分の無意識の不安を扱った物語を子どもは愛するのだということを親に伝えて安心させる必要がある。物語を聞かせてもらうだけでも大半の子どもはとて

もうれしくなるので，話に矛盾があったり，ストーリーがぱっとしなくてもとやかく言わない。中には子ども自ら物語作りに入り込んできて，細かい点やわき筋を付け足し，それがさらに彼らの不安を反映することもあるが，大半の子どもはただ聞いているだけで満足する。

　物語に盛り込む内容について親に細かく指示を与えることを忘れてはいけない。土台になるような話の筋を例として提供しよう。たとえば自分が成長して「赤ちゃん」ぽくなくなったらもう愛されなくなるのではないか，と無意識のうちに恐れている子どもには，大きくなったら母さんゾウも父さんゾウも自分のことをかわいい，面白いと思ってくれなくなるし，もう背中に乗せてくれたり水をかけてくれたりしなくなるだろうと思い，サーカスの芸を学びにゾウ学校に行くのをいやがる小さなゾウの話などはどうだろうか。あるいは弟や妹に対する憎しみに脅え，それを抑えようとしている子どもには，弟ライオンとふざけてじゃれあったりかんだりするが，ときどき強い怒りを感じて，弟なんか狩人がしかけた罠にはまればいいと思ってしまう子ライオンの話をすればよい。その動物が自分の感情を誰か（親切な叔母，妖精の代母，先生，友人）に告白したり，誰かもこんな気持ちになったという話を前に聞いたことがあると気づいて安心感を覚えたりするところで話を終わりにすればよい。そうした話には子どものアンビバレンスを盛り込むことができるが（たとえば赤ちゃんゾウがサーカスの技を学び・たい・と・思っ・て・いる・とか，子ライオンがときには弟ライオンと楽・し・く遊・ぶ・など），子どもが実際に抱いて不快に思っている気持ちを話の主眼にすべきである。

　Gardner[56]は子ども相手のセラピーにおいて物語作りが有効だということを，種々の文献に執筆している。Gardnerの手法は筆者が説明してきた手法といくつかの点で異なっている。最初の違いは，彼の技法では物語を語るのが親ではなくセラピストであり，その物語は子どもがした話に応える形で語られるという点である。さらに，Gardner

が説明するセラピストのする話は，その子の問題に対するより適応的な解決方法を示すことで子どもに教訓を与えることを目指すが，筆者が説明してきた物語では，単に自分の隠れた面を表に出せばもっと気分がよくなることを物語を通じて子どもに示すのが目的である。

　本書で説明する心理療法において親に話をしてもらう目的は，子どもに，自分の中の隠された自己の側面はそんなに恐いものではない，と言って安心させることである。そのためこうした物語は隠し立てしたり，幸福だが現実味のない終わり方をしないことが重要だという点を親に理解してもらわなくてはならない。セラピストは，親が物語を作る手伝いをするさいに物語のテーマとなる基本的な感情や無意識の葛藤について親が理解しているかということを確認すべきである。もし可能なら，親はその葛藤を盛り込んだ物語を何バージョンか作って子どもにするのが望ましい。子どもおよび家族との治療プロセスを通じて，新たな問題が浮上するかもしれないし，セラピストが手伝うことによって，親はそれを新しい物語に組み込める。

3．実話

　子どもが不安を感じているのと同じような葛藤を自分でも感じた出来事が今までになかったか，親に思い出してもらうと役立つ。たとえば，自分が愛すべき誰かに対して激しい怒りを感じて罪悪感を覚えた記憶はないだろうか。実際感じている以上に，親から自立している，または依存する必要などないと背伸びした覚えはないだろうか。最近そういう気分になったことはないか。日ごろ同僚，友人，家族，あるいはどこかの店員と話すさいに，ある点で子どもと同じ気持ちになることはないだろうか。たとえば自分があまりに厳しく見えるのを恐れて，同僚に批判的なことが言えないでいるかもしれない。あるいはある友人がよそよそしくなったように思えたことによって起こった傷つ

き感情をどこかに追いやろうとしたかもしれないし，子どもじみていると感じた衝動に屈せず，大人っぽく振る舞うよう自分に強いた経験があるかもしれない。

　子どもはたいてい親の経験談を聞くのが大好きであるし，少なくともそうした逸話が実物教育のため，あるいは自分と比べたら子どもの生活は楽だということを強調するために語られるのでなければ，そうした話を喜んで聞く。自分の本当の気持ちや葛藤をさらけ出すような話を親がすると，子どもは夢中になって耳を傾ける。とくに子どもっぽい動物の物語にもう魅了されないかもしれない少し年上の子どもの場合，その子が抑圧したり，禁じたりしている感情が現実のものとして語られる実話は，ひじょうに効果的である。こうした話は過去の出来事についての話だが，会話中のその時点において感じている葛藤の話をすれば，さらにいっそう意味深いものとなる。最近の経験や，現在の交友関係に対する親の気持ちを子どもにも伝えれば，葛藤は親が以前経験した気持ちなのではなく（そしてその後，その葛藤を克服したのだろうと子どもは感じてしまうが），今でもときどき対処しなければならない気持ちなのだと，子どもは感じる。

4．親子両方に対する曝露として話をすること

　親子が並行して同じ不安を感じることはよくある。子どもが葛藤したり罪悪感をもつまさにその気持ちが，やはり親のどちらか，あるいは両方が感じている不安だったということも少なくない。（実例を示すこと，あるいは物語を作ることによって）こうした気分は不快だと子どもに感じさせないよう積極的に働きかけてほしいと親に頼むことで，セラピストはその禁じられた感情を抱くのは自然なことであるし，否定すべきものではないということを親にも伝えている。セラピストはこうした気持ちを抱く許可を親に与えているだけでなく，問題を自

分自身のものだと意識的に「所有」させることなく，親に間接的にその問題に取り組ませる理論的裏付けと方法を教えているのだ。このように，自分が否定している感情が中心となる物語を子どもに聞かせることによって，親は必然的に，自分もあまり認めたくないし，表現したくない気持ちに自分自身を曝しているのである。恐くて避けているものに曝されることは不安軽減に効果的方法である，という証拠はかなり集まっている。[184,191]

5．物語作りと家族構造の変容

　子どもの問題行動を変える方法の一つとして親が子どもに物語を聞かせるとき，その行為自体が家族構造にある変化をもたらす。子どもは，慣れない新しい方法で注意を向けられているのである。たぶん親は朝早く，あるいは食事時に話をするが，そういうときの家族の相互作用パターンを変えているのだ。

　親は自分自身の経験談を話すとき，子どもが興味津々なのを見てしばしば驚くと同時に満足感を得る。親が子どもの自己中心性をいさめることはよくあるが（しかし自分がその原因になっていることには気づいていない），ここでの主な構造的変化といえば，注目が子どもから親に移ることである。

　さらに親にこの作業をさせることによって，セラピストは親にするべき仕事を与えているのであり，その結果無力感やフラストレーションが軽減される。どのような仕事もそうだが，物語を聞かせることは，あまり効果がなかった古い解決方法に代わる新しい解決方法を親に与えていることでもある。

短い例

　7歳のローラは挑戦を避ける子どもだった。必要以上に目をかけて

もらい，安心させてもらわないと難しい課題に取り組めないことを教師たちは心配していた。新しいことにグループで取り組むさいに，彼女はとくに強い抵抗を示した。まだ知らないことに関して「推測する」よう求められるのを避け，どこかにふらっと出て行ったり，気分が悪くなったり，本を読むときに自分の番が回ってくると担当箇所がどこか見失ったり，ただ単に「もう知っている」と言ったりする作戦で彼女は失敗を避けた。彼女が投影によって作る物語には，不適格な行動をとって人に侮辱されたりあざけられたりするテーマが盛り込まれていた。

　回避の裏に潜む，軽蔑される恐れに彼女を対処させるために，セラピストである筆者は「物語作り」の手法を用いた。うまくできないといやなので狩りの仕方を学ぼうとしない子ネコや，飛び方を学ぼうとしない子鳥の話に彼女は興味を示した。こうした話を直接自分自身に結びつけはしなかったが，彼女はいくつかのことがどれほど自分にとって難しいか語るようになり，本当はうまくできないことについて自分はとても「上手に」できると宣伝して虚勢を張ることにも少しずつ言及するようになった。

　さらにローラの母親は（父親はできなかったが），本当はそう感じなくてもいいのに自分はバカだと感じた最近の出来事について娘に話すことができた。たとえば，レンタカーのガソリンタンクのふたをどうやって取るか分からず，ガソリンスタンドの店員に頼まなければならなかったとき，自分はなんてバカなんだろうと感じたという話をローラにした。また，銀行で用紙の記入方法が分からず，すごく簡単なことなのに銀行員に助けてもらわなくてはならず，自分がバカみたいだと感じたという話もしてくれた。ローラはこうした母親の体験談にとても強い興味を示し，周りの人に笑われたか，と母親にたずねた。そしてこのような話は，バツの悪いことをしても実際ほとんどの場合周りの人たちは笑ったりしないと分かる，という会話に移った。

ここでも読者の皆さんに，ローラの問題は家族システムと行動の面からも対処したということに注意を喚起したい。子どもは家族，ベビーシッター，教師，仲間たちと交流するが，そのどの部分が不安の原因になっているのか疑問に思うことは，確かに必要である。とくにローラの父親が自分に関する実話をなかなか語ることができなかったという事実を考慮すると，両親の競争に関して子どもが何を読み取ってきたか，ということを考える必要もある。

イーサン（第6章で少し説明した）は重い心理的問題を抱えた子どもで，仲間からも家族からも大きく感情的距離を置いていた。学校にいるときは，どうしても必要なとき以外は仲間と交わろうとしなかった。休み時間も一人で過ごすほうが好きで，一人用のコンピュータゲームに興じた。家族生活に参加したくないように見えること，そしてときには何時間も続けて強迫的にサメの絵を書き続けることに両親は不安を感じた。

イーサンの引きこもり欲求は，激しい怒りに対する恐怖に起因していると解釈された。この怒りは，投影的題材に反応して彼が創作した物語の中に，そしてときおり奇異に見えるほど爆発的に発する敵意をこめた言葉（たとえば「おまえなんてトラックに轢かれればいい。そうしたらおまえの骨は全部一本一本折れていくんだ」）の中に現れた。普段イーサンはとても行儀がよかったが，本当に協力しているというよりも従っているという印象がずっと強かった。彼は，会話の中で，はっきりと意識しにくい微妙なやり方で受動—攻撃的反応を見せるために，イーサンと接すると大人でも嫌な気分になった。イーサンは頼まれたことを実際にやっているときでさえ，怒りの感情を周囲の人に喚起した。

3歳から5歳のころに二度ほど，彼は弟とのけんかで激しく怒り狂い，自分をコントロールできなくなったことがあった。一度弟の頭めがけて重い消防自動車のおもちゃを投げつけたことがあった。弟の頭

からは血が吹き出し，病院で縫ってもらわなければならなかった。それから1年後，弟を乱暴に突き飛ばして頭にけがを負わせた。結局傷はそれほどひどくなかったが，最初弟がおう吐したので，親はひどく心配した。

イーサンの実父も継父も感情の起伏が激しく，臆病で過度にやさしい母親はなだめ役をとることを余儀なくされた。イーサンは家での度重なるけんかを目撃しただけでなく，実父や継父に激しい怒りの矛先を向けられることもあった。ここでも読者の皆さんに，イーサンが怒りを鎮め，自己主張したり，怒りを表したりする適切な方法を身につける手助けをするために，本人に直接行動的介入を行うだけでなく，両方の家庭においてさまざまな介入を実行してもらわなくてはならなかった，ということを言っておきたい。しかし，治療的作業の一部として，自分自身の怒りを恐れていることを彼に認識させるために，物語を聞かせるという作業を行った。彼は，危険を伴うほどひどいかんしゃくを起こす動物の子どもに関するいくつかの物語に完全に心を奪われた。たとえば『獰猛なライオン，フレディ』は，ひっかかれると怒り狂ってしまうためほかの子ライオンの手を噛みちぎってしまうかもしれないと恐れて，仲間と遊びたがりもしなかった。イーサンはこうした物語の内容に並外れた興味を示し，母親に対してただ依存したいという願望に対して，防衛することも忘れてしまった。このように「物語を作る」という技法は，内容を通じて重要な問題に対処するだけでなく，物語を読んでもらうという行為それ自体が，赤ちゃん扱いしてほしいという分離され，否定された欲求に応えていることになるのだ。

6．すでに存在する物語を利用する

子どもに物語を作って聞かせてあげて下さいと言われると怖気づいて，自分が創作したものの代わりに，何か読んであげられる本はない

かとたずねてくる親もいる。子どもが自身の恐怖，不安，怒りを受け入れる助けとなることを目的として書かれた本も中にはあるが，そうした本は通常，無意識の葛藤，見捨てられることに対する不安に，あるいは怒りの感情に対する罰といったテーマを盛り込んではいない。さらにこうしたテーマを扱っている本を単に選ぶよりも，親が創作した話のほうが，そうした感情を親が受け入れているということを子どもにずっと伝えやすい。そうは言っても，扱いにくいテーマに対する気持ちを子どもに表現させる物語を読むのは確かに価値ある作業であり，子どもの不安にぴったり合った物語を創作するなど無理だと親が感じているときには，「物語作り」手法の補助として，あるいはそれに代わるものとして推奨される。

　自分自身で創作しようとするときには，子ども向けの治療的な物語創作について論じた Brett による Annie Stories[19]が役に立つ。子どもの不安をどのようにして物語に盛り込むか具体的なアドバイスを提示している点でこの本は役に立つが，Brett が描写する物語は筆者が提案する物語よりずっと手が込んでおり，物語の中にモデリングと脱感作が盛り込まれている。それでも，親が時間をかけてこの本を読み，複雑なストーリーをもつ空想物語を作れば，必ず子どもはその恩恵を受けられるだろう。

7．否定的な回想

　子どもを社会に順応させようと努力するさいに，多くの親は，傷ついたり，何かを失ったり，恐がったりした出来事にふれないように気を付け，子どもが胸を痛めるような言及をするのを避ける。いやな気持ちを呼び起こす話題を避けることによって，親はしばしば気づかぬうちに子ども自身の非適応的な防衛機制を強化してしまっている。子どもがいやな思い出を頭から消してしまうのも珍しくない。ある出来

事やそれにまつわる好ましくない感情を抑圧し続けるために，子どもは切り捨てた感情を呼び起こすような状況を様々な手段を使って避けるかもしれない。たとえば見捨てられるという悲惨な気持ちを味わった経験がある子どもは，人一倍独立心が強く，近寄ろうとする人間を拒絶するかもしれない。あるいは家で誰かが怒りを爆発させている場面を目撃して恐怖を抱いたことのある子どもは，休み時間に一人で遊ぶのを好み，けんかになる可能性のあるゲームに加わろうとはしないかもしれない。

　子どもは体験した出来事（そしてそれが呼び起こす気持ち）を抑圧し，その結果として，行動のレパートリーが狭くなっていることがあるが，「否定的回想」はその出来事を子どもに思い出させるために用いられる手法である。たとえ外傷となっている出来事の記憶を抑圧していないとしても，その記憶を自分の中で完全に処理していない子どもとの治療的作業を行うさいにもこの方法を用いる。

　「否定的回想」のための面接を行うにあたって，両親に準備をしてもらう必要がある。子どもは，親に苦痛を与えるかもしれない思い出については話したくないと感じていることがある。したがってそれぞれの親にいやな出来事について不快に感じずに語ってもらうには，父親と母親と個別に面接する必要がある。心かき乱す出来事にまつわる感情を「忘れ」たいという欲求が，どのように子どもの機能に影響しているかということを親にはっきり説明することが，心中深く埋めておいたほうがよいと信じている気持ちを掘り起こすことの不快感を克服する一助となるだろう。

　親がこうした苦痛を伴う話題を取り上げる覚悟ができたら，親子一緒に面接を行い，そこで子どもに向かって辛かった出来事を回想してもらう。もし親が離婚あるいは別居していて，両方の親と一緒にいるのが子どもにとって大きなストレスとなるのであれば，親それぞれと子どもという二度の面接を設定するべきである。その面接で親は子ど

もの注意を引く（たとえば次のように言えばよい「おまえが5歳のとき，ママとパパが大げんかをしてお互いに物を投げ合ったのを覚えているかい」）。「否定的回想」はできるだけ具体的になるように心がける。たとえばもし子どもが見捨てられた記憶を抑圧しているのであれば，「ママが家を出た日のことを覚えているかい」と言うのでは不十分である。そうではなくセラピストは親に，その出来事をできるだけ鮮明に描写するよう促す。父親は次のように言うかもしれない，「おまえが2年生のとき，バスから降りたらママが荷物を詰め込んだスーツケースを持っていて，ママは出て行くから，といった日のことを覚えているかい。父さんがママのことをつかんで，行くな，もし出て行ったら自殺する，と言ったのを覚えているかい」。

親の話を受動的に聞くのではなく，その話に積極的に補足するよう子どもに促すのがセラピストの役目である。次のような質問をすればそれが促進される。「パパが話していること，思い出せるかな」，「ともかくそれと似たようなこと，思い出せる？」，「きみはどこにいたの？」，「部屋はどんなふうだった？」，「目をつぶってごらん，当時のきみの姿が浮かんでくるかな？」，「その場所で？」，「そのときの身体の感覚を覚えているかな？」，「そのときどんなことが頭に浮かんだのか覚えている？」，「そのとき家族のみんなはどこにいたの？」

子どもがまだひじょうに小さいのであれば，言葉で質問するだけでなく，その恐ろしい出来事の絵を描くよう勧めてもいいだろう。絵を描くときには，親がそれに説明文を添えられるように絵を描いて，と求めると良いだろう。少し大きな子どもなら，「否定的回想」を行う面接を開始点として，子どものころについて彼らが覚えていることを日記に書き留めておくよう勧めるとよい。

短い例

ラング夫人は5歳になる娘のケイトリンがあまりに攻撃的なので筆

者のところに相談に来た。面接を行う2，3か月ほど前に，ケイトリンの父親はうつ病で入院し，面接をしたころには退院して家にいたが，相変らずひどいうつ病に悩まされていた。ケイトリンとその母親との面接で（父親のラング氏は面接に来るのを拒んだ），セラピストである筆者はラング夫人にケイトリンが目撃したことがあり，今でも目撃している出来事で彼女の心を乱していることについて説明してほしいと頼んだ。家族のパペットを使って，ケイトリンと母親はある場面を演じた。それは，母親にせきたてられて，ケイトリンが近所の家に駆け込み，父親の手からナイフを取り上げるのを手伝ってほしいと助けを求める場面だった。親子は，いつか自殺してやると叫ぶ父親，その後警察官と救急隊員が到着した場面を演じた。それからケイトリンは自分が覚えている他のいくつかの場面の絵を静かに落ち着いて描いた（その後母親は，ケイトリンがそれを一冊の本に仕立てるのを手伝った）。彼女は父親の現在の様子と，「パパに激怒して」ママが泣いている様子も絵に描いた。

8．肯定的な回想

　子どもが抑圧しているのは否定的な記憶だけでない。肯定的な出来事なのに喪失感，傷つき，怒り，さらに罪悪感までも呼び起こしてしまう出来事の記憶を，子どもはしばしば抑圧する。親はこれ以上子どもを苦しめたくないので，その複雑な含意の中に，喪失，傷心といった重要な要素を含む人物や出来事に関してひたすら口をつぐむことによって，子どもが大切な肯定的記憶を失うのを助長することもある。たとえば大好きだったベビーシッターやその子を見捨てた親のことをまったく話題にしないこともある。
　家族と面接を行っているうちにそのような記憶の欠落が明らかになったら，親がその削除された出来事や人に（最初は何気なく）触れる

ようにするとよい。たとえば親の離婚に関しての気持ちを扱えない子どもが相手なら，日常会話の中で両親が一緒にいたとき起こった出来事や行った場所に触れるよう親に求める。あるいはサラ（第9章にその事例報告を省略せず紹介している）のケースのように，子どもにとって喪失を象徴する人物にまつわる痛ましい記憶を親が呼び起こしてもよい。そのとき親は「ああ，あれはパパが一緒に住んでいたころ乗っていたのと同じ種類の車ね」，「あの色はベビーシッターがあなたのお守りをしていたころ気に入っていた色だわ」とサラに簡単なはたらきかけをした。

　親が前もって家でこのような準備したあと，上記の「否定的回想」と同じような面接が開かれる。子どもが抑圧している肯定的な記憶について親が覚えているなら，子どもにその話をしてもらおう。もちろんこれは親にとってひじょうに難しい作業かもしれない。たとえば父親が，家を出て行った妻に関して，自分なりの理由があって否定的なことしか思い出したくないときなどはそうだろう。しかし喪失感に対処しないと子どもにどのような心理的影響が出るか理解すれば，親もそんな回想に対するためらいを克服できる場合が多い。

　「肯定的回想」を主な目的とする面接は，親子が強い敵対関係にあり，以前は互いに親密で思いやりをもっていたという事実を意識しないように防衛している場合，ひじょうに有効である。親に対しての憤りは，しばしば喪失感や傷つきへの防衛となる。同様に親が慢性的に子どもに怒りを感じている場合，喪失感，悔恨，拒絶といったより複雑な感情を呼び起こす記憶やイメージを意識から遠ざけ続けるかもしれない。親それぞれと別に面接を行うと，肯定的記憶を甦らせることができるようになる場合が多い。それができたら，その回想のための家族面接において，子どもにもより幅の広い感情を経験させる過程を進めることによって，面接はひじょうに有効なものとなる。

9. 家族システムへの介入と行動的介入の基礎を
与えるために精神力動的理解を用いる

　精神力動的フォーミュレーションは，これまで説明してきた方法ほどはっきり分けて説明できないやり方で，あるいは幅広く一般的に利用されるわけでないさまざまなやり方で，筆者が行う家族および子どもとの治療的作業に役立つ情報を与えてくれる。どの家族そしてどの子どもにも個性があるので，セラピストは子どもの欲求や無意識の葛藤に関する知識をどのように利用して，親子にそれまでと違った行動をとらせたり相互作用を起こしたりすればよいか，創造的に考えなければならない。家族セラピストの中には子ども個人の精神力動について話すことを避ける者もいれば，最小限の説明しかせずにともかく家族パターンに介入したがる者もいるが，筆者の経験からすると親は，子どもとの新たな接し方が子どもの恐れや不安にどう影響しているか教えてもらうと，ひじょうに協力的になり，一貫してその接し方を実践してくれる。そのため筆者は子どもの葛藤や防衛機制に関して知識を得るとつねにそれをフィードバックし，そうした理解にもとづいて特定の提案を行っていることを明確にする。もちろん子どものために親が変化する場合もやはり家族システムの変化であり，セラピストは同時に二つの視点でものごとを見るよう努めなくてはならない。

10. 子どもの自分自身の怒りに対する恐れに
対処するための制限の設定

　子どもの葛藤，不安に関する精神力動的視点からの理解を伝えると，親はそれ以前であったら，間違っている，非支持的，無神経，厳しすぎると思ってしまうような行動でもとることができるようになる。た

とえば我が子が，攻撃性をコントロールできないので誰かを傷つけるかもしれないとひどく恐れていることを親が理解すれば，子どもを守り安心させるために制限を設けるのが子どもにとって必要だと感じ，それを設定する手段を見つけるだろう。親は高い教養を身に付けていなくてもいいし，高度な教育を受けていなくても，子どもが自分の「暗い面」を苦々しく感じていること，怒り狂って自分は誰かを傷つけてしまうかもしれないと恐れていること，あるいは親が自分の気持ちを読み取って，それを行動に移さなくとも邪悪な考えをもっただけでも報復を受けるかもしれないという恐怖心を抱いていることを理解できる。

　親の協力を取りつけるためには，精神力動的問題に関してセラピストの結論を伝えるだけでなく，子どもだけとの面接で観察した行動や取得した情報で，その見解を支持するようなデータを報告することが鍵となる。これは子どもとの個人面接で，明らかに家族システムへの介入を補充する利点の一つである。そうした子どもだけとの面接は，家族システム内の相互作用のパターンに対する治療的作業に代わるものでなく，しばしばそうした家族システムに関する治療的作業をうまく実行するための重要な要素の一つとなる。

　以上のような考えを具体的に説明するために，ウォーカー家を例にとってみよう。ウォーカー夫妻は7歳になる息子のミッキーがよく取り乱すので，ひじょうに心配していた。何かできなくて自分自身にイライラしたり（たとえばスキーで転んだり，ボーリングができないなど），あるいは他の子にからかわれたり，偶然押されたりすると，彼はそれから1，2時間ぐらいひどくふさぎ込んでしまうのだった。憂うつそうで，いくらか険しい表情で，この筋肉質で立派な体格の少年は自ら孤独の殻に引きこもって膝をかかえこんで座り，大人であれ子どもであれ，話しかけたりなぐさめたりしようとしてもまったく反応しないのだった。

よちよち歩きのころからミッキーはひどいかんしゃくもちで通っていて，ときどきそれが原因でひじょうに危険な行為に及ぶこともあった。彼との個人面接だけでなく家族面接から，彼は相当ひどく傷つきやすいと感じており，この感情に憤怒で反応していることが判明した。彼が自分の殻にこもってしまうのは，暴力的な気性をコントロールしようとしているからだと思われた。なぜなら自分は怒り狂うと他人を傷つけるかもしれないと恐れていた。自分がやりたいと思うことがうまくできずフラストレーションを感じるのも危険だった。というのも，ミッキーは自分自身に怒りを感じていたものの，あまりに激しい怒りにまかせて誰か他の子どもを傷つけてしまうかもしれないと感じていたからだった。

　第9章に掲載するミッキーとその家族に関する詳細な事例報告の中で説明するが，さまざまな家族システムの要因，または個人的理由から，ミッキーの両親も息子の攻撃的行動に対してかなり甘く，きちんと制限を設けていなかった。自分で自分自身をコントロールできないことに息子がひどく苦しみ，恐怖心を抱いていると感じてはじめて，両親は息子のかんしゃくに対して普段よりはるかに断固とした態度で臨むことができた。息子がひどく傷つきやすいと感じていること，そして自己コントロールできれば強い安心感を得られることを学んだ両親は，制限を設定しただけでなく，ミッキーが攻撃的反応をコントロールし，その矛先を変えようとしたら彼にほうびをあげることも協力してくれた。さらにセラピストは，自己コントロールを学んでいる最中のミッキーを守るように両親に指示を与えた。それは気分よく過ごせるよう認知的，行動的方法を利用しようというミッキーの試みを成功に導くためであった。たとえば，一時的に家族で過ごす時間を構造的に変え，ミッキーの攻撃的衝動を刺激するような状況に彼を置かなかった。また同じ年頃の子どもなら通常簡単にやってのけてしまうが，彼ならいつもできずに怒りに圧倒されてしまうような課題を与えない

ことにした。ミッキーが攻撃的衝動をコントロールできるよう，家族が一丸となって取り組んでいるあいだは，兄の友達とふざけてレスリングをしたりつるんだりすること，さらにチームスポーツに参加することを一時的に控えさせた。

11. 陰性感情の表現を制限する

我が子に敵意をオープンに表現させてやるのは重要なことだと感じている親は多い。そのように表現させてやれば，攻撃的な気分になるのは自然なことであり，ときに激怒しようとも親からの愛は変わらないということが子どもに伝わるという点では，それは得策である。しかし，陰性感情を自由に表現させていると度を越えてしまう状況が二つある。まず，憎しみの感情を表すことを自由に許されている子どもは，その感情の荒々しさにひどく脅える可能性がある。幼い子どもは自身の力とその因果関係に関してよく理解していないし，「妹を殺したい」，「あいつの心臓をつかみ出してやる」，とか「あいつなんてトラックに轢かれればいい」といった発言をしてもいつも何もとがめられない場合，あるいは筆者が心理療法を行ったある少年がそうであったように友達に手伝ってもらって，弟（まだ字が読めないのは好都合だったが）に憎しみを込めた手紙を書いても何も注意されない場合，自分の感情のもつ力にひどく脅えるようになるかもしれない。

口に出したからといって実際に誰かの体を傷つけるわけではないと大人ならはっきり分かるが，そうした表現がどれほど相手を傷つけるか，子どもはまったく分かっていない場合が多い。さらに子どもが敵意を表すのを親が何度も看過すると，子どもはある意味で自分自身の言葉に過剰な刺激を受けるし，自分の攻撃的衝動を抑えるのに十分に手助けしてもらえないことになる。

子どもは普通，きょうだいに対してただ陰性感情だけでなく，アン

ビバレントな感情を抱いていることにも注意すべきである。敵意ばかりに気をとられると，子どもは自分が抱いているさまざまな感情を意識できなくなってしまう。そうすると，子どもの機能は押し寄せる怒りに妨害され，年相応の集中力と学習をするために必要な心の平静を保てなくなる。強い敵意の感情を表させてやることの好ましくない理由を説明すると，両親はかなりの安堵感を覚えることが多い。実際のところ親は「もうやめろ」と言いたいことがよくあるのだが，そうするのは子育てのやり方としてよくないと感じている。あまりに自由に感情表現が許されているために起こる衝動に子ども自身が恐れているということを伝えるためにいくつかの具体例を親に示してあげるといいだろう。子どもが自我コントロールをできるようになるためにはときに外からの支えが必要だし，親の助けがないと荒々しい感情に圧倒されるということを理解すれば，親はこうした制限の設定は子どもに対する抑圧でなく，子どもをよりいっそう成長させることを助ける方法の一つなのだと感じられるようになるだろう。

　ときおり親は子どもの不平，批判，陰性感情にひじょうに同情的に反応してしまうため，知らず知らずのうちに子どもに「不平の種を集めよ」と教えてしまう状況が，陰性感情の表現を制限する二つ目の理由である。子どもの不快な気持ちに応えようとするのは，もちろんひじょうに大切なことである。子どもが楽しいふりをし，親には悲しみや否定的な気持ちを隠さなければならないと感じるようになることが多すぎるからである。しかし，親は不幸な話にひじょうに熱心に耳を傾け，反応しすぎることもある。すると子どもはこうすれば親の注意を引けると思い始める。さらに重要なことに，必ずしも好きでないことに対してもっと冷静な，あるいは許容的態度を子どもがとれるように，親は手助けしていない。

12. 退行的衝動を過度に刺激するのを避ける

　先に説明した「赤ちゃんごっこ」のような手法で親が子どもの退行欲求に注意を向けるのが有効なケースは多いが，セラピストがその子どもの精神力動的問題を理解した結果，退行をあまり奨励しない提案をする場合もある。たとえば子どもが人一倍分離の問題で苦しんでいるとき，あるいは不安を鎮める自我強度を発達させようと苦闘しているとき，親は，もっと退行したいという子どもの欲求を刺激しないようにする必要がある。子どもが泊まりがけでキャンプに行って家に帰りたいという気持ちと戦っているときには，親の声を聞いて子どもが動揺するといけないので親は電話をしないように言われるのと同じで，子どもがより成熟した行動を身につけようと奮闘しているときには，普段なら当たり前の行動でも勧められないことを両親は理解したほうがよい。

　ただ日課を変えるだけで，子どもが感情的にやっかいな状況に対処するさいに必要な自我強度をより簡単に使えるようになる場合もある。たとえば6歳のトッドは，寝かしつけられるときにしばしば吐いてしまうほど重症な別離不安に悩まされていたが，寝るときの日課を変えるとその不安を克服できた。電気を消す直前に，認知能力を要するゲーム（たとえばチェッカー，言葉ゲーム，パズルなど）をトッドとすること，そしてトッドが退行的になるといけないので，本を読んであげる習慣をやめることを提案すると，彼の自我強度の発達がいっそう促された。本を読むことで比喩的な意味で赤ちゃんのように親に揺すられて寝るよりも，自分が「利口になった」と感じるほうが本人にとってより成長しやすいだろう。

　再び読者のみなさんには，これが多くの介入のうちの，たった一つの小さな介入でしかなかったことを思い出してほしい。このように親

となかなか離れられないことは家族システム内で何らかの機能を果たしていただけでなく，一部では母親の隠された陰性感情に起因していた。そして母親のその陰性感情自体，彼女が過度に寛容な態度をとっていた家族内の相互作用の産物だった。家族システムに介入しなければ，寝るときの日課を変えるという方法は効果を発揮しなかっただろう。しかし，より退行的な自己とつながっていた活動のせいで，その子はいっそう親と離れられなくなったことを理解することによって，セラピストは，実際の家族の状況と次第に関係が薄れつつあった不安を子どもが克服しようとしたとき，子どもが必要としていたもう一押しをすることができた。

　ある２歳半の少年は，母親が仕事に行く前に30分ものあいだ抱きしめてもらうのが日課だったが，行かないでくれと泣き叫ぶためにその習慣は壊れ始めていたので，これに似た手法がとられた。それまでは母親が出かける準備をする前にベッドで母親と遊んだりテレビを見たりするのが日課だったが，それをやめて居間でもっと活動的な遊びをするようにしたところ，ずっとスムーズに母親と離れられるようになった。それほど幼い子どもが相手でも，その子の「より幼い」より退行的な自己に関わろうとしないほうがよい場合もあることを，心にとめておくべきである。

　親があまりに過保護で，世話を焼きすぎ，子どもの動揺に同調しすぎるために，子どもの自我能力の発達が妨げられるだけでなく，大人がどう応えるかということについて子どもに非現実的な期待をさせてしまうこともある。７歳のポールは３人きょうだいの末っ子だった。家族内で赤ちゃん扱いされていた彼は，しばしば泣き叫んだりかんしゃくを起こしたりした。両親とも，ポールはひじょうに感受性の強い子だと思っていたし，兄たちのふざけた（そしてときには本気の）攻撃に対処するのにいつも苦労していると感じていた。彼はすぐに侮辱されたと感じ，悲しみと憤怒からめそめそ泣いた。ボードゲームをし

ていて自分が負けそうだと感じると，ゲームをめちゃくちゃにしたり不機嫌そうな顔をしたりした。ポールの両親はともに，息子の機嫌に極めて敏感に反応した。母親は彼を抱きしめて頭をなでながら，ママが守ってあげると言って息子を安心させた。同じように父親は彼を抱き上げて力強く抱擁し，彼が落ち着くまで好きなだけべたべたさせてあげた。

　両親とも，ポールはいつもとても感受性が強く優しい子だったが，彼が5歳のときに両親が別居したのでかなり困難な時期を経験したと感じていた。だから息子が動揺すると，たとえそれがかんしゃくという形をとろうとも，彼を慰めるだけでなく，彼の要求をほぼすべて聞き入れようとした。さらに両親は自分のほうが物分かりのよい親でありたいと互いに競い，子どもの要求に応えてあげるために自分がやっていることもすぐに投げ出すほどだった。一緒にゲームやスポーツをしたり，学校の宿題を手伝ったり，眠くなったらいつでもベッドで寝かせてあげたりした。

　両親とも堪忍袋の緒が切れて怒りを爆発させることもたまにはあったが，普段はポールに「ちょっと待ってなさい」，「あとでね」，あるいは「やめなさい」などと言うことはまずなかった。ゲームに負けそうになって機嫌が悪くなったり，不公平だと泣き叫んだりすると両親ともに彼を慰めたので，あなたは本当に困った状況にいるというメッセージを気づかぬうちにポールに送っていた。これは，ポールは本当に困った状況にいる，つまり離婚で迷惑をかけている，という両親の気持ちの表れだった。また，息子の泣き声に心から心配するという反応を示すことで，両親は彼の挫折感を強化してしまい，彼がもっと強くなれるよう，自我能力を発達させる手助けをしなかった。さらにポールは学校生活の最初の数年間を小規模で大変世話の行き届いた私立小学校で過ごしたので，そのとき通っていた公立学校に順応するのに随分苦労していた。彼は自分を「かわいく感受性が鋭い」子どもで，大

人は際限なく自分を支え，慰めてくれると思うようになっていた。親は自分たちがポールの問題をどれほど助長していたか理解するようになってようやく，学校を非難しなくなり，ポールが自我能力を発達させるのを手伝うようになった。

13．子どもの恐怖心

　子どもの恐怖心を精神力動的視点から見ると，すぐに気づくことができないような行動への介入および家族システムへの介入へと導いてくれることが多い。9歳のオリビアは少しの時間でも一人でいるのをいやがった。彼女はひどく不安になり，母親（ブラウン夫人）が，洗濯物を地下の洗濯機のところに運ぶためにほんの少しだけ，ひじょうに安全性の高いアパートを出たぐらいで，ひどくヒステリックになることもあった。母親がシャワーを浴びるときでも，オリビアはとても不安になり，ドアを開けておいてほしいと懇願した。ときどきオリビアは，シャワーカーテンを完全に閉めるのも嫌がるほどだった。そして彼女がやめてと言ったのに，母親が道を渡ったところにあるスーパーに買い物に行ってしまうと，その間10分から15分ぐらい，恐くてお腹が痛くなったり，ときに吐き気を感じながら，母親が帰ってくるまで窓にしがみついていた。

　母親のブラウン夫人は意欲的な女性で，自分の仕事にストレスは感じるものの，満足していた。大企業のコンピューターシステムのコーディネーターとして，帰宅後も「つねに待機」していた。仕事とシングルマザーとしての責任を両立させるのは大変だと感じていたが，仕事を変えるのはいやだと思った。彼女はオリビアの父親からは何の経済的援助も受けていなかったので，それほどきつくない仕事に変えたら，やりがいがなくなるだけでなく，自分と娘が快適に暮らすのに必要だと思う程度の収入が得られないだろうと感じていた。

ブラウン夫人の仕事スケジュールは一定していなかった。彼女は権限がある役職に就いていたので，ある程度時間調整が自由であったが，すぐにやるべき重要な仕事が入ると，かなり夜遅くまで働くことも珍しくなかった。出張も多く，それもたった1日か2日前に決まることもよくあった。ブラウン夫人が家に帰れないときには，ある高齢の隣人がオリビアのベビーシッター役を務めてくれた。

　母親のスケジュールに対する怒りをオリビアははっきり口にした。母親が自分の仕事の「必要な」部分だと考えていた仕事がらみの電話に関しても，オリビアはいつも母親を非難した。オリビアには母親が毎晩「何時間も」電話をしているように感じられた。夫人は「何時間も」電話をしていないと否定したが，通常毎晩家から5，6回，重要な仕事の電話をしていると認めた。

　オリビアは極端に支配的で，しばしば母親の行動に不満であるとブラウン夫人は感じていた。オリビアは食べ物の「好き嫌いが激しく」，オリビアのリクエスト通りに夫人が何かを作っても，おいしくない，代わりに何か作ってくれと言うこともよくあった。出張で母親が留守をしたり帰りが遅かったりすることに，彼女は強い不満をもらしていたが，母親がたまに家にいるときによく，友達の家に泊まりがけで遊びに行きたいと言い，母親をがっかりさせた。こうした行動は母親に対する怒りの表現ともとれたし，オリビアが感情的「備給」を統制したいという自身の欲求の表れともとれた。

　オリビアの経験を考慮すると，母親が厳密な意味で「家に」いるときに一人ぼっちにされるのを彼女が恐れるのは，母親が家にいても自分のためにそばにいてくれない，という気持ちの表れと解釈できた。オリビアは，母親としっかりアタッチメントが結ばれていない子ども，そして母親（もちろん父親ともそうだが）との感情的つながりがかなり弱いと感じている子どもだと言えた。

　しかし一番重要なのは，オリビアの恐れは，自分自身の怒りから生

じていると思わることだった。彼女はひどく「扱いにくい」行動に出ることが多かったので，心の奥底に不安があることを考えれば，自分のわずらわしい行動が原因で母親に見捨てられるとすぐに感じてしまうのも無理はなかった。さらに彼女の怒りは，自分自身や母親を傷つける，という形での仕返しに発展することもあった。

興味深いのは，オリビアは，母親が飛行機で出張旅行に行ってしまったり，夜遅くまで働かなくてはならないときにはそれほど不安を感じなかったということである。母親が「そばにいる」のに一時的に離れなければならないときに，一番不安がつのるようだった。母親が家にいるのに相手をしてくれないときに彼女が感じる怒りは（たとえば母親が電話をしていたり，雑用をしていたりするとき），母親が職場にいなくてはならないときに感じる怒りよりずっと激しかった。母親が自分と一緒にいないほうを選択している感じられるようなときは，激しい怒りが込み上げてくるのだった。そしてそういうときに感じる恐れは，この怒りの直接的な結果だと理解できた。

オリビアの恐怖の精神力動的理解は，オリビアの不安を軽減するのを狙いとする行動的方法（たとえば，リラクゼーションの練習，認知的手法，漸次的脱感作など）の効果を相乗的に高める家族システムへの介入を考案するさいに助けになった。まずブラウン夫人は，すぐに帰ってくる，自分がシャワーを浴びている最中に何も起こりはしない，などと言って安心させるかわりに，「ときどきあなたがひどく怒っているのは知っているけれども，怒ったからといって何も悪いことなど起こりはしない」とだけオリビアに伝えた。そして次に，オリビアの恐怖は怒りの感情から生まれていると考えられたので，短い時間だけ離れる直前に，母親と楽しいひとときを過ごすことが重要だった。楽しい時を過ごすためには，母と娘の両方がそれぞれに役割を果たさなければならなかった。それと比べて，母親が家を出たりシャワーを浴びたりするのを阻止しようとして娘がかんしゃくを起こすと母子とも

に怒りを感じたが，その怒りが恐怖を燃え上がらせていた。不安な出来事の直前に「仲睦まじい」ひとときを過ごすことでオリビアの不安は小さくなった。こうして克服すべき不安が小さくなったため，行動的手法が効果を発揮しやすくなった。

　再びここで読者の皆さんに，精神力動的理解がいかに役立つかを例証する目的で提示したのは，この家族との治療プロセスのほんの一部だけである。そのほかにも，オリビアは母親，ベビーシッターだけでなく，（アルコール・薬物依存のリハビリテーションセンターを退院したばかりの）父親とどう接するか観察された。治療的作業の一環として，それまで以上にオリビアに時間をコントロールさせ，ブラウン夫人がオリビアを別れた夫と似ていると見てしまう傾向を理解し，実際に家にいるときにはもっと娘のそばにいてもらうようにし，父親に対する失望や怒りにもっと直接対処できるよう，オリビアと取り組んだ。

14. 精神力動にそってクライエントに保証を与える

　第4章で論じたように，本書で説明している介入方法を用いる中で，セラピストが問題について直接子どもに対して解釈することはまずない。しかし，両親に対して子どものある行動がどのような意味をもちうるか説明したり，根底にある子どもの不安に対処するためにどんな言葉をかければよいかということについて親と一緒に考え出すのはひじょうに有効であると分かっている。退行欲求をなかなか手放せない子どもに対して親が「あなたはいつまでも私の赤ちゃんなのよ」と声をかけることが役立つとすでに書いたとおりである。そうした場合，成長することに対するその子の葛藤の原因の解釈を本人に対して直接言葉にして伝えなくとも，親は子どもの不安に話しかけることができる。同様に先述のオリビアの場合，母親は娘の恐れでなく怒りに対処

第7章　精神力動的フォーミュレーションにもとづく介入　281

するようアドバイスを受けた。娘に直接「あなたは怒りを感じているから恐くなるのよ」とは言わず，根底にある不安に対して娘に保証を与え安心させたのである。

　子どもの無意識の感情について解釈するのでなくそれに語りかけることによって，防衛機制を迂回できる。解釈はせずに無意識の感情に対処するという着想は，多くのセラピストによって用いられてきた。たとえば精神分析家のWinnicott（子どもたちが無意識になぐり描きした絵に自分の絵で応えることで子どもと対話した）から，催眠療法家のミルトン・エリクソンに至るまで幅広く利用されてきた。後者は物語を用いて，間接的に患者の恐れや不安に語りかけた。

　精神力動に基づく「前後の関連性がない発言 non sequiturs」と筆者が考えるものを利用するよう両親に提案するときには，両親と一緒に彼らが言うべきそのままのセリフを実際口にし，その言葉を子どもに伝える特定の場面を設定して練習することが大切である。子どもに対する言葉は短く簡潔にする。もし両親の言葉が簡潔で宣言的なセリフとはあまりにかけはなれたものになってしまうと，子どもは解釈や説明と同じように受けとるため，その影響力も薄くなる。再び読者の皆さんには，このような介入は，家族システムへの介入，行動への介入，精神力動的介入を融合させた状況で行うときのみ有効だということを心にとめておいてほしい。

短い例

　5歳になるイバンの両親は，息子がひじょうに攻撃的に振る舞い，権威者にひどく抵抗し，何かをするさいにある特定のやり方に強迫的に固執するので心配していた。イバンの年頃だと，悪行を罰する「警官」という概念に魅了される子は多いが，罪，逮捕，罰に対するイバンの興味は尋常でなかった。こうした主題で頭がいっぱいで，彼は泥棒，犯罪行為，逮捕，罰といったことにまつわるさまざまな話をした。

5歳児ぐらいだとこうしたテーマを盛り込んだ話をするのは珍しくないが，イバンの関心はあまりに強かったので，それに心を奪われると，それまでやっていたことに注意を戻せないこともよくあった。筆者が，イバンは自分自身の挑戦的態度に対してどのような罰が下るかという恐怖心にさいなまれていると，彼の両親に説明したところ，彼らはイバンが自分の攻撃的行動に対する罰をあまり恐れないよう，よりしっかりした制限を設けることができた。それに加えて，はっきりした理由もないのにイバンが怒りっぽくなったり，取り乱したりしたら，「心配するな，私たちは，おまえに悪さはさせないし，誰もおまえを逮捕なんてしないよ」と言うように提案した。

このセリフで重要なのは，誰もおまえを逮捕しない，なぜなら逮捕されるような行動を彼がとることは今後許されなくなるからだ，というメッセージである。もし親が「心配するな，誰にもおまえを逮捕させないし，罰を与えさせない」としか言わなければ，子どもは安心できないだろう。なぜなら彼が一番心配しているのは，自分自身の「悪い」行動に対する罰だからである。

イバンの両親はこの提案にきちんと従い，息子が取り乱す回数もすぐに減ったと報告してくれた。イバンの行動が実際に変化する前から，取り乱す回数は減っていた。家族システムの観点から見ると，子どもに対して何を言うか具体的に指示すれば，家庭内の対人関係が変わり，いたわるようなやり方で子どもの気分の波に対処できると感じるようになるのだ。

前後の関連がない精神力動的な発言 non sequitur を治療プロセス全体においてどのように使うかということを第9章でサラという子どもの事例の詳細を論じるところで説明する。

15. もっと目をかけてほしいという子どもの　　はっきり言葉にされない欲求を認識する

　子どもの問題行動は，もっと親に目をかけてもらいたいという，言葉にされない，そしてしばしば無意識の欲求の表れだと理解されることが多い。たとえば一番下がまだ生後6か月という4人きょうだいの上から2番目で8歳のダグは，母親の財布から何度かお金を盗んだ。一度はキャンプから帰った晩に盗んだ。それは父親と2週間休暇を過ごすために，再び母親の元を兄とともに去る前のことだった（下の二人のきょうだいとは母親が違った）（4章参照）。家族全員と面接し，そしてダグ一人とも面接した結果，母親は育児に忙殺されているし，ダグの継父とはげしく言い争い，ときに暴力的になることに対して感情的に動揺している，とダグが感じていることが判明した。

　ダグは人一倍大人びていて，自分で何でもできることに誇りをもっていた。ダグが盗みをしたのは彼の欲求の表現でもあるし，自分に目をかけてほしいとはっきり口にするべきでないというビリーフの表現でもあると解釈できたので，その両方の問題に対処する介入を試みることになった。そうして家族面接ではおもに，どうやって母親の家事を手伝えば母親はもっと長い時間，上の二人と接することができるか，さらに，兄もそうだが，ダグにとって，自分の欲求をもっと自由に口にしてよいと感じることがどれほど重要か，ということについて話し合いがもたれた。

　ダグの盗みがどのような意味をもつか分かったので，親は子どもたちに手伝ってほしいと思っていても，親にもっと楽をさせてあげようというダグの申し出を，親だけで家事などをこなすことによって断るべきだ，と両親に提案した。学校に一人で歩いて行きたいというダグの申し出が認められたあとで，またダグが盗みを働いたという事実に

セラピストは注目した。家族面接でその決定を取り消す話し合いが行われたとき，ダグは一言も抗議しなかった。ダグとの個人面接では，自分のほしいことがそのまま受け入れてもらえなくても，もっと気楽にそれを表現するにはどうしたらよいか，ということについて話し合った。

16. 子どもと一緒にリラックスする

　子どもが親に目をかけてほしいと思っているからといって特別なことをする必要はない，と親にはっきり知ってもらうことが大切である。子どもはたいてい，他のことに気を取られず親がただ自分のそばにいてくれればいいと思っている。こんにち親たちは生計を立て，家庭を切り盛りしなくてはならない，とひどく頭を悩ませていることが多いので，心配事が1つでも増えると思うと苦悶の声をあげてしまう（たとえば愛情を強く欲している子どもに，今以上に目をかけるとか）。それゆえ実行可能で，親自身も楽しめるようなやり方で子どもにもっと目をかけられるように工夫することが重要である。たとえば，ときどき子ども部屋でただくつろぎ，子どもが遊んでいる横で親は雑誌をパラパラめくっているだけでも子どもの欲求は満たせるのだ。
　自分は親にあまり目をかけてもらっていないという子どもの気持ちを知ると親はしばしば当惑する。何時間も子どもの宿題に付き合ったり，家族で楽しく出かけたりしても，親は本当に自分のためにそばにいてくれているとは，子どもは感じない。なぜなら，子どもが求めているのは，親が何を要求するわけでもなくただそこにいてくれることであるからだ。これは，乳児やよちよち歩きの子どもが探検して基地に戻るときに親が見せる態度と似ている。このように子どもと一緒に時を過ごすさいに重要なのは，子どもにストレスを与えず，現実的に可能なかぎり邪魔が入らないことである。電話や弟や妹の要求にさえ

じゃまされることなく一緒にボードゲームをしたり，お気に入りのテレビを見たりするといったことこそ，上の子どもたちの願いなのである。

　中にはそれを望んでいる子もいるが，週末親が子どもに刺激的かつ見聞を広めるような体験をさせようとすると，まだ親は自分の世話をやいてくれていないと子どもは感じる。子どもは短時間にあまりにいろいろなことをやりすぎると感じると，でれでれして，文句を言ったり言うことを聞かなくなったりする。すると，子どもを何とか楽しませようと必死になっていた親は傷つき，怒りを感じ，子どもが感謝を示さないし，ましてやちっとも喜んでいないことに立腹する。こうして家族で外出しても互いにぎくしゃくして，休日が肯定的でなく否定的な連想を喚起するようになることもあるのだ。こうした否定的な経験が記憶に残っていると，今度はこれをしよう，あれをしようと親が提案しても，子どもはそれまで以上にだらだらしたり文句が多かったりする。子どもに目をかけようと思ってしたことが，子どもをがっかりさせれば，押し付けがましいものとなり，ついには力のぶつかり合いに発展してしまうのだ。

　しばしば親子は問題を解決しようとしているのに，結果的に満足のいかない同じ結果を強めてしまう。親の気を引きたい子どもはしばしば文句を言い，悪さをしたり，親に自分と関わってほしいと要求したりするが，当然のことだが甘えた結果として親がしてくれたことには満足がいかない。親は子どもに何かしてあげたいと思いながらも，本当は子どもが望んでいないものを与えてしまう場合が多い。この悪循環を断ち，子どもが望んでいるものを手にさせてあげるのは，きわめて簡単である。週末に何もせずにぶらぶら過ごしているとみんながひじょうに穏やかな気分でいるのを知って親は驚く。あまり何もしてあげなくても実際には思っている以上のものを子どもに与えているかもしれないとセラピストが親に説明すれば，親の自己効力感が高まり，

ただ子どもたちのそばにいてくつろげるようになる。

17. 親が自分と一緒にいてくれることに関して
　　統制感をもちたいという子どもの欲求を理解する

　自分が望むときに親が自分のために居てくれるかどうかということに全く自分の力が及ばないことに，子どもはしばしばフラストレーションを感じる。親にもっとそばにいてほしいのにそれがかなわず怒りを感じたり，家にいてほしいときに親が出かけてしまいフラストレーションを感じたりすると，子どもは逆に親の思い通りに自分自身が動かないようにして怒りの感情に対処するかもしれない。

　こうした問題がしばしば行動になって表れる場面をよく見かける。親が世話を焼こうとするのに子どもが拒否するやり方の一つは食べ物を通してである。子どもは親が作った料理を遠慮なく拒絶し，別の物を作ってと言いつつ，その後結局それも口に合わないと言ったりする。同様に親からもらったプレゼントに対して，自分が望んでいたものとは違う，と文句を言うかもしれない。またせっかく早く仕事を切り上げて帰ってきたのに子どもがべったりテレビに張り付いていると，不平を言う親も珍しくない。あるいは先述のオリビアのように，親が出張から帰ってきたまさにその晩に，友達の家に泊まりにいきたいと主張することもあろう。

　こうした行動には一見異なるが実は関連する面がいくつかある。上記のように親を「拒絶」すると同時に，子どもは怒りを示し，依存欲求がいつどこで満たされるか，ということに関してもっと自分がコントロールしたいという気持ちを表し，さらに親がどれだけ熱心に自分に関わる気があるか，どれだけ自分だけに献身しているのかテストしているのである。残念なことに子どもは間接的にのみ気持ちを表しているので，親にその気持ちを汲んでもらえず，欲求に応えてもらえな

い。逆に親はたいてい怒り，フラストレーションを感じ，子どもから遠ざかってしまうのである。さらに子どもが，親が家にいようといまいと気にしないというふりをすると，親は子どもと関わったり要求を満たしたりするより，仕事やそれ以外のやらなくてはならないことを優先させてもいいだろうと感じてしまう。

　こうした力動が働いているときには，まず始めに，子どもが親にいつどのように関わってほしいかもっと自由に口にできるようにするにはどうしたらよいか，子どもと親と話し合うとよい。子どもがもっと直接的に気持ちを表すよう援助する必要がある。そうすれば子どもが怒りを行動化してしまい，親子とも親しく交わりたいと思っているのにそれがかなわない，という状況も避けられる。親が実際に家にいるときに，仕事などに気をとられず本当に自分と一緒にいてくれる，と子どもが感じれば，怒りの行動は減るだろう。親は，夜の何時頃に子どもが自分だけに目をかけてほしいと思っているか，そのとき何がしたいのか，子どもに決めさせてもよいだろう。あるいは親が仕事のスケジュールを調整して，子どもがとくに親を必要とするときに家にいることもできる。家庭に応じて詳細は異なるだろう。重要なのは，親が子どもの行動を上記のように理解できれば，子どもとの関係から距離をとることも減り，子どもに自分の感情の「水源」をもっと統制できると感じさせる方法を，以前より積極的に模索するだろう。

18. 自律と習得への子どもの欲求について

　本書を通じて，子どもの依存欲求を満たす必要性を随所で論じてきた。今日のように生活のペースが速い社会で暮らしていると，何かできるようになりたいという欲求があまりない子どもよりも，成長のペースが速すぎる子どもを見かけることのほうが多い[163]。しかし，世間一般に子どもが早く成長するよう後押しする傾向があるにもかかわらず，

子どもがかなり大きくなっても家庭で「赤ちゃん」扱いされ続ける例は多い。先述のように家族が退行欲求を刺激したり，我が子の年不相応に子どもじみた行為にも必要以上に応えてしまったりする場合もある。年相応の自我統制を身につけるよう促されてこなかった子どもは，自律・習得の欲求の表現を抑えられてきている場合が多い。したがって親は，子どもが自己をなだめる能力を発達させたいという欲求を感じていないことを「よし」としないだけでなく，あらゆる種類のスキル，能力を子どもが発達させられるよう，積極的に手を貸すことも大切である。ほんの少し前だったらそんなの無理だと思っていたことをできるようになって子どもが喜びを感じられれば，親から甘やかされなくなるという喪失の埋め合わせを十分にできる。

　家族面接，そして親だけとの面接で，親が安心していられることと，子どもがやってみたいことのあいだの境界線を継続的に探るとよい。親が子どもを何とか言いくるめて，子どもにやってほしいと思うこと（たとえば自分で着替えをするとか，自分のおもちゃを片付けるとか）をさせてほうびを与えるよりも，子どもが心からしたいと思っていることをする許可を子どもに少しずつ与えて，赤ちゃんぽい振る舞いから卒業させて成長させるほうが望ましい。もし子どもが成長した振る舞いをして誉められたら，その子は親のためにそれをやったのだと感じ，心から喜びを感じはしないだろう。そうではなくて，何ができるようになりたいと子どもが望んでいるか，ということを親子が一緒に発見する手助けをセラピストがするとよいだろう。

　もちろんここには逆説的要素がある。自分一人で何でもできることが自分の特権であって，親から求められたものではないというふうに扱われると，たいていの子どもはやりはじめるときに難しくて大変な活動でもずっと熱心に取り組むようになる。

　次に子どもにどんなことを試してみる許可を与えるか，セラピストは親と「ブレインストーミング」するのがよい。個人，行動，家族シ

ステムの力動に対する知識を駆使すれば，セラピストは家族と子どもの複数の欲求に見合う提案ができる。このように子どもの攻撃性に手を焼いている家庭では，子どもは野菜を切ったりスライスしたりするために鋭い包丁を使う許可を得るかもしれない。子どもに対して性役割をかなりきびしく押し付けていた家庭では，女の子にはおもちゃを修理し，男の子には自分のお弁当用のサンドイッチを作ることが許されるかもしれない。

これまで何かをできるようになりたいという願望を抱いていたのに，親があまりに退行への方向へと子どもを向かわせるために，その願いがかなわなかった子どもについて説明してきた。しかし反抗的で扱いにくい行動が，自律という問題に関する親との意地のぶつかり合いから生じている場合も多い。まだ幼い子どもであっても，自分の生活に侵入されすぎると感じると激しい怒りを覚える。ある家庭で制限の設定が行われるとき，一人の子どもは何の苦もなくそれを受け入れても，気質の違う別の子は厳しすぎると感じるかもしれない。子どもにどれだけの自由を与えるかというのは，複雑な問題である。（先述の）ダグのケースで見たように，何かを一人でやってみたいという子どもの願望（たとえば学校に自分で歩いて行きたいといった）は，その子が拒絶したほかの欲求に対する防衛かもしれない。子どもを問題行動の精神力動的側面と家族システムの側面の両面から理解すれば，セラピストはもっと自立したいという子どもの欲求に家族が応じるべきか否か，有益なアドバイスができる。子どもは本当にもっと自律と習得を望んでいるのか，どちらを尊重すべきか，あるいは子どもの欲求は年相応の依存に対する拒絶を反映しているか，ということをセラピストは判断しなくてはならない。

たとえば7歳のケニスは，母親が買い物に行くときアパートに一人でいられると主張し，もし何か困ったことがあったら隣人に電話できるということを母親に実際に見せて示した。彼は買い物に行けばよ

一人でどこかにいってしまうし，かつて母親とホテルに泊まったときには，母親がまだ寝ているあいだに部屋を出て，ホテルのレストランで自分の朝食を注文しようとしたことがあった。筆者は，その子と家族の力動をよく知っていたので，この場合，自分はあまり母親に頼れないという気持ちから，いっそう自立したいという願望が生じているのが明確に見てとれた。

ケニスは怒りっぽく（それにはいろいろなわけがあるので，ここでは立ち入らない），極度に反抗的だったので，彼の生活に深く関わる大人たちにもかなり拒絶されていた。それに対して彼が怒りを感じ，それでさらに拒絶されるという悪循環に陥っていた。自立したいという願望は，自分を拒絶していると彼が感じる大人に対する彼の拒絶の表れであり，また自分を世話してくれる人がいないので自分で自分の世話をしなければならないという思いの表れでもあった。

対照的に10歳のジェシカの両親は過保護で，――一人で地元の店に買い物に行くとか，友達の家に市バスに乗って行くとか――絶対に自分でできると思うこともさせてもらえない，と抗議した。それは成長したいという純粋な願望と理解できる。彼女の両親は彼女がいない時に，自分たちは子どものためだけに離婚しないでいるとセラピストに語った。三人きょうだいの末っ子であるジェシカは，同じ年のころ姉たちがしていたことをさせてもらえなかったが，治安が「悪く」なったというのがその表向きの理由だった。親はいつまでも頼られたいのだと感じた彼女は，家族面接で夫婦間の問題を扱うまで，かわいい家のペットであることにむしろ満足していた。しかしそろそろ成長して親離れしても安全だと感じ始めた彼女は，極端に人付き合いがよくなり，友達の家に泊まりたがった。そして，これも自分でできる，あれも自分でできる，と次々主張するようになった。どこまでなら娘に一人でさせてよいか判断するのは親だが，セラピストは家族の力動に親の目を向けさせ，さらに子どもが何でも自分でやりたがるのは自然

なことで，ただ仲間から圧力を受けたからではないと親に伝えて安心させた。

19. 教師と協力する

可能なときは，子どもの教師の力を借りれば，必ず大きな助けとなる。教師が必要な情報をたくさん私たちセラピストに教えてくれるというだけではない。セラピストが家族に提案した変化と一致し，それを強化するようなやり方で子どもに対応するよう，その教師に頼むこともできるのである。たとえ，一クラスの生徒数が多くても，教師はふつう協力的であり，治療的作業を高めるようなやり方で子どもと接する機会を歓迎して受け入れてくれることが多い。

教師と頻繁に電話で連絡を取れば，子どもの進歩を観察できるだけでなく，子どもの問題を精神力動的および行動的に分析した結果を授業に生かすために具体的な行動をとってほしいと教師に頼むこともできる。教師たちは問題児にどう対処してよいか分からない場合が多いので，問題について話し合えるチャンスを歓迎する。親と同じで教師も，こちらが協力を求めて敬意をもって働きかけていると感じると，良い反応を示してくれるものだ。しかし，問題に関してはセラピーで対処しているから，教師にはただ理解していてほしいというのでは不十分である。問題児はえてして教師からひどく否定的な対応を受けている。子どもの自己感は，学校での教師の接し方に大きく左右される。教師に嫌われていると，子どもはひどい傷を受ける。だが教師と児童は互いにイライラさせられた，くじかれた，無視されたと繰り返し感じる関係にからめとられているかもしれない。それゆえ互いに新しい関係を築くために，子どもと教師の両方に働きかけることが不可欠となる。しかし，たとえ教師のそれまでのやり方では効果がなく，問題を悪化させているだけだったとしても，電話でしか話したことのない

教師に，今のやり方を変えてくれとは言いづらい。教師ができる範囲で，治療的効果が期待できる前向きな行動を具体的に提案すれば，問題を引き起こす相互作用は変化するし，教師は批判されていると感じることもない。

　先述のように，子どもの特性，その子の家庭状況によってどういう介入を提案するかが決まる。親への提案と同じで，どのようなケースにもそのままの形で適用される介入方法などまずない。そうではなく，特定の子どもの問題を反映し，教師のクラス運営に沿った実現可能な介入方法を工夫しなくてはならない。たとえば10歳のマシューは同年代の子どもより大人びており，家では親の役目も果たしてしまうような子どもだったが（第9章の詳細な事例報告を参照），教師に，一時的に彼の知的能力を超えず，それほど大変でない課題をときには選ぶよう勧めることが大切だった。したがって年齢もさまざまなクラスの生徒たちが特定の活動のためにグループ分けされるときには，もっと責任ある立場に立たせて欲しいというマシューの要求を退けて，「きみは年上の子がやっている作業でもおそらくできるだろうが，きみと同じ年の子どもたちが今日やっていることをすれば，きみにとってはいい気分転換になると思うよ」というような話をするようにセラピストの筆者は教師に提案した。こうした提案を教師に気持ちよく受け入れてもらうためには，そのやり方がどのように治療的作業の一環となるのかを理解してもらわねばならない。セラピストのアドバイスの裏にある根拠を理解すれば，教師はより積極的にアドバイスに従ってくれるだけでなく，全体的な治療指針に合うアイデアを自発的に述べてくれるようになる。たとえば，7歳のジョシュアは難しい課題を与えられたときに感じる不安に対処できずに「愚か」な行動に走っていたが，それを理解したアルポート先生は，子どもが新しい課題に取り組む前にできる深呼吸法をクラス全体に教えようと彼女のほうから提案してくれた。ジョシュアにとっては自分を落ち着かせる方法を習得す

るのが肝心なので，もう課題に取り組むよう彼を説得しないほうがよいと提案したときも，アルポート先生はすぐにそれを受け入れてくれた。アルポート先生と筆者は一緒に計画を練り，ジョシュアが不安を感じても課題をやり続ける努力をしたらほうびをあげられるよう，単純な表をアルポート先生に利用してもらうことにした。

　両親と同じように同情的で子どもに力を貸してあげたいと思っている教師は，もっと子どもに断固とした態度で接したほうがよいと提案すると，ひじょうにほっとすることがある。断固とした態度は子どもに安心感を与えるための一つの方法であり，衝動を制御しようと苦戦している子どもにとって助けになると教師が納得すれば，明らかに取り乱し，問題を抱えている子どもにとっては厳しすぎるのではないかと危惧せずに，より断固とした態度で子どもに臨むことができる。泣いたり取り乱したりするのは「間違った行動」であると扱うのが重要なときもあるが，教師がそうできるようになるには，セラピストがしっかりした根拠を示したときである。

　ときには教師のサポートのお陰で，子どもが否定する感情を，もっと自然に自分のものとして認められるようになる場合もある。ある特定の子どもが不安に感じている問題をテーマとする物語を，自分から進んで授業に取り入れてクラス全体に向けて読んでくれる教師もいる。たとえば，ある子どもには，「誰かがいなくて寂しいと思うとき」について作文を書くよう提案すれば有益であろうし，別の子には「ひどい怒りを感じて自分でも恐ろしくなるとき」について作文を書くよう促せばよい。

教師と協力するときの注意

　子どもの担任教師と話をする前に，両親の同意を得るだけでなく，どこまでなら教師に話してよいか親と相談することを絶対に忘れてはならない。夫婦間の緊張関係やその他の家庭内のストレスを，教師や

学校心理士に知られたくないと親が感じる場合もある。学校の教師に協力してもらうときには，話してよいと両親の許可を得た以上のことを明かさないよう注意しなくてはならない。セラピストは教師に対するときに，協力体制にある同僚のような調子で話し，教師はしばしば家族について質問をしてくるが，親との協力関係を壊さないようできるだけ巧みにその話題を回避しなくてはならない。

　両親が，セラピーを受けていること自体を隠したがり，それゆえセラピストには学校側と何の接触もとってほしくないと思うこともときにはある。最終的に親の希望が尊重されなければならないが，「秘密」を守ることによって起こりうる影響や，教師との好ましくない関係が子どもに与える影響について両親と話すことが大切である。もちろん，子どもが学校では問題行動を起こしていないのなら，教師と接する必然性は薄れる。親がセラピーの過程に慣れてきて，実際の介入が役立っていると感じるようになれば，それ以前よりは治療チームに教師を参加させてもよいと思うようになるだろう。

20. 子どもとの個人面接で精神力動的フォーミュレーションを用いる

　情報収集と実際の介入のあいだに明確な区別をすることはできない。第4章で説明したように，子どもの心配事を知るためにセラピストは子どもに物語を作らせたり，気持ちが開示されるようなボードゲームをさせたりする。セラピストは，ゲーム中に出てくる質問に答えるとき，それを聞いた子どもがより心を開いて自分のことを明かすよう工夫して答えを出す。こうして子どもと接する一番の目的は子どもの心配事や欲求を理解し，親がそれに対処できるようにすることだが，子どもがセラピストに気持ちを明かすことそれ自体が治療的である。こうした面接に治療的価値があっても，子どもの不安を知ることが主要

な目的である個人面接と，直接治療的援助を行うための面接を区別することが肝心である。

　筆者が子どもと家族に対して統合的心理療法をはじめた当時には，精神力動的視点を家族システム的療法に組み込めるよう，子どものことをよりよく知る，というためだけに子どもとの個人面接を利用した。子どもと治療的にかかわるとセラピスト自身が親の役割を侵害するのではないか，そして個人面接が治療的作業の中心であると思われないかと懸念した。さらに，もし子どもとの個人面接の頻度や回数が制限されるなら，わずか数回の面接で，本当に子どもを変えるようなことができるか疑問に思った。しかしその後，子ども，家族との治療的作業の方法を探り続けるうちに，そうした懸念もそれほど感じなくなってきた。家族との治療的プロセスをないがしろにせずに，子どもとの個人面接を進められることが分かった。親と協力体制を組んで子どもとの個人面接をセラピストがどういう方向性で進めるか計画し，その後面接について家族に報告すれば，治療的作業の焦点を家族に維持できる。

　通常，子どもだけとの面接は家族や親との面接と交互に行う。そしてもし何らかの理由で2，3度子どもだけと連続して面接するべきだと思うときには，なぜその形態が望ましいのか親に説明する。子どもは個人面接が家族に対する治療的作業の一部であり，通常話した内容が秘密にされないことも知っているので，自分の親の存在を何も気にせずセラピストと接するというわけではない。たいてい子どもはセラピストと一人で会うのを喜ぶが，家族面接も楽しいので，個人面接が治療的プロセスの中心になり始めるとがっかりする。両親も家族面接を望んでおり，家族療法を子ども相手の個人療法に変えてほしいとはまず思わない。

　もちろんすべての規則には例外がつきものであり，筆者に子どものセラピストだけをやってもらおうと熱心に働きかけようとする親もい

る。同じようにセラピストである筆者を自分だけのものにしたがり，筆者がきょうだいや親と会うと怒る子どももいる。もちろんこうした親や子どもからの圧力に屈せず確固たる態度をとることはきわめて重要である。なぜなら子どもと個人療法をしてほしいという願望は，子どもが必要とするものを家族は与えられないという親（あるいは子ども）の思いをしばしば反映しているからである。

　子どもが筆者に対してひじょうに強い転移反応を示すことはあまりないし，筆者の接し方ゆえに，子どもが筆者を「良い親」代わりだと思うこともないが，しばしばセラピストである筆者に強いアタッチメントを示す子どももいる。筆者は今ではもう，こうしたアタッチメントが家族システムに否定的影響を与えるのではないかと懸念することはない。その代わりに，子どものもつ影響力を活用して，親ともっと好ましい相互作用ができるよう子どもに何らかの行動をとらせる。子どもはセラピストである筆者にアタッチメントをもてばもつほど，家族や先生に対して違う接し方をしてみたら，という筆者の提案に喜んで従って何かに挑戦するだろう。

　数回子どもと個人面接を行っただけではあまり成果は上がらないのではないかと筆者は懸念したが，それが根拠のある懸念だとはもう感じなくなった。その代わりに筆者は，注意深く計画を立てて目標を明確にしておけば，子どもと数回個人面接を行うだけで，十分治療的効果が得られると思うようになった。ふたたび読者の皆さんには，筆者が本章では明確さを期して，個人との面接作業における精神力動的要素をあえて切り離していることに注意していただきたい。行動的および家族システムの考察も，個人面接による治療的作業に対して，精神力動的考察と同じぐらいの情報を提供できるし，実際治療的作業にあたってはこの三つの視点は共存するし，一回の面接の不可欠な部分となっている場合が多い。本書をさらに読み進めればそれが明らかになるだろう。

21. 禁じられている題材についての話し合いを中和する

1　感情表現のための劇

　子どもとの個人面接のさいに，子どもが自ら切り離して自分のものと認めなくなった感情をその子の自己感覚に組み込む手助けができる。この作業は，親が「物語作り」や「赤ちゃんごっこ」を通して行ってきた治療的作業を補い，その効果を高める。切り捨てた感情を，子どもに受け入れさせる方法はたくさんある。子どもがまだ幼ければ，人形劇という方法がある。劇の中でセラピストが人形に「禁じられた」ことを言わせると，子どもはしばしば大喜びし，ほっとして笑みがこぼれ，それがきっかけで以前より自己受容が高まる。たとえば5歳のタニヤは，小グマの人形がママに向かって「ぼくすごく怒ってるんだからママに噛み付いて，噛み砕いて，川に捨てちゃうよ」というのを聞いたとき，クスクス笑って喜んだ。その後面接中に，この内気で受動的に反抗的な子どもは，その日，面接の前に母親を怒らせたことについて話し始めた。

　子どもが自分の感情にひどく脅えていると，最初はその禁じられた感情に密着した劇から目をそらすかもしれない。もし子どもがそうしたら，セラピストはもっと段階を踏んで進むべきだと知る。その感情を表しているけれども，同時にそれを取り消すセリフを用いれば，メッセージをいくらか柔らかく伝えられる。つまり上記の例では，クマの人形は「そうしたらママを乾かしてもう一度組み立てるんだ。だって本当はママのことが大好きだから」というセリフをつけ加えればよい。

　子どもが自分の感情を「所有する（自分のものとして収める）」練習として，次に人形は何と言うべきか子どもにたずねるとよい。子どもが人形に，セラピストでなく自分の言葉を使わせることができるよ

うになればなるほど，自分の感情を受け入れられるようになる。セラピストが人形に演じさせる感情をこめたストーリーを子どもが慣れて聞けるようになったら，子どもに別の人形を使わせて，その声を担当させ，これまでご法度であった気持ちを表現させることができる。そのあとでセラピストは子どもに，人形と同じような気持ちになったことがあるか，あるいはその物語を聞いて，自分自身の生活で何か思い出したことはないかたずねればよい。

　粘土やフィンガーペイントのような工作材料も，もみ消された感情をもっと自然に自分のものとして子どもに認識させるのが目的の面接では役に立つ。こうした道具には人をリラックスさせる何かが本来備わっているように見えるし（中には粘土や絵の具を使うと，汚れたりちらかったりすると心配する子もいるが），粘土や絵の具を用いた面接の始めに，とくに目的を言ったり指示を出したりせずに，少しの時間これらを子どもに自由に使わせるとよい。子どもならたいてい大喜びで水気のある粘土（塑像用粘土やプレードウ（子ども用工作粘土）でなく）に指を突っ込んだり，ひねったり，丸めたり，音をたてて打ったり，押しつぶしたりする（そして本当のことを言うと，セラピストも大好きである）。しばしば子どもは何も指示を受けていないのに，自分が作っているものについて実況放送して，問題となっているテーマを表現し始めるだろう。子どもがリラックスし，いくらか心を開いたように見えたら，セラピストは自分が作った物に，禁止された話題を「持ち出さ」せる。たとえば退行的衝動に苦慮している子どもが相手なら，セラピストは犬を作り，その犬に外でなく家の中でうんこをさせるのである。あるいは自分の背が低いことを恥じて自信のない子に接するときには，セラピストはフィンガーペイントを使って，飛び方を学ぶさいにどぎまぎしている小鳥の絵を描けばよい。もしこの示唆的な題材に子どもが良い反応を示したら，粘土や絵具でその子自身の感情を表現させる方向にもっていける。

セラピストは子どもが押しつけられるように感じないように，拒否された感情を楽しそうに表現する見本となることが大切である。たとえば妹役となる人形を粘土で子どもに作らせてみる。そして「この粘土の妹が，きみをどれほど怒らせているか，伝えよう」と言い，セラピストはアニメに出てくるような大げさな声で「このバカのちび，あんたは私をものすごーく怒らせてるのよ！　あんたなんて潰してホットケーキにしてやるわ」と言って見本を示す。

　遊びを通して「危険な」気持ちを表現させると，子どもは自分の感情の多くを自分のものとして認められるようになるだけでなく，激しい感情でもそれほど恐ろしいものではないと分かるようになる。このようなやり方で子どもとの面接を行うときには，自由な空想劇をしたら，次に日常生活において人々とのやりとりの中で実際に何が起きているか直接的に話をする，というふうに二つを織り交ぜてゆく。たとえば8歳のネッドは激しいかんしゃくを起こし，頑固で恐怖が強いのでセラピーを受けることになったが，義父の粘土人形を本当に潰していいよとセラピストの筆者が促したら，喜んで潰した。その後すぐ彼は，自分と義父が衝突することを事細かに語ってくれたし，この力の強い義父に腕をつかまれてねじられたときに感じた恐怖についても説明してくれた。彼は自分の怒りだけでなく，けんかがどれほど恐ろしいかということについても描写してくれた。最後には粘土の義父への「攻撃」に疲れて，彼は自分から義父の良い点について語り，まったく本心から，本当は義父が好きだと吐露した。

　このように面接が進んでいくのは珍しくない。子どもは遊びの中で自分の感情を残らず表現するように仕向けられると，満足いくまで本心を語り，自分が破壊していた物に対する肯定的な気持ちを率直に表現する。ときに子どもはチェッカーやその他感情の入る余地のないゲームをやろうと言うことによって，もう十分話したことをセラピストに示す[注1]。

第4章で説明した，子どもをよりよく知るための方法の多くは，子どもがぬぐい去った感情を認識させるさいにも利用できる。Feeling Checkers や Talking, Feeling and Doing Game のようなボードゲームをするときには，セラピストは子どもの表面的で最低限の答えに対しても，激しい感情はどれも受け入れられるということを子どもに伝えるような答え方ができる。たとえば，ゲームの一部として恐かったときのことを話すよう求められた子どもが，「私，恐くなんてならない」というような答えを返してきたら，セラピストは「先生は恐くなるよ！　誰かが先生のことを怒ると，ときどき恐いと思うな」というように言えばよい。子どもはたいていそうした答えに強い興味をもつので，その後意味深い会話が始まることが多い。

　同じように人格テストや文章完成法などの検査をゲーム仕立てにして，セラピストと子どもが順番に質問に答えるようにもできる。セラピストは子どもが抱える問題について議論を引き出すような答えをすればよい。こうした会話でセラピストがしていることは多くの点で，「物語作り」の指導を受けるとき親がアドバイスされることと本質的に同じである。セラピストの物語作りと親のそれとの違いは大まかに言うと，訓練を受けた臨床家，そして家族という枠の外にいる大人であるセラピストは，あまり子どもからのやっかいな質問や答えを避けたり，そこから逃げたりしないということである。セラピストは子どもが避けている感情に脅されることもあまりないし，明かされた感情について不安を示すことも少ない。

　Oaklander の『子どもとつながる窓（Windows to Our Children）』[128]には，子どもが楽に感情表現ができるように工夫された活動が見事に概観されているので，一読することをお勧めする。Oaklander は子どもが自分の不安や感情を直接的にはっきりと表せるよう巧みな方法で

注1　Violet Oaklander は，ゲシュタルト療法の手法に関するワークショップの中で，幼い子どもに関して同じ観察をしていた。

工作用具，箱庭，物語作り，投影テストを使う。Oaklander はゲシュタルト療法セラピストの立場でその本を執筆しており，子どもにもっと気持ちを表現させることがほぼ唯一の治療的要因であるととらえているが，彼女が子ども相手にすることのほとんどすべては，本書で説明している統合的心理療法の一部としてときどき行われる個人面接に，簡単に適用できる。

James[84]も『トラウマを受けた子どもたちとの治療的作業（Treating Traumatized Children）』の中で，心理劇，ポスター制作，粘土で家族を制作するといった系統化された活動を通じて気持ちを表現させる，数々の魅力的なアイデアを提供している。

2　リスト作り

潜伏期の子どもはリストを作るのが好きである。逆説的だが，子どもの知力を要するリスト作りを利用すると，子どもに，自分の気持ちにもっと触れさせることができる。たとえば子どもが父親に対する否定的な気持ちすべてを権威ある別の人物に投影しているなら，その子に「パパについてきみが好きな点を5つ，いやだと思っている点を5つ」あげてリストにしてもらう。第4章で述べたように，子どもはそれがゲームの一部に組み込まれていれば，どのような質問にも答えるものだ。だからリストにしても同じことである。自分の殻に閉じこもっていて，なかなか自分のことを話さない子どもには，たとえば「自分について良い点を4つ，あまりよくないと思う点を2つか3つあげて」と頼むと，いつもより自分を見せてくれる。

子どもが自分自身に対する否定的な気持ちについて話しはじめたら，自分を違った目で見られるようになるための作業に取り組むことが重要である。たとえば，きみが自分自身についてそんな意地悪なことを言うのを聞いたら，きみのことを大好きなおばさんはきみに何て言うかな，と聞いてみる[127]。このように質問すれば，セラピストから直接保

証の言葉を聞くよりも「長続きする」ようなやり方で，子どもは自分による自己批判を打ち消せるだろう。また，何かをしたら自分をもっと好きになれるようなことはないか考えてみて，と子どもに言ってもよい。そうしたら次に，違うやり方でやってみたいことのリストを作成させるとよい。

　リストは自己洞察力を高めるためにも用いられる。8歳のアイサックは自分が何をしたから他の子たちが彼に不快感を覚えるのか，ほとんど理解していなかった。そこでセラピストである筆者と一緒にクラスの男子全員のリストを作った。そして自分自身について話すのではなく，彼にクラスの男子一人一人の名をあげて，その子を好きか嫌いか，そしてその理由を言ってもらった。「好かれた」少年が何をしたからいい子だと思ったのか，そして嫌われた少年はどんなことをしたから彼が不快になったのか，聞いてみたところ，彼自身が他の子どもとどのように接しているかということに関して，さらに現実的な話をすることができた。

22. 比喩的な物語を通じて無意識の葛藤や不安を扱う

　メタファーを盛り込んだ物語を利用することで，セラピストはときに，子どもの無意識に直接語りかけることができる。MillsとCrowley[116]は優れた著作『子どもと内なる子どものための治療的メタファー（Therapeutic Metaphors for Children and the Child Within）』の中で，比喩的な言葉で子どもの問題を描写し，子どもが無意識のレベルで聞くことのできる治療上の提案を盛り込んだ物語を組み立てるための指針を示している。子どもが共感できる葛藤を盛り込んで物語は進展していくが，子どもが当惑したり反抗したりしない程度に子どもの状況とは変える。物語では，子どもが苦しむ否定的ビリーフ，恐れと，能力，資質のあいだの葛藤を悪者，ヒーローという複数の登

場人物に象徴させればよいと Mills と Crowley は提案している。物語は比喩的な危機でクライマックスに到達するが，最後には主人公が自分の問題を克服，あるいは解決する。Mills と Crowley は，子どもを夢中にさせると同時にその不安を扱う物語の筋書きをどのように組み立てるか，ひじょうに細かく説明している。子ども，そして家族との治療的作業にあたるとき，筆者はこうした比喩的な物語の中に，子どもの問題の一部としてはっきりと浮かび上がることのない内的葛藤，アンビバレンス，家族内部の力動を組み込むと有効だと気づいた。したがってたとえば強い恐怖心をもつ子どもの治療的作業にあたるときには，比喩的な物語の中で，その子の恐れに象徴的に言及したり，それを克服する見本を示したりするだけでなく，投影されてはいるが，恐怖心の根源にある自分の恐れとの戦いも登場させる。たとえば悪いオオカミの集団に攻撃されないかとひどく恐れていて，同年齢の子グマ仲間と遊ぶために外に出ていけない『子グマのベニー』の話をしてもよい。弟や妹に対して怒りを感じ，その怒りに対する脅えに対処するためには，生まれたばかりの赤ちゃんグマに対して優しくしようとベニーが一生懸命努力する場面を盛り込めばよい。妹グマはうっとうしいし，母グマはその子の面倒ばかりみているので，ベニーがなかなか妹に優しくできないときもあった。妹グマに対してベニーはときどき悪意を抱くが，そうするといつもひどく後悔するのだった。ママがどれほど自分に妹を愛してほしいと思っているか知っているし，どうしてしょっちゅう妹をうるさくと思ってしまうのだろうかと，ベニーは悩んだ。

　子どもの無意識の不安のうち，否定的な面だけでなく，アンビバレンスも扱うことが重要である。たとえばこの話だったら，妹がベニーに向かってにっこり笑い，彼の鼻を引っ張ろうと手を伸ばすときに彼が感じる陽性感情についての描写も加えたい。Mills と Crowley が示してくれた形式を適用して，かつて何かができるようになったときの

エピソードを物語に盛り込むのもよい．たとえばこの場合だったら，何かを成し遂げた要素として，恐れを克服できたという以前のエピソードを持ち出すだけでなく，彼を悩ませていた何かについて話したら状況が改善されたという幾度かの場面にも言及するとよい．たとえばベニーは，母グマのお気に入りのお皿を割ってしまったと告白したら，母グマは彼をしからず，彼が正直に話してくれたのがうれしいと言ってくれたときのことを思い出すかもしれない．もちろんこの話は，子どもの家庭でも起こるような現実的なものに変えなくてはならない．心を開いた結果を恐れて当然だというような家庭にベニーが暮らしているなら，彼が，自分を支えてくれる信頼できる大人に秘密を打ち明ける話を盛り込めばよい．

　こうした物語は子どもの心的葛藤だけでなく，子どもの問題に寄与する家族システムの問題についても対処できるとりわけ有益な方法である．たとえばロイは7歳になるのに，母親の膝の上で抱っこしてもらうのが一番だといつも思っているようだった．彼はただ遊んでいればよかった保育園のころの生活を熱望し，母親が，一人で着替えをする，トイレに行くなど，年相応に自分のことは自分でやらせようとすると，それを拒絶した．そこで彼に，もっと成長して，母親から離れたいと願う彼の気持ちの一部を取り入れた物語を聞かせた．その話には，もうあまり自分が必要とされなくなったら母親は悲しむのではないかという彼の不安に対する言及もあった．実際ロイの母親はシングルマザーであるため，毎日の暮らしが大変で，住んでいる地域で孤立していると感じていた．そのためロイには，母親と二羽で暮らしている小鳥のボビーの話を聞かせた．ボビーは母鳥だけと暮らしている状況が気に入っていた．ボビーは母鳥が自分のために食べ物を噛んでくれるときのその噛み方が好きで，母鳥の翼の下で眠るほど素晴らしいことはないと思っていた．ボビーは永遠に赤ちゃん鳥でいたかった．自分のために何かをしてくれるとき，母鳥はとても幸せだということ

にボビーは気づいていた。成長するにつれてボビーは，同じ木に住むほかの赤ちゃん鳥が飛び方を練習し始めている姿を見かけるようになった。赤ちゃん鳥は言った「ぼくは絶対に飛ぶ練習なんてしないよ。それに飛ぶ必要なんてないもん。欲しい物は何でもママが持ってきてくれるから」

　話が進むにつれて，赤ちゃん鳥はほかの小鳥たちがとても楽しそうにしているのに気づくようになる場面の描写が加えられた。ボビーは彼らが鬼ごっこをしたり離れ業をやってのけたりするのを見て，どれか一つでもできたら楽しいだろうと思い始めた。でも彼はまだ母鳥にえさをもらいたいし，お風呂にも入れてもらいたい。そうは言ってもすぐに赤ちゃん鳥はもっといろいろなことに挑戦してみたくなるが，自分が一日中外に遊びにいってしまったら母鳥が寂しい思いをするだろうと心配するのである。

　こうした話は，直接解釈することなく，変わりつつある彼自身の感情だけでなく，セラピーの結果として生じる家族内の変化を子どもに気づかせる一つの方法と考えられる。したがってこの話の結びで，小鳥は母鳥に自分の心配事について話すし，また（セラピストの助けで）母鳥が自分でも友達を作るようになり，友達の「大人の鳥」との時間をもっと楽しむために，ときには小鳥に自分で自分のえさを探してほしいと思っているらしいことに小鳥は気づくのである。

　相手がもう少し年上の子どもであったら，動物でなく人間が登場する比喩的な物語を聞かせてあげよう。子どもがその話を聞いて，自分と関係があると認識しても，普通問題にはならない。中にはうれしそうに「あ，それってぼくみたい！」と言う子もいるだろうし，不信感はこっそり棚上げして空想の世界を楽しむ子もいるだろう。

　この種の物語を聞かせるのは，家族システムの変化がある程度実行されてからがよい。親も子も変わり始めてはいるがまだ変化に対してアンビバレンスを抱いているときにそうした話を聞かせれば，成長し

たいという願望が強化されるだろう。この方法をいつ利用するか決めるさいには，子どもがセラピストといてどれほど居心地よく安心しているか，という程度の問題も絡んでくる。受動的に話を聞くのがいやだという子もいるだろう。そうした子はリラックスできず，横になって，深呼吸して，リラックスするようにと言われたときに，自分をコントロールできなくなったと感じて嫌な気分になる。横になっているときに抱っこできる大きな柔らかいウサギのぬいぐるみを渡し，そのウサギと同じくらい体を楽にしてみて，と言うと子どもがリラックスしやすいことが分かった。緊張している子どもには，話を始める前に深呼吸をさせ，少し筋肉をほぐす運動をさせる。話を聞くときに目を閉じるのをいやがる子も多かったが，これは問題ではない。物語が効果を発揮するためには子どもが物語の世界に入り込まなければならないが，目を開けていてもそれを妨害することはない。話を聞いている最中はセラピストに話しかけずに静かに聞こう，と子どもに声をかける。聞きながら絵を描いたり粘土で遊んだりしてもいいよと言うと，落ちつきがなかったり不安げな子どもでも静かに話を聞けるだろう。

　本章では，精神力動的問題の理解によって，親，教師，そして子どもへの積極的介入がどうしたらより充実したものになるのか，ということについて説明してきた。次章では，家族，子どもとの治療的作業にあたるさいに基本となる行動的原則のいくつかを概説する。

第8章

行動的フォーミュレーションに
もとづく介入

　本章では，認知的および行動的フォーミュレーションにもとづく介入が，すでに説明した家族システム論，および精神力動的視点をどう補足できるかということについて論じていく。先述のように，問題をもつ子の親は，我が子が問題を克服するのを助けるために自分たちに何ができるか，ということに関する具体的な提案を強く求めている。子どもの症状は家族内の好ましくない相互作用を反映していると思われるので，たいていの家族セラピストは，子どもの症状が出てくる状況をもっと広くとらえて治療的作業に当たることで，我が子を助けたいという親の願いに応える。このように家族セラピストは家族内の何らかの行動とそれに対する反応という連鎖を事細かに観察するが（たとえばScheflen[157]），それによって発見したことを，学習と行動原理にもとづいた具体的なフィードバックを与えるときではなく，家族システムへ包括的な介入を行うさいに利用することが多い。

　たとえばMinuchinとFishman[120]は家族療法で用いる技法に関するひじょうに有益で広範囲にわたる著書の中で，セラピストが「(4歳の)ロニーに邪魔させずに親が話をするよう指導した」のちにどのような行動の連鎖が続いたか，詳細に記している(70p)。彼らは次のように観察している。子どもは「めそめそ泣きはじめ，それから大声で泣き叫び，椅子に飛び乗ったり飛び降りたりし，はげしく引っかくように

なる……マークは明らかに親の役割を果たしている子どもなのだが，ロニーにおもちゃを投げ，彼を楽しく少し攻撃的な遊びに引きずりこむ。じきにロニーはおもちゃをマークに投げ返し，母親のところに走っていく」(70p)

このような観察をするのは，親に特定の行動介入を指導するためでなく，家族関係において境界を設ける必要性を親に指摘するという，より広い目的のためである。行動原理は子どもに対処するさいに役立つかもしれないが，それに基づく「専門的」なアドバイスを与えないよう注意する。むしろ親の自己効力感を高め，自分自身で解決方法を見出す能力に対する自信を高めることが目標である。

たとえば，扱いにくい子どもについて親と話をするとき，MinuchinとFishmanは次のように言うだろう。「4歳児が母親より背が高ければ，その子は父親の肩に座っているのでしょう」，「あなたたちはお二人とも間違ったことをしているに違いありません。それが何か私には分かりません。しかしあなたがたが一緒に考えれば何が間違っているか分かるでしょうし，解決方法もきっと見つかるでしょう」，「このままの状態で進めば，あなたがた親子は互いを疲れさせるでしょう。お二人が心から愛していらっしゃるお子さんを何らかの形で傷つけ食い物にしている。だから私たちは，あなたがたが互いに助け合い，お子さんを助けられる方法を見つける必要があるのです」(148p)

このアプローチの根底にあるのは，親に対する喜ばしい尊重だけではない。たいていの親は，親としての自身の権限を行使するように支持を受けたら，何をすべきか分かる，という理論的仮定もあるが，その正当性は支持されているわけではない。もちろん親は何をすべきかよく分かっていて，ただ背中を押せばすでに知っていることを実行に移せるという場合もよくある。Mariano BarraganはJay Haleyにスーパービジョンを受けた，家族療法のある古典的な事例研究（Haleyの「現代の小さなハンズ（A Modern Little Hans）」という章で説明さ[68]

れている）で，恐怖症の子をもつ父親に，自分が犬について知っていることを息子に教え，脅えた子犬をもらいに息子と出かけるよう勧めたが，もちろん父と息子の結びつきを強めるだけでなく，ひじょうに効果的な脱感作を施しているのである[注1]。また，Barraganは，安全で安心できる状況下において漸次的曝露を行うことの重要性に関しての理論的説明を親にすることなく，このような介入をしている。

　私たちは経験から，そしてMinuchin，RosmanとBaker[121]の独創的な研究から，子どもの症状は夫婦間のストレスの度合いを反映していると知っている。このように多くの場合，親が自分たちの問題に対処し，親の庇護者としての役割から子どもを解放すれば，子どもの症状は実際のところ軽くなる。子どもが直面している問題を家族に知ってもらうために言葉をかければ──たとえば「きみの両親が互いにいやな気分で暮らしているときには，きみはいつも悪い行動をとったり……頭痛がしたり，……学校で落第したりすることによって，家族を守る従順な良い子どもになるんだ」（148p）[120]──，そしてその言葉が夫婦間の問題に対する直接的介入と組み合わされるとき，問題行動を目覚しく減少させることも可能となり，実際にそれが減少するケースが多い。子どもの問題行動の保護的機能を直接扱うために逆説的技法を用いれば[107]効果が現れる場合もある。

　しかし筆者の経験からすると，こうした方法が多くの家庭で効果的に作用するのは疑いもないが，親子の両方に対して行動変容のより具体的な提案をするとひじょうに役立つことが多い。子どもの問題行動はしばしば，機能不全の行動を何年も強化されていた結果として起こる。第5章で見たように，子どもは適応的なコーピング機制や年相応

注1　Haley[68]は，自身のアプローチを段階的な脱条件付けの過程とはっきりと区別し，「もし家族関係が変化すれば，その少年は，問題を克服できるだろう」（p.227）と考えているが，犬を飼えば良いという彼の示唆は，実際には非常に効果的な現実的脱感作の機会を導入しているのである。

な社会スキルをまったく発達させてこなかったのかもしれない。さらに問題行動に影響を与えるためには，日常的な親の活動よりも高度で独創的な努力が必要かもしれない。行動原理はたとえば困難を避けることを学んでしまった子ども，失敗の危険を冒さない子ども，衝動のコントロールができない子ども，あるいは人前で何かをするさいにひどく不安になる子どもを援助するためにとても役に立つ。親の力を尊重する重要性は認識しているものの，もう一方で不安も感じてしまう家族セラピストの気持ちは理解できるが，自身は「専門家」で親は「不適格」だと考えるより，親が子どもに影響を与えていっそう肯定的な方向に向かうように，親と一緒にそのケースに見合った具体的な介入を試みると，親は以前にも増して自分は子どもを助けられるしその能力もあるという気分になる。子どもも直接的で行動的な介入を行うことにより効力感が増す。たとえば衝動のコントロールのために何らかの認知的方策を教えられた子ども，あるいは社会スキルをより高める訓練をした子どもは，最終的に自分の力をいっそう実感できるようになるし，自分自身の生活をコントロールできると感じるようになる。[145,184]

第2章で説明したように，多くの家族セラピストは，家族療法特有の指示，課題，影響を与えるという全般的な姿勢に満足しないようになってきた。読者の中にも行動的介入方法に不快感を覚える人もいるだろう。なぜならそのように子どもに直接影響を与えようとすると子どものために介入するというより子どもを上から操作することになるかもしれないと心配するからである。また精神力動的伝統の中で臨床家として熟達してきた読者は，特定の行動を助長したりやめさせたりするために行動的介入を用いることによって親は子どもの個性や自律心を踏みにじり，その結果子どもは本当の自分とは違う偽りの自己を発達させるのではないかと不安を感じるかもしれない。確かに，行動変容を効果的に行う方法を親に指導するさいに，セラピストはしっかりと判断をする必要がある。セラピストが子どもの行動を修正する目

的で行動的介入を提案するのは，子どもの他者に対する接し方，あるいは不安への対処の仕方が実際にその子にとって非適応的であり，単に親の好みでないという判断を下したときのみである。しかし親の性格，さらには子どもが育つ環境から完全に切り離して，どの行動が非適応的かという結論は下せない。子どもとその親はつねに相互に折り合いをつけながら暮らしており，一つ一つの歯車が正常であってもそれがお互いにふれるときにいつも摩擦が生じていると好ましくない結果につながってしまう。このことは，もし成長を促すような環境を子ども自身が手に入れなければならないなら，子どもは少なくともある程度親の欲求に順応しなくてはならない，ということもときにはあるかもしれない。しかし，折り合いをつける割合が大きいのは，いつも子どものほうだという意味では決してない。どのような場合でもセラピストは，子どもの行動パターンは子どもが成長するときに彼の役に立つし，親はありのままの子どもを受け入れるのに助けを必要とする，と感じることもあるだろう。

　セラピストが行動修正を抵抗なく用いられるかどうか判断するさいには，行動修正を試みる親をセラピスト自身が積極的に援助するかどうかにかかわらず，家族は互いの行動をシェイピングしたり，修正したりすることに必然的に関わるということを心にとめておくべきである。家族の相互作用について考えるさいに，何が強化されるべきか，それに続いてどんな学習が起こるのかということを考慮するようになれば，それを好もうと好まざろうと，親子はつねに相互的行動修正の過程に参与している，ということが議論の余地はないほど明白になる。しかし残念なことに家族がしている学習は，家族の全員が望んだり意図したものでないことが多い。子どもと親がもっと意識的に行動およびその結果を選択できるよう援助するからといって，自律性や個性を尊重する姿勢と矛盾するわけではない。

　行動修正を親が計画するさいに手を貸せば，一般的に予想されるの

とは逆に彼らは精神力動的介入，家族システムへの介入ももっと進んで受け入れるようになる。筆者の経験では，家庭内の不安や緊張の度合いが下がれば，家族は以前ほど防衛的でなくなり，セラピストの解釈や構造的変化に向けての提案を進んで受け入れるようになる。行動的介入はその性質上予測可能で合理的であるので，極端に激しい感情のやりとりで疲弊した家族に安堵をもたらす。問題行動に対する対処方法を計画することによって，子どもも大人も大きな安堵感を得るのは珍しくないし，家族の雰囲気は急速に良くなるかもしれない。そしてその結果，家族は互いの気持ちにもっと耳を傾けられるようになり，変化はより深いものとなる。

　もちろん行動的介入を遂行するのが家族にとってけっして楽ではない場合も多い。たとえば，もし親が子どもに対して攻撃性を行動化してほしいという欲求を感じている場合，すぐにセラピストが対応をしなければ，親は意識の上では協力していても，子どもが衝動のコントロールをもっと身に付けるよう指導する努力を怠るかもしれない。さらに夫婦間の衝突が未解決であると，（いつもではないが）しばしば行動的介入を一貫して適用できない可能性も生じる。そして心的葛藤や対人的葛藤，あるいは，子どもの心の奥底に潜む感情や不安に対処せずに，単に子どもの行動のみを修正しようという考えに尻込みする親は多いだろう。

　しかし，読者の皆さんは，本書で説明するアプローチは，精神力動的，家族システム論的，行動的段階が同時に進むことを忘れないでいただきたい。すべての家族システムの問題が解決されるのを待ってから，問題の精神力動的側面に注意を向けるというやり方はとらないし，行動的介入を取り入れる前に精神力動的，あるいは家族システムの問題を完全に解決しようとは思わない。そうではなく，問題に対する精神力動的理解と家族システムの理解を，症状である行動に的を絞った行動的手法と調和させる。家族と初めて接したときから，セラピスト

は家族に子どもの不安を理解してもらうと同時に，彼らが子どもの症状に行動的方法で対処するよう促す。

この統合的アプローチで用いられる行動的方法は，行動療法のセラピストが用いる方法よりずっと形式性に欠けることが多い。その手続きについて話し合うことは重要であるが，介入の一部でしかないので，セラピー中のわずかな時間しか話し合いに費やさないことがそのひとつの原因である。精神力動の実践の仕方に従う必要はないのと同じで，私たちは行動的指針を用いても，オペラント条件付け，脱感作，認知的再構成から成る完全な行動療法の介入プログラムには着手しない。

1．家庭で子どもが教えられること，学ぶことを理解する
——強化随伴性の分析

行動的介入を計画する上で最初の一歩となるのは，子どもが親の何を強化しているかということだけなく，子どもとの関係において親が何を強化しているか，ということに関して詳しい情報を手に入れることである[64]。この情報を入手するには，直接観察する，家庭生活の様々な場面を劇や人形劇で演じる，それぞれ別の面接で親と子に詳しく質問する，などいくつか方法がある。

1　詳細にわたる質問

第2章で説明したように，家族および子どもとの治療的作業は親だけとの面接から始める。悩みを抱えた親はたいてい，子どもに関していくつも全般的な不安を抱えているものである。まず第一歩は，より観察しやすい行動を描写することから彼らが自分の不安を言い表すように手助けすることである。「娘は敵対的なんです」とか「息子はひどく引きこもりがちで」といった言い方を親がするときは，そう判断するに至った具体的な子どもの言葉や行動について話すようにセラピ

ストは親を手助けする。子どもが問題とされている行動をとった，あるいはそうした態度を示したと感じた中でも，一番最近の出来事について話してほしいと親に求めるのが役立つだろう。しばしば親はその日，もっと早い時間に起きた出来事について話してくれる。話し合う出来事がごく最近のものであれば，その前に何があったか，そしてその後親子がどう振る舞ったか，ということについてより明確な全体像を得ることが可能になる。

　たとえば，その日の朝の出来事を細かく描写してくれるよう求めると，ローズ夫人が8歳の娘を「仲間から孤立して引きこもりがち」と描写したとき，それがどういうことを意味しているかはっきりしたし，気づかぬうちに問題の一因となった強化子についても知ることができた。カーラと母親のローズ夫人が学校の建物に近づいたとき，1人か2人の子どもがカーラに挨拶してきた。その子たちの「おはよう」という挨拶にカーラはかすかに聞こえる声で「ハイ」と答えた。母親のローズ夫人にただ「バイバイ」と言うと，彼女は知り合いの子どもと一緒に静かに歩いて体育館に入っていった。そこで彼女たちは教室に行く時間になるまで待っていた。その数分後，カーラが忘れていったお弁当箱を届けに，ローズ夫人が校舎に入ったとき，子どもたちの多くは教室で走り回ったり笑ったりしていたのに，カーラは静かに座って本を読んでいた。

　学校に行く前，家ではどのような様子だったかローズ夫人にたずねてみた。すると，本当は何人かの子どもとその母親と一緒に学校に行く予定だったのにカーラはそれをいやがり，ローズ夫人に学校に連れて行ってほしいと言い張ったので，とても困り，多少イライラした，と答えてくれた。学校に行く途中，ローズ夫人はカーラが恥ずかしがりやだということについて話をしようとし，「あなたがもっとがんばってにっこり笑っておはようと言えば，学校でもっとたくさん友達ができるわよ」というようなことを言った。それに対してカーラがただ

「友達ならいる」と答えて黙ってしまったので，それ以上話ができなくなってしまったとローズ夫人は思い出した。朝の出来事について語りながら，夫人は，自分自身のカーラに対する言葉はいくらか批判的だったと自発的に指摘した。というのも，その朝ほかの子と学校に行くのを拒否したのも，カーラの恥ずかしがりの性格が原因だとローズ夫人は感じていたからだった。カーラが一人で座っているのを見たとき，夫人はもっと友達と親しみやすいように振る舞いなさいと再び注意しようとしたが，無視されてしまった。

　このように詳細にわたり描写してもらうと，新たにどういう相互作用を築けばよいかが浮かび上がってくる。たとえばローズ夫人の描写から，娘に対して保護的であり，たとえば他の子どもたちと一緒に学校に行くなど，娘にとってはストレスになっているかもしれないが，彼女を抑制するものを克服する機会も与えてくれる恰好の状況を娘が避けるのを許していることが分かる。さらに，夫人が励ましたりアドバイスを与えたりしても，おそらく怒りも加わっているため，意図することとは逆効果になってしまっている。つまりカーラは友達の前ではより心を閉ざし，不安感を募らせてしまう。また，結果として母親は学校に同行することに怒りを感じながらも娘のために時間を割いているので，いつまでも内気でいたり，友人との交流に不安を感じていると子どもに得るところがある，ということも分かる。こうした情報が具体的で詳細にわたることは，知らず知らずのうちに子どもの問題の原因となっているかもしれない親子の相互作用を変えようとする親を助ける上で不可欠である。

　親からの情報に加えて，可能であればいつも，子どもの日常生活で重要な役割を果たしている他の大人に子どもの行動について話を聞くべきである。上記の例でいえば，教師はカーラの交友関係をどう観察しているか，教師本人から直接意見を聞きたいところである。おそらく教師はカーラがいつ一番リラックスして見えるか，一番内気にな

ってしまうのはどういうときか，ある程度気づいているはずである。さらに彼女の内向性や孤立に対して教師がどう対応しているか知るのも有益である。なぜなら教師も強化を与え，教室での行動を導いている可能性があるからである。

おもしろいことに，こうした細かい描写から，どのような行動の力動，そして家族システムの力動が働いているかがよりはっきりするだけでなく，重要な精神力動的要因もしばしば浮かび上がってくる（P. Wachtel[184]参照）。たとえばハーシュ夫人は，6歳の息子ロビーの行動はまったく不可解だと感じていた。息子がひじょうに反抗的な態度をとるのは，夫が海外で働いていて，妻子とともに過ごすのは6週間で10日だけだからだと考えていた。1日の大半を1人で過ごしている夫人は息子がそばにいると楽しかったが，息子が理解できないような破壊行動に走るので，次第に疲れ果ててきた。最近ロビーが破壊行動に及んだ出来事について話してほしいと頼むと，夫人はその朝の出来事について話してくれた。すべてがうまくいっていた。ロビーの機嫌はよかった。ハーシュ夫人は自分が仕事に行く途中でロビーを学校に送っていくので，着替えをして出かける準備をしていたが，そのあいだもロビーはとてもいい子にしていた。だがボールを投げるのをやめてと夫人が頼んだとたん，彼の気分はがらっと変わり，わざとランプに向かってボールを投げて，それを割ってしまった。

これが起こる前に何があったか，夫人はどういう口調でボール投げをやめるようにロビーに言ったか，どうして彼女は息子がわざとボールを投げたと分かったのか，そしてその後どうなったか，正確に描写するよう彼女に頼んだ。こうして質問をした結果，その出来事に潜む精神力動的問題に関して，有益な手がかりが浮かび上がってきた。この出来事の直前に，ロビーは母親の膝に抱っこされて，甘えながら両腕で母親に抱きついて，唇にぎゅっとキスをし，「ママ，大好きだよ」と言ったらしかった。夫人が着替えをするために立ち上がったとき，

ロビーは部屋に残ってテレビを見ていた。彼女が化粧をすると，ロビーは「ママ，すごくきれいだよ」と言った。そのすぐあとで，ロビーはボールを取り，その事件が起きた。ロビーがランプを壊したのち，夫人は彼にひじょうに腹を立てて，彼女の部屋からロビーを追い出してしまった。

　母親の細かい描写を聞くと，推論の域を出ないが，大半の時間を母親だけと過ごしているロビーは，性的に過剰な刺激を受けているように感じられた。おそらく彼の「悪い」行いは，置き換えられた「興奮」と，無意識のうちに母親と恐ろしいほど密着している現実を打破したいという欲求の結果であった。

2　子どもの観点

　子どもだけと何度か面接を行うと，家や学校で他者と不愉快で否定的な相互作用になったときに起こった出来事を自分はどう感じたか，細かく描写してくれるので，親から得た情報を補うことができる。第4章で説明したように，幼い子どもは物事についてはっきり説明できないことが多い。そういうときは一連の出来事を何枚かの絵に描いてもらったり，指人形や人形を使って出来事を劇にしてもらったりすると，親とはまったく違う視点から見た出来事の描写が聞けて非常に興味深い。当然といえば当然なのだが，事件に先立つ出来事として子どもが心に焼き付けていたことは，親が主要な出来事として注目していたこととはまったく異なることが多い。ここでも私たちはいくつもの視点で見るのが重要だと感じるし，行動療法アプローチであっても「主観的」要素が働いていることに気づく。問題行動に続く悪い結果について子どもに描写してもらったときにも同じことが言える。親は子どもを子ども部屋に閉じ込めたことで罰を与えたと思っているのに，子どもは，親は「何もしなかった」と感じているかもしれない。あるいは親が怒っているときにどう感じるか説明させたり，絵に描かせた

りした場合も，子どもは親の怒りや罰を親が意図するより軽く見ていること，あるいは逆にずっと厳しいとみていることが判明するかもしれない。

3 家族の出来事を劇にする

　家庭内の問題となる相互作用についてロールプレイをするよう家族に頼めば，強化随伴性に関して多くの情報が得られる。第3章で説明したように，ロールプレイは家族に見立てた人形を使ってもできるし，ただ小道具だけを使って面接室をクライエントの家に実際にある部屋に見立てて行ってもよい。輪ゴムを入れたボールを夕食のスパゲッティーに見立てたり，床にマットを敷いてバスタブ代わりにすると，大半の子どもは喜び，ひじょうに熱中して役にのめりこむ。恥かしがりやで内気な子や，怒って自分は参加しないと言ってきかないような子でも，演じられている劇の内容が間違っているとコメントしたり，それを直したりするだけであっても，結局は仲間に入ってくるのがふつうである。劇の中の行動も，劇のあとで行われる話し合いも，家庭内の強化随伴性とモデリングについてセラピストに多くの情報を与えてくれる。

　たとえばポーター家の心配事の一つは，末っ子で7歳のサンディーがひじょうに扱いにくい子だ，ということだった。彼女はとても反抗的で，自分の思い通りにことが運ばないとひどいかんしゃくを起こした。父親が彼女にもう寝る時間だといったときの様子を演じてもらったところ，両親も，10歳の姉も，サンディーが父親の言いつけを必死に大声を出して拒絶する様子を大いに楽しんでいることが判明した。その様子を劇にした結果，父親のポーター氏がけんか腰でのぞみ，その挑戦的な口調でサンディーに反抗して欲しいというサインを送っていることが浮き彫りになった。しかしサンディーが実際に反抗したとたんに父親の口調は変わるが，その「怒り」はしかるふりをしている

感があった。家の中で父親がサンディーを追いかけるときには，まるで漫画の追いかけっこシーンのように，期待と興奮が感じられた。その追いかけっこは，サンディーが泣いたり，怒ったり，ぶったりして終わることが多かったが，野生の牛が最後には捕まってしまうように，そのシーン全体には陽性感情がみなぎっていた。

　この毎度毎度の就寝時の出来事を支配する感情以外にも，劇によっていくつか重要な細部が描き出された。サンディーは最初，父親から逃れるために姉のイヴェットの部屋に走りこんだ。イヴェットは普段は妹に対して軽蔑以外の感情をほとんど示さなかったが，そのときばかりは妹を守り，父親に捕まって引きずられていくのを阻止しようとした。第二の場面として，最後にとうとうサンディーは無理やり風呂に入らされるが，風呂から出たあとでママもパパも愛していると言ってくれると彼女は安心するのだった。こうして両親と仲直りをしたのち，しばらくサンディーとイヴェットはけんかもせずに一緒に遊んだが，こうして姉妹が一緒に仲良く遊ぶのは他の場面ではめったにないことだった。そしてその後ベッドにもぐって母親が読んでくれる物語を聞くのだった。

　たいがい子どもは喜んで劇に参加し，よく笑う。だから家でも本当にそのように笑っていたのか，あるいは家族でごっこ遊びをしているのが楽しくて笑っているのか，はっきりさせる必要がある。セラピストはつねに「本当にこんな感じだったの？　どうしたらもっと本当っぽくなるかな？」とたずねる。ポーター家の場合，このように質問するとみんな劇に没頭してくれた。そして，サンディーがいつまでも反抗し続けるので，ポーター氏は本当に怒りを感じはじめたことが明らかになったし，サンディーは父親があまりに強く引っ張るので腕がちぎれてしまわないかとときどき不安になることを明かした。

　このロールプレイを行動的に分析したところ，サンディーは戦いを期待するサインを受け取っていただけでなく，抵抗を強化されてい

たことも明らかになった。「パパになんて捕まらないわよ」…「いや，捕まえてみせるさ」…「いいや無理よ」と言うときの声の調子は，最初はふざけて，からかっている感じがあった。さらに，最終的に彼女は傷つき，本物の怒りが湧き起こってきたが，この戦いに彼女を巻き込む強い正の強化も存在した。サンディーの両親は彼女を愛しているといって安心させたし，普段は妹を拒絶している姉さえも彼女をなだめた。イヴェットがサンディーを「いじめる」のでしばしば困惑していた両親も，姉妹が互いに愛情のこもった接し方をしているのを見て喜びを感じるという「報酬」を得ることで，その行動を強化していた。

4 直接の観察

面接室で親子がどのように交流するかただ観察することによって，家庭内の強化随伴性について多くの情報が得られる。家族セラピストは当然ながら家族の相互作用のパターンを注意深く見る癖がついている。家族療法に関する古典的文献の多くが，行動連鎖を注意深く調べることの重要性を例解している。親子きょうだいの関係を行動的に分析するときは標準的な家族システムの分析を基礎としており，それにとって代わることはない。行動的要素を治療的作業に盛り込むために，家族の面々はどのように互いに強化し，家族構造にとって重要な行動をし続けるのか，細かく観察する。たとえばもし子どもがしょっちゅう妨害してくることによって夫婦間の対立問題がうやむやになる場合，その子はどんなきっかけで気が散って自身の活動を停止し，親と関わろうとするのか，セラピストはきちんと理解するようにつとめなければならない。たとえば片方の親が相手との会話の中に，必然的に子どもの注意を引くような内容を盛り込んでいるのかもしれない。あるいは親たちは互いに話し合いつつも，同時に子どもの遊びをずっと見守っているため，その子は見られているのを感じて，親に自分がしていることを見せるのかもしれない。

行動的介入を計画する場合，声色，顔の表情，まなざし，ボディーランゲージ，などの非言語的強化を注意して見ることが肝心である。さらに，反応を得る行動だけでなく無視される行動も観察しなくてはならない。たとえば5歳のイングリッドが面接のあいだずっと母親にべったり寄り添い，親指をしゃぶり，囁くような涙声で話していたとき，両親とも彼女にもっとお姉さんらしく家族の話し合いに参加するよう仕向けていないことにセラピストであった筆者は心の中で着目した。そしてその姉であるトリシアは父親に向かって話すときにも父親に背を向けたままだったが，父親は娘が自分のほうを向いて話しているかのように対応していた。こうした観察は重要である。なぜならこの場合，両親の様子から，彼らがイングリッドの傷つきやすさ，そして対人スキルが欠けていて仲間と普通に交流できないトリシアの性質をひどく心配していたからである。両親は，自分たちが不安に感じていた，まさにその娘たちの振る舞いを強化していたのは明確に見てとれた。

　たしかに娘たちの行動は，より適切な行動の仕方を学んでいない結果だと単純に解釈するわけにはいかない。子どもたちの個人的な葛藤だけでなく，家族システムの問題もこうした行動を助長し維持するのにきわめて重要な役割を果たしている。そうは言っても，子どもたちが自分たちの役割にとどまるように親が強化している場合，その強化行動に対してフィードバックを与えれば，大きな効果が期待できる。イングリッドの「傷つきやすさ」，トリシアの「人と交わらない性質」を実際に強化してきた具体的な行動が判明すれば，両親は新しい対応の仕方を計画できるし，それができれば，本当は違うように振る舞ってほしいということを子どもたちに効果的に伝えられる。

　行動分析を行うときは，維持されている非適応的パターンも注意深く観察する。なぜならそれは非適応という長期的な犠牲を払って短期的な（もしくは即時的な）症状緩和をもたらすからである。たとえば

子どもの無礼な態度をずっと我慢していて，結局どなりつけて謝るよう要求する親は，どなることが効果的だと感じているかもしれない。だが子どもはずっと無礼な態度をとっていても限度を超えなければ許されるし，形だけ謝っておけばすべてが丸く収まると思うようになるかもしれない。

　また内気で，すぐに気が散る，あるいは関わってこない子どもに対して親は，自分たちが大いに注目していることを暗に示して子どもにいろいろなことをさせようと試みるかもしれない。これは短期間だったらひじょうに効果的かもしれないが，子どもは，ほうびをもらったり励ましたりしてもらうには，受身で殻に閉じこもっているのが一番だと思うようになるかもしれない。

　家族の相互作用について行動分析を行うときは，片親が一人の子どもの行動を変えようとしているときに，他の家族の面々が何をしているか注意して見なくてはならない。この種の情報を得るには，質問をするよりむしろ直接観察したほうがよい。というのも攻撃または批判的行動というのは巧妙に無意識のうちに行われることが多く，自己報告や家族のメンバーに関する報告には表れないからである。

　面接で子どもに甘い親を注意深く観察すると，もう一人の親が子を叱っているとき苦しそうな表情をしたり，片方の親に子どもが非難されたあとで，もう一方の親が普段より穏やかに，やさしくその叱られた子どもに話しかけたりしている様子が目につくかもしれない。褒めるときも叱るときと同じで，一方の親が肯定的なフィードバックをしても，もう一方の親がその意義を薄くしてしまっているのが見て取れる。

　問題児のきょうだいも好ましくない行動を強化している可能性がある。たとえばアーサーはいつも兄の気を引こうとしているが，たいてい相手にしてもらえなかった。ただアーサーがコントロールできないほど怒りを爆発させるときだけ，兄がアーサーのことを尊重してくれ

るように感じられた。アーサーが爆発すると両親ははっきりしかったし，ときには彼に罰を与えたが，兄のやさしい態度は，親からの否定的な結果を埋め合わせても余りあるものがあった。

　強化は両方向に働くことを忘れてはいけない。幼児でも，自分のリズムに反応するよう親を「訓練する」という点で，養育者に大きな影響を与えることが実証研究から明らかになっている[7]。子どもがどのように親に，正あるいは負の強化を行っているか，家族面接で注意することが大切である。たとえば両親が自分と遊んでくれたことに対して，とても陽気で熱心な態度で応じて「ほうび」を親に与える子どももいるだろう。あるいは親がせっかく一緒にゲームをしてくれることになったのに，子どもがあまりに闘志むき出しでゲームをしたり，負けると機嫌が悪くなったりすると，親は子どもと遊ぶことと不快な感情を結びつけるかもしれない。

　親が怒ると子どもから報酬を得るかどうか，という点にとくに注意して見よう。子どもに大声で怒鳴ると怒鳴り返される場合，親は子どもと言い争いをしても意味がないと感じてしまうことが多いだろう。またそれとまるで反対だが，いつになく「いい子」にして改心しようとする子，言い争いのあと強い愛情を示し，優しく振る舞うことで親の愛を再確認しようとする子もいる。こうした子どもの親はもちろんまた怒るように強化を受けているのである。

　セラピストは家族面接の形式をいろいろ変えれば，もっと幅広く家族同志の接触を観察する機会を得られるし，家での行動パターンとひじょうに近い形で彼らの行動を観察できる可能性が高まる。たとえば面接でゲームをしたり人形を使って家での場面を演じてもらったりすると，じっと座って話をするだけの面接とは違った行動が見えてくるだろう。また，たとえば子どもが靴紐を結ぶ練習をするのを手伝ったり，子どもに新しいゲームを教えたりするなど，面接中に子どもに何かを教えるよう親に頼めば，別の素材も浮かび上がってくるだろう。

家族が面接室に入ってくるとき，あるいは出て行くときの様子を観察するのもとても役に立つ。子どもが部屋に入るのを拒否すると，何もできない親もいる。とたんに「断固とした態度をとる」親もいれば，権威ある態度で部屋に入ってほしいという希望を伝えるのでなく，長長と子どもと話し合いを続ける親もいる。同じように，面接が終わったとき，片付けを手伝ってほしいと子どもにはっきり伝える親もいれば，もっとずっと曖昧にしかその希望を伝えない親もいる。そのような場合，子どもがあまり手伝おうとしないのも当然である。

5　観察結果を親と共有する

　家族セラピストが通常とる方法とは対照的に，筆者は家族の相互作用に関して家族面接の場でコメントせず，親に個別にフィードバックを与えるのが最善の策だと感じた。心理療法についていつも言えることだが[187]，観察したことに関するコメントは批判的に取られやすいので，表現には十分注意しなくてはならない。親はフィードバックとアドバイスを必死に求めているけれども，自分たちの育て方が間違っていると言われたら防衛姿勢をとるだろう。それゆえフィードバックを与えるときは，できるかぎり，両親それぞれの気持ちにだけでなく，状況の全体像の一部でもある両親がもつ善意と力強さに共感し，コメントすることが絶対に不可欠である。親にフィードバックを行うときには，親のどのような行動が効果的かということに対する気づきを促し，それを支持すると同時に，何を変える必要があるかということを指摘しなくてはならない。これを自然に行うのは可能だが，（とくに第1回目の）家族面接に対するセラピストの見解をどのような言葉で表現するのかということはとても重要なので，セラピストは何を言うべきかよく考えてからフィードバックを与えることが通常望ましい。

　気づいたことを親だけとの面接において伝えるもう一つ理由は，家族が互いの面前で恥ずかしい思いをするのを避けることが重要だから

である。もし権威的立場にいる親が子どもの面前で「批判」されたら，たいてい傷つくだろう。そして当たり前だが，人は恥ずかしい思いをすると怒りっぽく防衛的になってしまう。

子どもにフィードバックするときにも同じような配慮が求められる。傷つきやすい子どもはひどく防衛的になる場合がある。そのため望ましくない結果を生む行動に関して子どもに観察の所見を伝えるときには，前向きで建設的な話し方をし，セラピストはしかったり批評したりするのでなく，望むものを手にいれようとする自分を助けてくれる人であると感じさせることが大切である。ここでも防衛を最小限に食い止めるために，所見を伝えるのは個人面接で行うべきである。

2．行動修正の原理を利用する

1　目標とする行動を選ぶ

精神力動的考察にもとづく介入が子ども一人一人に合うよう工夫されなくてはいけなかったように，行動修正の手法も子どもと家族双方の独自の性質に適するように工夫されなくてはならない。その第一歩としてまず，両親それぞれがどの行動を変えたいのか明確にするのを手伝う。親は一度にたくさんの行動を修正しようとして効果を弱めてしまうことがよくある。そうすると子どもは・本・当・に重要なことと，少しだけ望まれることを区別するようにならない。行動修正に的を絞って親と作業することによって，親は修正すべき行動を決められるだけでなく，両親の間でどの領域で意見が一致し，どこで意見が食い違うかはっきりさせられる。夫婦が激しく衝突しているときでも，少なくとも・双・方・と・も変えたいと願っている点に関しては，通常ある程度は意見が一致する。目標に関してまったく意見が合わなければ，行動介入計画に着手しないほうがよい。そのようなときに行動への介入を行っても，効果は望めない。なぜなら片方の親がもう片方の親の努力を妨

害するかもしれないし，子どもの問題に対して行動的要素より家族システムの要素のほうがはるかに強い影響を与えているからである。

　両親が離婚あるいは別居していて，子どもが双方を行き来している場合，親それぞれの心配事を反映した二つの異なる行動介入計画を作成するのもよいだろう。もちろん，もし実行可能なら，離婚した両親が同じ行動を扱うのがベストであるし，離婚した夫婦が一緒に，あるいは別々に面接して，目指す行動について合意に達することも珍しくない。

　正確にどの行動を標的とするか，きわめて具体的に定義することが重要となる。行動修正の不可欠な要素といえば，何が望まれているか正確に把握することである。したがって，たとえば親が，ジョニーにはもっと協力的になってほしいと言う場合，何をすれば「協力的」と言えるかということについて親がはっきりと正確に定義するのを助けるのがセラピストの仕事である。親に子どもの行動を注意深く観察してもらうことから始めるのが，最善の策であることが多い。両親はやめてほしいと思う具体的な行動だけでなく，自分たちを喜ばせる子どもの行動や振る舞いも注目するべきである。この最初の仕事には価値ある副産物がある。それは子どもの良い点も悪い点も注意深く観察することによって，親はそれまでより現実的に子どもを見られるようになることが多い，という点である。じっくり観察すると，「息子は強がっています」，「あいつはいつも否定的で」あるいは「息子はいつも私にべったりで，私に頼りすぎているんです」といった言葉は消えて，それほど極端でなく，状況や条件が限定された表現を親は用いるようになる。

　自分がめったに子どもをほめない，あるいは子どもの行動に喜びを示さないことに気づかない親が多いことも注目に値する。自分がどれほどひんぱんに対人的強化（微笑む，抱きしめる，ほめる等）を用いているか24時間の行動を追ってみると，このように肯定的に子ども

と接する回数がいかに少ないかということが分かって親は驚く。

2　望ましい行動にほうびを与える

　多くの親は罰を使った負の強化よりも正の強化を中心にすえた行動介入計画をはるかに歓迎する。しかしそのほうびの効果を親はしばしば悲観的な目で見る。なぜなら正の強化を用い，子どもにプレゼントをあげると約束しても良い結果につながったことはないと彼らは感じるからである。そうであれば，正の強化をもっとずっと効果的にできる基本的な行動原則を親ともう一度検討するとよい。まず，より適切な行動をとらせようとしているのなら，やめて欲しいと思っている行動の仕方も同時に知らないうちに強化していないか，親は確かめなくてはならない。もし親が，子どもが協力的に振る舞っているときに惜しみなく賞賛するが，泣き言を言い，文句ばかりつけるときにもしっかり目を向けているなら，ほめるべき行動に対する「ほうび」の力は格段に弱まってしまう。だから意識的に望ましい行動に対して肯定的に反応しようとするなら，受け入れ難い行動の仕方に対する強化を減らす努力も必要である。

　そして次に重要なのは，正しい方向に進む小さな一歩に対してほうびをあげると効果があると両親に説明することである。これを行動主義の心理学者はシェイピングと呼んでいる。シェイピングするためには，まずある個人の行動の変動の範囲に目を向けることである。[187] 両親はたとえ短時間であっても，子どもが少しでも良い行動をするときを，注意深く探さなければならない。そしてそれがより習慣化され，さらに大きなステップへの基盤となるまでその行動を一貫して強化するよう努力しなくてはならない。[注2] シェイピングに必要なのは，正しい方向へ歩み出したか注意深く観察すること，そしてもし方向性が正しければその行動を一貫して強化することである。たとえば「非協力的な」5歳児が床に出しっぱなしにしてあるおもちゃの山のうち，その一つ

でも片付けたら，親はそれに気づき，この小さな協力的行動に対して肯定的に応えてやるとよい。このアプローチをとるためには，自発的な子どもの行動に気づき，強化によってその反応を強めさえすればよい（行動療法セラピストはこれをオペラント条件付けと呼ぶ）。

　子どもがして当然と思う行動にほうびをあげるのをよしとしない親もいる。期待できる当たり前の行動にほうびを与えるのがいやなのである。どんな子でもこのぐらいは協力すると思う行動に対してほうびを与えるのは，たとえば子どもに「賄賂を贈る」ようなものだと親は感じ，こうした方法で自分を「恐喝する」子どもに不快感を抱く。親がそのような不安を感じているなら，自然に行った行動に対してのみ正の強化を用いるように勧めるのが最善の策である。何を目標とし，何をほうびとするか形式ばった計画を立てるよりも，子どもが正しい方向に進んだときは必ず，肯定的な言葉をかけ，愛情のこもった態度で子どもに「ほうび」を与える。これを続け，親が好ましくない行動も同時に強化しないように注意を払っていればひじょうに高い効果を上げることができるだろう。ほうびをあげる「契約」を嫌がる多くの親は，最近行いが良くなったことに対する賞賛を示すために，子どもにごちそうしたりプレゼントをあげたりしてたまにびっくりさせたらどうかと提案すると，大いに賛同してくれる。

注2　同様に，セラピストは，親が正しい方向に前進するたびにそれに気づき，肯定することによって，より肯定的な行動を親から引き出すことができるのだ。Minuchinと Fishmanに報告されるケース[120]では，面接においてMinuchinが母親に，二人の娘を部屋の隅にいって静かに遊ぶように伝えるのを「やってみよう」と励まし続けた。何度も手間取ってうまくいかなかったが，二人の少女は，ちょっとのあいだ静かに遊ぶことができた。Minuchinは，そのとき「今うまくできましたね」と母親に伝えた。
　Minuchinは，以下のように解説している。
《この状況の実際に面接中にやってみる課題は，母親が効果的に出来た点で終わる。当然，この成果は，どこで区切りをつけるかということによって作られたものである。セラピストは，母親がセラピストの助けを借りながらも，二人の少女の行動をしっかりとおさえることができた瞬間を選び，その時点で，課題の終わりを宣言する。この方略の目的は，母親が自分自身にそうする十分な力があると感じるのを手伝うことである……》(p.89)

肯定的行動を強化するためのより直接的な方法は，望ましい行動に対するほうびの制度を設けることである。ほうびと引き換えられる（シールやチェックといった）ポイントがかせげる行動を一覧表にすると，子どもは喜ぶようである。その方法を用いるときは，表作成に子どもも参加させ，自分がやってみたいことをいくつか選ばせるようにする。これは子ども全員が参加する家族面接で行うべきである。目標行動を定めた表を他の子にも作るべきである。なぜなら，自分たちがほうびももらわずに当たり前のように行っていることに対して「問題」児がほうびをもらうなんて不公平だと彼らは思うからである。

　目標行動を設定するときには，一度に一つか二つだけ表に書き込むようにし，そのうちの少なくとも一つはその子ができると自信をもてるような簡単なものにするのがきわめて肝心である。通常1日を，学校に行く前，帰宅から夕食まで，夕食後から寝る前，という三つの時間帯に分けるとやりやすい。この三つの時間帯それぞれで子どもがポイントを稼げるようにすべきである。そしてシールをもらえるかどうか言い争いにならないように，どんな行動にほうびを与えるか，家族面接ではっきり決めておかなくてはならない。たとえばもし子どもがするように頼まれたことをぐずぐずせずにすぐにやったらシールを貼ってもらう約束なら，親も子も「ぐずぐずする」というのが何を意味するか，そして頼まれたらすぐに何かをやるというのはどういうことか，話し合っておくべきである。

　幼い子どもが相手なので，その行動を喚起するよう親が子どもを促すとしばしば効果的である。ただ子どもに身支度をしなさい，と言うのではなく，「いい，今ママは，急いで身支度をしてとあなたに頼んでいるのよ」と言えば，子どもにポイントを稼ぐ機会だと合図を送ることになる。

　潜伏期の子どもはよく，ルール設定，その後の改善，カテゴリーの定義に関する細かい話し合いに熱心に参加してくる。実際のところ表

作りは，表それ自体と同じぐらい治療的効果がある。というのも家庭内の問題を解決するのに，親子が協力するからである。

　表に関して，悪い行動をしたときや求められたことをしなかったときにポイントを減らすべきかという質問をよく親から受ける。行動的アプローチによっては，ペナルティーを課すときもあるが，筆者は二つの理由からそれに反対である。第一に，子どもは表に関して完全に肯定的なイメージだけをもつべきだと思うからである。点が減ると表に対して複雑な思いを抱くようになり，かなり否定的な目で見てしまう可能性も出てくる。そしてより重要な理由だが，第二に，点を足したり引いたりすると，本質的に親子による肯定の問題であるべきことが，「帳簿付け」の練習になってしまうかもしれないからである。ほうびと罰をこの一つの様式内で混ぜてしまうより，悪い行動を見たら表とは無関係に罰を与え，望ましい行動にほうびを与えるためだけにこの表を利用したほうがよい。

3　自分の症状を克服する努力に対して，子どもにほうびをあげよう

　ほうびをあげる制度は，親をいらいらさせたり破壊的であったりする行動を子どもがやめる手助けをするためだけに用いられるのではなく，子どもが何かをするための動機付けを制限してしまう不安やその他の障害を克服するのを励ますためにも用いられる。Anna Freudは，子どもが病気の症状を呈すると，多くの場合，「痛みや不快の回避を引き起こすというよりもそれを助長する方向に働く。一方，症状により日常生活が制限され妨害されるようになると，大人は自分自身に怒りを感じるが，子どもの場合そうではなく，家族が怒りを覚える」(120p)。子どもは強い不安を感じるときのように，大きな悩みを抱えているときでさえ，その不安を克服する助けとなるよう計画された漸次的曝露への参加をたいてい渋るものである。子どもは回避という手段がもたらす長期的な負の効果を大人ほど意識してはいない。したが[54)]

って最初不快な気分になる治療的課題に参加するのをしばしばひどくいやがる。このように行動計画に関して子どもにも協力してもらうには，子どもが心の底ではその必要性を感じない何かに参加する動機付けとなるよう，ほうびを利用すればよい。

　8歳のペニーは，親が1階にいるとき2階にいるのを恐れるようになったのだが，その恐怖を克服するべく一歩前進するごとにシールを貼ってもらった。ペニーも協力して計画を立て，親が下にいるときに彼女が15分間2階で遊んでいられたらシールを貼ることにした。その後，もっと長く2階にいられたらもう一個シールを貼り，さらに親はそばの部屋にいるけれども姿は見えないときに15分間遊んでいられたらシールを貼るというように，だんだんルールを変えていった。

　同様に，子どもが何かをよく理解できないとき「ぼうっとして話を聞かない」という非適応的習慣を身につけてしまった場合，彼が話し合いに注意深く耳を傾けたときには必ずほうびを与えるよう表を利用できる。夕食時に人の話を聞く，話し合いに参加する，テレビのドキュメンタリーや教会での説教にしっかりと耳を傾ける，といった項目を表に載せればよい。あるいはすぐにフラストレーションを感じる子どもなら「難しいことに一生懸命取り組んだ」ら，あるいは手伝ってもらわずに宿題をやったらほうびをもらえるようにする。

　しばしば子どもとの個人面接は行動計画に子どもを積極的に参加させるうえで助けになる。セラピストは子どもと一緒に，不安を徐々に克服するための毎日の計画表を作成し，それを両親に提案する。子どもはこのやり方が好きなようで，しばしばひじょうに具体的に両親に説明する。たとえば7歳のジェニファーは学校恐怖症を克服する計画を立てていたとき母親に向かって，最初の3日は教室のすぐ外で座っていてほしい，次の1週間はカフェテリアで待ち，次の3日はいつでも来られるように家の電話のそばで待機していてほしいと言った。子どもが自分の心理療法の要件を「決定している」という事実が

子どもの注意をその恐怖からそらし，それを自分には力があるし，自分で何かをすることができるという感覚と置き換える。一歩前進するごとにそれを表に書き込んでほうびをもらえたら，自分の努力に対して強化も得られるのである。

　もちろんそうしたほうび制度を設ける前に，子どもの問題に寄与しているかもしれない状況について話し合い，それらを緩和することが大切である。たとえばひじょうにおしゃべりなきょうだいが支配権を握ってしまうから子どもが「ぼうっとして」話を聞かなくなってしまうというケースをときどき見かける。あるいはその子が何か意見を言うと自分より年長である家族の皆にばかにされ，笑われるのが原因かもしれない。または夕食時の会話が幼い子ども向けのものでなく,「あなたは参加することを期待されていない」というメッセージを子どもが受け取っているからかもしれない。同様に，誰にも手伝ってもらわずに宿題を一生懸命やった子どもにほうびを与える前に，出された課題は彼の能力に見合ったものか，彼は実際にその課題をこなす能力があるか，確かめなくてはならない。

　こうした行動に的を絞った介入計画を立てるときに，自然に起きる出来事を補うよう，子どもがポイントを稼げるような機会を計画して加えると役に立つことが多い。なぜなら機会を設けなければ1日か2日に一度しかほうびを与えられない行動を，もっとひんぱんに，そして急速に強化できるからである。したがってたとえば新しいスキルを習得するさいに困難に直面して「ねばる」のはひじょうに望ましい行動だが，この性質を強化する機会はめったにないので，子どもが忍耐を要する機会にさらに何度もめぐりあうのでなければ，この性質の重要性を学ぶのに長い時間がかかるだろう。両親と一緒にセラピスト，さらに子どもも参加して，がんばったことに対してポイントがもらえる状況を計画してもよいだろう。子どもの年齢に応じて，たとえばジャガイモの皮をむく，きちんと食卓の準備をする，包丁の使い方を学

ぶ，靴ひもを結ぶ，電話番号を覚える，食事のカロリー数を計算するといった機会を与えればよい。ここでも，表について考えるというまさにその過程が家族力動を劇的に変化させ，考えるうちに個人的，対人的問題の克服が家族全員で取り組むプロジェクトになる。

4 教師と協力する

　新しい行動を促すために強化の表を用いるときには，子どもの面倒を見てくれている教師にも協力してもらうと役立つ。子どもの非適応的行動パターンは，学校でもっとも顕著に現れることが多い。たとえば子どもがもっともひんぱんに回避行動という手段に訴えるのは，知的，社会的課題に取り組まなくてはならない学校においてである。習慣化してしまった防衛パターンを克服したら子どもにほうびを与えるという計画に，教師にも参加してもらえれば，行動的介入の効果は大きく高まる。

　多くの教師は観察すべきことが明確かつ単純で，他の子どもにすぐに気づかれないかぎり，子どもが新しい行動をとってポイントを稼ぐのに喜んで協力してくれるものである。したがってたとえば，質問をしたり，トイレに行ったり，さもなければどこかに行ってしまったりせずに，その子にとってはいくぶん難しい作業にじっと座って取り組んでいるのを確認するごとに，子どもの宿題帳にチェックするよう教師に頼んでもよい。あるいは教師に午前，午後と分けて子どもを評価してもらい，その大半の時間で目標を達成できていたら，午前，午後別々にチェックをしてもらってもよい。子どもはそのノートを毎日持ち帰り，チェックしてもらっただけ，表に書き加えてもらう。その子に直接ほうびを与えてほしいと教師に求めない。なぜなら教室の中で，(できたことに気づいたと生徒にジェスチャーなどで示すことを超えて)，1 人の子だけにほうびを与えるのはよくないからである。筆者が教師の観察や情報に純粋に興味を抱いていることを知ると，そのこ

とに喜んで参加してくれることが分かった。教師はたいてい新しい方法で子どもの現在の状況を理解できるのを歓迎するし，セラピストに協力するというまさにその行動により，教師はその子に対して以前より肯定的な感情を抱くようになる。

5 ほうびの利用

　教師もセラピストも，ほうびをあげると子どもは純粋で，自発的な動機付けがなくなるのではないかという懸念を抱く。実際，人がすでに喜んでやっていることに対してほうびを与えると，ほうびをもらえるからそれをするというように自らの行動をほうびに帰属するようになり，本来感じていた内的動機をあまり感じなくなる可能性がある，という研究結果も出ている。たとえば楽しいパズルをしてお金をもらえるようになると，お金をもらわずにパズルをする人に比べて，パズルをしなくなった[32,14)]。この現象は正当化効果と呼ばれる。これを考慮し，筆者は両親に象徴的価値がある小さなほうびをあげるように勧めている。お金や物をあげると子どもはほうびのためだけに自分は要求されたことをしていると思うようになりがちだからである。ほうびが心ばかりのものであれば，子どもは，自分が求められたことをしているのは本当はほうびのためだけにではなく，事実，自分の問題を克服するという動機があるからだと認識するようになる場合が多い。筆者は可能であればいつも，必然的に親とのやりとりを伴うほうびをあげるよう勧めている。

　ファスナー付きのビニール袋の中に子どもが選んでおいた「ほうび」を記入した紙を折りたたんでいれてはどうかと提案すると，親も子も通常とても熱心に制作に参加してくれる。（たとえば「ジョニーはガムを1パック獲得する」といったような）小さな物の名前が書かれていることもあるが，一般にビニール袋の中には，親の参加が必要となる非物質的なほうびを記入することが望ましい。たとえば「ママは私

が選んだテレビ番組を見る」,「パパは私をアイスクリーム屋さんに連れて行く」,「ママは15分間私とトランプをする」,「どのビデオを見るか,私が選ぶ」といったものである。もしシールをたくさん獲得したり,求められたことを何週間も続けたりして,もっと大きなほうびをあげたいと親が思ったときでも,親が関わるほうびのほうが理想的である。子どもがたくさんポイントを稼いだら,親は子どもが心から楽しめるところに連れて行く特別旅行を企画したり,映画に連れて行ったり,ショッピングモールで子どもとビデオゲームをしてもよいだろう。

　大半の親は,本当に物質的なほうびを渡すよりも上記のようなほうび制度を利用するほうをはるかに好むが,親子で何かするというほうびの代わりに,かなり大がかりな物質的刺激を提案する（あるいは子どもからの要求に屈する）親もいる。こうした案を出すのは,子どもは本当は自分たちと関わりたいとは思っていない,親と過ごすよりも物を貯めるほうが強い動機付けとなっている,という親の推測を反映している。

　物を蓄積する喜びに重きをおく習慣を子どもに植え付ける社会に育ってしまうと（P. Wachtel 参照）[186]，当然ながら大方の子どもは物を所有することに強い喜びを感じるようになる。それでも,ほぼ例外なく子どもは親と何かをするのを喜ぶ。もしそうでないというなら,家庭内の相互作用に何か問題があるか,あるいは大人か子ども,または双方が傷つくのがいやで防衛機制を用いているかのどちらか,もしくはその両方であろう。そういうときには,どのようなものであれ親子合意の上で決めた報酬は続け,それと同時に子どもの親に対する気持ちの背後にある問題に家族で取り組み続けるのが最善の策である。

　子どもが小さければ小さいほど,その日に貯めたポイントに対して,その日のうちに小さなほうびをあげる必要がある。風呂でいつもより10分長く遊ぶ,寝るときにいつもより1つ多く物語を読んであげる,

あるいは特別なデザートを用意してあげる，といったほうびをあげれば，子どもはその日に自分がした努力が認められたと分かるのである。もう少し年齢が上になると，もっと大きなほうび（親との交流を含むものが望ましい）を期待してポイントを貯めるかもしれないが，大きな目標に向かう途中にそれより少し小さめの複数の目標を設定するのが大切である。もちろん，親も子も，子どもが感じている即時的な正の強化への欲求を過小評価するし，始める前に合意に達して約束をしてもうまくいかないのはこのような暫定的なほうびを考慮しなかったからである場合が多い。たとえば良い成績をもらったことに対して何かをほうびとしてあげる，というのは日々の行動とは随分かけ離れているので，子どもに対する効果的な動機付けとならない。もし可能であれば，大きな目標と関係がある，あるいはその一部となる中間地点でのほうびを設定すると都合がよい。ある7歳の少年はハムスター欲しさに努力していた。シールが貯まっていくごとに，彼はハムスターの本，ハムスターの檻に入れるおもちゃ，檻と少しずつほうびをもらい，ついにハムスターそのものをもらった。

　行動の強化の点数システムを用いる上でしばしば生ずる問題の一つは，出だしは良かったものの，途中で問題を扱うのをやめてしまうことである。皮肉なことに，計画が早々に成功すると，その計画を忘れてしまうことが多い。上記のように計画を立てる行動そのものが家庭内の相互作用を変える。そうすると，協力しよう，シールをもらおうという子どもの努力を見て親が好意的な気持ちになるのも手伝って，1，2週間経つと計画に目が向かなくなってしまう。というのも，もう計画に対する必要性を感じなくなるからである。親だけでなく子どももひじょうに気分が良くなってしまい，ほうびのためにシールをもらうことも忘れてしまうのである。もちろん，ある意味でこの状態は理想的である。そもそもこういう状態を目指しているのだからである。しかし子どもが再び問題行動に走るようになると家族はがっかりして

しまうかもしれないので，もう少し長く真剣に計画を遂行するよう勧めるべきである。もし親がシールを貼ることを忘れていたら，日課の一部として子どもにそれを催促させる。

　いつまでもそうした制度を持続できる家族はほとんどいないし，またそれを望みもしないだろう。親も子も変わり続け，新しい行動の仕方が努力を必要とせず，当たり前のことになったら，ほうびシステムはもう必要はない。子どもの新しい行動はそれ自体が報酬となるだろう。しかしその段階に到達しても，ほうびシステムほど形式的でなくてもいいし間欠的でもいいから，親は子どもの努力に対して正の強化を続けるべきだと親に忠告するのを忘れないようにしよう。

3．望ましくない行動に対する否定的な結果や罰を使うことと自然消去の比較

　子どもを罰するのが好きな親などまずいない。頻度を減らしたい，あるいはやめてほしい行動に対して罰を与えるよりも肯定的な行動を強化するほうがずっと気分が良い。子育て中の親に対しては，むずかったりかんしゃくを起こしたりするといった子どもの否定的な行動はただ無視するべきで，こうした行動も強化されなければ次第に消えていくものだというアドバイスがよく与えられる。論理的に考えれば，この方法は効果があるように聞こえるかもしれないが，無視しようと努めても，親というものはたいてい，自分が怒りを感じ，手の打ちようがないと思う行動を見逃すなどなかなかできない。自分を悩ませる子どもの行動に目をつぶろうとしても，親は最終的に，突然平静さを失い，叩いたり，どなったり，もっと罰を与えると脅したりしてしまう。親が爆発しなくても，子どもの不愉快な行動に反応しないよう努めると，親の心にわだかまりが残り，自分に我慢を強いている子どもにひどく批判的でイライラした話し方をしてしまう。

子どもがもっと人と肯定的な接し方をするよう強化されれば，望ましくない行動は実際少しずつ治まるかもしれないが，その過程はかなりゆっくりになるかもしれない。さらに親は自分を悩ませる行動をただ無視していると，代償を払わざるをえなくなってしまう。というのも親がいつもイライラしているのを感じると，子どもは親がイライラしているのは，自分がしている何か特定の行動が嫌だからでなく，自分をいつも嫌っているからだと思ってしまうかもしれないからである。

そのため，衝動をコントロールしようという心中の葛藤を外側からの統制で強化してもらう必要のある子もいるということに関して前章で論じた理由も含めて，どうしても無視できない行動に親が適切に反応できるよう，セラピストが助けていくことが重要である。幼い子どもが相手の場合，否定的行動に対処するもっとも効果的な方法の一つは，「タイムアウト（一時休止）」という方法を用いることである。

4．タイムアウト

「タイムアウト」という方法は，子どもが受け入れがたいことをしたときに，強化，ほうび，注目を「一時的に中断（タイムアウト）」すればその行動の頻度を下げられる，という考えに基づいている。これは「積極的な無視」以上のものである[27]。またそれは，望ましくない行動が強化されないことを確実にするだけでなく，実際にその行動を否定的で多少嫌悪的な結果に結びつける軽い罰の形態でもある。

「タイムアウト」はひどく攻撃的，あるいは衝動的な行動から，行儀の悪さ，わずかないらだちの原因という範疇に収まるものまで，幅広い行動に対して用いられる。タイムアウトを一貫して用いる場合，そして「タイムアウト」する期間が比較的短い場合に，最大の効果を発揮することが研究で実証的に示されている[129]。「タイムアウト」の対象を一つか二つの特定の行動に絞り，子どもがその行動をしたらすぐ

に，それを強化的でない場所，つまり楽しくない静かで退屈な場所に子どもを移動させるという対応をとれば最も効果的である。

「タイムアウト」を利用してみて，効果がないと感じる親は多い。「タイムアウト」されても子どもがまったく気にしないか，あるいは逆にあまりに強く反発するので，それを実行するのは事実上不可能だと感じると報告する。タイムアウトの手法は簡単なように思えるが，それを用いるには込み入った注意事項がかなりあるため，もしそれを無視すればうまくいかない可能性が高くなる。

「タイムアウト」が失敗に終わるのは，基本的なやり方が守られていないときである。たとえば問題行動に対して反応するまでの時間が長すぎると，親を怒らせ，困らせる自分の力に対して強化を得ることになる。「タイムアウト」は穏やかに実行されなければならないが，それには通常，対象となる行動を子どもが行ったはじめの指標が見られてすぐに親が反応する必要がある。この軽い罰を与えるときでさえ，その前に対象となる行動を一，二度見逃してしまうと，子どもは何が受け入れられて何が受け入れられないかということを判断するのに必要な明らかな基準をもつことができない。さらに「タイムアウト」を用いる前に親が間を置いてしまうと子どもが手に負えなくなることが多くなり，そうなると「タイムアウト」が実行されても子どもを落ち着かせるのはいっそう難しくなるだろう。

もう一つ親がよく犯す過ちは，なぜ自分が怒っていて「タイムアウト」を実行するのか話してしまうことである。この話すという行動自体が子どもにとって強化子となり，この手法の効果を弱めるかもしれない。

「タイムアウト」のために子ども部屋に子どもを入れてしまう親は，強化子とならない場所に子どもを連れていくというこの手法の必須条件を満たしていない。子どもは悪い行いに対して罰を受けているはずなのに，たいてい子どもにとって自分の部屋はひじょうに居心地がよ

く，遊ぶものもたくさんあるので，気晴らしになってしまうのである。だから子ども部屋でなく，できるだけ退屈な場所に連れて行って椅子に座らせ，他の家族にはその子と口を利かないように注意しておかなくてはならない。

　もう一つ親がよく犯すミスは，「タイムアウト」を一貫して用いないことである。おそらく「タイムアウト」は比較的短期間で終わらせるべきこと，どれほど頻度が高くても，一日中，あるいは一晩を通して行う必要はないことを親が認識していないからである。Clark が勧めるのは，対象となる行動が起こってから10秒以内に10語以内の指示を出し，子どもを退屈な部屋のあまり居心地の良くない椅子に「年齢×1分間」座らせるという方法である。もし子どもがなかなか移動せず，部屋に行ってもものを壊したりするようなら時間を延長するべきだが，それでも15分以上にはしない。子どもが部屋に移動するのを拒否したら，従うまで楽しい活動は禁止しよう。Clark の著書『親からの SOS（S.O.S. for parents）』には，家以外の場所で「タイムアウト」をどのように実施するか，「タイムアウト」が終わったとき子どもに何というか，好ましい行動を強化する目的で行われる他の行動とどのように関連づけてこの手法を用いればよいか，といった話題も取り上げられている。

5．ペナルティー，罰，不承認

　「自分がしていることをいつもよく見ていないのね」あるいは「また何も考えていなかったのね」といった子どもに対する全面的な批判は

注3　両親を対象として書かれた本が数多くあり，筆者はこれらをクライアントに薦めることがよくある。それらの本は「SOS！親のための読本」「よくある問題で自分の子どもを助ける方法」「泣かないでトイレットトレーニング」「あなたのこどもが怖がっているとき」「子ども時代の恐怖の数々」「扱いにくい子ども」などである。

子どもの心を打ち砕き，逆効果となるという意見が大勢を占めるようになってきたため，親は子どもの行動に対して批判するのを全面的に避けるようになっている。その代わりに，子どもは悪いことをしたり言われたことをしなかったりすると，お小遣いをもらえなかったりテレビを見させてもらえなかったりといった「代償」を払うことになる。子どもの性格でなく行動に注目するようになったのは親にとって大きな進歩だが，この「代償」という方法にもいくつか問題がある。特権を剝奪されても，親は自分の行動に不承認なのだと子どもが実感しなければ意味がない。特権を剝奪されることに気をもむ子どもに「代償」という方法で臨むと，自分の悪い行動に対して機械的な態度をとるようになる可能性があり，それが正しいから，そして親にとってひじょうに重要な問題だからではなく，それをしないと罰を与えられるから良い振る舞いをするようになってしまう。問題行動をしてもただ単に罰を受けるだけだと思ってしまう子どもは，期待を内在化したり，それを別の状況に一般化したりしなくなってしまう。

　さらに罰をひんぱんに与えると，子どもは特権を剝奪されたりお小遣いをもらえなかったりする状態に慣れてしまい，「そんなの構わないさ」という挑戦的言葉にそれが表れるようになる。そのようなとき，親が罰を与えることをもう一度考え直すのを，手伝う必要がある。もし子どもがもう罰を何とも思わなくなってしまったら，たとえば子どもに一晩でなく1週間もテレビを禁じるというように代償を増やしても何の意味もない。子どもがペナルティーに対して免疫ができてしまう一つの理由は，彼らがめったに親に認めてもらえないので，罰の裏にある親の非難に頑なになってしまい，親を喜ばせたいという自らの願望に対してひどく防衛的になってしまうことにある。こうして親に認められる希望をほとんどなくしてしまうと，その落ち込んだ気持ちが行動化され，親が課す罰に対しても無関心になってしまうのである。このような振る舞いをする多くの子どもは無力感，傷つき，怒りを覚

え，罰を何も感じないで黙従することに力を見出す。

　子どもにこのような態度が見られたら，それは親子関係に重大な問題がある証拠である。この窮地を脱するためにまずとるべき方策の一つは，その力の争いから親に身を引かせることである。子どもとの新しい接し方を模索しなくてはならない。罰を与えるよりほめて育てる方向に親が転換する手助けをすることが，セラピストにとって不可欠な第一歩である。

　子どもから特権を剝奪するのに代わる方法として，不承認を限定的，抑制的に用いることについて，子どもと一緒に話し合うことが大切である。とくに子どもが罰になれてしまったときには，親は少し不満げに「もうおまえに罰は与えないよ。でもおまえがこんな振る舞いをするから父さんがすごくがっかりしたことは知っておいてほしいな」というようなことを率直に言えば親はやりやすくなる。同様に，子どもから何かしらの特権を奪う代わりに，悪い行いをした子どもに対して「今は（子どもの名前）と遊びたい（あるいは話をしたい）気分じゃないわ。だって（子どもの名前）がそんな悪いことをするからママは怒っているし，がっかりしているからよ」などと言って，子どもへの不承認を示したいところである。もちろんこのように引き下がるさいには，よく時と場所を考慮して行うべきである。そしてこのように感情的に遠ざかるのは一時的なもので，子どもの人間性に対してでなく，子どもがした行動に対する対応であることを親は明確に示しておかなくてはならない。

　そしてもっとも重要なのだが，親の不承認は，親子間の愛情の絆に直接影響を及ぼす。だからこの方法を勧めるときには同時に，親子が互いに歩み寄るよう手助けしなくてはならない。

6. 認知行動アプローチと
ソーシャル・スキル・トレーニング（SST）

　近年，行動療法は，より伝統的な行動介入法を補うために，認知的介入を以前より用いるようになっている。このアプローチの中心的教義は，「感情と行動は，思考によって媒介される」，「個人の感情的問題はその人の問題に寄与している非適応的思考および歪んだ認知過程を修正することによって緩和できる」，というものである。セラピストは個人のビリーフ，特性，自己に関する発言，期待，根底にあるスキーマに注目することによって，知らず知らずのうちに行動的，感情的問題を引き起こす思考過程を再構成する手助けをする。

　たとえば衝動的でひどく攻撃的な子どもと治療的作業を行うとき，認知行動療法セラピストは子どもに自己教示の手法を教えるかもしれない[18,114]。その手法によると，子どもは問題を明確にし，さまざまな解決方法を考え，それぞれの解決方法を選択した場合に生じうる結果を評価し，最後に自分をほめる自己に関する発言（たとえば「うまくできた！」）を用いて自分にほうびを与えるか，あるいはもし選択ミスをしたら（「次に問題が起きたら，じっくり集中しよう」など）対処的発言を用いるよう訓練を受けるだろう。すぐに怒る子どもは，怒りの増大や怒りを抑える考え方に気づくだけでなく「怒りが起こるときの生理学的，情緒的刺激を見つけるよう」，指導されるかもしれない[105]（42p）。

　気分が落ち込み，不安を感じている子どもと作業するさいに認知的アプローチは，精神的苦痛の原因になっている歪められた情報処理の仕方を標的とする。こうした子どもに特徴的な，否定的で自己批判的な思考様式と，否定的な経験から子どもが過度に一般化してしまう原因となっている根底にある非適応的な潜在的ビリーフの両方を減らす

ように介入を工夫する。自分自身の努力，行動，能力が出来事の結果にどの程度影響を与えるのか，より正確に判断するよう子どもに教える[144]。

子どもに対しては，よく集団の場で認知技法が用いられるし，ソーシャル・スキル・トレーニング（SST），リラクゼーション訓練，脱感作，強化随伴性プログラム，といった他の行動的介入とたいてい組み合わせて用いられる。このように憂うつや気分変調を患っている子どもと心理療法をするさいには，子どもの友達作りを助ける目的でロールプレイを行ったり，良い人づきあいをした努力に対してほうびを与える計画を立てることもある[144,48]。

「ソーシャル・スキル・トレーニング（SST）」は包括的な用語で，子どもの対人スキルの向上を目指すさまざまな方法の総称である。社会スキル向上のためのプログラムは多面的であり，一般にモデリング，正の強化，コーチング，行動リハーサル，より良い問題解決のための認知的方策が含まれる。モデリングとは，実生活の中で，あるいは映像を通じて，学ぶべき行動を子どもに実際に見せるという手法である。何かの役割を演じることで子どもは理想的な行動を練習する。そのさいセラピストはコーチの役割を果たす。子どもはそれまでと少し違う振る舞いをして何らかのフィードバックを得るうちに，強化されて望ましい行動に次第に近づいていくのである。

Michelson, Sugai, Wood と Kazdin[115]は，子どもにロールプレイの中で演技させた行動を修正し，強化を行うときのきめ細かな過程を詳しく説明している。

　　　友だちに近づいていって一緒に遊ぼうと誘う芝居をするよう子どもに指示する。子どもは言われた通りに友だち（訓練者が演じる）のほうに歩いていき，遊ばないかとたずねる。実際に子どもはロールプレイしている仲間のところに歩いてゆき，ほとんど聞き取れない声で床

をじっと見ながら質問をするかもしれない。訓練者は近づけたこと，そして質問できたこと両方をほめてあげる。ほとんど目を合わせなかった，声が小さかった，といって罰を与えずに，きちんとできたことに対してほうびを与え，次に練習するときに何に集中すべきか強調し，修正的フィードバックを与える（43p）。

ソーシャル・スキル・トレーニング（SST）は，引きこもってしまった子どもがもっと上手に人と接することができるよう手を貸す，過度に攻撃的な子どもに，身体的に攻撃するのでなく適切に言葉で主張するよう指導する，などさまざまな行動とともに用いることができる。

7．認知技法，モデリング，ロールプレイを利用する

1　衝動コントロール

　本書で説明するアプローチのやり方にそって，子どもとその親と治療的作業にあたるさいには，認知療法のいくつかの側面を治療的作業に簡単に組み込むとよい。その事例の特性に応じて，子どもだけとの面接でこうした手法を用いてもよいし，こうした手法のうちのいくつかをどうやって一緒に用いるか親子に教えてもよい。たとえば 7 歳のスザンヌの場合，ひどくかんしゃくを起こし，仲間とうまく接することができなかったので親がセラピーに連れてきた。彼女との個人面接は，フラストレーションに対する忍耐力を強めることを主眼とした。どんなときにがまんできなくなるかということを書き出したリストを，セラピストである筆者とスザンヌは一緒に作成した。イライラし始めるときに体がどのように感じるか注意を向けたところ，スザンヌは認知的手法が必要となる状況を認識できるようになった。[注4]

　次に，自分がずっと落ち着いているために何を言い，何をすればよいかスザンヌに考えてもらった。母親にも知恵を借り，1 つか 2 つの

おもちゃを特別な場所に置いておき，イライラし始めたなと思ったらそれを取ってくることにした。彼女はこれらのおもちゃを「待機おもちゃ」と呼んだ。外出するときには「マジックスレート（何度も書いたり消したりできるボード）」のクリップボードを持っていき，イライラしたり何かに我慢できなくなったりしたときにはそれに集中することにした。

　スザンヌとの個人面接で，彼女は「セルフトーク（自分に話しかけること）」に集中することを学び，新しいスキルを学んでいる最中にイライラしてきたら「ゆっくり，注意深く」という決まり文句をつぶやいた。取り乱したときには「落ち着いて」と言うようにした。

　スザンヌがいらいらしてきたときにこの方法のどれかを用いたら，ほうび表にシールを貼ると両親が約束してくれた。彼女との個人面接で，こうした手法を一緒に練習してみた。彼女が自己コントロールの手段のどれかを使えるか試してみる「実験」をしようと提案した。面接のある時点で筆者は彼女の遊びを中断し，彼女が喜んで使っていたおもちゃを取り上げた。筆者がまた遊んでよいという許可を与えるまで我慢強く待つ方法を彼女が見つけなければならない時間である。その中断が「ゲーム」感覚のものであっても，スザンヌは実際それに対してイライラを感じ，平静でいるためにどうしてもセルフトークを用いなければならなかった。さらに面接を重ねていくうちに，彼女はもっと練習する機会を与えられた。たとえば新しいゲームのやり方に関して説明を聞くあいだじっと待つとか，靴ひもを結ぶ練習をするなど，いろいろな練習を繰り返した。注5

注4　子どもに感情の生理的側面に焦点を当てさせる方法に関して優れた記述があるのは，Kendall[89] に収められた「子どもと思春期の子どもの不安障害の治療（Treating anxiety disorders in children and adolescents）」である。

注5　スザンヌと彼女の家族に対して行われた行動的介入は，精神力動的な側面と家族システムの問題の双方にも注意を向けた多面的アプローチの一部であったことに読者の注意をもう一度喚起したい。

第8章　行動的フォーミュレーションにもとづく介入　347

　子どもは自己コントロールの正しい方法を知っているとうれしいものである。子どもたちがKendallの「立ち止まって考える（Stop and Think）」方法に喜んで取り組むことが分かったが，この方法では，子どもは5段階からなる決まった手順に従う練習をするのである。これは教室で自己コントロールがうまくできない子ども，あるいは自分が何を聞かれているかきちんと考えずに衝動的に答えてしまうので，勉強をやればできるのにきちんとやらない子どもにとってとりわけ有益な方法だということが分かった。子どもとの個人面接で，筆者は「立ち止まって考える」の要素を教室での状況を想定して練習する。まず子どもに，自分を落ち着かせるための5つのステップを教える。ステップ1で子どもは「自分は何をすべきか」考え，ステップ2では「可能な答えをすべて考え」，ステップ3では「答えを選び」，ステップ4では「答えをもう一度見直し」，そしてステップ5では，もしその答えが正しければ，自分自身に肯定的なフィードバックを与える（「うまくできた」）。もし答えが間違っていれば「次はもっと注意深くするか，あるいはゆっくり進もう」と自分に話しかけるのである（3p）。その方法のステップを子どもがひとたび習得したら，少し時間をかけて練習しよう。学校の状況と似た状況で練習できるように，筆者は子どもに算数の宿題をいくつか出したり，あるいは本の中の1，2ページを読み，その内容に関していくつか質問をしたりする。ここでは一対一の指導をするのが目的でなく，答える前に心を落ち着けて考えるやり方を身に付けてもらうのが目的だ，とはっきり伝えておこう。そうした練習は第4章で説明した「フィーリング」ゲームに簡単に組み込める。自分が選んだ答えについて真剣に考えたことがはっきり分かったら，子どもに追加のチップをあげる。一度「立ち止まって考える」を子どもとセラピストでやったら，その方法を親にも教える。親は表を作り，「立ち止まって考える」のやり方が実践できたらそれを記録し，最終的にほうびを与えることによって，子どもがその方法を習慣づけ

る手助けができる。幼い子どもは「立ち止まってリラックスして考える（Stop and Relax and Think）」（1990）というボードゲームが好きだが，家で子どもとやるから買いたいという親もいる。

　家族面接の場でも，自己コントロールの手法を本番さながらにその場でリハーサルできる。たとえば7歳のミッキーが衝動コントロールを練習するのを助けるために，兄のケビンに意図的に挑発的な振る舞いをするように頼んだ。ケビンはミッキーが使っているマーカーを取るぞと脅したり，彼の絵が変だと言ってあざけったりして，喜んで手を貸してくれた。もちろんその会話は前もって決められたものなので，「演技」臭さはあるが，二人のあいだで自然に起こる状況にひじょうに近いため，ミッキーは自制を失わないように努めなければならなかった。彼は手を出さずに言葉で反応する練習をし，ケビンにイライラさせられないように，自分に向かって話しかけることができた。

　風船遊びは子どもに自己コントロールを練習させるひじょうに優れた方法である。風船を前に後ろに蹴る遊びで，ふつう最初はすごく楽しいのだが，気持ちを衝動的に行動に表したり，気持ちが不安定になったりするよう挑発する遊びにあっという間に変貌を遂げてしまうのである。だからこそ風船遊びは衝動コントロールを練習する素晴らしい手段になる。自発的あるいは計画的「挑発」を利用して子どもを観察し，自分の反応を自分で操作するより良い方法を彼らに指導するのである。たとえば自分の身体にボールがひどくぶつかったり，顔にぶつけられたりしたときに，子どもがどのような反応をするか観察できる。セラピストあるいは家族の誰かが風船で子どもを「ぶった」ら，子どもは「セルフトーク」の練習ができる。これは，遊び感覚の，あるいは軽い攻撃的な「襲撃」を本気の攻撃だと解釈して反応しないために役立つ。

2　不安に対処する

他の子どもが楽々と切り抜ける出来事について極度に心配したり不安を感じたりするとき，その子に問題解決の方策を教えるとよいだろう。子どもが不安を示すと，親はしばしば安心させたり問題を解決してあげたりする。あまり心配にならないようにするために自分自身に何が言えるか，あるいはどんな解決方法を思いつくか子どもにたずねること自体が，自身の不安に対処する責任の所在を親から子ども自身へ向けるのである。

　子どもとの個人面接において，セラピストは，不安を引き起こす状況を子どもが予期する手助けをし，恐れを和らげるために子ども自身に何ができるのか一緒に計画してあげると良い。たとえば8歳のトリシアは強盗がアパートに侵入してくるのではないかとひどく恐れていた。親がドアに鍵をかけ忘れたのではないか，自分が寝ているだろうと思って両親が出かけてしまったのではないかと心配していた。この不安に対しては精神力動的および家族システムの水準で対処したが（必要としている保護をしてもらえないという彼女の不安を扱った），頭のどこかでは現実的でないと分かっているこうした不安に彼女が対抗できる方法を，本人と一緒に探るのもひじょうに役立った。たとえば寝ているときにドアに鍵がかかっていないのではないかと不安になり始めたらトリシアは自分に向かって何と言えばよいか，強迫的にドアをチェックしたり親を呼んだりしないようにするにはどうすればよいか話し合った。セラピストは，娘に自分に話しかけさせたり，もっと理性的に考えさせたりするためにどんな手がかりを与えるか親に教えた。そして親は，娘が不安になったら安心させるのではなく，どうやったら不安に対して違う考え方ができるかたずねるようになった。

3　完璧主義

　多くの親は，我が子は度を越えて完璧主義なのではないかと心配している。自分の思ったとおりにできないと，自分の描いた絵を破った

り作ったものを壊してしまうかもしれない。あるいはすぐ自分自身に苛立ち，新しいスキルを習得しようという努力をやめてしまう子もいるだろう。何か手を打たなければ止めてしまう課題にもっと執着するよう子どもを励ますためには，ほうびを用いる以外にも（本章で説明したように），モデリングの原理を利用し親は自分自身に対して寛容に振る舞う見本を示し，完璧主義の子どもを助けることができる。たとえば何かを達成したことよりもそれに向けた努力に対して自分自身をほめたり，ある活動を，全力で取り組まなければならないものでなく，「ただ楽しむためのもの」と称したりして，見本を示すのである。

「Pictionary（絵を描いてそこから言葉や文を当てるゲーム）」のようなゲームでは，ただ伝達するためにすばやく絵を描かなければならないが，完璧を重んじる基準をとり外して何かをする良い練習となる。「自分でも絵はあまり上手じゃないって分かっているけど，楽しんでいるからそれでいいの」などと言うことによって，親はそうした活動を楽しめることを見本として示せる。実際にうまくやろうと努力していることでモデリングを試すこともできる。家族みんなが自分にとっては難しいことを課題として選び，最初はその結果にがっかりしてもそれをがんばってやり続ける。自分の活動をやり続けた人にはポイントをあげよう。難しい課題に取り組んでいるときには，親は見本として寛容に構え，セルフトークを使う様子を子どもに見せる。たとえば「やり続ければいつかはできるものだ」とか「それほどうまくできなかったとしても，トライしたことに意義があるんだ」などとつぶやけばよい。

　自分は子どもを支えているし，子どもの努力を受け入れていると親は感じているので，子どもが完璧主義だとしばしば当惑する。しかし子どもは親自身の自己批判や努力に対する不寛容な態度に気づいているかもしれない。これを家族の課題とすることによって，親は自分自身の態度もよく見つめるようになるし，家族面接でそのことについて

よく話し合えば，子どもを自分自身に対する過度な要求から解放してあげる大きな力となるだろう。

　物語を通してモデリングをすることもできる。親は否定された感情をもっと受け入れる見本となる物語を子どもにすることによって（第7章参照），子どもに認知スキルや問題解決スキルを教えることができる。話に夢中になった子ども（あるいは大人）のうっとりした表情は，ある意味でその子が変貌し恍惚とした意識状態にあることを示している。物語の主人公の苦境がその子の葛藤と共鳴すると，子どもは主人公と自分を同一視し，以前はしたことがない行動に「主人公を通して」挑戦する。たとえば回避的な子どもには，あまりに恥ずかしくてできないことを嫌いなふりをしていつも避けようとする少女についての話をすればよい。物語の中のその少女は自分の恥ずかしさを克服するために，助けを求めようと決心したり，あるいは「やって楽しければうまくできるかどうかなんて大した問題じゃない」と独り言を言う。すると話を聞いている子どもは，新しい解決方法にさらされ，自分でもそのうちどれかを試す可能性が高くなる。Brettによる『アンのお話（Annie Stories）』[19]は，自分の問題に対する適応的な解決方法の見本を示してくれる話を子どもにどうするべきか，親に指針を示してくれる。

4　対人行動の結果を学ぶ

　自分の行動が，他者の自分に対する反応にどのように影響するか子どもが適切に予期できるよう導くときにも，認知的視点がひじょうに役立つ。子どもを相手にしている大人にとってはもう自明のことかもしれないが，自分の行動とそれが他者に及ぼす影響の関係についてはっきり意識していない子どもは多い。したがって大人や仲間が悪い反応，あるいは良い反応をするのはなぜかということについて，子どもに説明させるのは有益である。たとえば良い行いをして先生に印をつけてもらったとき，自分のどんな行動が先生を喜ばせたか，子どもに

言葉にしてもらうことが大切である。

　自分がする，あるいはできることで，他者を喜ばせると思える行動を子どもと一緒にいくつかリストアップするのは，新しい対人行動を計画するために子どもの認知能力を使う方法の一つである。話をひじょうに具体的にし，話し合った内容をあとで子どもが思い出せるよう，リストアップした項目の隣に絵を描けば，幼い子どもに対してもこの手法を用いることができる。5歳のアンドリューは「きみができることでパパとママをにっこりさせることをリストにする」ことに興味を引かれた。彼は，両親が自分に腹を立てているように感じたときに見ることができる秘密の場所に，彼の絵によるリストを貼ることにした。

　対人関係における禁止事項を子どもと一緒にあげていくのも有益である。7歳のブラッドは学校でも家でもよく仲間とけんかを始めた。最初仲間は彼がとても魅力的な子だと思ったが，芽を出しかけた友情はすぐに消えてしまった。ブラッドは自分の側にどのような非があるかまったく分かっていないように見えただけでなく，それについて話し合うのにも抵抗した。しかしクラスの男子全員の名前を書き出して，誰が好きで誰が嫌いか言っていこうと提案したら喜んでそれに従った。さまざまな状況でそれぞれの少年がどう行動するかじっくり丁寧に評価していったら（たとえば怒ったとき，自分のチームが負けたとき，ゲームに勝ったとき），彼は自分自身の行動を内省し始めた。自分自身を，描写したクラスの男子らと比べるように言われたとき，自分がよく笑う子たちよりもすぐに怒ってイライラする少年たちに似ていると気づいた。こうして自己内省できるようになったので，それを基礎としたロールプレイを通じて，認知的方策を練習した。

　認知的理解を行動に移すには練習が要る。場面を設定して新しい関わり方を練習するために，子どもだけの面接と家族面接の両方を利用すると良い。親に対する関わり方のスキルを発達させなくてはならない子どもの場合，リハーサルはとくに有益である。親が喜ぶだけでな

く，結果的に子どもも欲しいものをもっと手に入れられるように親との新たな関わり方を指導するほうが，多くの子にとって役立つ。子どもは非難めいた言葉で何かを頼んでいるかもしれないし（たとえば「パパとママは絶対にぼくに漫画を買ってくれないんだもん！」），あるいは他者と比べられるのを嫌う親にとって，まさにその嫌なところを突くような言い方をするかもしれない（たとえば「ジミーのママは成人指定の映画を見せてくれるんだって」）。

　多くの子どもは制限を設定されると，反射的に「交渉」することによって応戦する（たとえば「もう1つ話を読んで」，「あと10分」，「あと番組1つだけ」など）。これまでずっとそうやって暮らしてきたという子も多く，そういう子は別の反応の仕方などほとんど思いつかないのである。さらに，最終的に親に自分の要求を通したというその場での成功と，より時間的に離れた結果，つまり親は自分に腹を立てるという結果を区別して考えないことが多い。良い結果が得られるだけでなく，全体としてよりよい雰囲気を生み出すように親に何かを頼む方法を子どもと検討するときには，セラピストがまず子どもに対してモデリングによって見本を示し，そして典型的な場面を設定して今度はセラピストが親を演じてロールプレイをするとよい。子どもがいかに上手に頼もうとも親がそれでもまだノーと言う状況を演じることが重要である。子どもは自分が行動を変えたらどうなるか，現実的な期待をもつ必要があり，何かを頼むときにただ最後に「お願い」という言葉をくっつければ要求が通ると思わないようになるべきである。

　もっと重い問題を抱えた子どもが相手でも，親とのロールプレイはとても有効である。イーサンは自分が渇望していたやさしさを分身の「ロボット」の自分に求めさせ，自分の願望を伝えることによって，母親を必要とする自分の気持ちに対して防衛していた。イーサンと母親は面接の時間を使って，自身の欲求を言葉にするためのより良い方法を練習した。今後分身のロボットが母親をつかまえても良い反応は

しないが，もし彼がもっとストレートにそのままの自分で頼んできたら，彼が望むときにいつでも喜んで抱きしめてキスしてあげると母親は説明した。

イーサンがこの行動を学びはじめたとき，母親は彼に「あなたをしっかり抱きしめてキスさせてね」という言葉をはじめにかけてきっかけを作った。そしてロボットを通してではなく，彼自身がその要求を言葉にしたとき，悪い習慣を打ち破ろうという努力に対して，母親は彼を暖かく抱きしめてキスし，背中をとんとんとたたいてあげた。そして別の面接のときに，彼がしかめ面をすること，そして彼が，母親には聞き取りにくい独り言の世界にしばしば入ってしまうことについて，母親と一緒に彼に対してフィードバックを与えた。このひじょうにやっかいな子どもと家族の問題はとても複雑だった。また行動的手法はその心理療法全体のほんの一部にすぎなかったが，ひじょうに役立った。練習した結果，彼は家でも学校でも以前より社会的に適切な振る舞い方ができるようになった。

多くの親をひどく悩ませる問題がもう一つあるが，それは子どもが仲間とうまく接することができないという問題である。友達が遊びに来てくれない，遊んでも最後にはけんかになって誰かが泣いてしまう，と親は懸念するのである。筆者の経験からすると，投影の最大の原因であり，最終的にその後親子間の区別を消してしまうのは，社会的拒絶の問題である。親は自分が子どものころにした恐ろしい経験が，我が子の対人関係に対する受け止め方を色づけてしまい，子どもは社会的拒絶を示すものに過度に心配して警戒心を抱いてしまう。

我が子は社会的問題を抱えていると親が心配するとき，状況をより現実的に評価できるような質問をすることが大切である。子どもに関して，けんかしすぎるとか攻撃的すぎると親が感じても，魅力を感じる他の行動とバランスが取れているかもしれない。「そんな風に振る舞ったら他の子に嫌われるわよ」という親の忠告も，親が思うより仲

間は寛大だと正しく認知している子どもの，実際の経験と合わないかもしれない。我が子の対人関係に敏感すぎる親は，遊びに来てくれた友達と我が子が少しもめたぐらいで必要以上に介入する傾向にあるし，子どもの社会的問題解決スキルの発達を知らず知らずのうちに妨害しているかもしれない。

　一般に子どもの対人関係に関して言えば，教師はとりわけ貴重な情報源である。もし年相応の社会スキルが子どもに欠けていたら，まず間違いなく教師はそれに気づく。子どもの行動について，そしてクラスメートにどう見られているか，できるだけ詳しい情報を得るよう努力すべきである。たとえば人付き合いをしないで，明らかに自分自身を孤立させ続けている子もいる。「お子さんはまさに他の子を引きつけるタイプですが，友達が近寄っても打ち解けようとしないのです」と教師が報告することもある。あるいは，「お子さんは友達を作ろうと『必死になりすぎていて』，彼が他の子に何かを『プレゼント』しても友情を買うためだと取られてしまっています」と教師は観察結果を報告するかもしれない。

　しかし，子どもがあまり友達に好かれていないことや，たとえばその子がクラスで発言すると不平が出たり嘲笑されたりすることは知っているかもしれないが，陰でその子がどのぐらい，どのようにからかわれているか，教師が知らないことが多いということを胸にとめておくべきである。

　子どもが仲間と全くうまくいっていないときには，ソーシャル・スキル・トレーニングのためのグループに参加させるのがもっとも効果的である場合が多い。だが残念なことに，こうしたグループを見つけるのが難しい地域が多い。そうしたグループがない場合，個人面接で子どもに社会スキルを教えることも可能である。

　社会的拒絶はとても辛い経験なので，多くの子どもはその嫌な気持ちを遠ざけようとして強い防衛機制を発達させるようになる。そのた

め，彼らは新しい社会スキルを学ぶ必要性を認識できなかったり，経験できなかったりするかもしれない。しばしば子どもは親からの忠告を隠れた「批判」だと感じ（あながち間違いではないが），いっそう防衛姿勢を固めてしまう。自分の社会性の問題が議題に上っていると子どもはすぐに屈辱感を抱くので，他の家族の面々が同席する面接ではその話題は避けるべきだと筆者は考えている。家族面接で親がその話題を持ち出したときには通常，他のお子さんともっと楽しく過ごす方法をお子さんに教えるやり方はいろいろありますが，お子さんと私2人の個人面接の席で話すほうがいいでしょう，と伝えている。筆者のこの言葉は，表面上は親に向けられているが，子どもに対して，「きみの問題解決を助ける方法はあるし，きみはそれを習得できる」と伝えている。この言葉を聞くと多くの子どもは，話せば事態が好転すると感じて，自分の問題に関して口を開くようになる。

社会スキルを教えるには，ロールプレイをするという方法もあるが，仲間が否定的に感じるまさにその行動の仕方でその子と接するという方法もある。筆者は6歳のロビー相手に後者の手法を用いた。セラピーを重ねるうちに彼の反抗的態度は影を潜めていったが，社会的に孤立した態度に変化は見られなかった。以前この少年はひどく防衛的だったが，誰もぼくを好きになってくれない，誰も一緒に遊ぶ人がいないと泣くようになった。

父親がほとんど接触してくれないことにひどく傷ついていたロビーは，やることすべてに「勝利」してその欠乏感を補おうとしているかのようだった。競争的でない活動でも競争にしてしまい，勝者，敗者がはっきりしないような遊びをセラピストである筆者としようという興味はまったくなかった。そのため筆者とロビーは彼のお気に入りのゲーム Chutes and Ladders をしたが，相手（つまり筆者）が不運な目に合うと彼は大喜びしてキャーキャー言うし，逆に自分が勝っているとうれしくて有頂天になるのだった。ロビーはひどく勝ちにこだわ

っているので，機会あるごとにズルをした。その年頃の子どもはよく「ズル」をするし，どうしても勝ちたいと思うが，ロビーの行動は度を越えていた。彼の満足げな笑みには残酷さが感じられた。

　ロビーのこのパターンに対処するため，筆者は本章ですでに強調した原則に従った。それは，完全に首尾一貫した行動をとる者などないし，正しい方向に向けてさまざまな正の強化を行えば，次第により一貫して肯定的に振る舞うようになることが多い，というものである。したがって，ロビーが少しのあいだ，いつもより控え目にゲームをしたあとで筆者は彼に，「きみがそういうゲームの仕方をするとき，私はとても楽しい」と伝えた。また彼がほくそ笑んだり，ズルをしたり，自分の幸運にあまりに有頂天になっていたりするとこちらはどう感じるか，ということに関しても彼がこれらのことをしていないときにフィードバックした。ソーシャル・スキル・トレーニングを仲間との実際の遊びともっと類似させるようにするため人形を用いた。まず筆者の持つ人形が競争を伴うゲームを始め，彼と一緒に遊ぶとどんな気分になるか，（人形を通して）ロビーの人形にフィードバックを与えるのである。変わろうという動機付けが子どもにある場合，そしてもっとも重要なのだが，好ましくない行動の根底にある潜在的な家族システムと精神力動の問題も扱う場合，この人形を用いる方法は効果がある。

　対人関係に問題があることを子どもが表立って認めようとしないときでも，セラピストは親や教師から仕入れた情報を用いて，人形を使った劇で困難な対人状況のシナリオを演じてよい。6歳のハンナはしょっちゅうクラスメートにからかわれていた。彼女の社会行動がひじょうに不適切であると教師は報告してくれた。彼女はしかめ面をするし，話す相手の子どもの顔を見ないし，誰かとかかわりたいと思うとあまりにしつこくつきまとったり，べたべたしたりするのだった。ハンナと人形劇をしたとき，何かをされて迷惑だと感じると，人形にそ

うはっきり伝えさせることができた。またいじめられたとき，どう答えれば効果的か，実際の場面を想定して練習することもできた。ハンナは次第にいやがらずに学校のことを話すようになってきたので，ソーシャルスキルについて直接話すこともロールプレイすることもできるようになった。

　可能なかぎり子どもの両親にもロールプレイに参加してもらうとよい。しかし両親が気持ちの上である程度「客観的」になり，子どもの問題をひどく気に病んだり，怒りを感じたりせずに手を貸してくれるときに限る。親だけとの面接で，子どもの行動がどんな気持ちを親自身の中に喚起するかということについて話し合ったあとだと，親は子どもがソーシャルスキルの練習をするさいに力を貸せるものである。親は，様々な社交的な場を作ってあげることによっても子どもを助けることができる。子どもがクラスメートから否定的に受け止められている場合，子どもが行動を変えても，相手の気持ちを変えるのは難しいかもしれない。だから子どもにさまざまな社交経験をさせて，そこで新しいスキルを試させることが大切になる。我が子に対してまだ悪い印象をもっていない子どもと一緒の講習会，スポーツリーグ，日帰りキャンプに参加すれば，子どもは新しい体験をすることができ，その中で自己評価が育まれ，果てはそれがクラスメートとの関わり方を変えるだろう。

5　リラクゼーション訓練

　筆者はよく，より認知的で対人的な治療的作業を補うために，段階的なリラクゼーションを利用する。子どもにリラックスの仕方を教えるのだが，自分の呼吸に注意を払わせ，まずこの部分の筋肉，そして次の筋肉というように緊張，持続，リラックスという段階的動作を繰り返させる。子どもは喜んで，柔らかいウサギのぬいぐるみや人形のようにリラックスしようとする。いつも決まってリラクゼーション訓

練をするためのマットを静かな部屋に敷いてあげるとよい。じきに子どもは，眠れないとき，ひどく興奮したとき，不安を感じたとき，そして気分が落ち着かないときなどにこの手法を用いることができるようになる。この方法を子どもに教えると，一つの技法を教えるだけでなく，自分の精神状態を自分で管理できるんだということをその子に伝えられる。筆者は通常個人面接でこの方法を紹介する。すると子どもは，リラクゼーションは自分が使いたいときに使える（あるいは使いたくないときには使わない）手段で，親によって管理されているものではないと感じるようになる。

8．まとめ

本章ではさまざまな伝統的な行動的アプローチを紹介し，家族や子どもにそれらをどう適用できるか，いくつかの方法を説明した。読者の皆さんには行動療法に関する文献にいっそう親しみ，問題に焦点を当てた積極的方法を活用する独自の方法を見つけていただきたい。これまで筆者はさまざまな個々の技法について説明してきたが，臨床の場でより効果的に機能させるには，家族および子どもとの治療プロセスにおいて，学習と行動変容の重要性を理解することが重要である。親子双方の他者との接し方が，精神力動的構造とそのパターン，さらに家族システムの構造とそのパターンの両方を維持するのに重要な役割を果たしているが[183)]，行動的側面は精神力動的あるいは家族システムの治療的作業にとって代わるどころか，そうした治療的作業の欠くことのできない特徴なのである。家族システム療法の代わりに行動療法を用いるといった次元ではなく，家族システム論的であるためには行動的でなくてはならないのである。精神力動的，行動的，家族システム論的視点のあいだの相互関係の真価が認められれば，セラピストが創造的，そして包括的に介入する力は，大きく高められるだろう。

第9章

総　括

―― 5つの事例 ――

　本章では5家族に対する治療プロセスの詳細を描写しながら，本書の各章で述べたさまざまなポイントを集め，要約し，繰り返すことにする。家族システム論，精神力動理論，行動療法の手法を同時に用いて治療的作業を行ったが，それぞれの縄をどう一緒に編んでいくか例証するのが，以下に掲げる事例報告の目的である。

　第1章で説明したように，治療的作業の基本原理は，子どもの問題は多面的であり，どれか一つの理論視点だけではその複雑な問題に十分対処できない，という信念である。しかし本章に取り上げた事例ごとに，どの視点に重きを置いているかは異なる。したがって，どの事例でも精神力動理論，家族システム論，行動療法理論の視点が用いられているが，報告する事例を選択するさいには，これら複数の視点のうちで重視するものが事例によってどう異なるか示せるように配慮した。たとえばサラの場合，問題に対する精神力動的理解に基づく介入が中心となっている。他方，ミッキーとその家族の場合に中心に据えたのは，認知行動的介入であった。そしてマシューとその家族のときには，主に家族システムへの介入を用いた。

　事例によって力点の置き方は異なるが，包括的な介入方策は共通する。第1章で述べたように，治療的作業は3つの領域で同時に進行させる。まず1つ目として，問題となる行動の理由が何であれ，子ども

に対し，ある行動の仕方は受け入れられるが別の行動の仕方は受け入れられないということをはっきりさせるよう親に忠告する。新しい行動をとらせるため，そして問題行動をやめさせるために行動への介入が用いられる。定着してしまった問題行動を変えるのに必要なスキルを教えるために，子どもそれぞれに合った手法を用いて援助する（たとえば，ロールプレイ，認知的手法，リラクゼーションなど）。このようにある行動に直接対処すると同時に，２番目の作業としてその問題行動を引き起こしてしまう無意識の不安も扱う。第７章で説明した種類の介入が，自分自身の否定された側面を再所有させ，問題に寄与している無意識の葛藤を解決させるために用いられる。そして３番目として，子どもの問題をとりまく家族の問題にも対処しなくてはならない。夫婦間の問題，隠れた同盟，子どもに対する自己の諸側面の投影，家族内での役割の固定化について検討することは，治療プロセスの重要な一部となる。

　ある介入方法は一つの理論視点に属すると考えることもできるが，実際には各視点は互いにかなり重複していることに注意しなくてはならない。その概念的基礎が行動的あるいは精神力動的なものを含め，どのような種類の介入であっても，家族システムも必然的に変えてしまう。一般に一連の介入は互いに相補的なものとしてだけでなく相乗効果を引き起こすものとしても理解すべきである。[152] FauberとKendall[42]は，子どもに焦点を当てた介入と家族に焦点を当てた介入を一緒に用いると，互いにその効果を高め合う傾向にある，と指摘した。さまざまな理論的視点から生まれた介入についても同じことが言える。たとえば行動的考え方と精神力動的考え方を同時に用いるだけでなく，統合的アプローチをとることによってそれぞれの治癒力を高めることができる。[184]

　このように，たとえばジェニーの場合，「赤ちゃんごっこ」という方法は，彼女独自の精神力動的葛藤に対処するだけでなく，彼女に

「親としての」役割から手を引かせるという目的をもった家族システムへの介入の効果を高めてもくれた。また他の多くの場合のようにこのケースでも，子どもの表面化されない欲求を部分的にでも親が満たすと，子どもの問題行動に対する親の否定的な反応はずっと強い影響力をもつようになった。そして「赤ちゃんごっこ」は行動的介入と家族システムへの介入の一手段としても用いられたので，その効果は高まった。

マシューの場合，親としての役割から彼を解放したところ，「悪い」子でいることに対する彼の無意識の葛藤を扱う介入は，よりいっそう効果を発揮するようになった。同様に親子間の関係を強くしたところ，彼は以前より自分の性に関して気分を楽にすることができた。

この統合の核には，家族システムの視点と行動的視点を精神力動的フォーミュレーションと両立させる循環的精神力動理論の視点がある[185,187]。無意識の葛藤，防衛，空想は子どもの他者との関係によって引き起こされると同時に，その関係の規定因にもなっている。本書で説明した統合的療法の最も重要な特徴は，相乗作用のある統合的介入を考案するという目的である。

1．ジェニー——うつの子ども

10歳のジェニーは学校の勉強についていくのに苦労していた。セラピーを受ける前に行われた心理面と学習面の査定によると，軽い学習障害があるものの，彼女の問題の理由になるほどのものではないとのことだった。むしろ彼女の学習障害は，おもに難しい課題に直面したときに感じる圧迫感，不安感に起因しているようだった。また査定者の質問に答えるさいに，彼女は用心深く，抑制されているという報告もあった。さらにジェニーの母親のミッチェル夫人は，随分前から娘のひじょうに否定的な発言をひどく気に病んでいた。ジェニーはし

よっちゅう「私は生まれてくるべきじゃなかった」,「生きるって辛すぎる」,「それをやるエネルギーなんてない」というようなことを口にしていたのである。着替えをしていると頭に血が上って, 自分はなんて醜いのだろうと泣き出すこともよくあった。活気に満ちたキャリアウーマンである彼女の母親は, 娘の憂うつな気分を心配しており, さらにエネルギーに乏しく, 難しい何かをやり遂げようという熱意に欠けるのをどう扱ってよいのかと困っていた。

以下の事例報告は, 上記のような問題に対して比較的短期間（6か月で16面接）に行われた統合的アプローチである。ジェニーとの個人面接を4回, 母ミッチェル夫人との個人面接を4回, 父ミッチェル氏との個人面接を2回, ジェニーと親のどちらか, あるいは両方との面接を6回行った。

1　家庭的背景

ミッチェル夫人と夫は6年前（ジェニーが4歳のとき）から別居しているが, まだ正式に離婚してはいなかった。ミッチェル氏はおもにヨーロッパで暮らしていたが, 1年に3回か4回はニューヨークに来て, ジェニーと母親が住むアパートの隣室に暮らす自分の父親のところに滞在した。最初の面接のとき, ミッチェル氏は2, 3か月のうちにニューヨークに戻り永住するつもりだと語った。ミッチェル夫人によると, 彼は聡明な男性で, 外交局のある重要なポストに就いていたが, 彼の仕事および私生活はアルコール依存の悪影響によりひどく阻害され続けていた。ミッチェル氏は何年ものあいだある女性と深い関係にあり, ジェニーはときおり父親と同居する女性のもとを訪れていた。最近になって父親はその女性と別れたので, 夫人は, 夫がニューヨークに戻ってきたらまた自分とやり直したいという望みをもちはじめるのではないかと不安を感じていた。

ミッチェル夫人は仕事に情熱を燃やす, 責任感の強いシングルマザ

ーで，仕事だけでなく教会活動や学校行事にも積極的に参加した。その前年には，次第にボケてきていたミッチェル氏の父親の面倒も主に彼女が見るようになっていた。

　夫人はごく幼いころのジェニーに関して，すぐに機嫌が元通りになる扱いやすい赤ちゃんだったと説明した。唯一「変わった性質」と言えば，父親以外の男性が部屋に入ってくると泣くということだった。保育園に入るころには，その恐怖も消え，男性の補助保育士にもよくなつくようになった。娘の幼いころの男性恐怖症は，父親の酔っ払うと現れる凶暴性が原因だとミッチェル夫人は考えていた。父親は人に手出しはしなかったが，議論が過熱してくると物を投げたり壊したりした。派手な夫婦げんかをしていたのはジェニーが3歳のころで，彼女は別の部屋にいたが，そのけんかの記憶があるのではないかと夫人は疑っていた。ジェニーが4歳になるころには夫婦は別居した。母親はその後も父親とかなり密に連絡をとっていたが，今では彼の敵意をどうかわすか分かっているので，昔のような爆発は避けることができた。

2　子どもだけとの面接

　初めてジェニーと二人きりで会ったとき，セラピストである筆者を何とかして喜ばせようという彼女の気持ちがひしひしと伝わってきた。行き過ぎだと思えるほど協力的だったし，こちらが答えを強く促してやって，やっとあちらよりこちらの遊びがしたいと好みを口にした。（何度かセッショを重ねて）しゃべったり，絵を描いたり，投影的なゲームをしたりするうちに，いくつもの問題が浮かび上がってきた。彼女は祖父のことをひじょうに心配していた。彼女は放課後何日か祖父の面倒を見たことがあった。祖父がアパートの中に閉じ込められて，自分が中に入って助けてあげられなかったときの話を，セラピストである筆者に何度かした。このようなことから，ジェニーが，子どもな

がら祖父の面倒をみるという責任の重さを感じていたのは明らかだったが，両親と何度か面接をして初めて，ジェニーの祖父に対する心配は祖父の無力さ，そして母親の「お荷物」になっているという状態に彼女が同一視していることを反映していると気づいた。ジェニーと母親との母子合同面接で，ジェニーは道徳という哲学的問題について考えを巡らせた。たとえば，危険にあったとき，自分が一番愛している人を助けるべきか，それとも自分をもっとも必要としている人を助けるべきか，といった問題である。その人を愛していなくとも，面倒をみていたら，「善人」であると言えるか考えをめぐらし，その問題を祖父を母が介護していることに関連づけた。

　ジェニーには強く愛されたい気持ちがひじょうに強かった。彼女は，父方の叔父と祖母（両方とも故人）は「私を大好きになってくれただろう」から知り合いたかったと言った。父親の話になると，まず成績をひじょうに重視していたと強調し，自分の学校の成績には満足しないだろうと不安を表した。さらに父親の飲みすぎを気遣い，隣のアパートに住むことになるだろうが，会いたいけれどもそれほど会いに行けないのではないかとも心配した。

　彼女は母親を批判することができたが，父親に関しては否定的なことはなかなか言えなかった。たとえば父親が彼女を学校に迎えに行って，セラピーに連れていくという約束を忘れたときなど，父親がその約束を忘れないように昼間電話しなかった自分が悪いと自分のせいにした。

3　多次元的仮説を立てる
1　精神力動的問題

　ジェニーが圧迫感を感じ，憂うつなのは，攻撃性を表すことに対して強い抑制が働いていることと関連しているように見えた。一番恐ろしいと思うものを絵に描いてほしいと求めると，彼女は「爆発物」と

いうラベルの貼られた何かの薬品が入った樽を売っている店の絵を描いた。絵の中の男は店主に銃を突きつけて，樽を撃つぞと脅しながら強盗を働いていた。彼女は一生懸命「他者に対して良い子」でいることで，自身の怒りの感情に対して防衛していたが，それでも自分は「悪い子」だと感じていた。自分は実は悪い子だという不安は，否定的な自己イメージ，そして道徳に関する話し合いに対する一見すると知的な関心に表れていた。

またジェニーはとても大人びていて責任感もあるように見えたが，実は赤ちゃん扱いしてほしいという強い願望を持っているようにも感じられた。彼女は夜になると「怒りっぽく」なり，自分の外見に対してひどくイライラしたり，勉強が難しくて気が動転したりすると，母親にすがりついてめそめそ泣き，母親の膝に乗って揺すってもらい慰めてもらった。彼女はぼけてきた祖父のことを相当心配していて，「赤ちゃんみたい」と表現したこともあった。

また，ジェニーは暴力を見てしまったトラウマの記憶を抑圧し，そうし続けるために，現在起こっている敵意を感じないようにしたり怒りの表出を避けたりする必要があるのではないかと仮説を立てた。たとえば「離婚の話カード（Divorce Story Cards）」を見せられたとき，明らかに夫婦が口論している場面をジェーンは夫婦が劇を演じている場面だと解釈したのだった。

2　問題に対する家族システムの要因

ジェニーが怒りを表現できないのは，母親も同じ問題を抱えていることを直接反映していた。ミッチェル夫人は「夫を追い出した」ことに罪悪感をもっていた。夫は「病気」であり，ある意味で自分は夫を見捨てたという気持ちだった。ミッチェル夫人はこのことに関しておおかた理解しており，自分はいつも「聖人」でいたがっていると冗談を言ったが，その罪悪感は（前夫からほとんど何の助けもないのに）自ら献身的に義父の世話をすることに反映されていた。さらにジェニ

ーと父親の関係を一生懸命維持してあげようともしていたし，彼女の誕生会に出るといった大事な約束を父が守れずに彼女が落ち込んでいたときには，お父さんのことを理解してあげましょうと促した。酒を飲んでいないときでもミッチェル氏がよく無責任な行動をとるのは百も承知だったが，ジェニーには，父親は子どものころ不遇だったし，ストレスの多い環境で暮らしていたから仕方がないと説明した。

ミッチェル夫人にとって境界を設定するのはひじょうに困難だった。ほんの短期間だけ前夫がニューヨークに滞在しているときには，好きなときいつでも自分のアパートに来ていいと伝え，けんかにならないようおとなしくしていた。だがこうして彼が無期限で戻ってくるとなると，夫人は新しいルールを決めなくてはいけないというプレッシャーを感じた。というのも際限なくプライバシーを侵害されたらたまらないと思ったからである。

ジェニーが怒りを表現できない原因はミッチェル氏にもあった。仲間に対して娘がひどく控え目なのが心配だったし，「仲間の言いなりになっている」し，「いつも親切すぎる」と感じたが，自分が娘に何か主張されるのには，ほとんど我慢ができなかった。彼は「ジェニーは最近少し生意気」になったと不平を言った。ジェニーの幼少時の話をしているとき，ジェニーの母親であるミッチェル夫人とけんかしたのは悪かったと思っているが，自分と夫人がほんの少しけんか腰になっただけでジェニーは心配しすぎると思うと語った。自分のアルコールの問題については全く深刻ではないと言い張り，援助を求めるつもりはないと述べた。何度か，筆者の面接室にやってきたとき，彼の息はひどく酒臭かった。

3　行動的，認知的側面

ジェニーはひじょうに責任感の強い子どもでいることに，強い正の強化を受けていた。学校や日曜学校では，しばしば責任ある役割を与えられ，彼女はそれを一生懸命こなした。自己評価を高めるためには

そうやって責任ある役割を担うことが彼女にとって必要だと教師たちは認識していたが，このような「良い子」で「大人びた」振る舞いが知らず知らずのうちに自己表現の抑制を強化していたし，それが学業面，社交面での問題の主な原因だった。両親はジェニーがひじょうに頼りがいのある娘であることに誇りを持っていたが，おそらくその気持ちが強すぎたのだろう。

ジェニーが非難を口にすると周囲から強い否定的反応が返ってきたし，それは彼女に嫌悪感を抱かせた。たとえば彼女が，学校が終わったあと母親の会社に行かなくてはならないこと，帰宅途中にスーパーに寄って買い物をしなくてはならないことについて面接中に不平を言ったところ，ミッチェル夫人は自分が目一杯働きがんばっていることをジェニーに思い出させた。またジェニーが父親のことを批判すると，きまって怒りの反応が返ってきた。

ジェニーはどんな怒りにもおそろしい力があると感じた。彼女は怒りに対する幼少時のトラウマ体験を過度に一般化してしまったとも言えた。このように彼女が自己主張をためらうのは，怒りを露わにしたときの両親の否定的反応だけが原因なのではなく，自分を怒っている人に対する彼女の過敏さをも反映していた。

その他，認知面での問題は，彼女が学業成績に重きを置きすぎることだった。彼女の心の中で，学業面での成功は父親に認められることにつながっていた。ジェニーはとても独創的だった。すばらしい物語を創作し，音楽を愛し，ダンスも上手だった。しかしこうした資質のどれ一つとして彼女が自己を見定めるさいにカウントされなかった。それは，せまく学業成績のみに限られていた。

4　子ども側の寄与因

子どものことを決まって家族システムの犠牲者としてとらえず，逆に家族の相互関係に影響を与えると理解することはつねに重要である。家庭内で相互関係がうまくいっていないときには，セラピストは子ど

もの役割を明確にする努力をしなくてはならない。それが明確に分かれば，子どもとの個人面接において，思いもよらない行動で親を驚かせるいろいろな方法を，遊びを通じて子どもに教えることができる。子どもが非機能的な家族システム内の相互作用にどう関与し，それをどう喚起しているかはっきり確認できれば，セラピストは子どもの誘惑に抵抗するように大人を指導することもできる。

　故意でないにせよ，ジェニーはいくつかの点で，問題の原因となった家族システムを永続させるのに積極的に携わっていた。まず気づいたのは，彼女は頼まれなくても，しばしば自分から申し出て責任ある役割分担を引き受けていることだった。子どもにはちょっと荷が重いように思えても，祖父の世話を手伝うというジェニーの申し出を，自分も手一杯である母親は断れなかった。

　もう一つ，ジェニーは「良い子」でいることに喜びを感じるという点で，問題あるシステムの原因となっていた。彼女の道徳的基準は母親のそれよりも高かったため，母親をイライラさせていた。

　ジェニーの行動は家族システムを形成する上で重要な役割を果たしたが，その中で最も重要で，結果として彼女に自己嫌悪感を抱かせた行動といえば，自分の怒りを間接的に表すようになったことだった。したがって，母親に不満を感じたときもそれを直接口にはせず，ふさぎ込んだり，ぐずったりして母親に罰を与えた。こうして表された批判は無視されるか，あるいは怒りの反応を得るかのどちらかだった。ジェニーは，直接母親にこのような感情を表さずに，落ち込んだりぐずったりすることによって，自分の言うことなど誰も聞いてくれないと感じる結果を招く相互作用を自ら築いてしまった。

4　介入と課題

　筆者の経験から言えば，セラピストができるだけ「同僚のような平等な立場で」親に接すれば，最も親に協力してもらえるし，柔軟な態

度をとってもらえる。ほぼ例外なく両親と一緒に，子どもの問題に関する自分の理解を細かく見直すことは特に役立つ。そのため，ジェニーの問題の多くは怒りに対する過度の恐れ，そしていやな記憶を遠ざけようという試みから生じているとミッチェル夫人に（そしてのちに父親が面接に参加するようになったとき，父親にも）説明した。同様に，「大人びていて」，「責任感もある」と思われているジェニーの葛藤についても説明した。そうした分析に基づいて編み出した介入計画を説明することもいくらか役だって，両親それぞれが子どもとどう治療的に関わることができるかということに関する「指導」を受けてくれた。

1　母親に対する介入

　最初の介入では，ミッチェル夫人が娘とどう関わるかということを扱った。ジェニーにもっと怒りの感情を受け入れさせるために，ミッチェル夫人は気をつけていなければ見過ごしてしまうような，日々の出来事に対する自分自身の怒りの反応に気づき，それについてジェニーと話し合うという課題が与えられた。ふだんは見過ごしている日常のいろいろな怒りと関係している出来事で，注意を向け，言及することが役立ちそうなものを例として挙げて話し合った。たとえば夫人は，「私，友達のサンドラに腹が立ってるの。だって今日電話を返してくることになっていたのに，かけてこなかったのよ」といった話をジェニーにした。またミッチェル氏に対する怒りも，ときにははっきり口にするように夫人に頼んだ。そうすれば彼女の行動はもう「受容」「理解」「許し」だけのモデリングではなくなるからである。

　さらにミッチェル夫人に，愛すべき人に陰性感情を抱いて罪悪感を覚えた経験はないか，ということについて考えてもらった。その種の記憶を探してジェニーとの会話において盛り込んでほしいと伝えた。

　こうした介入に関しては2通りのとらえ方ができる。陰性感情を受け入れる見本を示すだけでなく，その感情に直面化させられたジェニーは，遠ざけている自分自身の感情に対してそれまでのように防衛姿

勢をとりにくくなるのである。さらに「ジェニー向け」のこの練習を通じて，ミッチェル夫人も，感じてはいたが遠ざけていた自分自身の陰性感情と向き合うことになった。ジェニーの心中にあるこうした感情を受け入れるためには，母親自身もそういう感情をもっと楽な気持ちで受け入れざるを得なくなった。こうした陰性感情を抱くことを促し，許可を与えることは，実際に親子両方にとって治療的であった。

　この治療的作業における重要な一面は，ジェニーが怒りを感じたときに，彼女の「取り乱し」を同時に強化することなく，ジェニーに同情する方法を夫人が見つける手助けをすることだった。面接を行う前，夫人はジェニーがひじょうに強い自己非難を口にすると，彼女を抱っこして揺すって慰めたものだった。この相互作用を変える第一歩は，ジェニーに，取り乱さなくてもときには彼女の中の「幼い少女」が「赤ちゃん扱いされ」うると伝えることだった。「赤ちゃんごっこ」の技法を説明したのち，セラピストである筆者はミッチェル夫人にこの方法をジェニーに試すよう求めた。小さいころのジェニーについて何か話をするか，あるいは幼いころ彼女が大事にしていたおもちゃをいくつか取り出して一緒に見るのもいいだろうと伝えた。「あなたは大きくなってきたわ。でもある意味であなたはいつまでも私の赤ちゃんよ」といった言葉は，自分の依存欲求について葛藤を感じている子どもを大いに安心させてくれる。ジェニーとの会話の中にそうしたセリフをはさみこむ方法を見つけるよう，夫人に勧めた。

　ひとしきり泣いたからといってジェニーを赤ちゃん扱いしたり「機嫌をとったり」しないことがいかに大切か，強調した。自分の気持ちが動揺したから「赤ちゃんごっこ」をしてもらえたとジェニーが感じる状況でなく，最も大人っぽく振る舞い精神的に落ち着いているときでもやってもらえるものだと彼女が感じるときに「赤ちゃんごっこ」の手法を用いるべきである。自己嫌悪の発言を強化する悪循環を断ち切るために，ジェニーが自己批判したとき「そんな話は嫌だわ。お願

いだからやめてちょうだい！」というような言葉で応えるという方法もミッチェル夫人に勧めた。こうした介入方法を提案してから2週間ほど経ったころ，ジェニーが良い反応を見せているようだと夫人は報告してくれた。かなり落ち着いたし，自己嫌悪的発言をやめてくれと言われるのを歓迎しているようにさえ見えた。しばしばこのように子どもに対して断固とした態度でのぞむと，自己コントロールしたいという子どもの願いを強化できるし，外からの援助は子ども自身の対処能力を強める助けとなる。

　ミッチェル夫人に対するもう一つの重要な介入は，ジェニーが実際対処できる以上に責任がある役割を与えられていることに注意を喚起することだった。ジェニーが責任ある仕事をしたいと申し出てきてもときにはそれに抵抗し，祖父の世話に関してジェニーが引き受けていた仕事の一部から彼女を解放する方法を見つけるように夫人に勧めた。

　ミッチェル氏の訪問に適切な制限を設けるという問題に関して夫人がしっかり納得できるよう，面接1回を割いて話し合いをした。これはジェニーに対し，ときには「ノー」と言う見本になるので，重要な意味があった。

2　ジェニーに対する介入

　ジェニーとの面接の主な目的は，単に彼女をよりよく知ることだったが，面接のさいにいくつか直接的な介入も試みた。潜伏期の子どもは通常，リスト作りが好きであるし，ジェニーも例外ではなかった。彼女に，両親それぞれについて彼女が好きな点を3つずつ挙げてもらい，（筆者が書きとめて）表を作った。その次に親それぞれについて彼女の気に障る3点をあげるように頼んだ。このリスト制作のねらいは，両親に対して陽性感情と陰性感情を同時に感じてもよいと，彼女に知らせることだった。家族全員の中でも陰性感情は最小限に抑えられていたので，父親が母親のどこがいやだと感じているか，逆に母親は父親のどこがいやかについても，3点ずつ挙げてもらった。

ジェニーは両親，とくに父親に対する不快感を表したらどのような反応を得るかということについてひどく心配していた。それぞれの親とジェニーと筆者との三者面接で，筆者はジェニーを励まし，この気持ちをストレートに表現させた。またそうやって感情を表に出したらどういう反応を得るかということに彼女が恐れを抱いていることについても話し合った。

ジェニーは仲間に対して自己主張するという点でも助けを要した。個人面接でセラピストとジェニーはロールプレイをし，彼女の気持ちを傷つけた友達に率直な気持ちを語る練習をした。

またジェニーがなぜ家の中で家事などを手伝いたいと自ら望むのかという点についても話し合い，責任ある仕事を減らしたいと彼女が思っているかどうか，ということについて一緒に検討した。

3　父親に対する介入法

ミッチェル氏は飲酒問題に関して，助けてもらう必要はないと突っぱねたが，娘を援助するのに何らかの形で手を貸したいと切望していた。彼女の成績うんぬんよりも彼女がびくびくしていること，自己主張しないことのほうが気になっていた。そこで，「ジェニーがあなたに対してもっと主張できるよう練習するので，彼女が何かを主張してきたらできるだけそれを受け入れて防衛姿勢をとらないようにしてくれると役に立つ」と説明した。そしてそのさいに彼の努力を支えるために，起こりうる問題について予測し，その内容を伝えた。ジェニーの主張の多くは不当な「不満」に聞こえるかもしれないし，それを怒らずに聞くのは難しいだろうとセラピストである筆者は注意を促した。彼はロールプレイなど不必要だと思っていたが，それを実際にやるときには協力してくれた。ジェニー役の筆者は「理不尽」なほど主張し，それに対して防衛的にならずに穏やかに答える練習を父親はしてくれた。

5　否定的な記憶

　ジェニーが抑圧を感じるのは，おそらく恐ろしい出来事の記憶を避けたいという欲求が原因となっていると，両親に説明した。彼女が描いた爆発物の絵（先述の）を両親それぞれに見せた。過去への対処方法は父親も母親も同じだった。つまり話題に上がらないようにするという方法である。両親それぞれに，ジェニーと一緒に面接に臨み，彼女が目撃した恐ろしい出来事を彼女が思い出す手助けをする気があるかたずねた。二人とも乗り気だったので，面接に先んじて彼らが説明してくれたいくつかの出来事について話し合った。実際の「否定的回想」のための面接では，片親を横にしてジェニーに，自分が目撃した何度かのけんかについて回想するよう求めた。ジェニーの記憶は不完全で，けんかはごく小さいものとして描かれた。父親，母親それぞれに，ジェニーが説明する出来事の詳細部分を補足するように求めた。またジェニーは，目撃したのだが意識的な記憶として残っていないようなひどい場面について話をするように促された。父親との面接のときジェニーは，音が聞えないように耳を両手でふさいでベッドに横になっている場面を覚えていると話した。家が揺れていると感じたこと，もし親が互いに殺しあったら自分の面倒をみてくれる人がいなくなると恐れたことを思い出した。その出来事についてジェニーが詳述しているとき，ジェニーも父親も泣いていた。

　いくつかの恐ろしい出来事をジェニーに思い出してもらえただけでなく，話し合いの結果，父親も母親も，こうした出来事を二度と起こしたくないという欲求を強化された。ミッチェル氏は依然として自分がアルコール依存だと認めようとしなかったが（午後早い時間の約束にもアルコールの匂いを漂わせてやってきたときでさえ），面接で立てた計画を遂行し，約束を守ってくれただけでなく，夫人が打ち立てた新しい境界をより積極的に受け入れてくれた。

6　フォローアップ

　筆者がこの家族との心理療法を終結した時点で，ジェニーの学業成績は改善されつつあったし，無気力もかなりよくなったようだった。友達と過ごす時間も長くなってきて，週に1度決まって遊ぶ約束もした。数か月間はすすり泣くこともなかったし，めったに自己批判的言葉も口にしなかった。担任の教師からも，彼女の気分が顕著に変化したという報告があったし，彼女は以前よりずっと積極的に授業に参加するようになってきたと担任の教師は感じた。

　ミッチェル夫人は4年後，筆者に会いにきた。ジェニーは14歳になっていた。彼女の報告によると，その2，3か月前までジェニーの調子は良かったという。学業成績も良く，たくさんの課外活動も楽しんでいた。ミッチェル夫人は再婚しており，ジェニーは義父ともうまくやっていた。ジェニーは父親（アルコール依存のせいできちんとした日常生活が送れなくなっていた）のことを相変らず心配していたが，それにも慣れてしまったようで，父親を助けるために自分にできることは何もないと分かっていた。

　ミッチェル夫人は，娘が高校にうまくなじめなくて苦労しているようだったので筆者のところに相談に来たのだった。教師の目の行き届く小さな学校に慣れてしまっていた彼女は，いざマンモス高校に入ってみると，そこで新しい友達を作り，すでに始まっている活動に飛び込んでいかなければならなかった。赤ちゃん扱いしてほしいのに過度に大人っぽく振る舞ってきたというジェニーのそれまでの経験を考慮し，ジェニー自身にそれを解決させるより，夫人に積極的に介入してもらうほうが有益だと筆者は感じた。そこで（ジェニーにも知らせて），ジェニーが孤独を感じ，さびしい思いをしているときは，夫人から学校心理士および教師たちに知らせるべきだと提案した。もし教師たちが何らかの活動に加わるよう彼女を誘ってくれたら，この移行期が楽になるかもしれないからだった。ミッチェル夫人はその後2，3週間

経って電話をよこし，すべてがよくなってきているし，ジェニーと面接する必要はないという筆者の見解に同意した。最初ジェニーは自分で対処できると抗議したが，それを受け入れずにほんの少しだけ手を貸したところ，大きな効果があり，ジェニーは再び，自分で物事を解決できるようになるまで時間を要しなかった。

7　結論

　ジェニーおよびその両親の面接作業におけるポイントは，非機能的な家族のパターンを改めるだけでなく，自身がもつ怒りや依存欲求に対するジェニー自身の恐れにも対処するような手段を工夫することだった。二種類の介入がとくに重要だったようである。ジェニーと「赤ちゃんごっこ」を行うと同時に，彼女の爆発的な自己批判に肯定的でなく否定的な反応をしたところ，すぐに効果が表れ，2週間もすると彼女はずっと穏やかになったように見えた。この短期療法において次にターニングポイントとなったのは10回目と11回目の面接だった（全16回中）。そのときジェニーは「否定的回想」を父親，母親それぞれと行ったのである。これらの面接では怒りに対する彼女の強固な防衛に介入したのだが，その結果，彼女はもっと自己主張できるよう，努力するようになったのである。

　2．マシュー ──学校嫌いの子ども

　10歳のマシューは（両親の言葉を借りると）大人びて，協力的で「良い子」だったが，最近「手のつけられない」子どもになってしまった。新学年が始まって3週間で，彼はひどく学校がいやになってしまったようだった。それまで2年間はバス通学だったが，バスを拒絶するようになった。ひとたび学校に着くと，彼は決まって静かに泣き始め，ママに会いたい，家に帰りたいとすすり泣きながら訴えた。妹の教室

に行ったり，家に電話をしたりしても，慰めにはならなかった。状況は次第に悪くなってきた。そしてジョーンズ夫妻はほぼ毎日，息子を引き取りに来るようにと呼び出された。筆者に初めて会ったころ，ジョーンズ夫妻は絶望していた。その1週間前から彼らはマシューを学校に行かせていなかった。そしてそのときも，マシューは母親の横から離れようとしなかった。彼は誰にも家に来てほしくなかったし，母親のそばを離れるのが不安で，すぐ近所に住む親友の家にも行こうとしなかった。

1　家族的背景

ローラとウィリアムのジョーンズ夫妻は結婚して10年半だった。彼らは数年間恋人同士だったが，結婚前に一緒に暮らしたことはなかった。なぜならウィリアムは，自分はローラと婚約したいのかどうか，決心できなかったからである。ローラがマシューを身ごもったとき，ウィリアムはプロポーズするしか選択肢はないと観念した。ローラもウィリアムもかなり厳格なカトリックの家庭に育った。当時彼らは自分たちのことを「世俗的な」カトリック教徒だと考えていたけれども，ローラが中絶するのはよくないと強く感じていた。計画的に妊娠したのではないが，「ウィリアムはおそらくいつまでも決心がつかなかっただろうから」多分妊娠してよかったのだろう，とローラは語った。ウィリアムは不承不承その言葉を認め，自分もローラが妊娠してうれしかったが，「ローラがいつも私を押し切って自分の思い通りにする」ことに憤りを感じているとも語った。

3年後，二番目の子どもが誕生した。そのクローディアももう7歳になっていたが，少しおてんばで7歳のころのマシューよりもずっと扱いにくいとのことだった。子どもたちはとても仲良しで，マシューは「よくできた兄」で，妹の面倒をよくみた。

ジョーンズ夫妻が出会ったころウィリアムはもう医学校を卒業して

おり，研修期間の真っ最中だった。その後，開業はせずに退役軍人管理局（VA）の病院で働くことにした。そうすればそれほど激務でないので，研究する時間も少しはとれるからだった。ローラは結婚前保母をしていたが，マシューが生まれてからは働いていなかった。彼女はほとんどの時間をさまざまな教会，地域のボランティア活動に費やしていた。彼女は人々を動かす組織力があると多くの人から認められるようになっていた。両親とも自分たちの家を活動の中心地ととらえていた。

2 マシューの問題に関する家族システムの理解

家族全体との最初の面接で，マシューの行動が年齢以上に大人びていること，そして両親からもそう思われていることがはっきり分かった。彼は妹に対して親のような役割を果たしており，たとえば妹に「静かに話を聞かなきゃ」と注意したり，妹がぐずることに関して母親に「クローディアは寝不足だと思う」と意見した。家族で何か重大な決定を下すときも，驚くほどマシューも参加を求められていた。ジョーンズ氏は別の町で仕事をすべきか，両親は新しい車を買うべきか，といった重大な問題に関して息子の意見が決め手となると両親が語ったとき，彼らが息子をなだめているのではなく，実際全くの本心からそう言っているとは，最初信じられなかった。ローラとウィリアムの意見はしばしば衝突したので——ウィリアムのほうがずっと保守的で，何かを変えるよりそのままの状態にしておくほうが好きだった——マシューは難しい立場に立たされていた。

ウィリアムとローラはひじょうに張り詰めた関係にあった。ウィリアムは，妻はブルドーザーのようで，自分はそれに対して何もできない，とかなりはっきり不満を口にした。ウィリアムは妻の溢れんばかりの活力，力強さに感服していたし，妻が始める家族の活動を最終的には楽しむことが多かったが，彼女がやると決めた計画に自分は影響

を与えられないし，　ましてやそれをやめさせることなどできないと感じることが多かった。自分の無力さと憤りを感じ，随分詰め込みすぎのスケジュールだと思いながらもしぶしぶそれに従い，自宅にたえず隣人や客人がいることに怒りを覚えた。

逆に母親のローラは，日課がわずかでも変更になると夫は決まって「ノー」と言うと感じていた。夫が退役軍人病院で働き続けているのも，本人がそこで働きたいと心から思っているからではなく，こわがりで，不安症で，柔軟性がないからだと感じていた。彼女は夫の稼ぎが平均的な医師よりも悪く，いつもけちけちしなければならないことに憤りを感じていた。「彼の収入で生活していくのがいかに大変か彼は実感していないし，いつもむっつりして怒りっぽいし，私が強引だと思っているんです」

母親のローラは，ウィリアムが自分に対して愛情のかけらも示さないことにも傷ついており，夫が2人の子どもに惜しみなく注ぐ愛情に嫉妬していることを多少きまり悪そうに認めた。ローラは家族で行う素晴らしい活動を計画することで夫の敬意と愛情を勝ち取ろうと努力し続けたし，最終的にはその活動の良さを夫が認めてくれるだろうと思っていた。しかし，悲しいことに，よくあることだが，自分の欲しいものを手に入れようという彼女の試みは，皮肉にも結果として夫の気持ちをさらに遠ざけてしまっていた。

家族面接で，妻の絶え間ない強要に対する戦いにおいて父のウィリアムが，マシューの支持を得ようとしていることが明らかになった。妻のローラがいかに押し付けがましく，支配的かということを筆者に「告げ口」して笑ったりするとき，マシューにも同調するよう父のウィリアムは合図を送っていた。彼の言葉の節々に，「ぼくら男は仲間だ」という調子が感じられた。離れた部屋の隅で遊んでいて，親から話し合いに参加することを期待されていない妹とは対照的に，マシューは親の夫婦関係に深く巻き込まれていたようだった。妹は自分に注意を

向けてほしいとほとんど思っていないようで，3人の「大人」が話しているわけで，空想劇に心を奪われ楽しく遊んでいた。

　家族システムの観点からすると，マシューが抱えている問題は，大人にならされる役割に対する拒絶——そのとき彼は，父親がすべき決定を下す少年ではなく，幼い少年のように振る舞っていた——であり，同時に父親の代わりとなり戦う一つの方法でもあると理解できた。さらに彼が学校で問題を起こしているため，父親は家族の中のことに関わるようになった。マシューは父親が連れていかない限り学校に行こうとしなかったし，実際父親が教室にまで彼を引っ張って教師と数分話をしてからでないと教室にとどまらなかった。マシューは母親に対するときのほうがずっと「頑固」であり，息子の不登校の問題に対処しようと努力してもどうにもならないと彼女は感じていた。あたかも父親と息子が一緒になって「今度ばっかりは，ママがすべて仕切れるわけじゃない」と言っているかのようだった。

3　行動的視点

　行動的視点に立つと，両親ともにマシューの症状に報酬を与え，それゆえ助長しているように見えた。父親は明らかに，意志の強い息子が自分のしたくないことを完全に拒否していることに誇りを感じており，その誇りを息子にも伝えていた。子どもは学校に行かなくてはいけないと思ってはいたが，ウィリアムは息子が友達の家に遊びに行くよりも家にいるほうが好きだということに関して，どこもおかしくないと思っていた。ウィリアム自身，圧迫されていることに対する不安，そしておそらく一人にしてほしいという彼自身の願望から行動していたので，学校に行くことを除き，本人がしたくないことを息子に強要すべきでない，という強い態度をとっていた。

　母親のローラもマシューの引きこもりを強化していた。彼は放課後息子が一人で遊んでいるのを見るのがいやで（妹はしょっちゅう友達

の家に遊びにいっていた），彼を元気づけようとふだんよりかなり長い時間，彼と一緒に遊んであげた。

4　個人の視点

マシューと個人面接をしたときには，家族システムの側面だけでなく，彼個人の視点から学校における彼の問題を理解するように努めた。学校生活の中で彼が不快に感じているのは何か，見つけるのが目的だった。家族システムの力動について情報を得ていたので，そこを中心に問題を探りはじめた。家庭内に権力争いが存在し，彼が親の役割を果たしていることは分かっていたので，次に彼の仲間との関係を細かく知ることが重要だった。家でも学校でも人一倍大人っぽく責任感があると受け止められていることに対する彼の気持ちを引き出すのも大切な仕事だった。彼は学校で1年飛び級しており，クラスメートの大半は彼よりかなり年上だった。

絵を描いたり，話を作ったり，投影的なボードゲームをしたり，あるいは直接そのことについて話し合ったりしたところ，マシューが何に動揺し，どんな葛藤をもっているかが分かった。学校では大人っぽく振る舞うよう圧力を受けていると感じているようだった。彼は学業面で負担の少ないもっと下の学年に入りたいと思っていた。もっと年下の子と一緒にいたいという思いに拍車をかけたのは，一部のクラスメートが思春期前期の若者特有の振る舞いをするのが気に食わなかったことである。クラスの一部の生徒は彼より2歳年上だったので，セックスのことが話題に上ることも多く，マシューはそれに不快感を抱いた。さらに人をののしったり，性的なことをほのめかしたり，行列に割り込んだりするなど単に「悪い」行動をとったりするクラスメートに彼はひどく腹を立てていた。

マシューはひじょうに道徳主義的な態度でこうした出来事について語った。このように道徳主義的な態度をとるのは，少なくとも部分的

には彼自身の攻撃的衝動に対する防衛と解釈できた。彼は自分のことを「良い子」だと強く感じていたし，またそうなりたいと熱望していた。性的な話に彼が不快感をもよおしたのは，その年齢の子どもにしては珍しいことではないが，セラピストの筆者には過剰に思えたし，家族の力動がこの反応にどう影響しているのか疑問に感じた。

　その危機に陥って以来，自分と同年齢の子どもと遊ぶときでさえマシューはホームシックの波がときどき押し寄せてくるのを感じたし，母親と一緒にいたいと思った。友達が家に遊びに来れば，早く帰ってほしいと願った。そうした状況で彼が実際何を感じていたか話し合ううちに，自分が提案したゲームをやりたがらない友達に対して，彼は怒りと無力さをしばしば感じていたことが明らかになった。マシューと何度かロールプレイをしたところ，彼が権力争いを誘引したり相手をそれに引きずり込み，結局その後，どうしても勝てないと感じる傾向にあることが分かった。マシューは他の子どもと一緒にいても「退屈だ」と言っていたが，それは積極的に何かで遊ぶよりも，ただ何をするというわけでもなくぶらぶらしたり，テレビを観たりするのが好きなように見えたからだった。マシューは家で目撃し，自らも加わっていた権力争いを仲間とのあいだでも繰り返していたようだった。彼は家族の中で他者に協力してもらったり，衝突を解決するための非効果的なソーシャルスキルを学んでしまったのだ。

　投影的題材から，彼は親が思うほど妹に対していつも優しく愛情をもって面倒をみているわけではないことも判明した。彼は妹の「奔放さ」がうらやましく，また赤ちゃんぽく振る舞うのは彼女だけに認められた特権だと感じ，それをねたんでいた。

5　介入

　家族システムのレベルでの最初の介入として，父親からマシューに，これからは自分が母親と対立するとき彼に味方となることを期待しな

い，とはっきり伝えてもらった。両親間の衝突があることをより明確にし，それを夫婦間だけにとどめるよう助力するのは，当然ながら標準的な家族療法介入の一つである。それを行うためにまず家族面接でこの力動が明らかになったあと，子ども抜きで面接を行い，マシューがどのようにして父親の支持者として必要とされたのか，夫婦と話し合った。

　家族面接の場でなく親だけと最初に話をするのには2つの利点がある。最初は子どもの面前で父親に恥をかかせる危険性を回避できる点である。力の問題に敏感な男性は，母親の力に対してマシューを抵抗させているのが自分だということが「ばれ」たら，間違いなく恥じ入るだろう。そして第2の利点は，マシューがどのようなときに同盟として期待されているのか，そのさまざまな，しばしば微妙な状況について徹底的に話し合い，探っていく機会が得られる点である。どうやってマシューが父の味方として取り込まれるかということを，詳細にわたって理解することは，それを阻止するという決心が実効性をもち，マシューをより巧妙なやり方で対立に巻き込むことがないことを確実にできるからである。たとえば，その面接で母親のローラは，自分には2人でなく3人も子どもがいるようだと不平を言った。例として彼女は，食事だから下に降りていらっしゃいと3人を呼ぶときの典型的なシナリオを描写してくれた。まず妹のクローディアは，呼ばれると普通すぐに下りてくる。しかし父のウィリアムとマシューは，彼女が食卓に料理を並べてから少なくとも10分は一緒にゲームをし続けている。夫婦2人ともこれが，父のウィリアムが母親にあまりに従属的になるべきでないことをマシューに伝えている一つの例であると認識できた。

　マシューが登校や友達付き合いを拒否する理由の一つは，父親を援護するための「座り込みストライキ」だという見方もできた。そして学校の問題を除き，父親は，マシューが母親に強制される行動を拒否

するとき，彼を援護したのだった．夫婦間の問題を解決するにはしばらく時間がかかるが，マシューを対立の真ん中から容易に外すことができた．

　父親のウィリアムがマシューを助けたいと思っていたのは明らかだったが，何かをするよう指示されることにひじょうに敏感だったので，彼に援護してもらわなくてもいいとマシューに伝える方法を考える仕事は，彼に一任するのがきわめて重要だった．彼はその仕事を迅速にこなし（おそらく事情をマシューに直接話すことで），次の家族面接のときには顕著な違いが見て取れた．

　マシューが過度に責任感のある親のような子どもとして振る舞うように仕向け，彼をいろいろな場面で決定に巻き込んであまりに大きな責任感を植え付けてしまった両親の行動方法に関しても同じアプローチが用いられた．マシュー1人と面接をしてみて，彼が普通の幼い少年になりたがっていることが分かったと両親に説明した．また赤ちゃんでいたいという願望と，自分は大人のように責任感があるとみなされ，またそう期待されているという感覚とのあいだで葛藤しているのが原因で，学校をおもしろくないと感じていたことも親に話した．私たちはどうしてマシューが家で過度に責任がある役割を押し付けられるようになったのか話し合った．それが習慣化していたので，重要な決断を下す責任はマシューでなく自分たちにあり，大変なときにクローディアの面倒を見るのは，マシューではなく，自分たちであるとマシューに伝える方法に関して，たくさんの具体例を夫婦に示さなくてはならなかった．

　その話し合いで両親は，家庭内でクローディアがひどく部外者的存在になっていたことを認識した．ローラは夫の「代理」としてマシューをあてにしており，逆にウィリアムはゲリラ戦の同盟として彼に期待していた．そしてその中で両親のどちらとの関わりも必要としない「難しい」子の役割をクローディアにあてがっていたのだった．とく

にウィリアムは娘とあまり関わりをもっていなかったと感じ，どうしたら自分が娘ともっと親密になれるか話し合った。

ひとたびウィリアムが，妻との戦いにおいてマシューの助けは必要ないし，彼には不平を言わずに学校に行ってほしいと言明したところ，マシューは自分から進んで不安の克服に向けて一歩ずつ進むようになった。それまで家族は話し合いを通して物事を効果的に解決する経験がほとんどなかったので，最初何度かの面接では，筆者も手助けしながら，マシューが少しずつバスと学校を我慢できるようになる計画を立ててもらった。たとえば父のウィリアムは1週間だけ息子を学校に送っていくことに同意した。そしてその後はまたバスに乗ることをマシューも納得した。

マシューの登校拒否には明らかに家族システム的な意味があったが，彼が学校という環境で極度の不安を感じていたのも明白だった。したがってマシューに対する最初の介入の一つは，家に帰りたいという強い欲求に圧倒されたときに不安を軽減する方法を彼に伝授することだった。家族の写真を持参し，ホームシックになったらそれ見るというアイデアを出したら，彼は気に入ってくれた。また深呼吸とリラクゼーションの練習も行ったが，バスでそれをすれば効き目があるだろうと彼は言った。

不安を克服する彼の努力を強化すると同時に，無意識の退行欲求に対処する介入が考案された。もし彼が一日教室で過ごせたら，一日の終わりに母親と「幼い」遊びをするというほうびがもらえることにした。普段彼が赤ちゃんぽいと感じている遊び（ぬいぐるみ遊び，フィンガーペイントなど）をするのが有効だと指摘すると，彼は最初は戸惑いを見せた。しかしその反応から，その方法が無言の欲求に触れていること，1日の終わりにそうした活動ができると分かって，彼が実際にはひじょうに喜んでいることは明らかだった。

この児童にどのように救いの手を差し伸べるか分からず途方にくれ

ていたため，教師たちも筆者のアドバイスや指導を喜んで受け入れてくれた。学校側はマシューが1日1時間，図工の時間に彼より年下の子どもたちのクラスで授業を受けることを認めてくれた。また本当はやろうと思えばできるような難しい課題に取り組むよう彼を励ますのでなく，彼に一時的に別の課題を与えることにも教師は同意してくれた。これと同じ意図で，1日に数回教師が彼に「あなたはこれをするにはまだ少し幼いから，もうちょっとあなたの年に合ったものを渡しましょう」と言ってはどうかと提案した。こうした介入は，もっと幼くなりたい，責任感ある立場から逃れたいというマシューの暗黙の願望を叶えるのが目的だった

　他の子どもとの問題に関して，セラピストは個人面接でロールプレイを行い，意地を張ること以外の選択肢を彼に教えた。彼の遊び仲間のあいだでは，マシューの提案を断るというのがすでにお決まりのパターンになってしまっていたので，対人関係システムの中で彼の立場を変えるために，まず仲間がやろうということに加わるのがよいという話をした。仲間に加われば，彼らがマシューの願いを聞き入れる可能性も高くなるだろう。彼が仲間に加わろうとしてもだめだったらどうすべきかなど，いくつか考えられるシナリオに沿って練習してみた。

　個人面接では，「悪い子」のように振る舞ってもいいとマシューに感じさせる練習もした。ののしり言葉を使う訓練をしたし，学校や家でどのような「好ましくない」行動ができるか一緒に計画も立てた。両親にも教師にも話をしておいて，このようにマシューが抑制を緩めることに協力してほしいと頼んだ。

　マシューが性に対してもっと気楽になれるよう，両親の助けを求めた。彼らは子どもの前でそれまできわめて節度をもって振る舞っていたが，「性的な」ことについてもっとあけっぴろげに話すよう彼らに勧めた。彼がいるところでやや「下品」な言葉を使ってよいものか，さらに可能ならきわどい冗談を言えるか，話し合った。もちろん第7

章で論じたように，しばしばこのタイプの介入では，両親が自分たち自身，対処に困っている問題についても話し合うことになる。夫婦間の対立が息子に直接影響を与えていることを両親が理解した上で，上記のような提案を行ったところ，ジョーンズ夫妻は自分たちの関係を改善するよう努力したいと真剣に願うようになった。夫婦間に愛情も親密さも性的関係もほとんどないと感じているときに，マシューの前で身体的な愛情を示したり，性的なことを話したりするのは無理だったのである。

6　結論

　マシューとは4か月のあいだで合計8回の個人面接を行い，その合間に家族全体での面接，両親との面接も実施した。セラピーを始めて2，3週間のうちに，彼はスクールバスに乗るようになったし，丸一日学校にいられるようになった。こうして変化できたのも，父親からもう夫婦げんかに立ち入らなくてよいというはっきりしたメッセージを受け，さらに学校で不安を感じる状況から彼が身を引こうとするのを両親が強化するのをやめてもらったからだった。年齢以上に大人びていると思われることに対する不快感と対人スキルの向上に取り組み，彼はだんだん仲間といると楽しいと感じるようになってきた。教師は，マシューがだいたいいつも精神的にリラックスして何かに熱心に取り組んでいるように見えると報告してくれた。

　マシューの問題がおおかた解決したのちも，ウィリアムとローラは引き続き10か月間夫婦セラピーを受けた。その間にローラは復職することになった。自分で稼いだお金で，ウィリアムの給料ではかなわない「贅沢」をするためである。ウィリアムも変化に対する抵抗を克服し，郊外に引っ越すという見込みにかなり興奮しているように見えた。ローラはまだ家族でやる活動を計画していたがそのペースを落としたし，ウィリアムは彼女のエネルギーに憤りを感じるのではなく，

ときにはそれを高く評価しているようだった。彼らは2人とも以前より親密になったと感じており，性的なかかわりも可能になった。

8か月後に「フォローアップ」で来院したとき，クローディアがそれほど扱いにくくなくなってきているし，学校でも成長が見えると報告してくれた。マシューは相変らず学校が好きだったし，友達の家に泊まりに行くようにもなり，かつてのような「完璧な」子どもでは全くなくなった。ウィリアムとローラはまだいろいろな問題でけんかしていたが，意見の食い違いも以前よりすぐに解決できるようになったと感じていた。

3．ジョニー──失禁症の10歳

ジョニーはきゃしゃな体つきで年齢にしてはひじょうに小柄な少年だったが，その貧弱な体格を「強靭さ」と「男っぽい」振る舞いでカバーしていた。概して学校は好きだったし良心的な子どもだったが，いつも権威に対して少し挑戦的であり，（両親の言葉を借りると）「少し不良っぽい」ことをやっていた。しかしこの2，3か月，ジョニーは担任教師をひどく憎むようになっていた。「先生は自分のあら捜しばかりする」し，「みんながしていること」をしただけで自分は厳しい扱いを受けると感じていた。「おれの言うことなんて絶対に信じてくれない」とか「いつも大人の肩をもつんだもんな」といったセリフを親に何週間も言い続けたすえに，彼はようやく両親に，学校に対して圧力をかけてもらうことに成功し，その結果新しいクラスに移ることができた。だが新しいクラスになっても，またジョニーは不満を言い始めた。スローン夫妻は，また不公平な扱いを受けているという彼の不満について問いただすと，ジョニーがひどく腹を立てるので心配になった。

最近になって夫妻は，ジョニーの糞便で汚れた下着が洋服ダンスや

戸棚に隠されているのを何度か見つけていた。これを目の前に突き出されたジョニーは，学校でトイレに行きたくなかったと言った。そしてときどき我慢しきれなくなって，家に帰ったとたんにパンツに漏らしてしまうと告白した。もうしないと彼は約束したがまったく効き目がなく，家のあちらこちらから次々と汚れた下着が見つかったので，スローン夫妻はセラピーにやってきたのだった。

1　家族の背景

　スローン家は50歳のチャールズと40歳のリタ夫婦，それに10歳のジョニーと17歳のリッチという4人家族だったが，リッチはスローン氏の前妻との子どもだった。それまでもリッチはスローン家でいつも長時間を過ごしていたが，彼と当時21歳だった姉のシェリーがスローン家の住人になったのは，2年前の彼が15歳のときのことだった。当時リッチとシェリーの母親は二番目の夫と離婚したのち，カリフォルニアに引っ越したところだったが，2人の子どもはニューヨークに残って実父と一緒に暮らす道を選んだのだった。シェリーは大学を卒業するまでの6か月間スローン家で過ごしたのち，母親と暮らすためにカリフォルニアへと去っていった。スローン夫妻によるとその6か月はひどく苦労したが，居住空間の狭さがその主な原因だった。しかしリッチが来たことは問題ではなかった。というのもジョニーはリッチを「崇拝」しており，それ以前も休暇になると部屋を共有していたからである。

　最初の面接で夫妻はリッチのことを「多感で，内省的で，孤独な」子だと描写した。15歳で実父と継母のもとに引越してきて今の学校に転入したのだが，あいにくたった一人しかいなかった真の友も今年になって引っ越してしまった。彼はいくつもの課外活動に参加していたが（オーケストラ，新聞），残った時間は自分の部屋で音楽を聴いたり，ジョニーと遊んだりして過ごしていた。

リッチは2年前に母親がカリフォルニアに引っ越してしまってから母親に2，3回しか会っていなかった。母親とはずっとうまくいっておらず，連絡を取ろうと思うこともほとんどないようだった。しかし元継父とはよく話しもするし，大好きだった。ときどきスローン一家とリッチの元継父は一緒に夕食に出かけた。友人同士とは言えなかったが両家は良い関係にあり，その元継父とリッチの実母が離婚したと聞き，スローン夫妻はがっかりした。彼らはそれ以降も変わらず，リッチと元継父が親子関係を維持することを大切にした。

スローン夫人はリッチのことがひどく心配で彼と親しくなろうと一生懸命努力した。ときどきリッチは彼女に心を開くようになったので，せっかく絆が生まれてきたのに大学に行くためにリッチがここを去って行くのかと思うと残念だった。

夫妻によるとシェリーは外向的な女性で，リッチよりずっと実母と密接な関係にあった。スローン夫人は彼女が好きだったが，二人は決して親しくはならなかった。だからシェリーがカリフォルニアへと去ったとき，夫人は内心ほっとした。

スローン夫妻は15年前に結婚した。夫妻によると数年前までかなり張り詰めた関係にあったという。そのため夫婦療法を受けたところ，「互いに対してより理性的に」なった。あまり親密でない夫婦関係が影響して，自分とジョニーは「2人で長時間べったり過ごすようになった」とスローン夫人は自覚していた。彼女はニューヨークの冬が大嫌いだったが，自営業の夫は，ビジネスパートナーが頻繁に休みをとっているにもかかわらず，休暇が取れなかったし，取りたいとも思わなかった。彼女は，ジョニーと2人で長い冬休みを過ごすという解決策をとり，その結果学校の冬休みに加えて1，2週間ほど息子に授業を休ませた。息子とはとても密接な関係にあり，今でも息子は夫よりも自分とずっと親密だと語っていた。

ジョニーが3年生になった2年前にたくさんの変化が起きた。義兄

のリッチと義姉のシェリーが引っ越してきて，リッチはそれ以来ずっと一緒に暮らすようになった。スローン夫人は夫の仕事をパートタイムで手伝うようになった。さらにスローン氏は，おそらく夫婦仲が改善されつつあったからであろうが，冬にいくらか休みが取れるようになり，夫婦は長期間，休暇旅行に行くようになってしまった。その間，父方の祖母がジョニーとリッチの面倒を見てくれた。夫婦が休暇に出てしまうと，祖母はスローン家で寝泊りした。

　最近になってスローン氏のビジネスは大窮地に陥った。そこで彼はパートナーに自分の株を買い取ってもらってビジネスから身を引いた。その結果，家族療法に来たころ彼は失職中で長期的な資金繰り，そして次の仕事に頭を痛めていた。

2　ジョニーの問題に対する精神力動的理解

　ジョニーと2回の個人面接をした結果，彼が自分は「弱虫」なのではないかと心配していることが明らかになった。彼が作った投影による物語に織り込まれていたのは「ダサいやつ」というテーマで，その人物はガキ大将に暴力を振るわれるのだが，結局は仕返しをする，という内容だった。彼の創作物語に出てくる人物は敵を「こてんぱんにやっつけ」，強い男たちの「鼻面にパンチし」，筋肉を鍛え上げて自分を傷つけた者たちを始末するのだった。会話のはしばしでジョニーは女の子の「セクシーさ」についてコメントした。こうしたセリフはあえて付け加えたもので，彼の本心から出たものではない感じがした。自分自身，そして他者に対して，自分は幼い少年ではなくティーンエージャーであることを証明したいがために，そのようなコメントをしたように思えた。

　車のスピードメーターを感情の測定器に見立てたところ（4章参照）ジョニーはいつもひじょうに低いレベルにいると自分を位置づけた。そして具合が悪くなって誰かに身の回りの世話をしてもらっていると

きが一番幸せだと言った。自分は非力なのに誰も守ってくれないと感じているようだった。何か恐いと思うものの絵を描いてほしいと頼んだところ，彼は一人の少年が世界貿易センタービルのてっぺんから暴漢に突き落とされそうになっている絵を描いた。地上には教師がいるが彼女は今にも「ぺしゃんこになる」少年を嫌っているので，落ちてくる少年を受け止めようとはしない，という絵だった。

　上記のデータから数多くの精神力動的仮説が立てられた。夫婦療法を受けて両親が親密になったとき，ジョニーは自分の地位から引きずり下ろされる気がしたかもしれない。もはや母親の大事な坊やでも旅行仲間でもなかった。ましてや母親の旅行のお供をするために簡単に学校を休める「幼児」でもなかった。ジョニーがもっている「赤ちゃん」願望は，「病気のときが一番。学校に行かなくていいし，何でも欲しいものが手に入る」という彼の発言に表れていた。

　夫婦が一緒に旅行に行くようになったのとほぼ時を同じくして腹違いの兄と姉が家族に加わったことで，赤ちゃんから「男の子」状態への移行はなおさら難しくなった。ジョニー（大きなぬいぐるみが代役となる）は「知恵が働く」兄がいて，自分のことをからかわれるという新しい環境，さらに自分の母親が兄にばかり注目し，「鬱積した感情」を吐き出させようとしている状態に慣れなくてはならなかった。

　ジョニーが下着を汚したことに対してはいろいろな解釈ができた。家での出来事に対する怒りの表現であると同時に，赤ちゃんになりたいという欲求の表現でもあった。汚れ物を隠したのは，家には隠された嫌な面がたくさんあるということを言いたかったからだとも解釈できた（家族システムの力動に関する後の節を参照）。

　教師との争いは母親との対立が置き換えられたものと思われた。母親は自分に大きな期待を寄せていると感じていたが，もはや彼を守ってはくれなかった。

　ジョニーが「男っぽく」なりたかったのは，自分の強烈な依存欲求

を否認しようとする 1 つの方法と見なすことができた。「意気地なし」ではないかという不安は，兄との関係，そして自分が妻の要求に屈したから結果として不遇な状態に追い込まれたのではないかという，父の痛烈な不安の両方に関係していると解釈できた。

3　家族システムの視点

　ジョニーと両親だけが参加した（リッチは母方の祖母のところに行っていて留守だった）最初の家族面接で，ジョニーが監督役を務めて，家でのある場面をロールプレイで演じた。彼が不在のリッチの役をして，（大きな人形によって演じられた）ジョニーが部屋に入ってくると皮肉っぽく軽蔑的な言葉を投げつけた。その場面で父親は寝ており，母親は部屋に座っていたが，リッチがジョニーに侮辱の言葉を浴びせているときもほとんど顔を上げなかった。

　ジョニーが一枚の紙を巻いて長い筒状にし，その「マリファナタバコ」を母親の手に持たせたとき，ロールプレイの内容はいっそうはっきりした。ひどく戸惑いながら，スローン夫妻は，妻のリタはしばしばひどい緊張状態に陥るので，気持ちを鎮めるためにときどきマリファナを吸うと説明した。

　その場面の再演を通じてジョニーは，リッチがひじょうに激しい敵意を自分にぶつけているのを両親は気づいていないと感じていることを示した。リッチも参加した別の何度かの家族面接で，他にも家族同士の関係に問題があるが気づかれていないことが暴露された。たとえば，父親と 2 人の少年が敵意をもってふざけあう話が出たとき，3 人とも，一緒にいるときはいつもそんな感じだと語った。「嫌がらせ」をしたり「やり返し」たりするのはスローン家の男たちのごく普通のやりとりの一部であるので，それに含まれる敵意に，ほとんど誰も気づいていなかった。「強く」振る舞おうとしていたのは家族でジョニー一人ではないようだった。軽蔑に抵抗し，それに応酬する能力は，

スローン家の男が，自分は「攻撃に耐えられる」ということを証明する一つの方法であるようだった。

　リッチがその二年前に引っ越してきたとき，さらに母親のリタが自分のパートナーとしてジョニーに接するのを止めて，代わりに夫のほうを向くようになったときに起こった家族システムの変化は，ジョニーが呈している昨今の激しい症状を説明してはいなかった。したがって，家庭内でもっと最近起きている変化はないか探る必要があった。家族面接の結果，「父親がいつも寝ている」状態にジョニーが気づいていたことが明らかになった。父親のチャールズは自分が失職状態であることにひどく落ち込んでいるようだったし，少年たちは自分たちの宿題だけでなくけんかにも父親が以前ほど目を向けていないようだと感じていた。少年たちの目には母親のリタが普段よりイライラしているように映ったし，彼女自身もいつもよりひんぱんにマリファナを吸っていること，そして以前よりも夜早い時間から吸い始めていたことを認めた。

　ジョニーの家の雰囲気は，大学に出願している最中だったリッチも普段よりぴりぴりしていたことにも影響されていた。リッチは大学進学適性テスト（SAT）があまりよくできなかったと思っており，二度目の試験でもっといい点をとらなくてはならないという大きなプレッシャーを感じていた。また彼は実母が引っ越した場所に近い地域にある学校に出願すべきか否かで迷っていた。このように張り詰めた状態にあったため，リッチはジョニーにいっそう辛く当たるようになっており，絶え間なく彼をあざけっていた。

　ジョニーの症状は家族に対する警鐘のように聞こえた。かろうじて隠されていた汚れた下着のように，憂うつ，不安，敵意が家のあちこちに見え隠れしていた。ジョニーのことを心配することは，こうした問題すべてを明るみに出すだけでなく，父親の目を再びいくらか息子たちに向ける役割も果たしてくれた。

4　行動的視点

　ジョニーの教師との問題は，たとえば彼が描いた，彼を助けようとしない教師の絵に表されているように，明らかに精神力動的な意味を持っていた。しかしこうした状況になって再びジョニーの母親が，彼の願いどおりに彼を救い，守ったという事実により，問題はいっそう深刻化していた。息子を新しいクラスに移すよう学校側を説得することでリタは彼に対する忠誠心を示し，知らず知らずのうちに学校で問題を起こすことがいいことであると息子に感じさせてしまっていたのだった。

　ジョニーのおもらしもそうだった。それは一種の「発言」として理解すべきだったが，単なる思わしくない腸の弱さだったものが発展し，当初の意味とは独立し，派生的にそれ自体が別の問題になるところまで達したのだった。ジョニーは，それまで何日か便秘をしてもその後「すっきり排便して」いたが，そのころになるとトイレに座るとイライラし，便が腸で動くと痛みを伴うようになっていた。そのため，おもらしの意味が明るみになり，家族面接で対応策が練られたのちも，定期的な排便の習慣はなかなか身につかず，悔しいことにまだときどき「爆発」させてしまっていた。

5　介入

　先ほど論じたように，ジョニーはまさに第1回目の家族面接で，両親はあまりに「頭がぼうっとしていて」，リッチが自分のことをひどく苦しめている現実に気づかなかったと暴露した。ジョニーの症状を引き起こした原因の一つは，家庭内の不和について話し合いが行われず，それが行動に出てしまっている（父親は寝てばかりいて，母親はマリファナを吸っている）ということだった。したがって最初の家族面接では，家族のみんなに自分を悩ませている問題について楽に話せ

るようになってもらうことを目指した。そこで，問題についてあけっぴろげに話すことに対して各人が感じている不快感に焦点を当て，それぞれを不安にし，悩ませている実際の事柄についての話し合いには，それほど時間を割かなかった。からかったりからかわれたりというやりとりの仕方が定着しているので自分の悩みについて心を開いて話しても安心感は得られないことをみんなははっきり自覚した。また自分はひじょうに弱いと感じているとき，心を開いて話すのは至難の業である。最初の面接が終わった直後から，ジョニーは先生や親に「話を聞いてもらえない」という不平を漏らさなくなった。面接中にはひじょうに防衛的だったリッチは，家でとくにリタに対して，以前より少しは腹を割って話をするようになった。

　次の家族面接では，いくらかセラピストである筆者が誘導して，ジョニーが現在抱えている問題でなく，失敗を恐れるといったより普遍的な感情の問題（とくに父親のチャールズと大学に出願しているリッチに関わる話題である），あるいは男性それぞれが，体つきがきゃしゃで平均よりずっと背が低いという現実にどう対処するか，またあるいは母親のリタは育児の責任をどう感じているか，という話題を中心に話し合った。少年たちは他者に「侮辱」されたときどう感じるか，さらに対抗意識に対する賛否両論について話すよう促された。そして少年間の「意地悪」やからかいに関していくつか新しいルールを設けることで意見が一致した。両親がルールを適用し，もし意地悪な言葉が聞こえたらジョニーとリッチの二人は一緒に過ごすのを禁じられることになった。だが規則を適用する必要などないことが判明した。というのも２，３回家族面接を行っただけで，家族内での敵意のレベルは顕著に下がったからである。

　スローン夫妻とは２度面接を行った。リタはチャールズがすぐに自分一人の世界へ引っ込んでしまい，その結果自分はシングルマザーのような気分になると憤りを示した。逆にチャールズは，リタは自分の

仕事の問題を深刻に受け止めておらず，協力的でないと感じていた。2回の面接の結果，二点において合意が得られた。まず一点は，チャールズがジョニーの宿題を手伝う役目を果たすこと，そして二点目は，リタが西海岸への移住について真剣に考え，夫とよく話し合うことだった。

　最近の夫婦間の緊迫状態が，母親のパートナーになりたいというジョニーの無意識の願望を再び起こしたのではないかと考えられた。母親と親しくしていたいという願望と，離れたい欲求の両方が，彼の宿題に関する口論に表れていた。父親のチャールズがジョニーの宿題を見るという案は有益だと思われた。なぜならそうすればジョニーを母親のリタにべったりの状態から引き離せるからである。夫婦がジョニーの前で互いに愛情をはっきり示せば，ジョニーは今までのように父親の代わりになるという夢を見なくなり，結局は安心するだろうとも指摘した。

　ジョニーは自らの依存欲求を「強がること」によって否認していたが，それに対して数種類の方法で対処した。ある家族面接のとき少し時間を割いて（あざけりについて話し合ったときと同じ面接），少年たちがそれぞれ赤ちゃん，幼児だったころのことを回想した。そしてそれぞれが今どんなふうに赤ちゃん扱いされたいか，ということについて話し合ってもらった。この目的は，リッチとジョニー双方に対して依存欲求が正常なものであることを示し，もっと受け入れてもらうことだった。リッチには父親だけでなく母親と何かをした思い出についても語ってもらった。リッチが母親に会わなくてもひじょうに「クール」に振る舞っており，また「ダサいヤツ」だけが「ママ」といって泣いたりママを必要としたりすると感じているのが伝わってきたので，ジョニーはいっそう，依存欲求を捨てなければいけない，と思うようになったのだった。

　親だけと行ったある面接で，息子たちの依存欲求を正常なものとし

て対処し続けるべきだとアドバイスした。この趣旨に沿って，家族写真アルバムを編集するのに今が良い時期かもしれないと彼らは判断した。リタの提案でチャールズは前妻に連絡をとって，リッチの小さいころの写真を提供してもらった。また人に頼ったり何かを恐がっていたりするのが恥ずかしく，その気持ちを冷静な，あるいは「強がった」仮面の下に隠した自らの経験についても両親に思い出して話してもらった。

リッチとの個人面接では実母との関係について，さらには彼女が住んでいる場所に近い大学を選ぶかどうかということについて話した。話をするうちに，大学に行くために家を出たらそれが父親の家との最後の別れになり，その後「一人立ちしてやっていく」ことになるだろうと彼が感じていることがはっきりした。リッチはひじょうにガードが固く，他のことについてはなかなか口を割ってくれなかったが，気分的に張り詰めた状態にあり，怒りを感じていることを認めた。個人面接のときよりも家族面接のときに彼はよく話をしてくれたが，このような観察から彼の「一人立ち」がどれほど難しいか，いっそう痛切に感じられた。次の家族面接では，家族全員の期待を明確にした。リッチは，2年前に引っ越してきた以前にそうだったように今でも「お客さん」と見なされているのか，そして大学が自分の主な居場所になっても家族の一員でいられるかどうか気にしていた。どこに暮らしていようとリッチは家族の一員だと皆が断言した。

ジョニーは，個人面接に最近飼いはじめた子犬を連れてきた。「この犬はまだ恐がっているんだ」「抱っこしたりかわいがったりするとすごく喜ぶんだ」と言ったとき，彼の優しい一面がのぞいた。子犬と同じで彼も少し慰めてもらいたいときにはそれを今まで以上に表現できるか，そしてどうやって伝えられるか話し合った。

別の個人面接のとき，ジョニーはトイレに行く問題に関して誰かに助けてもらっても「構わない」という態度を示した。家族面接が始ま

るとすぐに，彼は下着を汚さなくなったが，正常な胃腸の調子を取り戻すのはなかなか難しかった。便秘がひどく，トイレに行くのをいやがった。腸が動き出すと痛みを感じたので，なおさらトイレに座るのに強い抵抗を感じた。そのためまだ学校ではトイレに行こうとしなかった。

ジョニーは家族面接でこの問題について話すのを嫌がった。その代わりにジョニーと筆者は彼が不安を克服できるように簡単な行動的手法を計画し，その後両親にどう参加してもらうか伝えた。その年頃の少年の例に違わず，ジョニーはほうびの表を作ることを喜んで受け入れた。植物繊維の摂取量を増やすためにどんな食品を食べたらよいか話し合ったのち，ジョニーはある計画を思いついた。それは，毎食後10分間トイレに座ったらチェックしてもらい，実際に便通があれば星印をもらえる，というものだった。その介入でもっとも際立っていたのは，ジョニーが解決方法を考えることを明らかに喜んでいたという点だった。まるで子犬をしつけているときのように，問題解決に向けて努力することに彼は有能感を感じ楽しんでいた。彼はもはや腸の問題を，赤ちゃん扱いされたいという欲求を表わす手段として使わなくなっていた。

6　終結

スローン家とのセラピーは4か月続いた。その間に家族面接を5回，親との面接を3回，ジョニーとの個人面接を4回，リッチとの面接を1回行った。チャールズはカリフォルニアのある職場から声がかかり，前向きな姿勢を見せた。リタは3か月経ってその学年が終わったら，自分とジョニーとリッチも夫のあとを追ってカリフォルニアに引っ越してもよいと言った。ジョニーの教師は，彼が新しいクラスによく溶け込んでいると報告してくれたし，両親とも学年途中のその時期に引っ越すのは，ジョニーやリッチにとって差し障りがあると感じた。リ

ッチはカリフォルニアの大学に行く決心をしており，そこなら彼は実父だけでなく実母とも近くに住めるのだった。

　家族のみんなが，家庭内の緊迫状態が以前より緩和されたと感じているようだった。それでも，あいかわらず皮肉っぽいやりとりが主流だったし，ジョニーは友達やリッチと話すとき，「強がって男っぽい」態度をとり続けた。リタとチャールズは，自分たちの関係は修復しつつあるが，まだ決して「完璧」ではない報告してくれた。リタはきっぱりとマリファナをやめた。チャールズはもう落ち込んでいるようには見えなかった。少年同士のけんかは続いていたが，卑劣さは随分影を潜めた。家族はみんな新しい子犬が大好きで，その子犬と遊びながら長い時間を一緒に過ごすようになった。

4．サラ——自分自身が大嫌いな女の子

　4歳半のサラはがっしりした体格で落ち着きがあり外向的な女の子だったが，突然怒りを爆発させることがあった。そのため母親のライアン夫人は随分悩まされており，小児科医の紹介で筆者のところにやって来た。その数週間，普段は楽しげなこの少女は（少なくとも家では），ひどく移り気な行動をとっていた。突然「ママなんていらない！」と叫んだり，にらんだり，蹴ったり，トイレに関する「不快な」言葉を口にしたりした。サラの母親はなにが引き金になっているのか，理解できなかった。母と娘のあいだに起こった何かが関係しているとは思えなかった。とくにライアン夫人はサラが（自分の目の前で）他の子たちに下品なこと言うと動揺した。

　サラの母親ライアン夫人が背景となる情報を与えてくれた。それによるとサラはほぼ2か月，父親と話をしていないとのことだった。両親は9か月前に別れていたが，秋になって父親は遠くに引っ越してしまったという。ライアン夫人とはときどき電話で話をしていたがサラ

に代わってくれとは言われなかったので，娘を電話口に呼び寄せなかった。

　このように父親と話ができないのはサラにとってひどく辛かったに違いない。というのも別居するまで，父と娘はひじょうに親密だったからである。ライアン夫人は前夫に対してひじょうに悪い感情を抱いてはいたが，いくらか予測できないような行動をとるところはあれ，とても思いやりがある人だと思っていた。サラの父親はカリスマ的な人間で，突然家に帰ってきたり，ふっと出て行ってしまったりしていたが，サラと一緒に遊んでは彼女を興奮の渦に巻き込んだ。ベビーシッターとのちに幾度か面接を行ったところ，別居前，サラは父親に強い愛着を感じていると断言した。

　サラの母親もベビーシッターも，彼女が2歳半のときに起きた，彼女の人生にとってひじょうに重大だと思われる出来事について話してくれた。サラの生後2か月にライアン夫人はフルタイムの仕事に復帰したので，ベビーシッターのブレイク夫人が終日サラの面倒を見ることになり，それ以来家族みんなから，なくてはならない母親の代理だと思われるようになった。いろいろな理由で，中でも経済的な理由が大きかったが，サラが2歳半のとき，彼女を託児所に預けることになった。大好きなベビーシッターと別れなくてはならなかった彼女はひどく悲しんで夜も朝も泣き，慰めても泣きやまなかった。ブレイク夫人と連絡を取り続けても無駄に思えたので，サラが変化に適応できるよう，最終的にはブレイク夫人との連絡を一切絶とうという決断が下された。6週間ほど経ったころにはサラも泣かなくなり，託児所の環境にもなじんだように見えた。サラはもうブレイク夫人の話をしなくなった。

　サラが保育園に入ったとき，ライアン夫人は再びブレイク夫人を雇うことができた。筆者が始めてこの家族と会ったとき，ブレイク夫人が戻ってきてから数か月が経っていた。毎日保育園が終わると彼女が

サラを迎えに行き，ライアン夫人が仕事から戻るまでサラと一緒に過ごした。二人はとてもうまくやっているようで，トラウマになるかと思われた別離の後遺症も特にないようだった。

1　最初の介入

　筆者はサラの母親に，父親がサラに電話してもこなければ訪ねてもこない状況にどう対処したか説明してもらった。サラに父親不在を意識させたくなかったし，前夫に対する自分自身の強烈な陰性感情をサラに悟られたくなかったので，夫人はできるかぎり父親の話題を避けるようにした。自分たちの生活から父親が消えてどう感じているか，といった話はサラも母親もしなかった。ライアン夫人は自分の問題でサラに負担をかけてはいけないとひじょうに気を使っていたので，自分の生活に関して否定的な内容の話を極力しないようにも努めた。何らかの理由で動揺しても，それを自分の中に抑えるよう努力した。

　娘に対する同情心と陰性感情に対する不快感があいまって，娘がわけもなく爆発するときの対処の仕方にも影響が出た。長い時間かけてサラを説得しようとしたが，サラは言葉の発達が早いにもかかわらず，理屈で説得できずひじょうにイライラした。ついにサラが完全にキレると，夫人はその場から離れるようにした。するとサラの爆発も収まった。

　第2章で説明したように，筆者は治療的作業を始めるにあたって，まず描写してもらった問題について仮説的な考えを必ず両親に伝えるようにしている。ライアン夫人と筆者は，サラの怒りの爆発は，おそらく父親に対して抱いている気持ちと関連しているという話をした。サラはその感情を表現できない，あるいはその存在を自分自身に対して認めることさえできないと感じていたのである。加えて彼女は，自分が「悪い」子になっても母親が愛し続けてくれるかどうか試していたのかもしれない。父親の話題を避けることで，サラにその喪失感を

思い出させまいとするうちに，父親，さらに父親に対して抱いている否定的な感情を口にするのはよくないというメッセージを夫人は知らず知らずのうちに伝えていたのだった。

サラが悪い行いをしたときに厳しい制限を設ける代わりに理解しようとした結果，母娘がどのような関係になったかという話もした。母親がイライラしたり，娘から距離を置いたりするのは，ある意味でサラの最も大きな恐れに裏づけを与えるものであった（つまり「私が悪い子だったら，ママは私を置いて出ていく」）。

こうした問題に対処するために，3つ具体的な提案を示した。

（1）ライアン夫人は，父親の話題がタブーでなくなるよう，前夫のことを何気なく話す方法を見つける。娘に直接父親に対してどういう気持ちをもっているのか聞かずに，もし彼女が話したければ父親の話をする機会を与える。「あなたのお父さんはこんな車に乗っていたのよ」といった単純な話題を口にすればよい。

（2）陰性感情を抱いても構わないし，それらは理解できるものだということをサラに分からせるために，ライアン夫人は自分の幼少時の話をサラに聞かせ，自分も嫉妬したり，怒ったり，悪さをしたことを伝える。

（3）ライアン夫人はサラに対してもっと厳しくするべきであり，どのような行動は認められないかはっきり伝えるべきである。感情的に傷ついているから子どもが怒りを爆発させるのであっても，はっきりした制限を設けるのは重要である。その態度は許し難いとサラに言い渡すときには，声のトーンを変えたほうがよい。

ライアン夫人が2週間後にやって来たとき，サラとの関係は目に見えて良くなり，サラはもう家でわけもなくかんしゃくを起こさなくなったと報告してくれた。期待通り，サラは父親のことを少し口にする

ようになり，離婚についていくつか質問もしてきた。ライアン夫人が自分の幼年時代の話をするのは思ったより難しかったので，その提案には従わなかった。しかし彼女は制限を設け，サラもそれに従った。夫人がイライラしたりサラから距離をとってしまったりすることもずっと少なくなった。

　サラは家で，母親にとってもベビーシッターにとっても，もう扱いにくくはなかったが，保育園ではまだ大きな問題が残っていた。次の介入には保育士にも参加してもらった。ライアン夫人の承諾を得て，サラが友人に対して置きかえている敵意の原因について保育士に説明した。保育士も苛立ちや怒りを覚え，サラに敵意を感じ始めていたし，意地の張り合いを避けるのに苦労していた。問題について説明し，サラの園での様子についてたずね，具体的な課題を通じて彼女を助けてもらったところ，担任の保育士はサラの挑発に乗らないようにするために必要な距離を置けるようになった。

　サラが協力的なときにはできるだけ注意を向けていてほしいと保育士に頼んだ。サラが期待に沿った行動をとったときには，5分ぐらいの間隔を空けてもよいから頭をなでたり，にこっと微笑んだり，優しい言葉をかけてあげたりすれば有効だと説明した。保育士もサラの悪い行動に対する怒りの気持ちを，保育士なりの方法で隠そうとしていたことが明らかになった。サラに対して怒っていることをもっとはっきり示すべきだし，肯定的な感情を抱いたときももっとそれを表現してほしいと伝えた。

2　サラの不安や葛藤に対する精神力動的理解

　簡潔を期して，数か月間に3人（母親，シッター，保育士）から得られた情報を要約し，サラに関する一つの総合的描写としてまとめよう。クライエントがサラぐらい幼い場合，無意識の葛藤について仮説を立てるためには，彼女の発言や行動に関する報告から知りえた情報

を利用することが大切である。したがって筆者は得た情報をまず記述し，それをどのように精神力動的にフォーミュレーションしたのか簡潔に論じることにする。

　クラスメートに対して突然怒りを爆発させたり，意地悪な言葉を発したりするだけでなく，サラは，自分は4歳でなく10歳あるいは12歳だと断固として主張すると3人の大人が話してくれた。サラは冗談でそう言うのでもなく，それが現実でなく願望だという認識もなくそう主張するのだった。それについてたずねられると，サラは怒り，頑固になった。

　ウォルト・ディズニーの映画『ポリアンナ』を観てからは，自分の名前はポリアンナだと言い張り，サラと呼んでも応えようとしなかった。「ポリアンナ的行動（明るく楽しく楽観的）」として筆者が連想するものとは逆に，木から落ちてけがするポリアンナの性質と自分を重ね合わせていたのは明らかだった。こうして家でサラはしばしば劇の世界に入り込み，事故に遭ったと言って包帯やギプスや松葉杖の代わりになるものを見つけてきた。母親やシッターには，実際に自分がけがしているように対応してくれと求めた。

　サラがあまりに頑固に自分の名はポリアンナだと言い張るので，かんしゃくを起こされないように保育士もついに彼女のことをポリアンナと呼ぶようになり，黒板にも書くときもその名を用いた。

　3人の大人は，サラがときどき「自分の指を全部バラバラにしたい」とか「自分の体が嫌い」といった発言をすると語った。こうした発言はなにかイライラする経験（たとえば筆記体で書こうとしても書けない，といったこと）が起因しているように感じられることもあるが，しかしサラの生活に関わる大人から見れば「完全に何の脈絡もない」ように思えることが多かった。

　サラの父親がほぼ毎日電話してくるようになったとき，サラはちんぷんかんぷんな話をしたり赤ちゃん言葉で話してばかりいた。ときに

は自分が話していた相手が父親であることを否定した。あるとき父親と話をしたあとで床に寝っころがって「私は生きたくない，死にたい！　死にたいから毒を食べていい？　イエスは死んでまた戻ってきたのよ」と叫んだことがあった。また別のときには，父親に優しくしてあげないから出ていかれたと母親を怒って責めたこともあった。

　サラは1日に何度も何度も「ママ大好き」と言う，と夫人から聞かされた。あるときには母親の身の安全を案じ，「知らない悪者がママを奪っていったらどうしよう？」と不安がった。

　ベビーシッターによるとサラは何度か，カブトムシが自分の体に入り込んでいるから自分は「悪い子」になる，と説明したそうである。

　毎日ライアン夫人が仕事から戻ると，自分へのプレゼントはないか知りたがり，実際何ももらえないとサラの機嫌は悪くなった。

　保育士がサラは楽しそうにしていると報告してくれたときでも，彼女は何度も保育園は嫌いだと言った。

　何週間も（心理療法が終わりに近づくと）サラはまったく脈絡なく「汚い，汚い，汚い……」とか「うんち」，「おしっこ臭い」などと叫んだ。

　上記のような出来事や会話をもとに，サラが格闘していると思われる問題に関して次のような仮説を立てた。

（1）サラは小さな子どもゆえに大人に依存しなくてはならないのがひじょうに嫌なようである。自分は本当は10歳だとか12歳だとか主張するのは，もっと自分の生活を自分でコントロールしたいという強い願望の彼女なりの表現だと解釈できる。自分の成長段階ではとても無理なことなのにそれができないとひどく腹を立てたり，や・ろ・う・と・思・え・ば・で・き・る・と主張したりするのは，自分がまだ小さいことに対する強い不快感や力強くなりたい，自分で自分の生活をコントロールしたいという強烈な願望を反映している。

（2）サラの行動の大半は強い欠乏感を示しているようである。依存

欲求を否定するため，本当は安心させてもらいたい，注意を向けてほしいと渇望しているのにそれを直接求められなくなっている。劇の中でけがしたふりをすることで彼女は（映画中のポリアンナのように）望んでいた深い愛情を示してもらえる。同様に仕事から帰宅した母からプレゼントをもらいたがるのは，母親の愛情を確かめる間接的な方法である。

（3）父母に対する怒りは，サラをひどく脅えさせていた。「良い」サラと「悪い」サラを分離していることは，カブトムシが体に入り込んで自分を悪くしているという考えに明確に表れている。父親と話したあとで死にたいと言ったり，自分の体に対する憎しみを表現したりするのは，受け入れられない気持ちを抱く自分自身を嫌悪するからだと思われる。強迫的に母親に愛していると言うと同時に母が見知らぬ悪者に傷つけられないかと心配するのも，反動形成によって解決されてきた攻撃性に対する葛藤の表れである。

（4）「私のいけない部分を知ってもみんな（母親，父親，ベビーシッター）は私を愛し続けてくれるか？」という疑問に対する答えを求めるからこそ，彼女は「汚い」と叫んだり，彼女のまだ限られた語彙の中で思いつく卑猥な言葉を使ったりする欲求を感じるように思える。

こうした仮説の多くは，サラとの個人面接ではっきり裏づけられた。たとえばセラピストは子どものころ親友の家族，とくに友人の父親がうらやましかったという話をしたところ，サラはこうたずねてきた。

サラ：なんでお父さんは先生と遊んでくれなかったの？
セラピスト：分からないわ。あなたはどうしてだと思う？
サラ：たぶん先生のことを愛していなかったんだね。

それから，2か月間の空白期間を経て最近電話で話をしたばかりの

自分の父親について,「パパは私のことがだーい好きだから, 私のために音楽テープを作って送ってくれるんだ」と言ったときの声は, 彼女が藁をもつかもうとしているようで哀れな感じがセラピストの筆者には伝わってきた。

サラは, 面接中に赤ちゃんになりたいという激しい欲求と, その考えに対する強い不快感の両方を何度も示した。たとえばある面接中にサラは人形にパンツの中で「うんち」をさせた。自分もパンツに「うんち」をしてしまったと言い続けたが, その後冗談だと言い, トイレに行ったのだった。

3 子どもの不安に対処する介入および課題

サラの抱えるたくさんの不安に対しては, 彼女の心的葛藤に影響を及ぼすように介入を計画して対処した。

依存に対する恐れと統制欲求——最初の介入は, ライアン夫人がサラのために, 彼女自身の依存欲求をもっと受け入れるよう導くことだった。「何かを頼むぐらいなら死んだほうがまし」という気持ちに逆らって自分の両親に助けを求めるよう, 夫人に言って聞かせた。

サラの生活に関わる大人みんなに, できる限り多くの選択肢をサラに与えるよう頼んだ。ひじょうに重大な出来事に何度か見舞われていたので（たとえば2歳でベビーシッターを失い, 父親と接触が途絶えた), サラは平均的な4歳の子どもよりも, 自分に影響を与えることについて自分の気持ちを述べる権利があると感じる必要があった。

サラの依存欲求をめぐる葛藤に対処する1つの手段として「赤ちゃんごっこ」（第7章参照）が提案された。第7章で説明したように, そのゲームから得られる満足が問題行動に意に反して強化しないよう, 彼女が適切な行動をとっているときだけ, そのゲームを利用することが大切である。サラの場合, とくにけがしたポリアンナのふりをして

いるときには「赤ちゃんごっこ」をしてはいけなかった。もしそんなときに「赤ちゃんごっこ」をしてしまったら，問題の行動が強化されただろう。

　嫉妬と欠乏感の気持ち——サラの母親にもベビーシッターにも，自分は友達に嫉妬したり誰かをうらやましく思って，その気持ちともうまく折り合いをつけられるようになった経験についての話をサラにしてもらった（第7章の「物語作り」を参照）。こうした話は過去の話，現在の経験の両方を含んでいるのが理想的である。そのためライアン夫人はある友達に関してこう言った。「彼女ぐらい上手にダンスが踊れたらいいな，と思うの。でもダンス以外で私が上手にできることはたくさんあると思うわ」この介入の目的は，母親自身の話を通じて，サラの不安を扱うことである。

　サラがけがしたポリアンナのふりをしても，そのゲームに参加しないようみんなに指示した。劇に加わる代わりに，サラがけがしたのがお芝居だとしても気分がよくないからこの遊びはしたくない，と言ってもらった。そう言われるとサラはしっかり反応して，その芝居をやめた。こうした出来事が何度かあったすぐあとで「あかちゃんごっこ」を導入したが，前述のように，十分に間を空けて，けがをするごっこ遊びが強化されないようにした。

　毎日プレゼントを要求するのは，仕事で外にいるときでも母親が自分のことを気にかけてくれていると知って安心したいという自滅的な試みに思えた。こうして毎日せがまれるのは母親にとってわずらわしかったが，それは受け入れられない行動であることをサラにはっきり伝え，もしサラがそれでもプレゼントを哀願し続けるなら，「タイムアウト」を用いるように指導した。しかしサラの行動に対してこのようなアプローチを取ると同時に，その根底にある不安に対処するような言葉をかけてあげることが大切であった。帰宅したらすぐにサラに

向かって，サラが言ったこと，あるいはしたことについて昼間会社で考えていたし，帰宅して早くあなたに会いたかった，と言うように勧めた。またサラが保育園にもっていけるようにロケット（写真の入るペンダント）を買い，その中に自分の写真を入れて渡したらいいと提案した。

　怒りの感情と，自分の悪い面が知られたら愛してもらえなくなるという恐れの分離——母親にもベビーシッターにも，愛している人に対して激しい怒りの感情を抱いた経験を語るよう頼んだ。人に見せるために「気取る」ことなく，できるだけ自分のいやな面を見せてもらうようにした。過去の経験だけでなく現在抱いている「悪い」感情も表現することが大切である。サラは母親が幼いころ自分の両親に対して怒りの感情を抱いていた話に引きつけられた。ベビーシッターが自分のフィアンセに苛立ちを感じた話にも強い興味を示した。
　サラが母親に対して強迫的に「ママ大好き，ママ大好き」と繰り返すとき，夫人は「私もあなたのことが大好きよ」と言ってはいけない。その代わりに，「あなたが私のことを愛してくれているのは知っているわ。でもだからといって私に腹を立てない，ってことではないのよ」と言うことにした。
　サラが「自分の体が大嫌い」とか「指を折りたい」というときには，大人はみな「あなたはときどきひどく腹を立てるのよね」と一見無関係なコメントともいえるような言葉で答えることにした。
　サラが「汚い」，「うんち」などと大声で叫んだり笑ったりすると大人はみな不愉快な気分になった。そういう発言をすると，みんなを遠ざけるという点で，彼女は本当に「不快」であった。彼女は何を言われても完全に無視していたし，不快で意味のない言葉を発し続けていたので，彼女に話しかけるのは無理だった。彼女がこうした行動に出たら，ひじょうに耳障りだから，もしやめないなら「タイムアウト」

を与える，と断固として彼女に言い渡すべきだとみんなに指示した。さらに周りの人間は彼女に，あなたが怒っているのは分かったし，きちんと話してくれたら喜んで聞くけれども，そうした表現は許されない，ということを伝えなければならないと決めた。

4 結論

　ここで説明した治療プロセスは主に IP に焦点を当てているが，6か月（23面接）に及ぶ治療的作業で家族システムにたくさんの顕著で重大な変化が生じた。

　おそらくもっとも重要な変化は，父親のライアン氏が毎日決められた時間に電話をしてくるようになったことである。サラが自分の欲求を気兼ねなく表現できるようになってきた（彼女が電話してほしいと言った）し，ライアン夫人が連絡を取り合うべきだと勧めたからこそ，この変化が生じたのだった。

　セラピーが始まったころライアン夫人は，サラを一人で育てなければならないのは重圧だし，憤りも感じていると話していた。セラピーが終わりに近づいたころの面接では，彼女は以前とはうって変わって，自分は子どもが持てて幸せだと感じるし，独身の友達で生涯子どもをもたない人を気の毒に思うと言うようになった。この変化はおそらく，彼女が罪悪感を覚えることなく制限を設けられるようになったこと，さらには助けを求めてもいいのだ，という気分になってきたことを反映していた。

　担任の保育士はいろいろな面で母親と子どもに協力してくれた。セラピストにほめられ支えられたと感じた担任の保育士は，サラとの力の争いから自らを解放することができた。

　サラは以前とは比べものにならないほど自然に自分の感情を表現できるようになった。母親に，パパに帰ってきてほしいと言えるようにもなった。ライアン夫人はこうしたサラの気持ちを聞いても我慢でき

るようになった。全体的に見て，サラは以前よりリラックスし，幸せそうに見えた。

サラが変わったという一番の証拠は，担任保育士が書いた学年末の報告書にもっとも顕著に表れているだろう。

> サラは……今年いろいろなことに適応しようと一生懸命がんばりました。仲間と過ごす時間には，よく人の話を聞くようになりましたし，進んで活動に参加するようになりました。うれしい進歩をたくさん見せてくれました。彼女は自分自身に満足し，だからこそ以前より穏やかになったし，クラスメートを受け入れるようになったのだと思います。私たちも彼女が努力してくれて大変うれしく感じました。……サラは知性と愛情深い性質の持ち主だからこそ，人から愛される園児になりました。今年彼女は一生懸命努力し，自信をもつようになり，自分自身と仲直りしました。次の秋には幼稚園で，もっと難しい勉強面での課題が待ち受けているでしょうが，彼女はそれに立ち向かう心構えはできていますし，好奇心あふれる活発な生徒になるでしょう！

5．ミッキー ──危険な気質の少年

7歳のミッキーについて先生や両親は大きな不安を感じていた。普段は優しく協力的な子どもだったが，火山のように爆発する気性の持ち主で，ひとたび爆発するときゃしゃな子どもが恐るべき，ひじょうに危険な力へと変貌を遂げてしまうのだった。いつ爆発が起きるか予測するのは難しかった。かんしゃくが起きると，自分を傷つけた子どもたちに対してありったけの力で殴り返し，こうしたコントロールの効かない怒りがどのような結果をもたらすかなどまったく気にしなかった。セラピーに来る前，ミッキーは大声で叫んだりののしったりしながら本箱を引っ張って級友の上に倒し，一人の子の目を指でつきさ

し，別の子の指をあまりに強く後ろに曲げたので，その子は医者にかかったほどだった。またバットを振り回して近所の年上の子どもたちを脅し，彼らを窮地に追い込んでいた。

またときには暴れる代わりに，怒るとただ単に自分の殻に閉じこもってしまうこともあった。教師によると，「シャッターが降りてきて，まったく彼に手が届かなくなる」ことがときどきあるという。そういう状態が続いている限り，ミッキーは何を言っても答えず，頭をなでるなど，なだめるような動作をしようとしても受け付けなかった。その後1時間ほどすると，たいてい彼は落ち着き，自分からクラスメートの輪に入ってくるのだった。

ミッキーは放課後何人かのクラスメートと遊んではいたが，多くの親が彼を遊びに招くと危険なのではないかと次第に不安を募らせるようになってきたと教師は報告してくれた。

学業面でミッキーは相当苦戦を強いられていた。その1年前，彼は学習障害の診断を受けており，言葉を並べたり言葉を思い出したりするのに，大きな障害があることが分かった。ミッキーは週に2度個人指導を受けていたが，それもこうして勉強を補えば，普通学級に所属し続けられるのではないかという希望を親が抱いていたからである。しかし彼はほとんど進歩せず，読みと算数のレベルはクラスメートに比べてはるかに遅れをとっていた。ミッキーを見ていた個人指導の教師は，彼がなかなか進歩しないのは，学習に強く抵抗しているからだと感じていた。ミッキーは危険を冒すことを極端に嫌がっていて，自分には無理だと思う学習課題には絶対に手をつけようとしない，とその教師は報告してくれた。

ミッキーの両親，担任教師，個人指導の教師によると，彼は失敗に対して極端な反応を示すという。何かしようとして失敗すると，取り組んでいた用紙をびりびりに引き裂き，鉛筆を折り，あるいは本を床に投げつけるのだった。運動面では楽に成果をあげられた。いくつも

のスポーツに関して言えば，彼は年齢のわりに上手だった。だが運動面でも彼は失敗すると激怒した。たとえばスケートをしていて転ぶと，自分自身をののしり，リンクを去ってしまうのだった。

ミッキーと家族とは4か月以上にわたり，週に1回の割合で面接を行った。夏に一時面接が中断するまでの3か月間，ミッキーは一度も怒りの反応を示しておらず，以前よりずっと緊張感が解け，本を読むようになっただけでなく，読書を心から楽しむようになっていた。秋に学校の教師が書いてくれたフォローアップによると，彼は勉強もかなり追いついてきて，もう授業で困ることもなくなっていた。この事例報告で，彼の劇的な改善について説明したい。

1　家族的背景

ロジャーとサリーのウォーカー夫妻はともに50歳で，筆者のところに相談にきたときは結婚して28年だったが，ずっと10代の恋人同士のように過ごしてきた。彼らは長年子どもが欲しくて努力してきたが，ついに手術を経てサリーは妊娠し，39歳で第1子を授かった。それからさらに3年間，さまざまな形で医学の力を借りて努力を重ねた末にようやくミッキーが誕生した。最初から2人の子どもの気質の違いは明らかだった。ケビンはきゃしゃな弟に比べてずっと背が高くて体格が良く，人なつっこく，あくせくせず，社交的であけっぴろげな性質だった。他方ミッキーはよちよち歩きのころから気難しく，扱いにくい子だった。2人の言語能力の差も歴然としていた。ケビンは言葉が出たのが早く，3歳になるころにはひじょうにはっきりとした言葉を話すことができた。その一方でミッキーは2歳になるまでほとんど何もしゃべらず，ほぼ4歳になるまで文章が口から出ることは全くなかった。筆者が彼と会った7歳半の時点でも，自分の言いたいことを言葉で表現するのにひどく苦労していた。愛情表現に関しても2人のあいだには大きな違いがあった。第1子がすり寄ってくるような

子だったため，ウォーカー夫妻はミッキーがめったに抱っこしてほしそうな，あるいはよしよしと頭や身体をなでてほしそうなそぶりを見せないので驚き，不安になった。しかし彼らがベビーシッターに彼を預けて外出するとひどく悲しんだので，自分たちに強い愛情をもっていると分かった。実際，両親が外泊するとき，ミッキーは，泣いたり「自分自身を抑え」られなくなるのを恐れて，電話で両親と話そうとしなかった。

2人のきょうだいは両親いわく「愛―憎」関係にあった。彼らはしょっちゅう一緒に大騒ぎをしていたが，これが最後にはどちらかが泣いたり泣かされたり，あるいは激しいけんかになってしまったりすることもよくあった。自分よりずっと大きく力も強い兄に打ち負かされて，ミッキーは噛んだり「反則」とも言える不当な手段に訴えた。けんかは激しかったが，長時間相手に腹を立てていることはなく，ケビンは小さな弟がすごい「怪獣」に変身するのを感心しているようだった。

ウォーカー夫妻は中西部で育ち，ケビンが生まれる2, 3年前までそこで暮らしていた。ロジャーは「いつもけんかばかり」の4人きょうだいの末っ子だった。サリーには「いつも互いにやさしい」2人の弟がいた。だから息子たちの激しいけんかが始まると，夫よりも彼女のほうがずっと狼狽した。

夫婦はニューヨークに引っ越したが，それはロジャーが法律の専門職大学院に行くことにしたからだった。そして相談に来たとき，彼は刑事法専門の弁護士としてかなりの成功を収めていた。サリーは以前看護婦をしていたが，ミッキーが小学校に入学したとき，パートタイムで働き始めた。

ウォーカー夫妻によると，夫婦関係は極めて理想的だった。面接を重ねるにつれ，ロジャーが仕事をしている一方で，サリーが自分にあまりにも大きな責任がのしかかっていて，自分が家族の教練教官のようになっていると感じるとき，二人の関係がいくらか張り詰めるこ

とが分かった。彼らは互いの「最良の友」だと称していたが，子どもが誕生してから，プライベートな時間を一緒に過ごすことはめったになかった。

2　ミッキーが怒りを抑えられないことに対する家族システムの文脈の理解

家族面接と両親のみの面接の両方を行ったことで，ミッキーの問題には重大な家族システムの側面があることが明らかになった。ミッキーが荒れるとき，ロジャーもサリーも彼にひじょうに同情的になることが分かった。彼の怒り方にはいつも両親だけでなく教師さえも，実のところ彼は苦しんでいるのだと感じさせる何かがあった。両親ともミッキーがひじょうに傷つきやすいと思っていたが，とくにロジャーはこの末息子に同情していた。彼はケビンとその友達が「小さなミッキーをいじめる」のにしばしば腹を立てた。ロジャーは自宅以外の場所でミッキーが激しいかんしゃくを起こすのをひどく心配していた。というのも彼自身，幼いころクラスメートにひどいけがをさせたことがあったからだ。しかし彼は，ミッキーの兄との戦いぶりは「ごくふつうのこと」であり，暴力的だとはいっても，幼いころの自分と三人の兄たちとのけんかの激しさにはとうてい及ばないと思っていた。サリーは息子たちのけんかが「ふつう」だという夫の判断にしぶしぶ同意したが，自分の家庭ではけんかなど許されなかったので，自分には判断する資格はない思うと述べていた。

父親のロジャーは自分自身のことをかつては激しい気性の持ち主だったが，今ではもう自制を失うことはないと描写した。自分は傷つけられたことを決して忘れず，何年経ってからでも，自分に害を与えたと思う人間に何とかして仕返しをすると語った。そして自分は攻撃的でひじょうに競争心が激しいが家ではその限りではないと思っていた。彼は社会不正の犠牲者に強い憐憫の情を抱いており，不正が働いていると感じるときには無報酬でも事件を引き受けた。彼は息子のミッキ

ーが年下だというだけでなく，体がずっと貧弱で言葉の発達もとても兄にはかなわなかったので，ミッキーは兄に比べて「弱者」だと父親である自分が見なしていることに気づいていた。しかし，きょうだいげんかが始まるとつい弟に加担しようとする傾向が抑えられなかった。大人からそれほど助けを借りなくても，兄やほかの年上の子どもたちに屈しないミッキーの能力に，ロジャーは大きな誇りを感じていた。

ロジャーが，2人の子どもと母親で構成されている家族の中核部から自分は「外れている」と感じていることが，いろいろな点で明らかになった。彼は平日遅くまで働いていたので，週末に他の家族を訪問したり，逆に客を迎えたりするとき以外は，パパには自分の時間が必要なのだと，残りの3人は「認識」していた。息子たちのけんかが激しくなると，彼はサリーに呼ばれ，けんかを止めてほしいと頼まれた。これも珍しくなかったが，息子たちが母親を「ひどく困らせて」泣かせてしまうようなときも，彼が駆り出された。

子どもたちのけんかは，親のひじょうに友好的な関係とは対照的だった。ロジャーは家族以外の人間と関わるときにはひじょうに攻撃的だったにもかかわらず，夫婦ではめったに口論をしないし，意地の張り合いにもならない，ということで二人の意見は一致していた。

少年たちはけんかによって，父親ともっと接触したいという欲求だけでなく，伝統的な母親，妻としての役割が増大したことに対する母親の無言の不満も表現していると解釈できた。ロジャーは妻に対するいくらかの敵意を表わすために少年たちを利用しているという見方もできた。彼はサリーが少年たちを統率できていないことにくすくす笑いながら話しており，彼女が耐えかねて涙したときだけ，息子たちの悪さと容赦ないいじめは度を越えていると感じた。

もう一つよくある家族システムの力動がこの家庭でも働いていた。年上の「良い子」はしばしば扱いにくい弟や妹の暴れぶりを大いに楽しむものである。家族は扱いにくい末っ子の要求にひどく振り回され

て困っていても，同時にその手におえない子どもが自分にはできない挑発的，敵対的行動に出てくれているのを喜んでいることがある。この場合，ケビンは父親と同じで，バットを振り回して近所の子を威嚇するミッキーを見て，いいぞとばかりに笑っていた。「怪獣」ミッキーの行状に誇りを感じ，それを感心して眺めていたケビンは，ミッキーを怒らせるスイッチを押して楽しんでいたのである。

3　精神力動的考察

　筆者は家族面接のとき初めてミッキーに会ったが，それには両親，ケビンもみんな参加していた。両親や兄とは対照的に，ミッキーはひどく緊張しているようだった。質問にもたった一言，二言で，かろうじて聞き取れる声で答えるだけだったし，それも母親に促されてやっと口を開くといった有り様だった。ミッキーの発言についてもっと詳しい説明を筆者が求めたときも，ケビンが割り込んで情報を与えてくれたが，ミッキーはそのずっとあとになってようやく一言だけしゃべった。ケビンが自分の代わりに答えても，ミッキーは何も気にしていないようだった。実際，ひじょうにほっとしているように見えた。

　家族面接中に，話す代わりに何か「活動」をしてもらうときでも，ミッキーはケビンに主導権を握ってもらってひじょうに満足していた。家での一場面を演じてほしいと頼んだときも，ケビンが一生懸命どの場面にするか選び，家族みんなに何を演じるか指示を与えた。ミッキーは楽しそうに活動に参加していたが，ほとんどしゃべらなかった。ケビンが彼に「タックル」したあとにはじめて，彼はやっとリラックスした。

　驚くことではないが，次に個人面接でミッキーと顔を合わせたとき，彼は家族面接のときよりもっと緊張して窮屈そうにみえた。彼は筆者の頼みに応じてくれたが，明らかにおびえ，話をするように求められるのが苦痛なようだった。質問に答えるときも防衛姿勢を崩さなかっ

たし，家族で何かしている場面を絵に描いてもらったときも，あまりの見にくさに筆者は目を見張った。というのも彼は黄色い紙を選んだのだが，ほとんど同じ色合いの黄色いマーカーで描いたからである。

同じように彼の作る物語や「スクイグル」の絵はひどく単純で手のこんだものではなかった。筆者が励ますとやっと話を作ったが，それでも筆者が聞かせたばかりの物語をわずかに変えただけの，ほとんど同じ話を繰り返すのだった。彼が筆者の話を真似るのは，慎重さの表れというよりも良い話など自分には作れないという彼の思い込みの表れに思えた。

面接を重ね，筆者がミッキーの努力をほめるようになると，こわばっていた彼の体も見るからにリラックスしてきた。彼は自分からオレンジ色のマーカーを取って，それまでほとんど見えなかった絵に色を加えた。

ミッキーの担任から学校で彼がどのように感情を爆発させるのか詳しく聞いたが，その結果，彼は故意に攻撃されたと感じるときにそれに対して極端な攻撃に出るという結論に達した。彼はほかの子どもの行動を誤解し，明らかに偶然の接触を攻撃とみなすことが多くあったようだ。ミッキーがあまりに現実を曲解するので，個人面接のときに現実と空想を区別する彼の能力を見極めるのに，いくらか時間を費やした。彼は過去を振り返るときには，自分が誤解していたと認識できた。彼は自分の思考と外の現実をはっきり区別できたし，妄想や幻覚の徴候もなかった。

自分は傷つきやすいという彼の思いは，自己評価の異常なまでの低さと関係していた。彼が「けっこう得意」だというものを表にするからあげてと頼んだら，彼は沈黙してしまった。筆者がいくつか，彼が得意であるのを知っているものをあげたら，彼は小さな声で「そうかも」と言って同意した。初めてミッキーが描いた絵（黄色い紙に黄色いマーカーで描いたもの）では100ドル紙幣1枚を見つけたばかりの

少年が自分の家に入るという場面だった。彼は自分のありのままの姿では不十分であると感じているようだった。

4　行動的視点

　彼はその気性の激しさ，そして軽蔑された，傷つけられたと誤解する傾向の両方に関して相当な強化を受けていた。父も母も，彼の感情爆発に否定的に対応せずに，彼の苛立ちに同情を示していた。たとえばロジャーは3人の子どものいる家庭を訪れたときのことを話してくれたのだが，「真ん中のサル（Monkey in the Middle）」というカードゲームをしていて結んだ丸めた靴下がミッキーの顔面を直撃したとき，彼はキレてゲームから抜けてしまったという。年上だったほかの子どもたちが自分をからかって靴下を取らせてくれないので，彼は激昂したのだった。先述のように，ロジャーはミッキーが侮辱されたことをはっきり認識し，ミッキーは犠牲者だと同情した。したがって父親が割って入るのは，息子を慰め，彼に「卑劣な」振る舞いをした年上の子たちをこらしめてやるといって彼を安心させるためだった。その対応は，怒りを通した苛立ちの表現を許可するだけでなく，自分は実際何かひじょうに悪いことをされたというミッキーの認識をいっそう強化してもいた。

　サリーも意図せずにミッキーの過度な反応を強化していた。ミッキーが烈火のごとく怒ると，彼女は息子の怒りでなく，涙や明らかな心理的傷つきに反応するのだった。母は息子の気持ちが鎮まるまで抱きしめてなでてあげたし，コントロールを失った行動についてはひじょうにやさしく叱るだけだった。

　ケビンの反応も強化的だった。彼はうまく弟の怒りの反応を引き起こすと，お返ししようとはせずに，暴れ狂う「怪物」をすごいぞというように笑っていた。

　学校でも彼は普通学級でやっていけるか大いに危惧されていたので，

ミッキーが感情を爆発させるとすぐに，彼を気遣ってくれる親切な大人たちが目をかけてくれた。皆がこうした反応をとったのもよく分かる。というのも，彼が暴れるのも致し方ないように思えたし，その精神的苦痛も明らかだったので，そういう子どもを怒るのは適当ではないと思えたからである。

5　介入

1　両親との作業

　ウォーカー夫妻だけとの二度目の面接のとき，筆者はミッキーの自己評価の低さと自分は傷つきやすいという気持ちについて所見を述べた。そういう気持ちの根について両親と「ブレインストーミング」するうちに（たとえば，学習障害とか，自分を兄と比較するなど），自然の流れで，彼らを批判するでもなく，両親それぞれが明らかに傷ついた息子に過剰な反応を示すことによって「自分は傷つきやすい」という彼の感情を無意識のうちに強化しているという話になった。そういった流れの中で，「不当な扱いを受けている」という気持ちに過度に敏感なミッキーを，とくに父のロジャーが強化しているという話も苦もなくできた。

　このアプローチの基本的考えの一つは，両親と一緒に問題反応にとって代わる反応を注意深く計画せず，彼らに何かをやめてくれとただ頼んではいけない，ということである。したがって両親とセラピストである筆者はすでに生じたさまざまな状況や今後生じそうないろいろな状況について検討し，新しい対応方法を一緒に計画した。話し合いの中でロジャーはときどき，自分自身もっと柔らかい人間になりたい，もっといろいろなことをさらっと水に流すようになりたいという願いを口にした。自分自身の日常生活の中で，より「冷静」で「過度な反応をし」ないでいられた場面に注目し，ミッキーが不平を言ったとき，彼が「軽蔑」をもっと上手にいなすよう促すコメントをいくつか考え

出した。たとえば「おまえをいじめたアイツらに怒鳴ってやる」という代わりに，「あまりくよくよ考えるな，あの子たちはただふざけてたんだから」といった発言をするのである。

　もちろんロジャー自身が，ほかの子の行動をそれほど大したことではないし，息子が傷つけられたのも実際ただの偶然の出来事だと心から思えて初めて，そのような発言も効果を発揮するのである。ロジャーが他の子どもたちを否定的に見ていたのは，息子を守ろうという気持ちが強かったからなので，彼はこのように視点を変えられたのである。相手に対する怒りの言葉は何の救いにもならないということをひとたび自覚すると，ロジャーはそれまでとは違う自分の物の見方に触れることができた。それは，攻撃的な遊びは「ごく普通のこと」で「事故は起こって当たり前」という見方である。

　ミッキーが自分の怒りをコントロールするには，「独り言」のような一種の認知的手法を学ぶ必要があるという説明もした。この手法に関してはミッキーとの個人面接で何度か試みていたが，親にもいくつかの点で助力を求めた。まず，自分自身に対してだけでなく他者に対しても「平静さを失う」のはもはや許されないということを，息子に分からせるのが第一の仕事だった。「平静さを失う」ということは厳密に何を意味するか，ということをミッキーと筆者は話し合った。現時点では「平静さを失う」という範疇の中に，ミッキーが今後自分の怒りを今よりずっと一貫してコントロールできるようになったときは，許されなくなることも含めるのが大切だと感じた。ミッキーがうまく衝動をコントロールできるように助けることが大切で，もし平静さを失うギリギリのところまでミッキーが近づくままにしておいたら，彼はきっとコントロールを失ってしまうだろうと説明した。たとえばゲームに負けて怒ってぷいと出て行ってしまったり，遊びでけんかをしていて兄を少しののしったりたたいたりする行動は，通常はそれほど問題視されないかもしれない。しかし，自分のかんしゃくと戦ってい

る最中のミッキーにこうした行動を許せば，それがエスカレートして誰かにバットを投げつけたり，兄をしたたかに殴ったりするかもしれない。両親はすぐに，人間は自分の怒りにまかせればまかせるほど，コントロールを取り戻すのはいっそう難しくなるという考えに共感した。ミッキーの両親のロジャーとサリーは何を許し，何を許さないか話し合って決めた。

ミッキーが「平静を失う」という範疇内の行動に及んだら，何か否定的な罰を与えなくてはならなかった。その後，午後のあいだずっと兄と遊ぶのを禁止するとか，テレビを禁止にするとか，今楽しんでいる遊びの場をすみやかに去らせる，といった罰だった。

もう一つ重要な行動的介入は，彼にとっては自己コントロールが難しい状況でそれを維持できたことに対して，両親がほうびを与えることである。寝る前に両親のどちらかとミッキーがその日1日を振り返って，実際に彼が怒りを抑えられた場面をリストアップしてみるのだ。両親も自分が気づいた場面をリストに加え，ミッキーも学校でのそうした出来事を追加するのである。ミッキーが自己コントロールのポイントを重ねたら，それをほうびと引き換える仕組みである。

そうした訓練は多くの機能を果たす。自己コントロールできるようになってほしいという親の願いがどれほど強いかをいっそう強調することになる。ミッキーは努力に対してほうびがもらえる。さらに，はっきりしない状況でも自己コントロールした例だとラベル付けすれば，ミッキーが自己イメージを変え，自分は平静さを失わずに難しい状況に対処できる人間だと思うようになる助けができるのである。

ミッキーが自己コントロールを訓練している最中は，彼が平静に対処するのが難しいような状況を極力遠ざけるべきだと両親に勧めた。少年野球の練習に参加したり，年上の子どもがいる家庭を訪問したり，長時間友達と遊んだり，クラスメートの家に泊まりに行くといったことはすべて，彼にとってストレスとなりかねない状況にもっとうまく

対処できるようになるまで延期するべきだった。上記のようなことをミッキーがしたいと言っても，また約束してきたと言ってもはねつけるよう両親に勧めた。そのように拒否するのも，彼を罰するためでなく，彼が自己コントロールできるようになるのを助けたいからだということをミッキーに対して明確にしておく必要があった。ミッキーも，数週間訓練したらこうした活動も徐々に解禁になるだろうと思い，安心するのである。

こうして制約を課せば，ミッキーがもっと達成感を得られるだけでなく，自己コントロールの方法を一生懸命学ぼうという動機も強まる。こうした活動が解禁になったとき，もし現実に彼がコントロールできなくなったら，そうした活動は再び一時的に延期にすればよい。これは厳しいように思えるかもしれないが，自己コントロールに大いに注目し，それに対してほうびを与える過程で起こっていることだと強調しなくてはならない。やりたいことを一時的に禁止されて欠乏感を感じても，成功したときの誇り，そして自分はもっと丸くなりあまり怒らない人間になれたという満足感によって緩和されるだろう。

多くの両親の例にもれず，ウォーカー夫妻も，もっと根深い問題にも対処できるという認識を得たので，こうした行動的方法を進んで取り入れてくれた。彼らはミッキーの過度に攻撃的な反応の裏に潜む自己評価の低さと傷つきやすさを心配した。こうした感情をうまくコントロールできるよう訓練するだけでは不十分だっただろう。良い行いは彼らにとって重要ではあったが，ミッキーが自分自身について心底良い感情を抱くことに比べたら，大した問題ではなかった。

この目的を達成するための第一歩は，傷つきやすいと思うのは悪いことでなく，むしろ「普通」の感情なので，防衛姿勢をとったり，活動から身を引いたり，それを怒りに転じたりすることによってその気持ちを自分の中にとどめておく必要はないということを，ミッキーに理解させることだと説明した。この問題に対処する一つの方法として

「物語作り」の方法（第7章参照）をウォーカー夫妻に説明した。そして彼らがどのような種類の話をすればもっとも効果的か，面接のかなりの時間を割いて話し合った。

ロジャーは，兄たちに何か言われて自分はバカで赤ちゃんぽいと感じ，その仕返しに「狂暴な犬」のように身体的攻撃に出た例をいくつも思い出した。この話は以前にも聞いたことがあったが，ロジャーは，以前はいつも，兄たちと比べて自分はいかに愚かで，屈辱的な立場にいると感じていたかということでなく，彼の獰猛さを強調していた。

サリーは運動が苦手で強い劣等感を覚え恥ずかしい思いをした話をしてくれた。彼女は他のみんなが楽にマスターした基本的な運動の実技（たとえばロープをよじ昇る，前転をする，など）を彼女に仕込むために教師が授業中かなりの時間を割いてくれたことが何度かあったと話してくれた。彼女はそうして必然的に注目されてひじょうに恥ずかしかったので，今では何年間も楽しんでいるスポーツに手を出さなかった。また彼女は知的な面で一人の兄にまったくかなわないと感じたことも回想し，いまだにその兄と話すときは，自分より広い知識に圧倒されないように，「軽く，表面的なこと」しか話さない傾向にあると打ち明けてくれた。このように現時点でも恥ずかしい思いをしたり自分は弱いと感じたりする話をすれば，両親は息子に，誰でもときにはそうした気持ちになるものだし「子どもじみた」気持ちではないので，大人だからといって隠す必要はないと伝えることができる。

ウォーカー夫妻に，ごく軽い傷つきやすさに対しても敏感になって話し合ってもらうために，ほんの一瞬でも恥ずかしい思いをする可能性のあるいろいろな状況を検討することは有意義であった。たとえばサリーは店員に，本当は知っていて当たり前だと思うことについて質問するとき，少し自分が愚かに思えただろう（たとえばヨーロッパ方式のサイズをアメリカ方式のサイズに対応させるなど）。あるいはロジャーだったら運転中に道を聞いて，間違った方向に向かっていると

言われたとき，自分はばかだなあと感じただろう。または，くだらないものだと「当然分かっている」商品をテレビショッピングに注文してしまったり，仕事上の覚え書で綴りを書き違え，それを同僚に丸で囲んで直されたり，何年ぶりかでボーリングに行ってガーターを連発して，恥ずかしくなった経験である。

　恥ずかしい思いをしたときに，それが人目を避けるためであれ，怒りの反応であれ，防衛反応をとってしまった経験をできるかぎり話に盛り込むように勧めた。からかわれたときに荒れ犬のようになったというロジャーの話は，自分は弱いと感じても，その気持ちを遮断するという反応を思い出させる良い例である。恥ずかしいと感じたときにロジャーは攻撃に出る傾向にあったが，サリーは前に出るよりも引っ込みがちになった。ミッキーにはその両方が出ている。こうした親の反応の話を聞けば，子どもは「解釈しなくても」自分の防衛的態度に気づくだろう。

2　完璧主義

　ある家族面接でロジャー夫妻に，ある特定の課題に対して求められる達成度に関して，頭の中で課した基準に到達せずに苛立ちを覚えた経験について話してもらうことにした。子ども抜きでの面接のさいに，このような基準に対してどう考えるか，すべてがうまくはいかなかったときにどう対処するか，よく考えてもらった。何かを完璧にこなせなかったときに，激しく自分を非難したり，自分自身をひそかにののしったりしないためには，自分が用いている認知的手段を意識してもらうことがとくに重要だった。

　この話し合いの中でサリーは運動に関して，「ただ楽しめばいい」し，体を動かすのを楽しみ，運動を含む家族の外出に喜んで参加するためには，それほどうまくこなす必要はないのだとただ自分自身に言い聞かせたところ，最近になって運動を躊躇する気持ちに打ち勝ったことを自覚した。家族が一緒になって何かをしたいという願いが動機にな

って，彼女は完璧主義的傾向を克服できたのである。

　一方ロジャーはこうした認知的方法を持ち合わせていなかった。彼は，話し合ううちに，ひじょうにうまくできることにしか手を出さない自分に気づいた。何かを上手にできるようになる過程は「ちっとも楽しくない」ことが多いが，マスターするまでそれにかじりつくことは大切だと彼は感じていた。したがって彼は，自分自身に声をかけて励ますことで，最初はうまくできなかったものでもやり抜いた経験があった。たとえば，彼は自分自身に，「前にもこうやって努力して上達したんだから，だんだん上手になれるぞ」と言ったものだった。やる以前に「きっとこれはあまり上手にはなれない」と確信したら，あえて手を出そうとは絶対にしなかった。したがってたとえば芸術とか工芸関係のことには一切トライしなかった。自分には「見込みなし」と思い込んでいるので，科学に関するテレビも見なければ本も読まなかった。

　家族面接で，下手なことに対して両親がどういう反応をとってきたかということが話された。ケビンにもミッキーにも，苦手なものへの対処の仕方が両親のあいだで違っていることに対してどう思うかたずねてみた。するとすぐに，苦手なことに直面したらどうするかについて，少年たちがどうやっているのかということについて話し合いが始まった。ケビンは楽にできても，ミッキーにはなかなかできない作業もあることについて率直に話し合った。家族全員で議論した結果，父と母，どちらの態度も役に立つということになった。ある活動は「ただ楽しむために」行い，得意になるよう必死に努力しなくてよい。だが活動によっては父親のように食らい付くことが必要で，それには何かに熟達する過程で必ず起こるフラストレーションは避けて通れないという結論に達した。

　この家族面接で出てきたアイデアを用いて，楽しみながら完璧主義を「解毒する」作業にかかった。自分は絶対に上手にできないと思っ

ていることにそれぞれがトライしよう，ということでみんなの意見がまとまった。それぞれ「へまをしても」いやな気分にならないようにするのがその目的だった。引き続き，それぞれ何をしたらよいか，活発な話し合いが行われた。パパには料理に挑戦してほしいということで子どもたちの意見がまとまると，ロジャーは冗談めかしてうめき声をあげた。ママは何かのビデオゲームのやり方を覚えて，と言われた。「音痴である」ケビンは，ハーモニカを練習することになった。そして「たくさんの言葉」を必要とするゲームに参加しようとしないミッキーは，ケビンが持っている単語パズルの本に挑戦することに同意した。多少規則を緩和して，子ども版のクロスワードパズル Junior Scrabble にトライするのである。フラストレーションを感じないよう，どんな認知的手段を利用するかということの判断は各自に任せた。彼らはママの言葉を借りて「ただ楽しむために」やっていると自分に言ってもよいし，「もしやり続ければもっと上手になる」ことを自分に思い出させるパパ流のアプローチをとってもよかった。

　この練習の目的は，話し合ったことを実行に移すことであり，またミッキーが自分の感情を体でなく言葉で表現する手助けをすることでもあった。ミッキーだけが苦手とする何かをするのでなく，完璧主義の期待への対処は家族ぐるみのプロジェクトになった。

3　衝動のコントロールを目標とするミッキーとの作業

　個人面接ではおもに，平静さを失いがちな状況でもミッキーが平静でいられるための訓練をした。ミッキーはこの問題に関して，セラピストである筆者と一緒に取り組もうという強い動機付けができていた。彼は自分が爆発したとき明らかにひどく心を痛めていたので，それを防ごうという熱意は両親にも負けなかった。さらに先述の介入（たとえば自己コントロールできたらほうびを彼に与えるとか，彼をストレスの多い状況に置かないなど）によって，この問題を解決しようという意志は以前より強くなっていた。手始めに，彼に平静さを失わせる

出来事をいくつかリストアップしてみた。そのリストには，すでに起きた出来事と，これから起こる可能性のある出来事の両方を載せた。彼にとって問題となる可能性のあるいろいろな状況をセラピストがほのめかすことによって，二人でかなり広範囲におよぶさまざまな状況を思いつくことができた。表作成というまさにその行動が，一種の治療的価値をもった。というのも，問題となる状況をミッキーに気づかせたし，いくらか過敏さを軽減したからである。リストに加える状況はないか考えてみてとミッキーに言うたびに（たとえば，「誰かにまぬけ呼ばわりされたらどう？」とか「ケビンの友達の誰かが『それもできないの？』ときみを笑ったらどう？」，「誰かがわざと強くきみのことを押したらどうする？」「きみが誰かの足につまずいて，それが偶然だと確信できなかったらどうする？」といったように），彼は，普段なら挑発的だと感じることを想像しながらも平静でいられたのである。

　その後ミッキーに，Kendallの「立ち止まって考える（Stop and Think method）」を教えた[90]。それは子どもに，問題を定義し，解決方法をあれこれ考え，それぞれの解決方法をとった結果はどうなるか判断し，最後に自分自身にお祝いの言葉（たとえば，「うまくできた！」など）をほうびとして与える，あるいはもし間違った方法を選択したら対処の言葉（たとえば，「次に問題が起きたら，ぼくは落ち着いて集中するぞ」）を用いる訓練をさせる。そして私たちは明るいオレンジ色の標識を作り，その真ん中に大きく「立ち止まって考えよう」と書いた。その次にミッキーに，爆発しないようにするには自分自身に何を言ったらよいか考えてもらった。「あいつがどう思おうと勝手さ」がいろいろな状況でもっとも効果があると思われた。もし実際に誰かに殴られたら，「おまえバカだな」と言って，先生に報告するのが一番だと彼は思った。「立ち止まって考える」方法で重要なのは，何かにうまく対処できたときに自分自身をほめることを子どもに教えると

いう点である。ミッキーと筆者は彼が自分自身に「やった！　落ち着いていられた！　忘れずに今晩表に書かなきゃ！」などと言えばいい，と話し合った。もし彼が平静でいられなかった場合，それで意気消沈せず，「次はもっとがんばるぞ」と言うことが彼にとって大切だった。

　こうしたさまざまな手法を編み出したので，ミッキーと筆者はそれを実際に練習してみた。彼が接しなければならない，やっかいな，あるいは攻撃的な子どもの役を筆者が演じたのである。前章で述べたように，子どもはこれがただの演技だとどこかで意識しつつも，ロールプレイをすると通常，生々しくリアルな感情が呼び起こされるものである。リストに掲げられた状況を２，３ロールプレイしたのち，ミッキーと筆者はいくつかを実際の場面で練習してみた。次の活動（風船を打ち合う）を始めるときに，「何かきみの気に障ることをするよ」と予告しておいて，筆者はわざと彼の足を踏んだ（それほど強くないが）。彼はこの「攻撃」に対して心の準備ができていたが，本能的に筆者の足を踏み返し，その後ぴたっと足を止めて言った。「これはただのゲームなんだ。この人は本当にぼくを傷つけたわけではないんだ」

　次の面接では，ケビンがミッキーの衝動コントロールの訓練に加わった。ふたたび前もって予告された上で，ミッキーは，ケビンと筆者に挑発されても平静でいる努力をするのである。ケビンと筆者が風船を打ち合い，彼にはそれを取らせないか，あるいは彼を怒らせるようなやり方で彼に風船をぶつけると知らせておいた。これに対してミッキーはミニカーの入った袋をもって床に座り込み，一人遊びを始めた。そして面白いことに，筆者と風船遊びをしているケビンを自分のほうに引き寄せようとした。反応しない能力をさらに高めるために，筆者はケビンに，ミッキーのミニカーを取り上げてくれと頼んだ。ケビンがミニカーをいくつかつかむと，ミッキーはそれを奪い返そうとしたが，激しい力は出さなかった。ケビンが放そうとしなかったので，ミッキーは大声で「やめろよ」と言ったが，殴りはしなかった。

この時点で筆者はそのゲームにストップをかけ，よくやったとミッキーを手放しでほめた。ここでもミッキーが自分のことを，平静でいたいと思うときに平静でいられる人間だと思うことが大切なのである。彼がいかに怒りを爆発させなくなったか見せるためにサリーを中に呼び入れた。ふたたびケビンに挑発的に振る舞うようにお願いした。すると彼は風船をミッキーの顔にぶつけたが，またもミッキーは積極的だが冷静にその状況を処理した。彼は大声で「やめろよ」と言い，それでもケビンがやめないとみると，風船を彼から奪ったのである。

4　家族システムへの介入

　ロジャーとサリーのあいだの葛藤に足を踏み入れようとしたが無駄だということが分かった。やわらかい言い回しでそこに踏み込むと，自分たちは本当にうまくいっていると主張し，夫婦間の葛藤と少年たちのけんかはつながっている可能性があるとのセラピストである筆者の指摘は受け入れてもらえなかった。少年たちが言うことを聞かずに母親を「苦しめている」のを，明らかにロジャーは「ある程度」面白がっていたが，夫婦はそれをあまり大切だと思わなかった。サリーは夫にそれほど夜遅くまで仕事をしてほしくなかったし，もっと子どもたちと関わりをもってほしいと願っていたが，彼女はほんのわずかしか不満を表に出さなかった。

　ウォーカー夫妻は，夫婦間の問題は認められなかったものの，少年同士の関係はひじょうに親密ではあるが，ミッキーの怒りと低い自己評価の一因になっている，ということについては比較的すんなり受け入れてくれた。ミッキーとの個人面接で，ケビンに好かれていないと彼が感じていることがはっきりした。ケビンがミッキーに投げかける辛らつな言葉や「冗談めいた」軽蔑の言葉に対して夫婦がもっと厳しく対応することが必要だった。というのも，そうした言葉は親が思う以上にミッキーを傷つけているように見えたからである。夫妻は少年たちに，はげしく口論したりけんかしたりするのは許さないとはっき

り言い渡した。二人がけんかになったら，かなりの時間，一緒に遊ばせないという計画を実行した。ここでもミッキーが自分の気分をコントロールする能力を高める手助けをしてもらうために，両親に相当厳しくその規則を適用するよう忠告した。その明確なメッセージを受け取った結果，ケビンのミッキーに対する振る舞いは劇的に変化した。そして自分たちはいかに一緒に遊びたいと思っているか，ケビンもミッキーも痛感したのである。

　ケビンの言語能力はミッキーのそれをはるかに上回っているため，ミッキーは圧倒されているとウォーカー夫妻は痛いほど認識していた。彼らは家族面接後にフィードバックを受けるまでは，ケビンがあまりにひんぱんにミッキーの代わりに答えてしまうので，その結果ミッキーは，自分は自己表現できない人間だと感じるようになったという印象をそれほど強くもっていなかった。もちろんこの件に関して，ケビンは悪くない。自分の代わりにしゃべってくれと無言でケビンに求め，ケビンが実際に割り込んできても抗議しないことによってミッキーも一因となっていた。衝動のコントロールに関してミッキーにほうびのプログラムを設けたのと同じように，ケビンには，ミッキーに自分の考えをまとめて，表現できるよう待ってあげたらほうびをあげれば良かった。話し合いの席でミッキーが自分の意見を表明するのをケビンがじっと待っている，という場面に気づくよう両親は注意を向け，それをほうびの表に記録すればよかったのだ。

　ミッキーが衝動のコントロールを訓練している最中は，彼にとって刺激が強すぎる可能性のある状況から一時的に彼を遠ざけておくようにしていたが，その中で思いもしない家族システムの変化が生じた。この変化の結果，週末は以前より騒々しい出来事も減って静かになったが，それを楽しんでいる自分に両親は気づいたのである。外出も来客も減り，ミッキーのスポーツ参加が一時的に家族の日課から削除されたので，スケジュールも以前に比べてきつくなくなった。家族はみ

んなミッキーにまたスポーツに参加してほしいと強く願っていたけれども，こうした落ち着いた時間をこれからももう少し続けようと，彼らは計画まで立てたのである。

6 要約

　ウォーカー一家とは合計 14 回面接を行った。内訳は次の通りである――両親のみ・4 回，ミッキーのみ・3 回，ケビンのみ・1 回，家族全体・4 回，ミッキーとケビン・1 回，サリーのみ・1 回。

　ウォーカー一家と初めて会ってから 3 週間もしないうちに，ミッキーの気分と行動は著しく変化し始めた。そのころから，学校側から彼が自制を失ったという報告を受けなくなった。サリーも，ミッキーを朝起こすとき以前よりすぐベッドから出てくるようになり，学校に行く支度をしているときも前よりもリラックスしていたようだと気づいた。競争的で刺激的な活動を再開したときも，ミッキーは行動リハーサルを重ね，苛立ちを引き起こすかもしれない状況に前もって備えていたので，適切な行動がとれた。すべてのセラピーが終了したとき，ミッキーのサッカーチームのコーチが，「今ではミッキーの騒ぎ方は他の少年と変わらない」と話してくれた。担任の先生も，ミッキーは以前よりずっと楽しんで日記を書くようになったし，学級会で発言を求められても前のように苦痛を感じないようだと報告してくれた。

　数か月後にロジャーとサリーがフォローアップ面接にやって来たとき，息子が 2 人とも夏休みを楽しく過ごしたと知らせてくれた。全体的に見て，ミッキーは以前よりずっと自信をもつようになったと両親とも感じていた。たとえば，両親の友人がやってきたときもミッキーはときどき同席して会話にも加わるようになったという。宿題もかなり一人でやるようになったし，両親は，何かができないために起こるイライラで彼が出て行ってしまうことなど，もう思い出せもしなかった。夏のあいだにミッキーはキャンプでいろいろな新しいスキルを身

につけたし，なかなかうまくできないことからも逃げなかった。ミッキーに新しい友達がたくさんできて泊まりがけで遊びに行くようになったため，きょうだいで一緒に過ごす時間は減った。

　家全体の雰囲気は以前より穏やかになったが，家庭内で両親が果たす役割は基本的に変わっていなかった。相変らずサリーに対して少年たちは「言うことを聞かな」かったが，彼女は少年とはこういうものだと自分を納得させ続けていた。ロジャーはときどき割って入り，ママにそんな辛い思いをさせるなと息子たちを諭した。しかし両親ともそんな出来事も，大した問題ではないと思っていた。

　ミッキーとその家族に対する介入の中では，確かに認知行動的なものが中心となったが，ミッキーの問題行動の裏には精神力動的問題が潜んでいると両親が理解したことが，この家族との治療プロセスのポイントだったと筆者は思っている。自分たちがほめたり罰したりしていたことに関して，筆者が勧めたかなり抜本的な変更にロジャーとサリーが進んで従ってくれたのも，精神力動と行動のあいだの相互関係を彼らが理解してくれたからである。ミッキーの獰猛ぶりに対するロジャーの「誇り」，さらにミッキーの傷つきやすさに対するサリーの同情が，彼の低い自己評価と強い不安の一因となっていた彼のビリーフや行動を強化していたが，ウォーカー夫妻はこの事実を認識したため，「息子にもっと厳しく」接してもいいのだと思えるようになった。

　自分たちの関係に関しては少しも変える気はないとロジャーとサリーは明言したが，子どもへの接し方を変える作業に彼らがひじょうに喜んで参加してくれたので，彼らの問題をはらんだ夫婦関係に実際メスを入れなくても，治療的効果は抜群だった。

6．結論

　ここに紹介したいろいろな事例において，かなり劇的な変化を可能

にしたのは何だったのだろうか。確かに，治療的作業がうまくいくときにどういう過程をたどるか説明するという基準で，ここに掲げた事例をある程度恣意的に選んだことを認めなくてはならない。どの事例をとっても，その後クライエントは幸せに暮らしていると言い切れるセラピストなどいないだろう。それでもここにあげた例は，筆者が本書において説明したアプローチをもとにセラピストが治療的作業に当たればどういう結果になるか，ということを納得がいくように説明しているだろう。詳細は異なるが，どのケースでも，比較的短期間でこのような大きな変化が見られたのは，家族システム，精神力動，行動的視点を結び付けた相乗効果だと信じている。

　本書で説明した家庭の中の子どもというアプローチに関して，まだたくさん開発の余地が残されていることは明らかである。しかし，個人的視点とシステム的視点は対立するものでなく相補的なものだと考えるなら，セラピストは子どもおよびその家族を助ける新しい可能性を見出すことができる，と読者の皆さんが強く感じてこの本を閉じて下さることを筆者は願っている。

参考文献

1) Ackerman, N. (1966). *Treating the troubled family.* New York: Basic Books.
2) Ackerman, N. (1970). Child participation in family therapy. *Family Process, 9,* 403–410.
3) Ainsworth, M. D. S., Blehar, M., Waters, E., & Wall, S. (1978). *Patterns of attachment.* Hillsdale, NJ: Erlbaum.
4) American Psychiatric Association. (1987). *Diagnostic and statistical manual of mental disorders* (3rd ed., rev.) (DSM-III-R). Washington, DC: Author.
5) Anderson, C., & Stewart, S. (1983). *Mastering resistance: A practical guide to family therapy.* New York: Guilford Press.
6) Barton, C., & Alexander, J. F. (1981). Functional family therapy. In A. Gurman & D. Kniskern (Eds.), *Handbook of family therapy* (pp. 403–443). New York: Brunner/Mazel.
7) Bell, R. Q. (1974). Contribution of human infants to caregiving and social interaction. In M. Lewis & L. A. Rosenblum (Eds.), *The effect of the infant on its caregiver* (pp. 1–19). New York: Wiley.
8) Benson, M. J., Schindler-Zimmerman, T., & Martin, D. (1991). Accessing children's perceptions of their family: Circular questioning revisited. *Journal of Marital and Family Therapy, 17,* 363–373.
9) Bergman, J. S. (1985). *Fishing for barracuda.* New York: Norton.
10) Bloch, D. A. (1976). Including the children in family therapy. In P. J. Guerin (Ed.), *Family therapy* (pp. 168–181). New York: Gardner Press.
11) Bloch, D. A., & LaPerriere, K. (1973). Techniques of family therapy: A conceptual frame. In D. A. Bloch (Ed.), *Techniques of family psychotherapy* (pp. 1–20). New York: Grune & Stratton.
12) Bogard, M. (1986). A feminist examination of family systems models of violence against women in the family. In J. C. Hansen & M. Ault-Riche (Eds.), *The family therapy collections: Women and family therapy* (pp. 34–50). Rockville, MD: Aspen.
13) Bogdan, J. (1986, July–August). Do families really need problems: Why I am not a functionalist. *Family Therapy Networker,* p. 30.

14) Boggiano, A. K., & Ruble, D. N. (1985). Children's responses to evaluative feedback. In R. Schwarzer (Ed.), *Self-related cognition in anxiety and motivation*. Hillsdale, NJ: Erlbaum.
15) Boszormenyi-Nagy, I., & Ulrich, D. (1981). Contextual family therapy. In A. Gurman & D. Kniskern (Eds.), *Handbook of family therapy* (pp. 159–186). New York: Brunner/Mazel.
16) Bowen, M. (1978). *Family therapy in clinical practice*. Northvale, NJ: Jason Aronson.
17) Bowlby, J. (1982). *Attachment*. New York: Basic Books. (Original work published 1969)
18) Braswell, L., & Kendall, P. C. (1987). Treating impulsive children via cognitive-behavioral therapy. In N. S. Jacobson (Ed.), *Psychotherapists in clinical practice: Cognitive and behavioral perspectives* (pp. 153–189). New York: Guilford Press.
19) Brett, D. (1986). *Annie stories*. New York: Workman.
20) Brody, S. (1964). Aims and methods in child psychotherapy. *Journal of the Academy of Child Psychiatry, 3*, 385–412.
21) Carter, C. A. (1987). Some indications for combining individual and family therapy. *American Journal of Family Therapy, 15*, 99–110.
22) Cassidy, J. (1988). Child–mother attachment and the self in six-year-olds. *Child Development, 59*, 121–134.
23) Chasin, R., & White, T. (1989). The child in family therapy: Guidelines for active engagement across the age span. In L. Combrinck-Graham (Ed.), *Children in family contexts: Perspectives on treatment* (pp. 5–24). New York: Guilford Press.
24) Chess, S., & Thomas, A. (1986). *Temperament in clinical practice*. New York: Guilford Press.
25) Chethik, M. (1979). The borderline child. In J. Noshpitz (Ed.), *Basic handbook of child psychiatry* (pp. 305–321). New York: Basic Books.
26) Chethik, M. (1989). *Techniques of child therapy: Psychodynamic strategies*. New York: Guilford Press.
27) Clark, L. (1985). *SOS! Help for parents*. Bowling Green, KY: Parents Press.
28) Combrinck-Graham, L. (1986). Preface. In L. Combrinck-Graham (Ed.), *Treating young children in family therapy* (pp. ix–x). Rockville, MD: Aspen.
29) Combrinck-Graham, L. (1989). Family models of childhood psychopathology. In L. Combrinck-Graham (Ed.), *Children in family contexts: Perspectives on treatment* (pp. 67–90). New York: Guilford Press.
30) Combrinck-Graham, L. (1991). On techniques with children in family therapy: How calculated should it be? *Journal of Marital and Family Therapy, 17*, 373–379.
31) Cottone, R. E., & Greenwell, R. J. (1992). Beyond linearity and circularity: Deconstructing social systems theory. *Journal of Marital and Family Therapy, 18*, 167–177.
32) Deci, E. I., & Ryan, R. M. (1985). *Intrinsic motivation and self-determination in human behavior*. New York: Plenum Press.
33) Dell, P. F. (1982). Beyond homeostasis: Toward a concept of coherence. *Family Process, 21*, 27–42.

34) Dell, P. F. (1986). In defense of lineal causality. *Family Process, 25*, 513-522.
35) deShazer, S. (1985). *Keys to solutions in brief therapy*. New York: Norton.
36) Diller, L. (1991, July-August). Not seen and not heard. *Family Therapy Networker*, p. 18.
37) Duhl, B., & Duhl, F. (1981). Integrative family therapy. In A. Gurman & D. Kniskern (Eds.), *Handbook of family therapy* (pp. 483-513). New York: Brunner/Mazel.
38) Duncan, B. L., & Parks, M. B. (1988). Integrating individual and systems approaches: Strategic-behavioral therapy. *Journal of Marital and Family Therapy 14*, 151-162.
39) Dunn, J., & Plomin, R. (1991). Why are siblings so different? The significance of differences in sibling experiences within the family. *Family Process, 30*, 271-284.
40) Eagle, M. N., & Wolitzky, D. L. (1992). Psychoanalytic theories of psychotherapy. In D. K. Freedheim, H. J. Freudenberger, J. W. Kessler, S. B. Messer, D. R. Peterson, H. H. Strupp, & P. L. Wachtel (Eds.), *History of psychotherapy* (pp. 109-158). Washington, DC: American Psychological Association.
41) Fairbairn, W. R. D. (1952). *Psychoanalytic studies of the personality*. London: Tavistock and Routledge & Kegan Paul.
42) Fauber, R. L., & Kendall, P. C. (1992). Children and families: Integrating the focus of interventions. *Journal of Psychotherapy Integration, 2*, 107-124.
43) Feldman, L. B. (1985). Integrative multi-level therapy: A comprehensive interpersonal and intrapsychic approach. *Journal of Marital and Family Therapy, 11*, 357-372.
44) Feldman, L. B. (1988). Integrating individual and family therapy in the treatment of symptomatic children and adolescents. *American Journal of Psychotherapy, 42*, 272-279.
45) Feldman, L. B. (1992). *Integrating individual and family therapy*. New York: Brunner/Mazel.
46) Ferreira, A. J. (1963). Family myth and homeostasis. *Archives of General Psychiatry, 9*, 457-473.
47) Fish, V. (1990). Introducing causality and power into family therapy theory: A correction to the systemic paradigm. *Journal of Marital and Family Therapy, 16*, 21-37.
48) Frame, C. L., Johnstone, B., & Giblin, M. S. (1988). Dysthymia. In M. Hersen & C. G. Last (Eds), *Child behavior therapy casebook* (pp. 71-83). New York: Plenum Press.
49) Framo, J. (1980). Foreword. In J. K. Pearce & L. J. Friedman (Eds.), *Family therapy: Combining psychodynamic and family systems approaches* (pp. vii-xi). New York: Grune & Stratton.
50) Framo, J. (1981). The integration of marital therapy with sessions with family of origin. In A. Gurman & D. Kniskern (Eds.), *Handbook of family therapy* (pp. 133-158). New York: Brunner/Mazel.
51) Friedman, L. J. (1978). Integrating psychoanalytic object-relations understanding with family systems intervention in couples therapy. In J. K. Pearce & L. J. Friedman (Eds.), *Family therapy: Combining psychodynamic and family systems approaches* (pp. 63-80). New York: Grune & Stratton.

52) Freud, A. (1946). *The ego and the mechanisms of defense.* New York: International Universities Press.
53) Freud, A. (1964). *The psychoanalytical treatment of children.* New York: Schocken.
54) Freud, A. (1965). *Normality and pathology in childhood.* New York: International Universities Press.
55) Freud, S. (1937). Analysis terminable and interminable. *Standard Edition, 23,* 216–253. London: Hogarth Press, 1964.
56) Gardner, R. A. (1971). *Therapeutic communication with children: The mutual storytelling technique.* Northvale, NJ: Jason Aronson.
57) Gardner, R. A. (1973). *The Talking, Feeling, and Doing Game.* Cresskill, NJ: Creative Therapeutics.
58) Gardner, R. A. (1985). *Separation anxiety disorder: Psychodynamics and psychotherapy.* Cresskill, NJ: Creative Therapeutics.
59) Gold, J. (1988). An integrative psychotherapeutic approach to psychological crisis of children and families. *Journal of Integrative and Ecletic Psychotherapy, 7,* 135–152.
60) Goldner, V. (1985). Feminism and family therapy. *Family Process, 24,* 31–47.
61) Goldner, V., Penn, P., Sheinberg, M., & Walker, G. (1990). Love and violence: Gender paradoxes in volatile attachments. *Family Process, 29,* 343–364.
62) Goodman, J. D., & Sours, J. A. (1967). *The Child Mental Status Examination.* New York: Basic Books.
63) Goolishian, H. A., & Anderson, H. (1992). Strategy and intervention versus nonintervention: A matter of theory. *Journal of Marital and Family Therapy, 18,* 5–15.
64) Gordon, S. B., & Davidson, N. (1981). Behavioral parent training in. In A. Gurman & D. Kniskern (Eds.), *Handbook of family therapy* (pp. 517–555). New York: Brunner/Mazel.
65) Guerin, P. J., Jr., & Gordon, E. M. (1986). Trees, triangles and temperament in the child-centered family. In H. C. Fishman & B. L. Rosman (Eds.), *Evolving models for family change: A volume in honor of Salvador Minuchin* (pp. 158–182). New York: Guilford Press.
66) Gurman, A. (1981). Integrative marital therapy: Toward the development of an interpersonal approach. In S. Budman (Ed.), *Forms of brief therapy.* New York: Guilford Press.
67) Gurman, A., & Kniskern, D. (Eds.). (1981). *Handbook of family therapy.* New York: Brunner/Mazel.
68) Haley, J. (1976). *Problem solving therapy.* San Francisco: Jossey-Bass.
69) Haley, J. (1979). *Leaving home: Therapy with disturbed young people.* New York: McGraw Hill.
70) Haley, J. (1986). Behavior modification and a family view of children. In H. C. Fishman & B. L. Rosman (Eds.), *Evolving models for family change: A volume in honor of Salvador Minuchin* (pp. 44–61). New York: Guilford Press.
71) Haley, J. (1987, March–April). Interview. *Family Therapy Networker,* p. 39.
72) Harter, S. (1983a). Cognitive–developmental considerations in the conduct of play therapy. In C. E. Schaefer & K. J. O'Connor (Eds.), *Handbook of play therapy* (pp. 89–127). New York: Wiley.

73) Harter, S. (1983b). Children's understanding of multiple emotions: A cognitive–developmental approach. In W. F. Overton (Ed.), *The relationship between social and cognitive development* (pp. 147–194). Hillsdale, NJ: Erlbaum.
74) Harter, S. (1986). Cognitive–developmental processes in the integration of concepts about emotions and the self. *Social Cognition, 4,* 119–151.
75) Hoffman, L. (1981). *Foundations of family therapy.* New York: Basic Books.
76) Hoffman, L. (1988, September–October). An interview with Lynn Hoffman. *Family Therapy Networker,* p. 56.
77) Hoffman, L. (1990). Constructing realities: An art of lenses. *Family Process, 29,* 1–12.
78) Hoffman, L. (1991). A reflexive stance for family therapy. *Journal of Strategic and Systemic Therapies, 10,* 30–38.
79) Holder, A., & Holder, E. (1978). *Bulletin of the Hamstead Clinic, 1,* 111–114.
80) Horney, K. (1945). *Our inner conflicts.* New York: Norton.
81) Imber-Black, E. (1986). Maybe "lineal causality" needs another defense lawyer: A feminist response to Dell. *Family Process, 25,* 523–527.
82) Irwin, E. C. (1983). The diagnostic and therapeutic use of pretend play. In C. E. Schaefer, & K. J. O'Connor (Eds.), *Handbook of play therapy* (pp. 148–173). New York: Wiley.
83) Isaacs, M. B., Monatalvo, B., & Abelsohn, D. (1986). *The difficult divorce: Therapy for children and families.* New York: Basic Books.
84) James, B. (1989). *Treating traumatized children: New insights and creative interventions.* Lexington, MA: Lexington Books.
85) Kagan, J. (1984). *The nature of the child.* New York: Basic Books.
86) Kaslow, N. J., & Racusin, G. R. (1990). Family therapy or child therapy: An open or shut case. *Journal of Family Psychology, 3,* 273–289.
87) Keith, D. V. (1986). Are children necessary in family therapy. In L. Combrinck-Graham (Ed.), *Treating young children in family therapy* (pp. 1–10). Rockville, MD: Aspen.
88) Keith, D. V., & Whitaker, C. A. (1981). Play therapy: A paradigm for work with families. *Journal of Marital and Family Therapy,* 243–254.
89) Kendall, P. C. (Ed.). (1991). *Child and adolescent therapy: Cognitive-behavioral procedures.* New York: Guilford Press.
90) Kendall, P. C. (1992). *Cognitive-behavior therapy for impulsive children: The manual* (2nd ed.). Philadelphia: Temple University Press.
91) Kernberg, O. (1975). *Borderline conditions and pathological narcissism.* Northvale, NJ: Jason Aronson.
92) Kernberg, P. (1983). Issues in the psychotherapy of borderline conditions in children. In S. K. Robson (Ed.), *The borderline child: Approaches to etiology, diagnosis and treatment.* New York: McGraw-Hill.
93) Kessler, J. W. (1966). *Psychopathology of childhood.* Englewood Cliffs, NJ: Prentice Hall.
94) Kestenbaum, C. J. (1983). The borderline child at risk for major psychiatric disorder in adult life. In S. K. Robson (Ed.), *The borderline child: Approaches to etiology, diagnosis and treatment.* New York: McGraw-Hill.
95) Kirschner, D. A., & Kirschner, S. (1986). *Comprehensive family therapy.* New York: Brunner/Mazel.

96) Korner, S. (1988). Family therapists and children: A case of neglect. *Psychotherapy in Private Practice, 6,* 101–113.
97) Korner, S., & Brown, G. (1990). Exclusion of children from family psychotherapy: Family therapists' beliefs and practices. *Journal of Family Psychology, 4,* 420–430.
98) Kramer, C. (1980). *Becoming a family therapist.* New York: Human Sciences Press.
99) Laing, R. D. (1965). Mystification, confusion and conflict. In I. Boszormenyi-Nagy & J. Framo (Eds.), *Intensive family therapy* (pp. 343–364). New York: Harper & Row.
100) Lebow, J. L. (1984). On the value of integrating approaches to family therapy. *Journal of Marital and Family Therapy, 10,* 127–138.
101) Lebow, J. L. (1987). Integrative family therapy: An overview. *Psychotherapy, 24,* 584–594.
102) Levy, D. M. (1955). Oppositional syndromes and opppositional behavior. In P. Hoch & J. Zubin (Eds.), *Psychopathology of childhood.* New York: International Universities Press.
103) Lewis, M., Feiring, C., McGuffog, C., & Jasher, J. (1984). Prediction of psychopathology in six-year-olds from early social relation. *Child Development, 55,* 123–126.
104) Lindblad-Goldberg, M. (1986). Elective mutism in families. In L. Combrinck-Graham (Ed.), *Treating young children in family therapy* (pp. 31–41). Rockville, MD: Aspen.
105) Lochman, J. E., White, K. J., & Wayland, K. K. (1991). Cognitive-behavioral assessment and treatment with aggressive children. In P. C. Kendall (Ed.), *Child and adolescent therapy: Cognitive-behavioral procedures* (pp. 25–65). New York: Guilford Press.
106) Luepnitz, D. A. (1988). *The family interpreted: Feminist theory in clinical practice* New York: Basic Books.
107) Madanes, C. (1980). Protection, paradox, and pretending. *Family Process, 19,* 73–85.
108) Madanes, C. (1984). *Behind the one-way mirror.* San Francisco: Jossey-Bass.
109) Madanes, C. (1986). Integrating ideas in family therapy with children. In H. C. Fishman & B. L. Rosman (Eds.), *Evolving models for family change: A volume in honor of Salvador Minuchin* (pp. 183–203). New York: Guilford Press.
110) Mahler, M., Pine, F., & Bergman, A. (1975). *The psychological birth of the human infant.* New York: Basic Books.
111) Main, M., Kaplan, N., & Cassidy, J. (1985). Security of attachment in infancy, childhood, and adulthood. In I. Bretherton & E. Waters (Eds.), *Growing points in attachment theory and research. SRCD Monographs, 49* (6, Serial No. 209).
112) Marks, I. M. (1969). *Fears and phobias.* New York: Academic Press.
113) McDermott, J. F., & Char, W. F. (1974). The undeclared war between child and family therapy. *Journal of the American Academy of Child Psychiatry, 13,* 422–426.
114) Meichenbaum, D. H., & Goodman, J. (1971). Training impulsive children to

115) talk to themselves: A means of developing self-control. *Journal of Abnormal Psychology, 77,* 115–126.
115) Michelson, L., Sugai, D. P., Wood, R. P., & Kazdin, A. E. (1983). *Social skills assessment and training with children.* New York: Plenum Press.
116) Mills, J. C., & Crowley, R. J. (1986). *Therapeutic metaphors for the children and the child within.* New York: Brunner/Mazel.
117) Minuchin, P. (1985). Families and individual development: Provocations from the field of family therapy. *Child Development, 56,* 389–302.
118) Minuchin, P. (1988). Relationships within the family: A systems perspective on development. In R. A. Hinde & J. Stevenson-Hinde (Eds.), *Relationships within families: Mutual influences.* Oxford: Oxford University Press.
119) Minuchin, S. (1974). *Families and family therapy.* Cambridge, MA: Harvard University Press.
120) Minuchin, S., & Fishman, C. (1981). *Family therapy techniques.* Cambridge, MA: Harvard University Press.
121) Minuchin, S., Rosman, B., & Baker, L. (1978). *Psychosomatic families* Cambridge, MA: Harvard University Press.
122) Montalvo, B., & Haley, J. (1973). In defense of child therapy. *Family Process, 12,* 227–244.
123) Moultrup, D. (1981). Toward an integrated model of family therapy. *Clinical Social Work Journal, 9,* 111–125.
124) Moultrup, D. (1986). Integration: Coming of age. *Contemporary Family Therapy, 8,* 157–167.
125) Napier, A. Y., & Whitaker, C. A. (1978). *The family crucible.* New York: Harper & Row.
126) Nichols, M. (1987, March–April). The individual in the system. *Family Therapy Networker,* pp. 32–39.
127) Oaklander, V. (1986). *Helping children and adolescents to become self-nurturing* (Audiotape). Seattle, WA: Max Sound Tape Co.
128) Oaklander, V. (1988). *Windows to our children.* Highland, NY: Center for Gestalt Development.
129) Ollendick, T. H., & Cerny, J. A. (1981). *Clinical behavior therapy with children.* New York: Plenum Press.
130) Palazzoli, S., Cecchin, M., Prata, G., & Boscolo, L. (1978). *Paradox and counterparadox.* Northvale, NJ: Jason Aronson.
131) Papp, P. (1986). Letter to Salvador Minunchin. In H. C. Fishman & B. L. Rosman (Eds.), *Evolving models for family change: A volume in honor of Salvador Minuchin* (pp. 204–213). New York: Guilford Press.
132) Patterson, G. R. (1975). *Families: Application of social learning to family life.* Eugene, OR: Castalia.
133) Penn, P. (1982). Circular questioning. *Family Process, 21,* 267–281.
134) Penn, P. (1985). Feed-forward: Future questions, future maps. *Family Process, 24,* 299–310.
135) Penn, P., & Sheinberg, M. (1992). Stories and conversations. *Journal of Strategic and Systemic Therapies, 10,* 30–38.
136) Piaget, J. (1962a). *Play, dreams and imitation in childhood.* New York: Norton.
137) Piaget, J. (1962b). *The moral judgment of the child.* London: Kegan Paul.

138) Pine, F. (1974). On the concept "borderline" in children. *Psychoanalytic Study of the Child, 29*, 342–368.
139) Pine, F. (1985). *Developmental theory and clinical process.* New Haven, CT: Yale University Press.
140) Pinsof, W. M. (1981). Symptom/patient defocussing in family therapy. In A. S. Gurman (Ed.), *Questions and answers in the practice of family therapy.* New York: Brunner/Mazel.
141) Pinsof, W. M. (1983). Integrative problem-centered therapy: Toward the synthesis of family and individual psychotherapies. *Journal of Marital and Family Therapy, 9,* 19–36.
142) Redl, F. (1976). The oppositional child and the confronting adult: A mind to mind encounter. In J. E. Anthony & D. C. Gilpin (Eds.), *Three clinical faces of childhood* (pp. 41–50). New York: Spectrum.
143) Rehm, L. P., Gordon-Leventon, B., Ivens, C. (1987). Depression. In C. L. Frame & J. L. Matson (Eds.), *Handbook of assessment in childhood psychopathology: Applied issues in differential diagnosis and treatment evaluation.* New York: Plenum Press.
144) Reynolds, W. M. (1988). Major Depression. In M. Hersen & C. G. Last (Eds.), *Child behavior therapy casebook* (pp. 85–100). New York: Plenum Press.
145) Rosman, B. L. (1986). Developmental perspectives in family therapy. In H. C. Fishman & B. L. Rosman (Eds.), *Evolving models for family change: A volume in honor of Salvador Minuchin* (pp. 227–233). New York: Guilford Press.
146) Rutter, M. (1988). Depressive disorders. In M. Rutter, A. H. Tuma, & S. I. Lann (Eds.), *Assessment and diagnosis in child psychopathology* (pp. 347–376). New York Guilford Press.
147) Sager, C. (1978). *Marriage contracts and couples therapy.* New York: Harper & Row.
148) Sander, F. M. (1979). *Individual and family therapy: Towards an integration.* Northvale, NJ: Jason Aronson.
149) Sarnoff, C. A. (1976). *Latency.* Northvale, NJ: Jason Aronson.
150) Sarnoff, C. A. (1987). *Psychotherapeutic strategies in the latency years.* Northvale, NJ: Jason Aronson.
151) Satir, V. (1964). *Conjoint family therapy.* Palo Alto: Science & Behavior Books.
152) Schacht, T. E. (1984). The varieties of integrative experience. In H. Arkowitz & S. B. Messer (Eds.), *Psychoanalytic therapy and behavior therapy: Is integration possible?* (pp. 107–131). New York: Plenum Press.
153) Schachter, R., & MaCauley, C. S. (1988). *When your child is afraid.* New York: Simon & Schuster.
154) Schaefer, C. E., & DiGeronimo, T. F. (1989). *Toilet training without tears.* New York: Signet.
155) Schaefer, C. E., & Millman, H. L. (1988). *How to help children with common problems.* New York: Signet.
156) Scharff, D., & Scharff, J. (1987). *Object relations family therapy.* Northvale, NJ: Jason Aronson.
157) Scheflen, A. E. (1978). Susan smiled: On explanation in family therapy. *Family Process, 17,* 59–68.

158) Schwartz, R. (1987, March–April). Our multiple selves. *Family Therapy Networker*, p. 24.
159) Serafino, E. P. (1986). *The fears of childhood*. New York: Human Sciences Press.
160) Shapiro, L. E., & Thiobdeau, M. (1987). *The Divorce Story Cards*. Philadelphia, PA: Center for Applied Psychology.
161) Shapiro, T. (1983). The borderline syndrome in children. In S. K. Robson (Ed.), *The borderline child: Approaches to etiology, diagnosis and treatment*. New York: McGraw-Hill.
162) Sheinberg, M. (1992). Navigating treatment impasses at the disclosure of incest: Combining ideas from feminism and social constructivism. *Family Process, 31,* 201–216.
163) Shelov, S., & Kelly, J. (1991). *Raising your Type A child*. New York: Pocket Books.
164) Sider, R. C. (1984, March). The ethics of therapeutic modality choice. *American Journal of Psychiatry, 141,* 390–394.
165) Simmons, J. E. (1987). *Psychiatric examination of children*. Philadelphia: Lea & Febiger.
166) Singer, J. (1975). *The inner world of daydreaming*. New York: Harper & Row.
167) Skynner, R. (1981). An open-systems, group analytic approach to family therapy. In A. Gurman & D. Kniskern (Eds.), *Handbook of family therapy* (pp. 39–84). New York: Brunner/Mazel.
168) Slipp, S. (1984). *Object relations: A dynamic bridge between individual and family treatment*. Northvale, NJ: Jason Aronson.
169) Sroufe, L. A. (1988). The role of infant–caregiver attachment in development. In J. Belsky & T. Nesworski (Eds.), *Clinical aspects of attachment*. Hillsdale, NJ: Erlbaum.
170) Stern, D. N. (1985). *The interpersonal world of the infant*. New York: Basic Books.
171) Stierlin, H. (1977). *Psychoanalysis and family therapy*. Northvale, NJ: Jason Aronson.
172) Sullivan, H. S. (1953). *The interpersonal theory of psychiatry*. New York: Norton.
173) Tomm, K. (1987). Interventive interviewing: Part I. Strategizing as a fourth guideline for the therapist. *Family Process, 26,* 3–13.
174) Tomm, K. (1987). Interventive interviewing: Part II. Reflexive questioning as a means to enable self-healing. *Family Process, 26,* 167–183.
175) Tomm, K. (1988). Interventive interviewing: Part III. Intending to ask circular, strategic or reflexive questions? *Family Process, 26,* 3–15.
176) Turecki, S. (1985). *The difficult child*. New York: Bantam.
177) Vela, M. R., Gottlieb, E. H., Gottlieb, H. P. (1983). Borderline syndromes in childhood: A critical review. In S. K. Robson (Ed.), *The borderline child: Approaches to etiology, diagnosis and treatment*. New York: McGraw-Hill.
178) Wachtel, E. F. (1979). Learning family therapy: The dilemmas of an individual therapist. *Journal of Contemporary Psychotherapy, 10,* 122–135.
179) Wachtel, E. F. (1987). Family systems and the individual child. *Journal of Marital and Family Therapy, 13,* 15–25.

180) Wachtel, E. F. (1990). The child as an individual: A resource for systemic change. *Journal of Strategic and Systemic Therapies, 9,* 50–59.
181) Wachtel, E. F. (1992). An integrative approach to working with troubled children and their families. *Journal of Psychotherapy Integration, 2,* 207–224.
182) Wachtel, E. F. (1993). Postscript: Therapeutic communication with couples. In P. Wachtel, *Therapeutic communication: Principles and effective practice* (pp. 273–293). New York: Guilford Press.
183) Wachtel, E. F., & Wachtel, P. L. (1986). *Family dynamics in individual psychotherapy: A guide to clinical strategies.* New York: Guilford Press.
184) Wachtel, P. L. (1977). *Psychoanalysis and behavior therapy: Toward an integration.* New York: Basic Books.
185) Wachtel, P. L. (1987). *Action and insight.* New York: Guilford Press.
186) Wachtel, P. L. (1989). *The poverty of affluence.* Philadelphia: New Society Publishers.
187) Wachtel, P. L. (1993). *Therapeutic communication: Principles and effective practice.* New York: Guilford Press.
188) Waters, D., & Lawrence, E. C. (1993). *Competence, courage and change.* New York: Norton.
189) Wynne, L. C. (1986). Structure and lineality in family therapy. In H. C. Fishman & B. L. Rosman (Eds.), *Evolving models for family change: A volume in honor of Salvador Minuchin* (pp. 251–260). New York: Guilford Press.
190) Willock, B. (1983). Play therapy with the aggressive, acting out child. In C. E. Schaefer & K. J. O'Connor (Eds.), *Handbook of play therapy* (pp. 387–412). New York: Wiley.
191) Wilson, G. T., & Davison, G. C. (1971). Processes of fear reduction in systematic desensitization: Animal studies. *Psychological Bulletin, 76,* 1–14.
192) Winnicott, D. W. (1965). *The maturational process and the facilitating environment.* New York: International Universities Press.
193) Winnicott, D. W. (1971). *Therapeutic consultation in child psychiatry.* New York: Basic Books.
194) Zeanah, C. H., Anders, T. F., Seifer, R., & Stern, D. N. (1989). Implications of research on infant development for psychodynamic theory and practice. *Journal of the American Academy of Child and Adolescent Psychiatry, 28,* 657–668.
195) Zilbach, J. J. (1986). *Young children in family therapy.* New York: Brunner/Mazel.

訳者あとがき

　本書は，1994年に発刊された「Treating Troubled Children and Their families（Guilford 社）」の全訳である。

　著者のエレン・ワクテル氏は，1967年にハーバード大学法科大学院を修了後，転身して1974年にニューヨーク大学で臨床心理学の博士号を取得した。これまでに，アッカーマン家族療法研究所，ニューヨーク大学，セントルークス・ルーズベルト病院などで臨床指導に当たり，現在ニューヨーク市マンハッタンのグリーンウィッチで個人開業し，家族・夫婦・個人療法に携わる。本書の他に，「Family dynamics in individual psychotherapy: A guide to clinical strategies（個人療法における家族力動―臨床的方略ガイド：Guilford 社，1986年。Paul Wachtel との共著：星和書店より近刊）」，「We love each other, but… Simple secrets to strengthen your relationship and make love last（私たち夫婦に愛はあるけど……―夫婦関係を強めて，愛を続かせる簡単な秘訣：Golden Guides 社，1994年。本書訳者が翻訳終了）」がある。本書の基礎ともなっている対人的精神力動理論と行動療法理論を統合した循環的心理力動理論（Cyclic psychodynamics――その理論をもとにした心理療法アプローチは，統合的対人療法 Integrative relational psychotherapy と呼ばれている）は，夫の Paul Wachtel 氏が開発した理論であり，彼の代表的な著作である「心理療法の統合を求めて―精神分析，行動療法，家族療法」「心理療法家の言葉の技術」（ともに杉原保史氏訳，金剛出版）は近年日本語訳が刊行された。

　訳者は，これまで心理療法統合に関わる研究および臨床活動を行っ

てきたが，家族療法を専門としておらず，エレン・ワクテル氏が本書の一読者層として挙げる「これまで個人療法や子どものプレイセラピーを行ってきたが，家族療法の視点を取り入れていない」セラピストに当たる。本書から家族システムの視点と家族面接の臨床的活用について多いに学んだが，エレン・ワクテル氏のアプローチを家族療法の文脈において十分に解説することはできない。そこで，家族療法における心理療法統合の動向に関してより深い理解を求める読者は，平木典子・野末武義[i]，Lebow[ii]，McDaniel ら[iii]，Mikesell ら[iv]，中釜[v]を参照していただきたい。ここでは，まず本書の構成について章ごとに紹介したあと，本書に表される心理療法統合の特徴，そして日本において広く行われている母子並行面接と本アプローチの面接形態の統合，短期的かかわりの利点，最後に本アプローチの適用という視点から本書の意義について少し考えてみたい。

本書の構成

　本書は，全9章からなり，どの章においても理論的考察および概念が臨床ケースによって例解されており，理論と実践がうまく統合された形で提示されている。第1章で家族療法と個人療法の統合について論じたあと，第2章から第4章で親，家族，子どもとの面接の手法について説明している。そして，個人としての子どもの力動の理解を深めるための精神力動的諸概念とそれらを用いたフォーミュレーションが，第5章と6章に提示される。そして，これらの視点を基礎とした積極的介入の手法の数々が，第7章と8章に解説されている。第9章では，それまでに随所で触れられてきた5つのケースの概要がかなり細かに説明されている。以下に各章ごとの要点をまとめた。

　第1章は，なぜ家族療法において子ども個人が十分に扱われてこなかったか（家族療法セラピストが，家族面接に子どもを参加させるこ

とに対してためらいをもっていただけでなく，子ども個人が内面的葛藤をもった存在であるということを十分に認めてこなかったか），そして子どもを一個人として見る個人療法（特に循環的心理力動論の視点から）の視点を家族療法に組み入れることによって，どのようにして家族システムの理解が深まるのかということについて論じている。そして，個人療法と家族療法という異なる形態の心理療法を統合することが，それぞれの理論が目指す治療的効果を損なうことなく，それぞれの介入にもともと期待された効果を高めることが可能であることが解説されている。

第2章では，本アプローチの心理療法においてはじめての面接となる親面接の進め方とポイントについて解説している。具体的には，親と作業同盟を確立するために，不安や罪悪感といった親の葛藤を受容すること，家族システムや子どもの情報を集める上で注意を向けるいくつかの点について説明されている。子どもが接する親以外の重要な他者との相互作用，家族成員個人の気質，行動パターンなど，統合的な査定のポイントが理解できる。自分の子どもが問題をもつのは自分の責任ではないか，と罪悪感にさいなまれていることが多い親と協力関係を作るために必要な心得は育児相談，母親面接などを行う臨床家にとってとても役立つであろう。

第3章には，数回の親面接が行われたあとにもたれる家族面接の進め方が具体的に示されている。個人療法を中心に行ってきたセラピストにとって家族全員と会うことは心理的なプレッシャーにもなりやすい。家族成員間の相互作用をどのように理解するのかという点についての疑問や，問題をもっていないきょうだいを面接に参加させることに対する懸念もあるだろう。本章は，このような疑問にも丁寧に答え，本アプローチにおいてどのようにして家族面接が有効に使われるのか解説している。

第4章は，家族面接のあとに行われる子どもとの個人面接の指針が

提示されている。本書において示される統合アプローチでは，子どもがセラピストとの接触において治療的体験をもつことを目的とせず，セラピストが子どもとの個人面接において得た理解をもとに計画した行動介入を，親が実行し，親と子どもとのあいだに治療的体験を喚起することを重視する。また，本書のアプローチは，短期的な関わりを中心としている。これまで長期的なプレイセラピーに慣れてきたセラピストは，数回の面接においてどうやって子どもの心的力動を理解するのかという疑問をもつかもしれない。本章では，劇，ごっこあそび，ボードゲーム，粘土，描画，など子どもの面接に対する関心を高めながら，作業同盟を確立し，子どもの心的力動を理解するための様々な手法が描かれている。

第5章は，精神力動療法の基礎概念について説明し，それらが，どのようにして家族療法の枠組みに取り入れらるのか，ということについてとても分かりやすく解説している。抑圧，反動形成，置き換えなどといった様々な防衛機制が子どもの言動にどのような形で表れるのかということを具体的な例を挙げて説明しているため，子どもの言動を理論的視点から眺めることに苦労する初心者には非常に役立つ一章となるだろう。またこれらの概念と家族・行動レベルとのつながりが説明されるため，統合的に考えることが3つの水準での変化を相乗的に高めてくれることが伝わってくる。

第6章は，精神力動的フォーミュレーションの6つの典型的な形が解説されている。これらは，セラピストのもとを訪れる子どもの力動的問題を包括しているわけではないが，前章において説明された防衛機制などが，どのような心理的問題とつながっているのか，実際の例を通して解説されているので分かりやすい。また，それぞれの心的力動の問題とかかわる行動特徴，家族システムについても解説されている。

第7章は，精神力動的フォーミュレーションに基礎をおく介入およ

び実施に際して留意事項がまとめられている。これらの介入は，セラピストが問題を呈する子どもに直接行うのではなく，親が子どもに対して行うものが多い。また，これらの介入は，子どもと家族の精神力動的理解に基づいているが，その方法は精神力動療法の介入からかなり発展しており，心的力動面，行動面，家族システム面を同時に扱う「統合的」介入である。介入は，赤ちゃんごっこ，否定的回想，肯定的回想など，こどもと親が時間をとり新たな関わりを行う介入，怒りや不適切な欲求の表現に対する制限の設定法，子どもの恐怖や不安に対する保証の与え方など多岐にわたる。

　第8章では，行動修正法，行動療法，認知行動療法に基づいた介入方法が解説されている。消去，タイムアウト，ソーシャル・スキル・トレーニング，モデリングなどかなり広く知られている技法が家族療法という枠組みの中でこれらが行われるときに，家族システム，および子どもの心的力動にどのような影響をもっているのかという統合的視点からの分析がされている。前章と同じく数多くのケースを使って一つずつの技法が例解されている。また，罰，ペナルティーといった，子どもの問題行動に対して一般的に実践される対処法がもたらす問題についても詳述されている。

　第9章は，第1章から第8章までたびたび触れてきた5つのケースの全容が記されている。子どもの年齢は4歳から10歳，子どもの問題も学習障害，うつ，失禁，自己嫌悪，激しい怒りなどあり，どの子どもも一つではなく二つ以上の問題を抱えているところが実際の臨床をよく反映している。親は婚姻関係が続いているケース，離婚・再婚しているケースなど様々である。面接の流れとともに，著者がそれぞれの家族システム力動および子どもの精神力動フォーミュレーションへと行き着いた思考過程が描かれており，セラピストの介入の意図と子どもと家族の反応がよく分かる。また，著者が本書において何度か簡単に触れた心理療法統合による「相乗効果」というものがどのよう

なものか，具体的な例から理解することができる．

心理療法統合

近年，日本においても統合的アプローチに対する関心が高まりつつある．ここ数年，日本心理臨床学会の年次大会においても，心理療法統合や折衷アプローチについての自主シンポジウムが開かれている．心理療法統合というとき，ふつうある一つの理論ともう一つの理論アプローチを合わせる理論統合，クライエントの心理的特徴や問題に合わせて実証研究データに基礎をおき技法を選んでいく技法折衷アプローチ，異なるアプローチに共通する核となるような治療的要因を強調する共通因子アプローチが代表的な統合の形態として紹介される．近年では，一つのアプローチを基礎として他のアプローチの技法や概念を取り入れる同化型統合が話題にされることが多い．より一般的に臨床家が統合的アプローチをとる契機は，主に以下の二つによると考えられる．一つは，臨床現場において非常に幅広いクライエント層や問題に対処する上で異なる技法を使うことが必然的に要求されるために，より実際的であったり，現場にあった技法や介入などを加えていくことである．つまり，単一のアプローチの限界を感じて，異なるアプローチの技法や考え方を取り入れることである．もう一つは，臨床家の成長のプロセスとしての心理療法統合である．異なる技法を学び，それを自分のレパートリーの中に取り込んでいくことは臨床家が経験を積み上げる中で自然に起こるプロセスであるとも言えるだろう．一つの理論的視点から出発し，そこへ新しい技法などを積み上げていくというのは，統合・折衷的なあり方であるとともに臨床家の成長過程を示している．

本書のアプローチは，精神力動療法と行動療法を統合した循環的心的力動論と家族療法を統合する点において，「理論統合」の代表的な

例と考えられる。この理論統合は，個人と家族に対するアプローチを統合するという点で，「治療形態（therapeutic modalities）」の統合でもある。また，夫ポール・ワクテル氏との共同作業や彼女自身の臨床家としての成長と発展の軌跡を表している。統合に関して，統合される理論の相乗効果を得ようとする点，そして，家族と個人という異なるModalitiesの心理療法を統合する点が特に重要と考えられるので以下にこの2点について簡単に触れたい。

相乗効果

　心理療法統合というと一般的に一つの理論の足りなさを他の理論によって補うという「補完的役割」が強調されることが多いだろう。たとえば，精神力動療法に，より積極的に働きかける認知療法の技法を取り入れる場合，セラピストは，精神力動療法において足りない認知的側面への働きかけや，今現在の環境への適応法や対処法の学習を補充すると考えることが多い。「欠如」を補うという視点は，それ自体重要であり，セラピストの介入をより「包括的」にする効果があるだろう。しかし，それだけでは「統合」による効果を十分に活用していない。この二つの視点を組み合わせたときに，もともとセラピストが行っていた精神力動療法の介入が，認知療法の技法によりどのように高められ，そして新たに加えた認知療法の技法の効果も精神力動療法の枠組みの中に取り入れられることによってより高まるのかという「相乗効果」がまさに心理療法統合をすることの意義の一つである。たとえば，精神力動療法の枠組みに認知行動療法の行動計画が取り入れられる場合，心的力動的葛藤と関係する新たな行動を起こすことによって，それまでに達成していた葛藤の原因に関する洞察が深まったり，新たな気づきが起こり，それによって，新たな行動がさらに喚起され，対人行動にさらなる変化が波及していくというようなサイクル

（循環）が相乗効果の一例である。これが，本アプローチが見事に実現している点である。

「相乗効果」が考慮されているのが，「赤ちゃんごっこ」や「物語作り」「否定的回想」「肯定的回想」などの技法である。「赤ちゃんごっこ」は，子どもが抑圧しているか，表すことを諦めている依存欲求を直接的に表し，それを親子関係の中で適切な形で満たしてやることを目的としているが，親に過度にしがみついたり，または依存欲求を完全に遮断するために親とのあいだに陽性感情を体験することができなかった子どもと母親のアタッチメントも調整されることになるのだ（また親自身の依存欲求に関する葛藤も直接的に触れることなく扱うことができる）。

これは，ただ表面的な相互作用のパターンの変化にとどまらず，行動面の変化と内面的な変化が，お互いを強化し，変化を強めていくプロセスを引き起こす。子どもの精神力動の理解に基礎をおいた行動的介入が相乗効果を起こすことができるのは，まさに家族関係および個の精神力動の変化のあいだに循環的な強化関係を作り出すことにあるようだ。

このような相乗効果を自らの統合や折衷アプローチにおいて得るためには，自身が統合しようとしている二つの理論概念や介入をより厳密な形で見直し，二つの整合性を調べるだけではなく，加えようとする技法や介入が元の理論アプローチにおいて仮定される介入の効果をどのように高めるのか，または阻害するのか，という点について検討することが必要となる。心理療法統合に反対意見を唱えるセラピストは，新たな技法と受け皿の理論となるアプローチの不整合やズレから起こる問題に焦点を当てる傾向にあるが，お互いを強めて効果を高めるように統合することも可能であるのだ。また違いがあるからこそ，それらを統合する意義も高まるのである。相乗効果について検討するのは，心理療法統合のきわめてクリエーティブな側面の一つであり，

本アプローチの介入理論において非常に明確な形で表れている。

面接形態の併用について――家族面接，母子並行面接，父親の参加

　本書に示された統合アプローチでは，家族面接の重要性とその効果的な利用法が示されている。家族療法においても子どもを含めた家族全員の面接は敬遠されてきたし，家族の一部（父子，母子，きょうだい，などの様々な組み合わせ）と面接を行うと，治療構造が不明確になり，セラピストと家族の成員のあいだに複雑な三角関係といった問題を引き起こし，それぞれから得た情報の扱いも難しくなるのではないかという懸念もあった。本書では，このような変則的な関わり方によって，家族の個々の成員とセラピストの作業同盟と，家族全体との作業同盟を高め，家族システムとそれを構成する個人の両方に対する理解を深めるやり方が示されている。

　日本において広く行われる家族面接の形態は，母子並行面接であろう。母子並行面接では，母親が子どもをプレイセラピーに連れてきて待っている時間を利用して母子共々面接を受けるという効率的な面接法である（時に母親が面接をするのを子どもがプレイをしながら待っているというケースもあるかもしれない）。また，母親自身の心的葛藤や適応問題が，子どもの心理や行動に反映されやすいことを考えると，母親が面接を継続する時間をとることも非常に重要であると言えるだろう。しかし，母子並行面接には，母親と子どもを引き離して面接を行う点，父親を含めて家族の他の成員がセラピーに参加しないことから起こる問題もある。

　母子並行面接では，子どもと母親がほんの少しのあいだ一緒に面接室で過ごしたあと，子どもはプレイセラピーを，母親は別のセラピストとの面接を行うため，二人の相互作用をあまり観察しないまま，数ヶ月，または数年も面接が継続されることもある。そのため，母親が

報告する子どもとのやりとりの印象が実際どのくらい二人のあいだに見られるのか分からないことさえある。子どもが受けるプレイセラピーの設定もある程度特殊であり、プレイルームで見られる行動が、母親や学校での行動のサンプルと考えられるわけではない。プレイの時間には、非常に活発で自由に自己表現ができるようになった子どもについて、教師から学校では相変わらず引っ込み思案でほとんど他の子どもに自発的に話しかけることがないと報告され、セラピストが驚くようなこともある。

　母子並行面接のもう一つの欠点は、家族システムの問題を見落としやすいことである。父親が子どもの問題についてどのように見ているのか、ということを母親から聞く以外にあまり父親の関与について十分な理解がないまま面接を進めてしまうこともある。母親は子どもの問題に関しての相談に来ているのだから、夫婦間のことに立ち入るような質問をしては失礼だとか、夫婦関係に問題があると暗に指摘されて、母親との作業同盟が阻害されるのではないかとセラピストが懸念するのはもっともである。もう一方で、父親が参加しないことについて話し合う必要もなければ、それが全く問題でないという前提から出発するのも適切ではないだろう。子どもについて扱うのは母親で十分であるというのは、セラピスト個人の価値観と臨床的姿勢を表している。つまり、父不在ということは問題ではなく、母子関係の問題として狭く子どもの問題を限定して扱うだけでも十分であるという立場を意図的ではないにしろとっている。また、暗に子育てを母親の役割とする社会的通念に荷担していることにもなる。

　父親が参加しないことは、父親が参加する意志がない、参加することを必要だと思っていない、または仕事のために参加したいが都合がつかない、または、母親が父親を子どもから遠ざけている、など様々な理由が考えられる。同盟などの家族構造の問題が起こっていることも考えられる。

家族面接を行うこと，そして母親だけでなく，父親に対しても個人の親面接を行うことの利点も数多く挙げられるだろう。それは父親からの情報収集だけでなく，家族全員と作業同盟を結び，家族システムを変えること，そしてそれを維持することに積極的に参加してもらうことである。母親だけとの作業同盟を結ぶことは，家族システムにおける変化を作り出すこともあれば，父親を除外した「同盟」を作り出すことにもなりかねないだろう。

　実際に父親の参加は，否定的でやっかいな面ばかりではない。子どもの面接に喜んでとは言わなくとも半休をとって積極的に参加してくれる父親は多い。また，家族と一緒に待ち合わせたり，一緒に電車に乗ったりして，「おでかけ」を楽しんで家族の時間として面接だけでなく面接に通うことを含めたすべてを大切な家族の時間として考えてくれることもある。

　母子並行面接が，最も効果的な方法であるのか，本書のケースを通して検討することは有意義であろう。本書のアプローチも母子並行面接と同様にすべてのケースにとって適切であるとは言えないだろう。当然，適しているケースとそうでないケースがあるはずである。いずれにせよ，親との接触を狭く母親だけとの面接と限定する前にこのような家族，父子，母子，きょうだいなどといった異なる単位での面接の可能性も多いに探究するべきであろう。

子どもとのプレイ――短期的なかかわり

　上記の母親面接と並行して行われる子どものプレイセラピーでは，自然な自己表現ができる環境を与え，自発的に表れるプレイに焦点を当てることが重視されるため，かなり長期的に続くことを見込むことになる。もう一方で，本書において示された子どもとの面接は，より積極的にセラピストが関わり，ごっこあそびをする人形や，ボードゲ

ームをセラピストがある程度制限することによって，子どもの心理的葛藤をできるだけ早く理解できるようにしている。また，非常にユニークなのは，プレイにきょうだいが参加することもあるという点である。

　このような異なった関わり方を可能にするのは，このアプローチにおいて，セラピストとのプレイが子どもにとっての治療的体験になるのではなく，親と子どもが家族という文脈において新たな関わりをもつことが治療的体験になるという点である。プレイの主な役割は，子どもの心的力動について理解し，それを家族システムおよび子どもの行動の変化にその関わりに役立てることである。だからといって，こどもとの関わりを単に「査定的」に限定しているわけではない。実際に，様々な欲求や感情をプレイにおいて表すことは，子どもにとって治療的な体験になるし，プレイの中で様々な行動リハーサルを用いたスキル学習も行われる。しかし，子どもとの面接は，子どもの心的力動の見立てが中心であり，「成長」や「変容」を引き起こすことではない。

　プレイにこのような幅があり，セラピストもより積極的な役割を演じることによっても効果的に子どもと接することができることを知るのは大切である。子どもとのプレイセラピーは時間がかかり，子どもの成長のペースに合わせるために，それがどのくらいの期間を必要とするのか分からないという状況は，専門的な援助を求め，しかも現在悪くなりつつある問題に毎日対処しなければならない親にとって必ずしもうれしいものではない。また，子どもにとって役立つ遊び方はプレイセラピーの秘密となっていて，親が治療的な遊び相手になってあげられないことを残念に思うだけでなく，自己効力感を失ったように感じることもある。また，親は，長年にわたりプレイセラピーに対して頼らなければならないかもしれないという事態に必ずしも納得するわけではない（時に，このような長期的プロセス自体が治療的な環境を作り出すこともあるが）。プレイセラピーで行われていることが「特

殊」ではなく，その一部は親が異なる形で実行できると分かれば，親の自己効力感は高まるだろう。そして，子どもとそのような関わり方を実行する中で，本書が論じるように，新たな親子の相互作用が起こり，結果として家族システムおよび子どもの心理的力動にも影響を与えることができる。子どもの成長は必ずしも自発的な自己表現によって最適に促進されるわけではなく，親やセラピストからのより積極的な働きかけや制限を必要とすることも往々にしてある。本書のより短期的で積極的な子どもとのプレイは，長期療法に子どもとの成長の促進的かかわりを限定して考えることからセラピストの思考を解放して，より柔軟な見方について考えるきっかけを与えてくれるのではないだろうか。

本アプローチの適用について

本統合アプローチは，著者が解説しているように，子どもとの面接において話した内容に関して守秘義務の扱いがより複雑になる以前の3，4歳から思春期前期の子どもとその家族の心理療法に適しているだろう。もし，問題を見せる子どもが高校生かそれ以上になる場合，守秘義務だけでなく，子どもとの個人面接において，本書において紹介された人形劇，ボードゲームなどといった様々な活動よりも，話すことを中心とした作業が適切になる場合も多くなるだろう。

本書の第9章に挙げられた5つのケースからも分かるように，本書のアプローチは，比較的複雑で重度の問題をもった子どもと家族に対しても効果を発揮しているようである。たとえば，ジェニーのケースをとってみると，うつ，親の激しいけんかを見たトラウマと関連する怒りと攻撃性の抑圧，母親がお手上げと感じるような関わりにくさ，（同居していないが）父親のアルコール依存などがあり，一見するところ，とても短期的には扱いにくいように思えるほど多重的な問題が

あった。しかしながら，数回の面接から，ジェニーの力動的問題に対処してもらういくつかの介入を両親それぞれに試してもらい，着実な変容を遂げていった。そのほかのケースでも同様に3か月から半年ほどの関わりでかなりはっきりとした変化が見られている。5つのケースに共通しているのは，子どもの問題に対して両親がかなり懸念をみせており，セラピストに対して協力的であったという点である。それぞれの親は，家族面接だけでなく，セラピストと個人面接を行い，様々な介入を継続的に実行してくれていることから，セラピストと良好な治療関係を維持していた。また，プレイの様子から，子どももセラピストがしっかりとした作業同盟を確立していたこともうかがえる。子どもの変化を支えるために，きょうだい，教師，シッターなどにも参加してもらい，子どもを取り巻くシステム自体に対しても働きかけていることも共通した特徴であった。

　本書のアプローチを実行する上で，訳者自身がもう少しみたかったのは，面接のトランスクリプトの一部と失敗例，または本アプローチの問題点である。新たなアプローチについて学ぶ上で実際に一つ一つの介入とそれに対するクライエントの受け答えの様子を知ることはとても役立つだろう。著者のエレン・ワクテル氏は，本書の至るところでセラピストの介入例を挙げて説明しており，初心者にとってもどのようにセラピストの意図が表現されるのかということがよく伝わってくる。しかし，そのような介入に対してクライエントの反応の一言一言と全体的な流れをみることによってはじめて実感をもって伝わってくる面接の側面もある。トランスクリプトと理論，そしてケースの解説という3つの視点をもつことによって読者の理解もさらに深まると考えられる。また，統合的介入の性質を明らかにするためにも役立つ。

　もう一つは，本アプローチを実施する上での困難や失敗ケースである。本アプローチを試して大きな変化が得られなかった例，または問題が悪化したというような陰性効果の例をみることによって，本アプ

ローチの実効性についてより深い理解が可能となるだろう。失敗例は，決して本アプローチの意義を薄めるものではなく，逆にその強みや利点が発揮できるために必要な条件をより明確にしてくれるはずである。本書のアプローチを試している臨床家も少なくないはずである。彼らが本アプローチを試す中で，本アプローチ特有のやりにくさや難しさなどを体験しているのか，そして子どもを扱い始めることによって（または家族面接を組み入れることによって），どんな利点を発見し，どのような問題解決の介入法を発展させているのか是非知りたいものである。失敗例，トランスクリプトなどは，著者の次作に期待したい。

おわりに

　私たち臨床家は，常に何らかの形で家族と家族の問題に対処しているが，家族全体を扱う臨床家はまだ少ないだろう。また，母子並行面接，家族面接，個人面接など，異なる面接形態を組み合わせてそれぞれの効果を活かすという視点は少なかっただろう。家族療法と個人療法は，それぞれと対比され，相反する見方として提示されることが多い。しかし，家族は個人の生活の場であり，クライエントの主要な対人関係が起こる場であることから，個人の変化と家族の変化を組み合わせることによってより長期的に維持される深い変化が可能になるとも考えられる。本書は，子ども，そして親の個人面接を家族療法の枠組みに取り入れ，心的力動，行動，家族システムの水準における変化を結びつける介入を提示した。日本でもクリエーティブな統合アプローチがさらに発展していくことを願っている。

　訳者は，エレン・ワクテル氏と「心理療法統合を考える会（The Society for the Exploration of Psychotherapy Integration）」を通して知り合った。エレン・ワクテル氏は，これまで訳者が企画したOpen

Discussionなどにもご協力してくださった。

　本書は，大学院在学時代にはじめて手にし，影響を受けた本でもあった。そのため，本書の翻訳に関われることをとてもうれしく思った。本書の翻訳に携わる機会をくださり，たびたびの原稿が遅れたときも，ねばり強く作業を励ましてくださった星和書店編集部の近藤達哉さんに感謝を表したい。

文献

ⅰ) 平木典子・野末武義 (2000). 一家族臨床における心理療法の工夫―個人心理療法と家族療法の統合／精神療法，第26巻第4号，pp.334-343. 金剛出版.

ⅱ) Lebow, J. L. (2003). Integrative approaches to couple and family therapy. In Sexton, Thomas L. (Ed) ; Weeks, Gerald R. (Ed) ; Robbins, Michael S. (Ed), Handbook of family therapy: The science and practice of working with families and couples. (pp. 201-225). New York, NY, US: Brunner-Routledge.

ⅲ) McDaniel, S. H. (Ed), Lusterman, D. (Ed), & Philpot, C. L.(Ed) (2001). McDaniel, Susan H.; Lusterman, Don-David; Philpot, Carol L. Casebook for integrating family therapy: An ecosystemic approach. Washington, DC, US, American Psychological Association.

ⅳ) Mikesell, R. H. (Ed), Lusterman, D. (Ed), & McDaniel, S. H. (Ed) (1995). Mikesell, Richard H.; Lusterman, Don-David; McDaniel, Susan H. Integrating family therapy: Handbook of family psychology and systems theory . Washington, DC, US, American Psychological Association.

ⅴ) 中釜洋子 (2007). 心理療法の統合の新しい動向／精神療法，第33巻第1号，pp.31-39. 金剛出版.

索 引

【A～Z】
Fairbairn 211
Gardnerの手法 257
IP 17
Winnicott 150

【あ】
「赤ちゃん」願望 393
「赤ちゃんごっこ」372,377,409,410
「悪意のない」うそ 140
悪性の変容 218,225
悪夢に悩まされている少女 27
アタッチメント 219
新しい対人行動 352
アドバイス 324
安定型アタッチメント 241
アンビバレンス 303
アンビバレント型アタッチメント 241
アンビバレントな感情 200
暗黙の家族の規則 205
怒り 211
怒りを投影 213
閾レベル 57
移行対象 233,248
依存願望 177
依存性 252
依存に対する恐れ 409

依存欲求 247,248,251,287,393,398,407-408, 409
一次過程の思考と二次過程の思考 139
偽りの自己 310
「いまここで」239
陰うつな気分 137
陰性感情 373
陰性感を受け入れる 371
「迂回－攻撃」様式 7
「迂回－支持」様式 7
打ち消し 184
うつの徴候 136
エディプス・コンプレックス 87
絵を描く 161
大がかりな物質的刺激 335
置き換え 181,231,317
幼い 230
恐れを和らげる 349
大人にならされる役割 381
「大人びた」振る舞い 369
親と身体的接触 84
親の価値観 92
親の自己効力感 285,308
親の自己評価 63
親の役割 107
親の離婚 268
親を呼ぶ 131

【か】
解釈　120,121,150,245,280
ガイデド・ファンタジー　162
回避的アタッチメント　241
介入　32
回避　180
回避行動　333
回避的な子ども　351
会話　32
抱える環境　233
学習障害　60,363,414
隔離　183
隠れた添い寝者　55
過剰防衛　40
家族劇　73
家族システムの問題　29
家族システム論的アプローチ　1
家族面接　103,104,108,116,128,295,428
家族力動の見立て　111
学校恐怖症　231
活動レベル　53
過度に攻撃的な子ども　29
過度に性愛化された行動　87
かんしゃく　133,299
かんしゃくもち　271
感情のスピードメーター　138
感情の除反応　123
感情表現　300
完璧主義　349,427
完璧主義的傾向　427
気質　53,289
期待　241
傷つき　267,268
傷つきへの防衛　268
傷つきやすい　215, 271
傷つきやすさ　214, 228, 252, 254, 321
基本的な信頼感　233

虐待　228
キャラクター人形　157
救済者　17
救済者としての役割　12
強化　323,421
境界　68,112,247,368
境界性人格障害　238,239
境界例　142,235,237
強化行動に対するフィードバック　321
強化子　314
強化随伴性　320
教師　291
凝集性のある自己　234
共生的一体化　238
きょうだい　68
強迫行動　184,187,195
強迫的儀式　213
強迫念慮　183
強烈な陰性感情　403
極端に激しい感情　312
極度に強い怒り　216
去勢　211
許容レベル　90
空想　240
空想劇　158,172,181,196
空想的なごっこ遊び　124
空想と現実を区別　211
空想と現実を混同　139
「空想」のうそ　140
空想の形式的な特徴　165
具体的な出来事　133
計画的「挑発」348
劇　123
ゲシュタルト手法　162
欠乏感　410
ゲーム　144
ゲームにひどく熱中する　148

原家族史　103
言語化　120
現実検討　141,236
現実的なごっこ遊び　124
原始的な防衛機制　176
「現代の小さなハンズ」308
攻撃者と（自分）の同一視　184,227
攻撃性　158,408
攻撃性を行動化　312
攻撃行動　39,224
攻撃的な劇　158
構造的変化　107
硬直した三者関係　7
行動化　29
行動修正　311
行動修正の計画　246
行動修正の不可欠な要素　326
行動原理　307,308,310
行動分析　321,322
行動リハーサル　344
行動療法からの子育て訓練　26
行動連鎖　320
合理化　183
個人面接　295
個人療法の理論的視点と家族システム論の視点を統合　18
コーチング　344
ごっこ遊び　123,124,196
小道具　318
子どもとの個人面接　116,270
子どもと家族との修正感情体験　116
子どもに対する虐待　182
子どもに対する個人療法　2
子どもに対する全面的な批判　340
子どもの気質　171
子どもの恐怖の感情と恐怖症　181
子どもの精神力動的心理療法　119
子どもの対人関係　355

【さ】
罪悪感　36,86,211,213,254,256,367,371
最初の家族面接　69
「再接近」期　233,238
作業同盟　41,69
査定と介入の区別　111
三角関係　7,66,204
暫定的なほうび　336
シェイピング　327
ジェニー　363
ジェノグラム　103
自我　211
自我機能　211,238
自我強度　274
自我構造　196
自我統制力　211
自我能力　194,276
自己愛性人格障害　142,235
思考障害　141
自己感覚　211
自己教示　343
自己嫌悪　213,226,370,372,373
自己コントロール　271,346,348,424,425
自己洞察力　302
自己の否定された側面　228
自己批判　372
自己批判的な思考様式　343
自己抑制　198
自己をなだめる能力　288
自殺企図　142
自殺念慮　138
嫉妬　410
支配・習得への願望　178
支配的な相互作用のパターン　111
自閉症　141

社会構築主義　32
社会スキル　355,356
社会的拒絶　355
修正感情体験　119
受動－攻撃的行動　125
受動－攻撃的反応　262
守秘義務　125,127
循環的因果関係　19,20
循環的精神力動　122
循環的精神力動理論　363
昇華　195
障害の度合いを判断する　165
症状　29
衝動(の)コントロール　236,348,431,433
衝動の強さ　229
初回面接　35
初対面のとき　129
除反応　123
自律　289
自律性　225
人格テスト　300
シングルペアレント　42
深刻な障害　137
心理療法的アプローチ　1
睡眠障害　231
睡眠のパターン　54
スキゾイド　142
スキーマ　241
スクイグル　150,151,420
ストレンジシチュエーション　241
「主観的」要素　317
寸劇　73
性愛化された接し方　86
精神医学的診断に投影的素材を用いる　166
「精神疾患の分類と診断の手引き」142
精神的外傷　237
精神力動的フォーミュレーション　209

性的虐待　87
制限　16,29,167,246,270,282,353,373,404,405
制限の設定　273,289
脆弱な母親　231
正常な共生期　233
成長　24
成長のペースが速すぎる子ども　287
「性的な」こと　387
正当化効果　334
正の強化　320,327,344,357
責任感　385
責任感の強い子ども　368
接近－回避　172
接近と退却　55
セラピストを避けようとする子　130
セルフトーク　346,348,350
前後の関連性がない発言　281
漸次的曝露　309,330
漸進的脱感作　27
選択的緘黙症　27,120
潜伏期　166, 195
潜伏期の子ども　123, 177, 329,373
潜伏性の構造　177
喪失感　219,254,268
ソーシャル・スキル・トレーニング　344,345,357
相乗効果　362
相反する二つの感情　122

【た】
退行　211,249
退行願望　248
退行欲求　274,280
対象関係論　211,212
対象の恒常性　234
「代償」という方法　341

対処様式　185
対人関係における禁止事項　352
タイムアウト　338 - 340,410
「立ち止まって考える」347,430
脱感作　264
多動　59
「誰かの役をしよう」73
段階的なリラクゼーション　358
断固とした態度　293
男性恐怖症　365
知性化　183
父親不在　403
注意障害　59
長期個人療法　36
長期療法　120
超自我　211
挑発的行為　226
強い欠乏感　407
強い転移反応　296
強みを肯定する言葉　96
抵抗　32,69,129,250
敵意　167,272
適応性　56
適応様式を評価　175
徹底操作　121,181
転移　120
転移による歪曲　112
投影　181,231
投影的同一視　9
動機付け　21,29
登校拒否　386
統合失調症　141,236
統合的介入作業　26
統合的家族療法　27
洞察　121
統制感　126
道徳主義的な態度　382

同盟　45,66,204,247,385
年不相応の期待　196
トップダウン（式）の家族システム論の思考
　（視点）3,16
トラウマ　367

【な】
内在化　185,211,232,239
内的作業モデル　240,242,243
仲間から孤立　314
なぐり描き　151
二重の見方　22
人形　357
人形劇　27,73,297
認知的介入　343
ネグレクト　228
粘土　160,298,300

【は】
破壊行動　316
破壊的空想　231
激しい怒り　271,411
激しい敵意　254
恥ずかしがり　315
発達促進者　119
パラダイム転換　3
反抗的態度　225
「反社会的」な子ども　227
反省　32
反動形成　178,190,195,231,232,408
反応の強度　57
ヒエラルキー　68
控えめな子ども　151
非言語的強化　321
「非行」うそ　140
否定する助け　7
否定的回想　181,375,377

否定的な発言 363
非適応的な潜在的ビリーフ 343
非適応的な防衛機制 65
非適応的パターン 321
ひどく脅えた子 131
独り言 155,196,423
否認 179,180,214
秘密 125,126
比喩的な物語 305
表 347,373,430
ビリーフシステム 204
フィードバック 64,324
フィードバック面接 96
風船遊び 348
服従と反発 174
不承認 342
フラストレーション 219
文章完成法 300
糞便で汚れた下着 389
分離 212,274
分離－個体化 233,238
分離不安 231,232,233
分裂 238
分裂型障害 236
分裂型人格障害 235
別居 109,326
別離不安 274
ペナルティー 330
ベビーシッター 52,217
偏執病的姿勢 188
防衛機制 185,196
防衛機制がもろい 188
方策 32
ほうび 330,425
ほうび(の)制度 329,332
ほうび表 346
補助自我 233

ボードゲーム 75,92,300
「ほぼ良い母親」233

【ま】
待合室 128
慢性的な自我の逸脱 238
見捨てられ不安 211
ミラノ学派 8
無意識の願望 120
無意識の空想 121
無意識の衝動 176
無意識の退行欲求 386
無意識の敵意 231
無意識の動機付け 122
無意識の不安 29,362
無視され(,価値の引き下げられ)た自己 219,228
「難しい」子 385
無力感 219
明確な制限 108
メタファー 302
面接の指示性 121
妄想 136
妄想性障害 141
モデリング 248,264,344,350,353
物語作り 156,426
物語を通してモデリング 351
問題解決法 105
問題解決の方策を教える 349
問題行動 362

【や】
「良い子」でいること 370
陽性感情 373
抑圧 180,192,193,195,211,232

【ら】

ラポール 118
離婚 109,326
離婚の話カード 152,367
リジリアンス 156
リハーサル 352
リファー 137

リフレーミング 96,245
両親との信頼関係 34
両親の同意 293
ロールプレイ 73,105,124,318,344,353,
　387,394,431

訳者紹介

岩壁　茂（いわかべ　しげる）
1968年　神奈川県横浜市に生まれる āœ
1991年　早稲田大学政治経済学部卒業
2000年　カナダ・マギル大学大学院カウンセリング心理学科博士課程修了
　　　　心理学博士（Ph.D.）
2000年　札幌学院大学人文学部専任講師
2004年　お茶の水女子大学大学院人間文化研究科助教授
　現　　お茶の水女子大学大学院人間文化創成科学研究科准教授
専門分野：心理療法のプロセス研究（セラピストの困難，心理療法における感情の変化プロセス，心理療法統合，臨床家の職業的成長と訓練）
主な著書：
「心理療法・失敗例の臨床研究—その予防と治療関係の立て直し方」　金剛出版（2007）
主な訳書：
「感情に働きかける面接技法—心理療法の統合的アプローチ」L．S．グリーンバーグ他　誠信書房（2006）
「心理療法の構造：アメリカ心理学会による12の理論の解説書」（訳・解説）誠信書房（2003）
アメリカ心理学会心理療法ビデオシリーズⅡおよびⅢ　全12巻　日本心理療法研究所（2003/2005）（監修と訳）

　　　＊

佐々木千惠（ささき　ちえ）
横浜出身
慶應義塾大学文学研究科修士課程英米文学専攻修了
　現在　英語講師
　　　　精神医学等，ノンフィクションの翻訳に携わる

著者紹介

エレン・F・ワクテル（Ellen F. Wachtel）
1967年にハーバード大学法科大学院を修了後，転身して1974年にニューヨーク大学で臨床心理学の博士号を取得した。これまでに，アッカーマン家族療法研究所，ニューヨーク大学，セントルークス・ルーズベルト病院などで臨床指導に当たり，現在ニューヨーク市マンハッタンのグリーンウィッチで個人開業し，家族・夫婦・個人療法に携わる。本書の他に，「Family dynamics in individual psychotherapy: A guide to clinical strategies（個人療法における家族力動―臨床的方略ガイド：Guilford社，1986年。Paul Wachtelとの共著：星和書店より近刊）」，「We love each other, but…Simple secrets to strengthen your relationship and make love last（私たち夫婦に愛はあるけど……―夫婦関係を強めて，愛を続かせる簡単な秘訣：Golden Guides社，1994年。本書訳者が翻訳終了）」がある。

子どもと家族を援助する　統合的心理療法のアプローチ

2007年9月26日　初版第1刷発行

著　者	エレン・F・ワクテル
訳　者	岩壁　茂　佐々木千恵
発行者	石澤雄司
発行所	㈱星和書店

東京都杉並区上高井戸 1-2-5　〒168-0074
電　話　03（3329）0031（営業部）／（3329）0033（編集部）
FAX　03（5374）7186
URL　http://www.seiwa-pb.co.jp

©2007　星和書店　　　Printed in Japan　　　ISBN978-4-7911-0641-7

みんなで学ぶ アスペルガー症候群と 高機能自閉症	S.オゾノフ 他著 田中康雄、 佐藤美奈子 訳	A5判 400p 2,600円
虹の架け橋 自閉症・アスペルガー症候群を 理解するために	ピーター・サットマリ著 佐藤美奈子、 門 眞一郎 訳	四六判 404p 1,900円
わかりやすい 子どもの精神科薬物療法 ガイドブック	ウィレンズ 著 岡田俊 監訳・監修・訳 大村正樹 訳	A5判 456p 3,500円
家族のための 摂食障害ガイドブック	ロック、グラン 著 上原徹、 佐藤美奈子 訳	四六判 424p 2,500円
非行と犯罪の精神科臨床 矯正施設の実践から	野村俊明、 奥村雄介 著	A5判 164p 2,800円

発行：星和書店　http://www.seiwa-pb.co.jp　価格は本体(税別)です

[第2版増補]
ADHDの明日に向かって
認めあい，支えあい，ゆるしあう
ネットワークをめざして

田中康雄 著

四六判
272p
1,900円

こころのライブラリー（9）
ADHD（注意欠陥／多動性障害）
治療・援助法の確立を目指して

上林靖子、
齋藤万比古 他著

四六判
196p
1,600円

こころのライブラリー（7）
トゥレット症候群（チック）
脳と心と発達を解くひとつの鍵

金生由紀子、
高木道人 編

四六判
160p
1,500円

トゥレット症候群を生きる
止めどなき衝動

ハンドラー 著
高木道人 訳

四六判
224p
1,900円

**みんなで学ぶ
トゥレット症候群**

R.D.ブルーン 他著
赤井大郎、
高木道人 訳

四六判
292p
2,400円

発行：星和書店　http://www.seiwa-pb.co.jp　価格は本体(税別)です

赤ちゃんはなぜなくの
子どもと家族とまわりの世界（上）

ウィニコット 著
猪股丈二 訳

四六判
216p
1,400円

子どもはなぜあそぶの
子どもと家族とまわりの世界（下）

ウィニコット 著
猪股丈二 訳

四六判
264p
1,600円

こころのライブラリー（10）
少年非行
青少年の問題行動を考える

藤岡淳子、小西聖子
田中康雄、他著

四六判
240p
1,700円

境界性人格障害＝BPD
はれものにさわるような毎日を
すごしている方々へ

P.T.メイソン、
R.クリーガー 著
荒井秀樹、野村祐子
束原美和子 訳

A5判
352p
2,800円

境界性人格障害＝BPD
実践ワークブック
はれものにさわるような毎日を
すごしている方々のための具体的対処法

クリーガー、
シャーリー 著
遊佐安一郎 監訳
野村、束原、黒沢 訳

A5判
336p
2,600円

発行：星和書店　http://www.seiwa-pb.co.jp　価格は本体（税別）です